실천적 지식인과 사회학적 상상력

C. 라이트 밀스

C. 라이트 밀스
실천적 지식인과 사회학적 상상력

지은이 대니얼 기어리
옮긴이 정연복
디자인 이수정
펴낸이 송병섭
펴낸곳 삼천리
등 록 제312-2008-121호
주 소 08255 서울시 구로구 부일로17길 74(2층)
전 화 02) 711-1197
팩 스 02) 6008-0436
이메일 bssong45@hanmail.net

1판 1쇄 2016년 8월 28일

값 28,000원
ISBN 978-89-94898-41-4 93300
한국어판 © 삼천리 2016

실천적 지식인과 사회학적 상상력

C. 라이트 밀스

대니얼 기어리 지음 | 정연복 옮김

삼천리

감사의 말

책을 쓴다는 것은 여러모로 고독한 노력이다. 하지만 나는 운 좋게도 많은 사람들의 도움을 받았다. 위대한 멘토 한 사람한테서 지지를 얻는다는 것만으로도 젊은 학자에게는 큰 행운인데, 나는 무려 네 사람의 축복을 받았다. 데이비드 홀링거는 박사 학위논문 지도교수로서 이 책을 처음부터 끝까지 읽어 주었다. 이 프로젝트를 진행하는 동안 결정적인 시기마다 지혜로운 충고를 해주었고, 집필 방법이나 주장을 날카롭게 벼리는 데 도움을 주었다. 더 중요한 것은, 이 책이 그에게서 배운 지성사 방법론에 깊은 은혜를 입었다는 점이다.

C. 라이트 밀스에 관한 연구 작업은 학부 논문으로 시작되었는데, 1997년에 넬슨 리히텐슈타인의 지도 아래 버지니아대학에서 논문을 마무리했다. 얼마 전 그때 쓴 논문을 찬찬히 다시 읽어 보니 넬슨의 '지적이고 정치적인 지도'에 감사를 표하는 글귀가 눈에 띄었다. 지난 10년 동안 넬슨은 변함없는 격려와 비판을 보내 주었으며, 밀스에 관해 오랜 기간 나눈 수많은 대화는 이 책의 틀을 잡는 데 큰 도움이 되었다. 하워드 브릭은 몇 차례나 원고에 관해 귀중한 의견을 들려 주었다. 원고를 끊임없이 고쳐 나가는 데 영감을 준 그의 과감한 논평들, 그리고 나의 사회사상에 결정적인 영향을 준 20세기 미국의 사회

사상에 대한 브릭의 이해에 감사한다. 마지막으로 노팅엄대학에 있는 3년 동안 탁월한 동료 리처드 킹이 보내 준 격려와 비판은, 박사 논문을 책으로 완성하는 과정에서 더없이 중요한 원천이 되었다.

이 프로젝트가 잘 완성될 수 있도록 논평해 주고, 초고를 읽고 의견을 준 여러 친구와 동료들에게도 깊이 감사한다. 특별히 몇 사람을 밝혀 두고 싶다. 로버트 애드콕, 줄리안 부르그, 마이클 부라보이, 힐런 개스턴, 반 구스, 수전 해스켈, 조엘 아이작, 마틴 제이, 앤디 제윗, 매슈 존스, 솔 란다우, 왈도 마틴, 패디 라일리, 도로시 로스, 도그 로시나우, 고 마이클 로진, 오스틴 센스먼, 그리고 조너선 반 안트베르펜까지.

밀스의 논문이 보관되어 있는 텍사스대학 미국사센터 실무자에게도 감사를 드린다. 캘리포니아대학 출판부 사람들, 특히 편집자로서 이 프로젝트를 처음부터 열정적으로 지원해 준 나오미 슈나이더, 원고를 읽어 준 대니얼 호로비츠와 조지 콧킨, 연구 결과를 빼어나게 편집해 준 재클린 볼린, 원고 정리와 교열을 맡은 샤론 우드에게도 고마움을 전한다.

C. 라이트 밀스의 유가족이 베풀어 준 갖가지 도움에도 진심으로 감사한다. 그의 부인 야로슬라바 밀스(Yaroslava Mills)는 밀스의 논문들을 마음껏 볼 수 있도록 허락해 주었다. 또 내가 뉴욕의 웨스트나이액을 방문한 어느 날 오후, 맛있는 홍차와 점심을 대접하면서 요긴한 정보도 제공해 주었다. 밀스의 유산을 관리하고 있는 닉 밀스(Nik Mills)는 여러 가지 어려움 속에서도 밀스의 미간행 원고들을 인용하여 출판할 수 있도록 허락해 주었다. 특히 케이트 밀스(Kate Mills)에게는 큰 빚을 졌다. 아버지의 삶과 학문에 대한 전문 지식을 갖추고 있

었던 터라 그녀와 지속적으로 상의할 수 있었다. 케이트는 아주 중요한 문서와 수백 건에 이르는 사진을 복사해서 제공해 주었다. 게다가 원고를 끝까지 다 읽고서 적잖은 오류를 바로잡아 주었다. 케이트의 도움은 이 프로젝트의 성공에 절대적인 기여를 했다.

우리 가족과 친구들의 지지에도 깊이 감사한다. 부모님은 오랜 세월 내가 공부할 수 있도록 뒷받침해 주었다. 특히 어머니는 최종 원고를 정리하고 교정하는 데 더없이 소중한 도움을 주었다. 이 책을 쓰도록 나를 몰아간 여러 쟁점에 대한 열정은 학창 시절부터 친하게 지내온 여러 친구들과 나눈 토론의 결과이다. 데이브 바넷, 조 바우어스, 벤 프레이저, 존 하덴버그, 로리 이토, 토드 이토, 쿠르트 뉴먼 그리고 브리센 로저스가 바로 그들이다. 힐런 개스턴은 연구차 출장을 가 있는 동안 머무를 장소를 마련해 주었다.

마지막으로 누구보다도 아내 제니 서턴에게 고맙다는 말을 전하고 싶다. C. 라이트 밀스를 발견했을 무렵에 나는 제니를 만났다. 대학교 4학년을 앞둔 여름, 나는 옆구리에 《파워 엘리트》를 끼고 있었고 그 무렵 우리는 사랑에 빠졌다. 이 책을 쓰는 데 기여한 제니의 희생은 엄청나다. 처음부터 끝까지 초고를 읽고 열렬한 지지와 편집에 대한 충고를 해주었다. 내 손목이 부어올라 타이핑을 할 수 없을 때는 원고를 대신 입력해 주기도 했다. 하지만 내가 이 책을 그녀에게 바치는 까닭은 무엇보다 달콤한 사랑과 헌신에 있다. 책을 끝마쳤으므로 이제 나에게는 밀스보다 그녀에 대한 헌신이 더 오래 남아 있다는 사실을 확실히 깨달을 수 있을 것이다.

이 책에 나오는 사실이나 해석에 대한 잘못은 오로지 내 책임이라는 점을 밝혀 둔다.

| 차례 |

모터사이클을 탄 이단아

C. 라이트 밀스와 그의 시대

사회학자이자 사회 비평가, 정치적 급진주의자인 찰스 라이트 밀스 (Charles Wright Mills, 1916~1962)는 1950년대 미국의 정형화된 '먹물' 지식인이라는 틀에 들어맞지 않는다. 오토바이를 즐겨 타는 걸로 유명한 밀스는 대학이 규정에 따라 좀 더 점잖은 옷차림을 요구했을 때에도 부츠를 신고 가죽 재킷을 입었다. 키 183센티미터에 몸무게가 90킬로그램이 넘는 외모는 누가 봐도 인상이 강했다. 그는 두뇌뿐 아니라 손재주도 탁월했다. 오토바이를 직접 고쳤고, 자기가 살아온 집 가운데 두 채를 함께 지었으며, 자신이 먹을 빵을 스스로 굽지 않는다고 친구들을 몹시 나무랐다. 밀스는 유난히 비음이 많이 섞인 텍사스 억양으로 말했다. 총에 맞아 사망한 목장 주인 할아버지 이야기를 가지고 뉴욕의 친구들을 즐겁게 해주기도 했다.

밀스는 미국의 정치와 사회를 날카롭고 급진적으로 분석하여 전후의 '자유주의적 합의'(liberal consensus)와 결별하는 저작을 내놓았다. 그중 가장 주목할 만한 책이 《화이트칼라》(1951), 《파워 엘리트》(1956), 《사회학적 상상력》(1959)이다. 이 저작들은 당대 자유주의자들의 이름을 직접 거명하며 정면으로 비판했기에 영향력을 얻게 된 것 같다. 이런 성과는 1960년대 신좌파(New Left) 사회운동에 결정적인 영향을 주게 된다.

C. 라이트 밀스는 현대 미국 지성사에서 가장 매력적인 인물 가운데 한 사람이지만, 그의 사상과 역사적 중요성에 대한 이해는 온전하게 이루어지지 못했다. 오토바이를 타는 이단아, 냉전 시대 보수주의의 자기만족에 맞선 고독한 반항아로 묘사되는 매혹적인 면모 탓에 흐릿해졌다. 학자들은 대개 밀스를 대의명분에 '따르는' 반역자, 제임스 딘과 말런 브랜도가 연기한 현대 영화의 등장인물들과 지적인 등가물로 묘사해 왔다.

역사가 러셀 제이코비에 따르면, 밀스는 "시골에서 벌이는 원맨쇼, 미국인 기질을 타고난 반역자, 제2차 세계대전 이후 순응적이고 무감각해진 사회에 격노한 인물"이었다.[1] 신좌파 조직인 민주사회를 위한 학생연합(SDS)의 지도자였던 톰 헤이든은 밀스를 '급진적 유목민'이라고 평가했다.[2] 민주학생연합의 역사가 제임스 밀러는 또 이렇게 말한다. 밀스 이야기의 교훈은 "고독한 늑대와도 같은 저술가가 온갖 역경을 딛고 실제로 어떻게 차이를 만들어 냈는가" 하는 점이다.[3] 사회학자인 하비 몰로치는 이렇게 회고한다. "사회학에 대한 나의 첫 이미지는 C. 라이트 밀스의 저작을 통해 형성되었다. 나는 밀스를 ……마치 어떤 앨범의 표지처럼 상상했다. 그는 내 마음속에서 잭 케루악, 레니 브루스, 헨리 밀러와 포개졌다. 표준에서 벗어나고, 귀에 거슬리

고, 거침없이 말하는 이 사람들은 모두 세상의 변두리를 통해 세상을 이해한 영웅들이었다."⁴

밀스의 사상은 독립적이고 강인하고 기존 질서를 전복하는 성품이 자연스레 확장된 것이라고 여겨지는 경우가 많다. 지난날 민주학생연합 지도자였던 사회학자 토드 기틀린이 표현한 대로, "힘찬 문장, 중요한 논쟁을 바라보는 직관, 텍사스풍의 맹렬하고 독특한 분위기, 너무도 잘 알려진 지적인 대담성, 그리고 장인의 역할에 대한 열정……이 모든 것들이 모여서 하나의 작품을 이루었다."⁵

'고독한 반역자' 밀스라는 통념은 여전히 변함이 없다. 그 까닭은 그런 통념이 그가 죽고도 수십 년 동안 이런저런 필요에 도움이 되었기 때문이다. 밀스 스스로도 이런 이미지를 형성하려고 많은 일을 했다. 자신이 교수로 있던 컬럼비아대학에서는 부족한 주차 공간을 해결할 방책으로 오토바이를 구입했는데, 오토바이를 타는 것이 무법자 이미지에 도움이 되리라는 점을 스스로도 잘 알고 있었을 것이다. 또 밀스는 자신의 저작에서 이따금 스스로 지적인 배교자의 모습을 드러냈다. 관료적인 사회과학자들의 정반대쪽에 섰고, 좌파가 패배한 시기 동안은 진리를 말하는 모범적인 급진적 지식인으로 살았다. 하지만 밀스 스스로의 노력만으로 전설적 지위를 만든 것은 아니었다. 그는 1962년 세상을 떠난 후에야 비로소 전설적 지위를 획득했다.

1960년대에 성인이 된 세대라면 누구에게나 밀스는 하나의 중요한 아이콘이었다. 신좌파는 밀스의 저작만큼이나 됨됨이에서도 당면한 상황을 뚫고 나갈 영감을 발견했다. 어떤 민주학생연합 활동가가 회상했듯이, "너는 C. 라이트 밀스를 알아야 해!"라는 말은 그의 생각뿐 아니라 스타일과 그에 관한 일화에 대해서도 친숙해질 것을 요구했다.[6] 밀스는 사내 기질의 아이콘으로서 특히 남성 급진주의자들에게 호소력을 갖고 있었다.[7] 그 시대의 여러 사회학자들에게 밀스는 사회학의 한계에 맞서는 '반역'의 상징이었다. 1960년대 세대가 급진적 정치학과 사회과학에서 빛을 발휘하게 되었을 때, 그들은 이상화된 밀스의 이런 이미지를 간직하고 있었다. 흔히 1980년대 이래 자취를 감추었다고 얘기되는 '공공 지식인'(public intellectual)의 모델로 밀스는 지지자들에게 호감을 샀다. '공공 지식인'이라는 용어를 광범위한 토론 속으로 끌어들인 러셀 제이코비의 책 《최후의 지식인들》(The Last Intellectuals, 1987)에서 주인공으로 등장하는 이가 바로 밀스이다.[8]

이단아로서 밀스에 관한 공통된 해석은 그의 저작들이 갖고 있는 비판력을 우상 파괴(iconoclasm), 즉 자신이 살던 시대의 정치적 범주나 사회학적 사고 틀 안에서 작업하기를 거부한 것에 직접 연결시킨다. 그러나 밀스의 생각은 알려진 것보다 훨씬 더 그 시대에 바탕을 두고 있었다. 만약 밀스의 사상이 일차적으로 영웅적인 성격에서 나오는 것이라고 본다면, 우리는 그의 생각이 훨씬 광범위한 문화적·정치적 경향에 바탕을 두고 있었다는 사실을 놓치고 만다.

사실 밀스가 지성사 연구에서 매력적인 주제가 된 것은 우선 20세기 중반 지성계의 주요한 발전에 그가 끊임없이 관여했기 때문이다. 그러한 경향에는 다음과 같은 것들이 포함되어 있다. 현대사회를 이해하려는 새로운 경험적 전문성과 야심 찬 이론적 어젠다로 대표되는 전후 사회과학의 탁월함, 미국으로 이주한 독일 지식인들과 막스 베버의 저작에 대한 새로운 관심에 따른 독일 사회사상의 수용, 지식인들에게 미국의 외교정책에 대해 분명한 태도를 취하도록 강요한 이른바 냉전이 지성계에 끼친 영향, 1950년대에 성장한 대중적 사회비평,

1930~1940년대에 나타난 구좌파(Old Left)의 쇠퇴와 1950년대 말 신좌파의 탄생 등이 바로 그것이다.

밀스는 소수파 속에 서 있는 자신을 발견하는 경우가 많았지만, 자기 생각을 공유하는 이들한테서 많이 배웠고 주류의 담론에서도 견해를 빌려 오는 경우가 많았다. 심지어 자신의 주된 공격 목표였던 자유주의 정치사상가들이나 오늘날 학자들이 대개 밀스와 반대편에 놓고 있는 인물들의 생각과도 닮은 점이 참으로 많다.

미국의 반역자

잘 알려져 있듯이, 밀스는 1916년 텍사스 주 와코에서 태어났다. 아버지 찰스 그로버 밀스는 보험회사에 근무했고 어머니 프랜시스 라이트 밀스는 텍사스 주에 뿌리를 둔 유서 깊은 가문 출신이었다. 경건한 가톨릭교도인 어머니는 밀스가 교회의 테두리 안에서 자라야 한다고 고집을 피웠다. 1934년 댈러스공업고등학교를 졸업한 밀스는 오스틴에 있는 텍사스대학으로 전학하기 전에 텍사스A&M대학(농업기계공과대학)에서 불행한 한 해를 보냈다. 1939년에 텍사스대학에서 사회학 학사와 철학 석사 학위를 받은 뒤, 1942년에 위스콘신대학(매디슨)에서 사회학 박사 학위를 받았다. 1941년부터 1945년까지 메릴랜드대학에서 가르치고 1945년에는 컬럼비아대학으로 옮겨 가서 세상을 떠날 때까지 그곳에 머물렀다.

밀스는 결혼을 세 번 했다. 맨 먼저 텍사스대학을 다닐 때 만난 도로시 헬런 스미스(Dorothy Helen Smith)와 1937년에 결혼했다. 그 후 첫 부인과 이혼하고 1947년에 통계 연구원 루스 하퍼(Ruth Harper)와 결혼했다. 《화이트칼라》를 집필하기 위해 자료를 모으던 시기에 하퍼를 만났다. 마지막으로 밀스는 동유럽을 여행하면서 만난 우크라이나계 미국인 예술가 야로슬라바 수르마흐와 1959년에 결혼했다. 밀스는 세 아내한테서 하나씩 파멜라, 캐서린, 니컬러스 세 자녀를 두었다. 1960년 12월 밀스는 심장마비를 일으켰고 끝내 1962년 8월 사망했다.[9]

그가 어느 정도 텍사스에 뿌리를 두고 있다는 사실 때문에, 학자들은 밀스를 '별난 미국인'이라고 묘사했다.[10] 밀스를 다룬 가장 탁월한 두 저작인 릭 틸먼의 《C. 라이트 밀스: 타고난 급진주의와 그의 미국적인 지적 뿌리》(C. Wright Mills: A Native Radical and His American Intellectual Roots, 1984)과 어빙 호로비츠의 《C. 라이트 밀스: 한 미국인 유토피아주의자》(C. Wright Mills: An American Utopian, 1985)에는 이런 경향이 잘 반영되어 있다.[11] 다른 사람들처럼, 틸먼과 호로비츠는 출신 배경 때문만이 아니라 밀스가 미국의 지적 전통, 특히 실용주의(프래그머티즘)를 받아들였다는 점과 그의 급진주의가 유럽의 마르크스주의 전통에 물들지 않았다는 점만 가지고도 밀스를 본질적으로 미국적인 지식인이라고 보았다. 하지만 밀스의 사상과 개성이 얼마나 '미국적'이었는지에 초점을 맞춘다고 해서, 우리가 그를 이해하는 데 좀 더 가까이 다가갈 수 있는 것은 아니다. 밀스와 대비되는 동시대의 뉴욕 지식인들, 말하자면 그와 달리 유대주의나 마르크스주의 전통에 훨씬 더 깊이 뿌리박고 있는 사상가들보다도 밀스가 정말로 더 '미국적'이었던 것일까?[12]

나는 밀스가 특별히 미국적이었다고 생각하지는 않지만, 그럼에도 그의 사상이 발전해 가는 과정에서 '특정한' 미국적 상황이 절대적이었다는 점을 중요하게 생각한다. 하지만 동시에 밀스의 지적·정치적 발전을 국제적인 틀 안으로 가져다 놓을 것이다.

밀스는 존 듀이나 소스타인 베블런 같은 미국의 사상가들뿐 아니라 카를 만하임이나 막스 베버 같은 독일 사회학자한테서도 영감을 받았다. 미국의 신좌파 사이에서 이따금 특별히 미국식 급진주의를 유산으로 남긴 공적을 인정받긴 했지만, 밀스가 참여한 신좌파는 미국의 테두리를 훌쩍 뛰어넘는다. 밀스는 유럽과 라틴아메리카의 발전에서 커다란 영향을 받았고, 또 그런 방향으로 발전하는 것을 강하게 지향했다. 1960년에 밀스가 쓴 〈신좌파에게 보내는 편지〉(Letters to the New Left)는 영국에서 발행하는 《뉴레프트리뷰》에 처음 실렸다. 영향력 있는 이 글에는 전 세계적으로 나타나고 있던 정치적 저항운동이 잘 묘사되어 있다.[13]

학자들은 누구 할 것 없이 밀스를 1950년대의 대표적인 인물이라고 평가한다. 밀스의 영향력은 뒤이어 10년 동안 나타난 급진주의의 성장을 북돋웠는데, 그것은 흩어져 있던 '1960년대의 씨앗들' 가운데 하나라고 생각된다.[14] 학자들은 종종 밀스가 세상을 떠날 무렵에 취한 입장, 즉 미국 사회와 정부에 맞선 성역 없는 비평가의 면모를 과거 경력으로까지 거슬러 올라가 읽어 낸다. 밀스의 사고 틀은 1940년대에 다듬어졌다. 예를 들어 '파워 엘리트'와 '사회학적 상상력'이라는 용어를 처음 사용한 데서 드러나듯이, 급진적 지식인의 사회적 역할이라는 개념은 이전 10년의 세월까지 더 거슬러 올라간다.

따라서 밀스의 독특한 연구 주제와 사상의 뿌리를 추적하기 위해, 나는 이 책 전반부에서 밀스의 생애에서 비교적 덜 알려진 1930년대 후반부터 1940년대까지 시기에 초점을 맞추려고 한다. 후반부에서는 밀스의 성숙한 저작들이 초기의 '독특한 주제'에 부분적이나마 어떻게 연결될 수 있었는지를 평가하고, 아울러 밀스의 영향력 있는 후기 저작들 속에 이 초기 개념들이 어떻게 지속적으로 연관되어 왔는지를 살펴볼 것이다. 1940년대 미국의 사회과학계와 좌파 정치학에서 나타난 발전이 밀스의 지적인 성장을 어떤 식으로 이끌었는지를 탐구한다면, 우리는 이 중요한 10년을 훨씬 더 잘 이해할 수 있을 것이다. 그럼에도 1930년대와 1950년대의 주제들 사이에 끼어 있는 이 20년 동안은, 미국의 사회사상사에서도 독특한 시대로 마땅히 받아야 할 학문적 관심을 받지 못하는 게 현실이다.[15]

이 책은 밀스의 사상이 보여 주는 강점과 한계를 살펴보는 것은 물론, 그가 '이단아' 캐릭터를 얻게 된 데까지 거슬러 올라간다. 다만 밀스의 반항적인 성격을 삶의 전모보다는 조심스럽게 구축된 인격이라는 맥락에서 인식하기를 바라면서, 그의 성격에 대한 상세한 연구는 다른 사람들에게 남겨 두고 싶다. 그 대신 20세기의 가장 중요한 지식인 가운데 한 사람인 그의 사상과 시대에 관해서는 충분하게 설명하고자 한다.

나는 미국의 정치와 사회사상 속에 담겨 있는 좀 더 폭넓은 변화를 탐구하기 위해 밀스를 연구하고 있다. 별개의 영역이긴 하지만 밀스와 연관되어 있는 두 가지 흐름을 살펴보고자 한다. 급진 정치가 변화해 가는 지형과 대학 사회 안팎에서 점차 증대되는 사회학적 사상의 영향력은 무척 중요한 주제이다. 그래서 밀스 개인의 발전을 좀 더 큰 흐름 속으로 가져다 놓을 것이다. 학자라면 "역사와 개인의 전기, 그리고 사회 속에서 이 둘 사이의 관계를 파악해야 한다"고 《사회학적 상상력》에서 밀스가 요청한 과제에 응답하고자 한다.[16]

고독한 급진주의자

밀스의 사상이 미국 좌파와 상호작용하는 가운데 형성되었다는 사실에는 논란의 여지가 없다. 하지만 그동안 어떤 연구도 밀스 특유의 예리하고 비관적이며 대단히 합리적인 급진주의의 정확한 본성, 또 그런 본성이 시간이 지나면서 발전해 온 방식을 충분히 탐구하지 못했다. 밀스는 특정 정당에 소속된 적이 없다. 또 정치 시위에 참가했다는 증거도 없다. 하지만 1940년대 초반에 급진주의로 전환한 이래 1960년대 초에 세상을 떠날 때까지, 밀스는 자신의 저작들이 급진적 사회 변화에 이바지했다고 자부했다. 밀스는 언제나 공산주의를 반대하는 쪽에 있었지만, 그렇다고 어떤 특정 좌파의 지적인 경향과 자신을 동일시한 적이 없다.

밀스의 급진주의는 자본주의와 사회적 위계, 군사주의에 대한 좌파의 적개심을 담고 있었다. 나아가 좀 더 큰 사회적 평등과 민주주의, 좀 더 정의롭고 참된 세상을 위해 이성의 집단적 사용에 대한 좌파의 헌신을 표현하는 매우 일반적인 성격을 띠고 있었다. 무엇을 지지했는가보다는 무엇에 반대했는지가 더 분명하기는 해도, 밀스의 급진주의가 갖고 있는 호소력의 대부분은 독단적이지 않고 편협하지 않은 그의 성격 덕분이었다.

밀스의 생애는 구좌파의 종말에서 신좌파의 탄생까지 뻗어 있다. 이 시대를 통틀어 급진적인 신념을 변함없이 견지한 몇 안 되는 지식인이었던 밀스, 참여민주주의를 비롯한 좌파의 생각을 1960년대의 저항운동에 전달함으로써 경계를 가로질러 연속성을 마련해 주었다. 그런가 하면 그의 사상에는 구좌파와 신좌파 운동 사이에 나타나는 과도기의 특징,

특히 사회 변화의 흐름을 포착할 수 있는 쟁점이 오롯이 담겨 있다.

1930~1940년대 대부분의 좌파들처럼, 밀스도 처음에는 노동운동으로 시선을 돌렸다. 제2차 세계대전 직후 몇 년 동안 노동조합에 참여한 경험은 첫 저작 《새로운 권력자들: 미국의 노동운동 지도자들》(The New Men of Power: America's Labor Leaders, 1948)의 출판을 낳았다.[17] 하지만 1950년대 후반에 이르면 노동운동이 사회의식을 진보시킨다는 관념을 '노동 형이상학'(labor metaphysic)이라고 규정하게 된다. 그러고는 서유럽 중산계급의 문화적 저항을 제3세계 비공산주의적 사회주의 혁명가, 특히 쿠바의 혁명가와 연결시키는 국제 신좌파 '청년 지식계급'에 관심을 기울였다.[18]

전 생애에 걸쳐 밀스가 사상을 형성해 온 것은, 좌파 운동이 있었기 때문이 아니라 오히려 그런 운동이 부재했기 때문이다. 매카시즘 시대 미국에서 좌파가 쇠퇴하던 상황은 밀스의 급진주의에 결정적인 영향을 끼쳤다. 그가 전후에 잠깐 동안 노동 지식인으로 활동한 것과 막 떠오르던 신좌파를 나중에 발견한 것을 제외하면, 밀스는 좌파의 변화 가능성에 늘 환멸을 느꼈다. 미래에 진보적인 변화를 낳을 수도 있는 반전(反轉)이나 변증법적 모순에 대한 인식이 부족한 탓에, 밀스는 미국에 대해 비관적 분석을 내놓았다. 기업과 군대, 정치 지도자(파워 엘리트)가 '그들만의 이사회'를 통해 통제하는 억압적이고 거대한 관료주의가 대중사회를 지배하고 있다고 보았다.[19]

밀스의 친구이기도 한 역사가 리처드 호프스태터는 언젠가 이렇게 논평한 바 있다. "자네가 쓸쓸하고 비관적인 모습일 때 가장 설득력 있다는 걸 발견하지. 그런 모습이 좀 더 밀스답고 좀 더 현실적으로 보인다네."[20] 《사회학적 상상력》에 나오는 유명한 구절에서, 밀스는 자신이 살던 시기를 '제4시대'(Fourth Epoch)라고 불렀고 '포스트모던 시대'라는 선구적인 표현을 썼다.[21] 세상에 대한 합리화는 인간의 자유를 위한 조건을 마련하는 데 실패했기에, 제4시대에는 자유와 이성이라는 계몽주의 개념이 더 이상 서로 화해할 수 없다고 주장했다. 막스 베버에 대한 자신의 어두운 해석에 기대어 "밑바닥에 깔려 있는 경향성은 누구나가 잘 알고 있다"고 주장하기도 했다. "거대하고 합리적인 조직(관료제)은 확대되었지만 전반적으로 개인의 실제 이성은 그렇지 못한 형편이다."[22] 그 결과는 "선택할 수 있는 것을 공식화하고 그것을 논의한 다음 선택할 수 있는 기회"라고 정의되는 '민주적인 자유'의 실종을 의미했다.[23]

밀스의 비관주의는, 독자들에게 인간의 본성에 대한 좀 더 누그러진 기대를 받아들이라고 경고한 신학자 라인홀드 니부어나 역사학자 아서 슐레진저 같은 전후 자유주의자들의 표현과 전혀 성격이 다르다.[24] 또 인간의 조건을 본디부터 무가치나 부조리와 벌이는 비극적인 투쟁이라고 인식한 전후 미국 사상계의 실존주의 경향과도 구별되어야 한다.[25] 오히려 당대에 관해 밀스가 묘사한 암울한 밑바닥에 깔려 있는 것은 인간 이성의 잠재력에 대한 근원적인 믿음이었다. 환멸의 근저에는 인간의 운명을 다시 만들어 가는 사회적 지성에 대한 낙관적인 믿음, 말하자면 미국의 실용주의 사회개혁 전통 속에 깊이 뿌리박고 있는 신념이 있었다. 권력을 가진 자들의 교묘한 조작을 폭로하여 대중이 행동에 나서도록 자극함으로써, 밀스가 지니고 있는 부정적인 생각의 힘은 무관심에 도전하는 일반 대중의 능력을 통해 회복되었다.

밀스는 안토니오 그람시가 내건 유명한 명제 "지성의 비관주의, 의

지의 낙관주의"(pessimism of the intellect, optimism of the will)에 따라 살아가는 것처럼 보였다. 하지만 자신이 주장하는 사회비평이 사회의 어떠한 정치 세력으로도 실현될 가능성이 없다고 보았기에, 이성을 민주적으로 사용할 수 있다는 믿음에 대해서는 절망적인 태도를 보이는 경우가 많았다. 그의 냉정한 급진주의는 언뜻 보아 변화될 것 같지 않은 것을 비판하는 지식인의 책임을 겨누고 있었다. 언젠가 밀스는 "빌어먹을 '위선적인 말투'와 은폐가 난무하고 있다. 그러므로 우리는 패배를 나타내는 하나의 척도일지도 모를 '폭로의 시대'(Muckraker era, 1906년 이후 자연주의 소설의 출현과 더불어 자본주의 경제 팽창으로 부패한 정치나 경제를 폭로하는 사회개혁 소설이 유행하던 시대—옮긴이)로 돌아가야 한다"고 불평했다.[26]

밀스의 냉정한 급진주의가 가진 미덕은, 날카로운 비판이 절실히 필요할 때는 미국의 정치와 사회를 비평하면서도 좌파의 이상은 보존했다는 점이다. 하지만 이런 태도는 한계를 안고 있었다. 최악의 경우에, 밀스는 지식인들에게 "그들 내부의 거짓된 것에 배반당하지" 말라고 촉구하면서 낭만적인 반대의 자세를 받아들이라고 급진주의를 위협했다.[27] 민주적이지 않은 미국 사회의 모습을 과장함에 따라, 밀스는 좌파를 건설할 수 있는 세력이나 운동의 기반을 식별하는 데 실패했다. 그가 화이트칼라 노동자들을 '뉴 리틀맨'(new little man)이라거나 심지어 '명랑한 로봇'(cheerful robots)이라고 묘사했을 때처럼, 무감각하고 소외된 현대인을 묘사해 놓은 밀스의 글은 풍자만화처럼 보이는 경우가 많았다. 밀스의 사상이 안고 있는 한계 가운데에는 냉정한 급진주의에 담겨 있는 내부의 활력에서 나온 것이 많다.

그런가 하면 밀스가 안고 있는 가장 중요한 결점은 젠더와 인종 평등 문제에 대한 부주의였다. 밀스는 억압에 도전하는 데 헌신했지만, 현대 세계에서 위계질서의 힘에 결정적인 원천이라고 할 수 있는 제도화된 인종주의와 가부장제를 그냥 보아 넘겼다. 그 시절 대부분의 (전부라고 단정할 수는 없는) 백인 남성 급진주의자들과 전혀 다를 바 없지만, 그렇다고 밀스의 잘못이 용서될 수 있는 사안은 아니다. 실제로 밀스가 처음 마주친 좌파는 인종이나 성 문제를 진지하게 받아들인 적이 없는 반스탈린주의 '뉴욕 지식인들'이었다.

밀스의 급진주의는 당대의 좌파 정치에 대해 독특한 반응을 드러냈다. 파시즘과 스탈린주의, 매카시즘이 가져다준 정신적 충격들로 말미암아 진보에 대한 전통적인 좌파의 믿음이 뿌리에서부터 침식당한 20세기 중엽의 몇몇 급진주의자들 역시 그와 비슷한 정서를 표출했다. 1940년대에 드와이트 맥도널드의 《폴리틱스》(Politics)나 1950년대에 루이스 코저와 어빙 하우가 펴낸 《디센트》(Dissent) 같은 작지만 영향력 있는 좌파 저널에서, 지식인들은 급진적 이상을 살리기 위해 애쓰면서도 현대사회에 대한 준엄한 분석을 내놓았다.

밀스는 스스로 엄청난 영향을 받은 독일 이민자 사상가 그룹인 프랑크푸르트학파 지식인들과도 중요한 요소를 공유하고 있었다. 이를테면 프랑크푸르트학파의 사상을 미국의 일반 대중들에게 전파한 1964년의 책에서, 허버트 마르쿠제는 미국 사회를 밀스가 사용하는 것과 비슷한 용어, 이른바 정치적 반대의 근원을 효과적으로 진압한 '일차원 사회'로 묘사했다.[28] 전후 '합의의 역사'(consensus history)라는 역사지리학적 경향은 루이스 하츠와 리처드 호프스태터 같은 좌파 학자의 냉정한 급진주의에서 비롯되었다. 두 사람 모두 현대의 급진적 이데올로기가 존재하지 않는 미국의 과거에 투영시켰다. '합의의 역사' 전통을 열어젖힌 연구서 《미국의 정치적 전통》(The American Political Tradition, 1948)에서, 호프스태터는 "주요 정당의 유력 주자들이 받아들인 전망의 범위는 언제나 재산(소유권)이나 기업의 시야에 갇혀 있었다"고 한탄했다.[29] 현대사회에 절망하지만 대안적인 좌파의 이상을 실현할 수 있다는 가능성을 마음에 품지 않은 냉정한 분위기는 그 시대의 문화 속에도 폭넓게 나타났다. 영국의 사회주의자 조지 오웰이 1949년에 출간한 디스토피아 소설 《1984년》에서도 그런 분위기가 읽힌다.[30] 이런 분위기는 좌파 작가나 감독, 그리고 할리우드의 블랙리스트에 오를 게 뻔한 영화배우들이 저예산으로 제작한 1940년대 후반의 수많은 느와르 영화('아메리칸드림의 비현실성'을 폭로한 음울한 영화)에도 스며들어 있다.[31]

밀스의 생각은 다른 냉정한 급진주의자들의 사회학적 분석뿐 아니라 미국 사회의 중심부에서 폭넓은 합의를 발견한 전후 자유주의자들의 사회 분석과도 닮았다. 실제로 밀스의 사상은 전후 자유주의자들의 '이데올로기의 종말'이라는 낙관적인 개념이 교묘하게 거꾸로 뒤집힌 버전으로 읽히는 경우가 많은데, 이런 생각은 전후 시대의 정치적·사회적·지적 성취들을 찬양했다.

'이데올로기의 종말'을 옹호하는 이들 가운데 손에 꼽을 만한 사회학자 시모어 마틴 립셋은 이렇게 선언했다. "산업혁명에 관한 근본적인 정치 문제들은 해결되었다. 노동자들은 산업적·정치적 시민권을 획득했고 보수주의자들은 복지국가를 받아들였다. 그리고 민주적 좌파는, 지배계급의 전반적인 증대에는 경제 문제에 대한 해결책보다 자유에 대한 위험이 더 많이 따른다는 점을 인식하기에 이르렀다."[32] 립셋은 서유럽에서 나타나는 심각한 이데올로기 투쟁은 이제 쓸모가 없어졌다고 결론 내렸다. "좌파와 우파를 나누는 이데올로기적 쟁점들은 정부 소유와 경제계획으로 어느 정도 줄어들었다."[33]

밀스는 '이데올로기의 종말'이라는 개념을 정치적 자기만족을 위한 변명이라고 보고 그 개념을 받아들이지 않았다. 그는 《파워 엘리트》에서, 미국이 다원적이고 민주적인 정치 구조를 가지고 있다고 보는 자유주의적 가설에 도전했다. 나아가 〈신좌파에게 보내는 편지〉에서 "빌어먹을 할망구들이여, '이데올로기의 종말'에 관해 어디 한번 실컷 불평해 보라지. 우리(좌파들)는 다시 움직이고 있을 테니까"라고 비꼬았다.[34]

전후 질서를 두고 평가가 서로 달랐음에도, 밀스와 그의 자유주의적수들은 뜻밖에도 공유하는 부분이 더 많았다. 밀스도 마찬가지로 전후 사회가 일종의 합의를 통해 지배되고 있다고 보았지만, 그것을 거짓된 것이라 판단하고 거부했다. 전후 자유주의자들처럼 밀스 역시 이데올로기 투쟁이 미국 사회에서 더 이상 쓸모없다고 주장했다. 더욱이 밀스와 전후 자유주의자들 모두 현대사회의 중요한 문제가 물질적인 박탈보다는 개인의 심리와 더 관련이 깊다고 생각했다. 시모어 립셋은 데이비드 리스먼의 《고독한 군중》(The Lonely Crowd) 같은 저작에서 확인된 미국 사회의 '순응 문제'에 우려를 표명했다. 《고독한 군중》과 여러 주제를 공유하고 있는 《화이트칼라》에서, 밀스는 "현대 세계에서 착취는 물질적인 억압이 약해지고 심리적인 억압이 더 커진다"고 주장했다.[35]

보편적인 풍요로움을 가져오는 전후 경제의 역량에 대한 밀스의 신뢰는 웬만한 자유주의자들만큼이나 견고했다. 한번은 미국의 주당 노동시간을 20~30시간으로 줄이려면 물질적 생활수준이 3배는 되어야 한다고 예언한 바 있다.[36] 또한 전후의 자유주의자들처럼, 밀스도 가난과 인종 억압, 지속 가능한 환경 같은 쟁점을 무시하거나 얕보았다. 전후의 합의와 순응이라는 개념에 도취되어, 밀스나 자유주의자들은 미국 사회를 실제보다 덜 역동적이고 갈등도 덜한 것으로 보았다는 점에서 크게 다를 바가 없다. 전후 시대의 지성사를 좀 더 긴 안목으로 본다면, 전후 자유주의자들의 희망적인 사고방식과 밀스의 비관적인 급진주의는 반대 지점에 있었던 게 아니라 동전의 양면이었던 셈이다.[37]

변절한 사회학자

전후의 자유주의 사상과 밀스의 밀접한 관계는 진가를 인정받지 못한 그의 지적 발전에서 또 다른 측면을 이루고 있다. 무엇보다 밀스는 20세기 중반의 사회과학 담론에 깊숙이 뿌리박고 있었다.[38] 대개 '이단자 밀스 이야기'는 밀스를 대학이라는 상아탑과 거리를 둔 '공공 지식인'의 본보기라고 칭송한다.[39] 스탠리 아로노위츠는 밀스를 가리켜 "두려움과 출세주의에 빠져 대학 사회에 안주하는 것을 거부한, 미국인의 삶에서 멸종해 가던 대중적이고 정치적인 지식인"의 전형이라고 평가한다.[40] 누가 뭐라고 해도 밀스의 장점 가운데 하나는, 적절하고 설득력 있는 주장과 명쾌하고 생생한 글을 통해 대학 바깥의 수많은 청중에게 다가가는 탁월한 능력에 있었다. 그런데 밀스를 공공 지식인으로 칭송하는 사람들은, 폐쇄적인 학문의 영역과 아카데미 바깥에 있는 대중적 담론 사이에 너무 날카로운 선을 긋는 경향이 있다. 오늘날 흔히 공공 지식인으로 칭송받는 사람들과 마찬가지로, 밀스는 자신의 통찰력 가운데 많은 부분을 학문적 훈련을 통해 얻는 지식에 의존했다. 밀스가 사회학 사상들에 깊이 뿌리박고 있다는 점을 이해하지 못하는 사람들은 그의 급진적 비평에서 결정적으로 중요한 원천을 놓치고 만다.

밀스는 대중적 사회학자로서 학문의 세계와 일반 대중 양쪽에 독특한 방식으로 사회학적 사상과 관점을 전달한 사람이라고 보는 것이 가장 정확할 것이다. 언젠가 말했듯이, 밀스의 목표는 "현대 사회과학을 일반 대중에게 전달될 수 있도록 이해하기 쉬운 방식으로 내놓는 일"이었다.[41] 밀스는 좀 더 광범위한 청중을 찾고 있을 때조차 당대 사회과학자들 사이에서 홀로 서 있었던 적이 없다. 제2차 세계대전 이후 미국 문화에서 사회과학의 전례 없는 명성은, 자유주의 대학 교육이 전반적으로 팽창함에 따라 좀 더 광범위한 대중에게 말을 걸고 싶어 하던 사회과학자들에게 새로운 기회를 마련해 주었다.

1945년에 창간된 잡지 《코멘터리》(Commentary)에 연재된 고정 칼럼 '인간 연구'(The Study of Man)는 보통 교육을 받은 독자들에게 사회과학의 성과를 전달했다. 이 칼럼을 소개하는 글에서 네이선 글레이저는 이렇게 말한다. "상아탑은 이제 버림받은 채로 서 있다. …… 사회학, 심리학, 인류학 분야의 저명한 학자들은 거의 대부분 인간에 대한 인간의 지식 확대를 파고드는 연구가 자유로운 사회가 안고 있는 문제를 해결해 나갈 수 있는지에 관심이 쏠려 있다."[42] 밴스 패커드, 오거스터 스펙토르스키, 윌리엄 화이트처럼 사회학적 영감을 받은 저널리스트의 저작뿐 아니라 시모어 마틴 립셋, 데이비드 리스먼, 대니얼 벨의 영향력 있는 저작들에도 반영되어 있듯이, 밀스의 사회학 연구는 제2차 세계대전 이후의 지적·정치적 담론에서 결정적인 역할을 했다.

　오늘날 사회학 분야에서 밀스는 '거물 반체제 교사'의 이미지를 고
스란히 담고 있다.[43] 사회학자들은 대개 밀스를, 1959년 《사회학적 상
상력》을 펴내며 아카데미 사회과학에 통렬한 공격을 감행한 '업계의
변절자'로 기억한다. 탤컷 파슨스의 구조기능주의 이론, 폴 라자스펠
트의 조사연구 방법, 그리고 로버트 머턴의 중간범위(middle-range)
이론에 바탕을 둔 과학적 '주류 사회학'이 지배하던 사회학 분야에
서, 흔히 밀스는 유일하게 주목할 만한 예외라고 여겨진다. 그러나 제
2차 세계대전 이후의 사회학에 대한 이런 일반적인 평가는 '주류 사
회학'의 압도적인 우월성과 일관성을 너무 과장하고 있다.[44] 또 밀스
가 20세기 중반의 사회과학에서 나타난 핵심적 발전에 신세지고 있다
는 사실을 파악하지 못한다. 당시 밀스가 사회학을 주도해 온 인물들
과 큰 갈등을 겪은 것은 분명하지만, 사람들은 사회학계 내부에서 밀
스가 차지하는 비중을 애써 무시해 왔다. 이를테면 앨빈 굴드너는 《다
가오는 서양 사회학의 위기》(Coming Crisis of Western Sociology)에서,
밀스의 급진적 신념이 컬럼비아대학 정교수가 되는 길을 가로막았다
고 잘못된 주장을 내놓았다. 나아가 이런 사실은 "생각이 깊은 논객이
라면 언제라도 대가를 지불할 능력이 있는 사람이어야 한다는 사실을
상기시켜 준다"고 결론지었다.[45] 사실 밀스는 이미 1956년에 정교수로
승진했다. 학문적 라이벌이던 탤컷 파슨스보다 더 젊은 나이에 정교
수 지위에 오른 것이다.

　밀스의 사례는, 대중적 사회학은 전문 연구자를 지향하는 직업
적 사회학과 늘 창조적 긴장 관계에 있다는 마이클 뷰러워이의 최
근 주장을 뒷받침한다.[46] 밀스는 자신의 사상을 아카데미 사회과학

의 모태 안에서 발전시켰다. 텍사스대학과 위스콘신대학에서 공부하던 시절, 밀스는 평생 자신의 연구를 결정짓는 철학·사회학 사상들과 만났다. 실용주의와 지식사회학을 공부하며 밀스는 콘텍스트 이론(contextualist)과 역사주의적 접근법을 통해 사회과학을 연구하는 쪽으로 나아갔다. 독일 사회학 또한 밀스에게 큰 영향을 준 것으로 밝혀졌다. 1940년대 초반 그는 독일에서 이주해 온 사회학자 한스 거스와 협력했는데, 그 무렵 막스 베버의 생각을 처음 만나게 된다. 베버의 생각은 사회구조와 사회계층화(계급화), 정치권력에 대해 밀스가 평생에 걸쳐 관심을 발전시키는 데 도움을 주었다. 1945년 밀스는 전후 미국 사회학의 중심으로 자리 잡은 컬럼비아대학 응용사회연구소(BASR, Bureau of Applied Social Research)에 직장을 얻었다. 여기서 초기 저작인 《새로운 권력자들》과 《화이트칼라》를 집필하는 데 필요한 연구를 충분히 할 수 있었다.

급진 정치와 대중적 사회학에 대한 헌신은 궁극적으로 밀스를 사회학계 지도자들과 갈등을 낳게 했다. 책임자인 폴 라자스펠트와 벌인 긴 논쟁 끝에 밀스는 응용사회연구소를 떠났다. 밀스는 남은 생애 동안 컬럼비아대학에서 학생들을 가르쳤다. 하지만 아카데미 사회학에서 힘을 얻기 위해 꼭 필요한 과정인 대학원생들을 훈련시키는 일에서는 제외되었다. 밀스가 1940년대 이후 더 이상 사회학 분야의 중심에 있지 않았다고는 해도, 완전히 사회학계 바깥에 있었던 것은 아니다. 1950년대에도 그는 전반적인 사회학의 흐름 속에 있었다. 《사회학적 상상력》에서 스스로를 학계에 맞선 외톨이 비평가로 묘사했을지 몰라도, 몇몇 권위 있는 사회학자들은 그의 비평에 공감했다. 사회학계를 통렬하게 공격했음에도 무엇보다 중요한 대목은 밀스 스스로 이른바 사회과학의 '약속'에 대한 신념을 결코 포기하지 않았다는 사실이다.

이런 방식으로 밀스를 이해하려면, 우리는 밀스가 가진 이미지를 다시 구성해야 하고, 나아가 20세기 중반의 사회과학에 대한 이해의 폭을 넓혀야 한다. 지금껏 생각해 온 것보다 밀스가 아카데미 사회과학에 더 많이 바탕을 두고 있었다면, 그 시대를 주도하던 사회학자들 역시 우리가 알고 있는 것보다 훨씬 더 깊이 당대의 사회적·정치적 담론에 뿌리내리고 있었다. 그런 면에서 정치에 대한 탤컷 파슨스의 '좌파 자유주의'(left-liberal) 견해가 자신의 추상적인 사회이론에 결정적인 구성 요소가 되었다는 하워드 브릭의 주장은 설득력이 있다. 그리고 데이비드 홀링거는 로버트 머턴의 초기 저작에 나타나는 반파시즘적인 정치 맥락을 발견했다. 밀스와 마찬가지로 파슨스나 머턴도 대학이라는 상아탑에 안주하기보다는 당대의 공공적인 문제에 깊이 관여했다.[47]

나는 밀스를 그저 한 사람의 사회과학자로 좁힐 것이 아니라, 총체적으로 이해할 수 있도록 시야를 넓히자고 제안한다. 밀스를 공공 사회학자로 보는 것은 당대의 학문적 담론에서 나타나는 그의 입지가 얼마나 복잡한지를 인식하기 위함이다. 학자들의 연구에 나타나는 편협성과 난해함, 그리고 정치적 자기만족을 두고 수많은 동료 사회학자들을 불같이 비난했을 때조차도 밀스는 독특하게도 사회학적 통찰력에 뿌리를 두고 있었다.

역사가 찰스 비어드는 사상가들에게 "어떤 평범한 일에서 너무 세심하고 올바르기보다는, 틀려도 좋으니 중요한 문제에서 대담성"을 가져 달라고 촉구한 바 있다.[48] 밀스의 연구 작업에서 가장 두드러진 측면은 지적인 야망이었다. 그는 스스로 "크게 생각하는 것"을 좋아한다고 말하곤 했다.[49] 밀스의 주된 관심은 좀 더 정의롭고 합리적인 사회를 위해 사회학에 깊이 뿌리박고 있는 이성을 사용하는 데 있었다. 사회과학계와 좌파 양쪽 모두에 참여한 것은 이 중대한 계몽주의 목표를 실현하기 위함이었다. 밀스는 통 크게 생각했기에 한 시대에 크나큰 영향력을 행사했고, 우리 시대에도 여전히 유효하다.

여러 방면에서 비범한 사상가였지만, 밀스의 사상은 이단적 지식인이라는 일반적인 관념이 인정하는 것보다 더 광범위한 역사적 흐름에 훨씬 더 깊이 뿌리내리고 있다. 그의 열망은 혼자만의 것이 아니었고, 그가 가진 사상의 힘도 한계도 그가 살아가던 시간과 장소와 관련이 있다. 밀스의 생애는 20세기 중반 미국에서 좌파 사회사상의 약속과 딜레마를 생생하게 드러내 준다. 어느 누구도 그를 대신할 수 없다.

1장

야심 찬 사회과학도

실용주의 철학과 지식사회학

"모든 새로운 것은 '하늘 위에' 떠 있다네. 만일 자네가 '지상'에 너무 가까이 머무른다면 결코 새로운 지역을 날아다니지 못할 것이네. 이론은 한 켤레의 무거운 부츠가 아니라 비행기이고 수색이고 정찰 부대이니까."

밀스는 위험을 무릅쓰고 상아탑 바깥으로 과감히 뛰쳐나갔기에 오늘날 힘 있는 통찰력을 가진 실천적 지식인으로 칭송받는다. 하지만 그는 자신의 관심 주제와 생각, 접근법을 학술적인 환경 속에서 발전시켰다. 밀스의 사상은 대학에서 공부한 사회과학에 뿌리를 두고 있다. 애초에 그는 전통에 얽매이지 않는 자유분방한 문학이나 저널리즘, 정치적 풍토에서 출발하지 않았다.

밀스는 텍사스대학(오스틴, 1935~1939)과 위스콘신대학(매디슨, 1939~1942)에 다니던 학창 시절에, 훗날 자신의 연구를 쌓아 올릴 기초를 다졌다. 밀스를 이해하기 위해서는 이 시절 그의 생각이 움직여 나간 분야를 주의 깊게 살펴볼 필요가 있다. 비평가들은 사회학 이론 분야에 관한 밀스의 초기 저작들을 '이해할 수 없는' 것이라고 간단히 처리하거나 묵살한 채, 나중에 나타난 밀스의 지적 경로에서 비롯된 틀 속에 집어넣었다. 이런 방식으로 접근한다면, 나중에 확립된 연구 방법론의 기초나 시간의 경과에 따라 밀스의 생각이 발전해 간 방식을 이해할 수 없다.[1]

학창 시절부터 밀스는 이미 사회적 통념에 도전하고 남달리 자신감 넘치는 인물이었다. 그 무렵 스스로를 '비인간적인 이기주의자'라고 묘사했다. 말년에는 그 표현을 이렇게 설명했다. "나는 뭔가에 몰두하는 기질 탓에 비인간적이었고, 품고 있던 야망이 내 능력을 넘어섰기 때문에 이기주의자였다."² 1930년대 후반부터 1940년대 초까지 밀스는 남다른 야망을 사회과학 공부에 바쳤다. 지성과 열정은 교수들에게 깊은 인상을 주었고 그 분야의 걸출한 인물들한테 주목을 받았다.

스물다섯 살 때 그는 이미 미국 사회학계에서 손꼽히는 두 전문 학술지에 논문을 실었다. 하지만 결코 출세 지상주의자는 아니었다. 그의 열정은 언제나 출세보다는 세계를 이해하는 방법을 정교하게 만드는 데 있었다. 그는 유명한 학자가 되려고도 했지만, 적절한 목표를 향해 자신의 인식과 사회 연구 방법을 다듬는 일을 더 중요하게 생각했다. 1942년에 처음 언급한 유명한 구절, '사회학적 상상력' (sociological imagination)의 잠재력에 대해 학창 시절부터 형성해 온 믿음을 결코 잃지 않았다.³

초기에 밀스는 최신 사회과학, 특히 미국 사회학의 학문적 모체에서 진행되는 담론에 깊이 빠져 있었다. 그는 지식사회학에 대한 연구를 통해 지식의 사회적 기초를 조사하고, 사회학적 탐구를 더 풍요롭게 하는 야심찬 과업에 몰두했다. 특히 유럽의 사회학 전통에 동조하는 좀 더 젊은 세대의 사회학자들과 관계를 맺었다. 실제로 밀스가 쓴 초기 논문들은 그 무렵 떠오르고 있던 대표적인 사회학자 두 사람, 탤컷 파슨스나 로버트 머턴의 저작과 중요한 요소를 공유하고 있다. 글 쓰는 스타일도 순수한 학문적 담론에 뿌리내리고 있었다. 뒷날《사회학적 상상력》에서 파슨스의 구절을 알기 쉬운 말로 옮기는 과정에서 자신이 사용한 사회학 전문용어를 보고 비웃게 될 테지만, 밀스의 초기 저작들은 어렵고 전문적이고 때로 이해하기도 쉽지 않았다. 처음으로 출판된 밀스의 논문을 두고 어떤 동료는, 그 초고는 지금까지 본 논문 가운데 "가장 형편없는 문체였다"고 논평했다.[4] 밀스는 1939년 가을에 쓴 어떤 글에서, 언젠가 《눈동자 속의 호수》(The Lake of the Eyeballs)라는 제목의 소설을 쓴 적이 있다고 회고하며, "함부로 쓰던 어려운 전문용어가 내 글에서 빠져나간 건 기껏해야 두 해밖에 되지 않았다"라고 고백했다.[5]

　미국의 사회과학에서 나왔다고 보기에 밀스의 관점은 너무도 독특했다. 주로 텍사스대학에서 만난, 특정한 범주의 사회과학 접근법 때문이었다. 그곳에서 밀스는 20세기 중반 미국 사회과학에서 차츰 영향력이 줄어들고 있던 지적 전통들(실용주의, 시카고학파 사회학, 제도학파 경제학)과 만났다. 그 경험은 밀스가 죽을 때까지 자신의 작업을 통해 그런 전통 학문들이 살아 숨쉴 수 있도록 했다. 이런 전통에 의지하면서, 밀스는 인문과학에서 전후에 가장 대표적인 학자들과 선을 긋고 역사주의적이고 배경과 맥락을 중시하는 사회과학 철학을 형성해 나갔다. 그들은 사회적 세계를 시대마다 구분하여 역사적 배경을 배제하는 엄격한 '공시적 분석'(synchronic analysis)을 발전시키는 데 집중하고 있었다.[6]

　특히 실용주의에 대한 연구를 통해 밀스는 다른 사회학자들과 완전히 다른 관점을 갖게 되었다. 1940년대 초반 밀스는 미국에서 카를 만하임의 지식사회학을 지지하는 사실상 유일한 사회과학자가 되었는데, 이런 면모는 실용주의에 바탕을 둔 것이다. 사회 연구에 대한 밀스의 색다른 접근법은 학문적 자기비판을 시도하는 대목에서 절정에 이르렀다. 이런 접근법으로 사회학 훈련 과정을 조사하기 위해 지식사회학 방법을 적용하고 사회학 연구의 밑바닥에 깔려 있던 인식하지 못한 가정들을 폭로했다.

이 시기에 밀스는 세계를 변화시키는 방법이 아니라 세계를 이해하는 방법을 발견하는 데 관심이 있었다. 1936년 부모한테 쓴 편지에서 밀스는 텍사스대학에서 일어난 정치적 선동에 관해 언급했는데, 거기에 참여하는 것보다는 '사회학자들을 위한 실험실'인 캠퍼스에 매혹되었다고 썼다.[7] 급진 정치에 대한 확실한 헌신을 몸에 익히기에 앞서 밀스는 미국 사회과학에 대한 방법론적 비판을 천명하고 나섰다. 하지만 앨빈 굴드너가 언젠가 말한 것처럼, "사회학은 단지 급진주의자를 보충하는 것이 아니라 급진주의자를 낳을지도 모른다. …… 그저 급진주의화를 묵인하는 정도가 아니라 창출할지도 모른다."[8]

추상적인 방법론과 철학에 몰두해 있던 학창 시절에는 정치적 잠재력이 깃들어 있었고, 그것은 밀스가 1940년대 초반 들어 좌파로 돌아서는 데 영향을 끼쳤다. 방법론적 비평을 정치적 비평과 결합시키고 사회학 이론을 지식사회학의 구체적인 연구와 융합시킨 사례가 바로 〈사회병리학자들의 직업 이데올로기〉(The Professional Ideology of Social Pathologists)라는 고전적인 논문이다. 이 논문은 나중에 피에르 부르디외나 앨빈 굴드너 같은 탁월한 좌파 사회학자들이 분명하게 표방한 사회학에 대한 성찰적 비평의 중요한 전조가 된다.[9]

실용주의와 사회과학

밀스는 1916년 8월 28일 텍사스 주 와코에서 태어났다. 어린 시절 아버지는 보험 중개인으로 일하느라 출장을 가는 일이 많았다고 한다. 밀스가 성장하는 동안 가족은 텍사스 주 안에서 뻔질나게 이

사를 다녔다. 어머니의 소망에 따라 밀스는 세례를 받고 가톨릭 교인이 되었지만, 청소년기에 교회와 결별하고 공립학교에 다니겠다고 고집을 피운 끝에 1934년 댈러스공업고등학교를 졸업했다. 밀스가 십대 시절에 무척 좋아한 책 가운데 하나는 사회주의자 법률가 클래런스 대로의 자서전이었다. 대로는 1925년 '스콥스 재판'(교사인 존 스콥스가 진화론을 가르쳐 실정법을 위반했다는 혐의로 재판을 받은 사건—옮긴이)에서 진화론에 바탕을 둔 과학을 주장한 피고를 변호한 일로 유명한 인물이다. 1934년 8월 10일《댈러스 모닝뉴스》에 처음으로 발표한 글에서, 밀스는 과학에 대해 근본주의 성향을 갖고 있는 목사의 공격을 논박했다. 밀스는 '진리로 시작되는' 교리상의 종교보다는 '진리를 목표로 삼고 관찰과 이성'에 기초한 과학이 더 중요한 가치라고 강조했다.[10] 이미 청년 시절부터 밀스는 고전적인 계몽주의 관점으로 세상을 보았다.

아버지의 강요에 못 이겨 밀스는 당시 군사학교였던 텍사스A&M 대학에 등록했다. 하지만 지적인 편향이 뚜렷한 젊은이에게 그곳은 달갑지 않은 분위기를 풍겼다. 룸메이트와 함께 써서 학보에 보낸 글 두 편에서, 밀스는 신입생을 골탕 먹이는 대학의 문화를 비판했다. 신입생이 선배들에게 복종하고 존경해야 하는 시스템을 "무지와 편협한 생각에 의해서만 정당화되는 인간의 행동에 대한 거짓된 기초에서 나왔고, 거짓된 원리에 의해 유지되는 사회"라고 격하게 비난했다.[11] 밀스는 "애국심의 최고 형태는 비판이다"라고 선언하고, "허위와 위선, 봉건주의 관습들로부터 자유로운" 캠퍼스 문화를 만들 것을 촉구했다.[12]

A&M대학의 문화를 비판하면서 밀스가 사회학 교과과정을 중도에

그만두지 않은 사실은 주목할 만하다. "만일 (상급생의 명령에 따라 자질 구레한 일과 심부름을 하는) 이것이 지도력이라면, 내가 공부하는 사회학 교과서는 완전히 잘못된 것이다. 왜냐하면 이런 종류의 통제는 다름 아닌 강제적인 힘에 바탕을 두고 있기 때문이다. 강제적인 힘에 기초한 모든 사회적 통제는 부당하다."[13]

1학년을 마치고 A&M대학을 떠날 무렵, 밀스는 이성과 과학의 이상에 대한 헌신, 전통적인 계급제도에 대한 강렬한 반감, 그리고 사회과학 공부의 자질을 이미 갖추고 있었다. 그럼에도 밀스가 연구를 구체화하게 되는 독특한 지적 전통을 만난 곳은 훨씬 더 세계적인 텍사스대학이었다. 1939년 밀스는 이곳에서 사회학 학사와 철학 석사 학위를 동시에 받았다. 철학과에서 공부하는 동안 밀스는 자신의 사상을 크게 발전시켜 나갔다. 특히 19세기 말과 20세기 초 영향력을 떨친 철학 운동이던 실용주의에 기초를 두고 세상을 비판적으로 분석했다. 실용주의 사상가 가운데 존 듀이, 윌리엄 제임스, 조지 허버트 미드, 찰스 샌더스 퍼스는 탁월한 인물이었다. 밀스는 텍사스에서 3년 동안 공부한 뒤 1938년 가을에 이렇게 논평했다. "나의 지적인 대부(代父)들은 실용주의자들이었다. 그때 내가 그들 사이에 있다는 사실을 처음 깨달았다."[14]

밀스가 실용주의를 처음 접하게 된 데에는 젊은 두 철학자가 결정적인 역할을 했다. 조지 젠트리와 데이비드 밀러는 실용주의의 온상인 시카고대학 철학과 출신으로 조지 허버트 미드와 함께 공부했다. 젠트리는 1931년에, 밀러는 1933년에 박사 학위를 받았다. 밀러는 미드가 세상을 떠난 뒤에 나온 논문집 《행동의 철학》(The Philosophy of the Act) 편집을 도왔고, 이 책은 미드의 영향력을 뒷받침하게 된다.

실제로 밀러는 미드의 유산을 지키고 그의 통찰력을 확대하는 일을 통해 경력을 쌓아 갔다.[15] 반면에 출판한 책이 거의 없었던 젠트리는 밀스의 석사 학위논문을 지도하면서 밀스에게 큰 영향을 주었다. 밀스는 훗날 젠트리에 대해 이렇게 썼다. "텍사스대학이 한 인간에게 무언가 줄 수 있었다면 …… 그것은 무엇보다 실용주의 철학자이자 퍼스 전문가인 조지 젠트리를 꼽을 수 있다. 그것을 얻어라. 누구에게든 사회과학에서 그보다 더 좋은 기초는 없을 것이다."[16]

학자들은 밀스가 실용주의 철학에 신세지고 있다고 지적해 왔지만, 밀스의 학창 시절에 관해서는 별로 아는 게 없다. 밀스는 매우 특별한 목적 때문에 실용주의에 관심을 두었다. 실용주의가 "방법론 면에서 혼란스러운 사회과학"을 돕는다고 생각한 것이다.[17] 이 점에서 밀스를 지도한 교수들이 시카고대학 실용주의 전통의 대표자들이었다는 사실은 의미심장하다. 20세기에 들어와 수십 년 동안 철학을 전공한 학자들이 점점 더 철학을 자체의 학술적인 쟁점을 가진 전문화된 학문 분야의 하나로 보는 반면, 시카고대학 실용주의자들은 훨씬 더 폭넓은 개념을 가지고 있었다. 그들은 철학과 사회과학이 공동 연구에 참여해야 한하고 생각했고, 엄격한 학문의 경계를 넘어서려고 했다.[18]

철학을 연구하던 밀스에게 사회과학 방법론에 관한 탐구를 장려한 사람이 바로 젠트리와 밀러였던 셈이다. 이 시카고학파의 실용주의 접근법이 남긴 유산은 밀스의 생애를 통틀어 커다란 반향을 불러일으켰다. 밀스는 인문과학이 공동의 프로젝트에 연관되어 있다는 강한 인식을 결코 저버린 적이 없었고, 사회를 탐구하는 다른 형태들과 뚜렷이 구별하여 사회학을 전문화된 과학으로 만드는 태도에 언제나 반대했다. 바로 이런 자세가 밀스를 파슨스나 머턴처럼 학술적 업적을 쌓아 가는 사회학자들과 구별 짓게 해주었다.

밀스는 역동적이고 지속적이며 독단적이지 않은 탐구 과정으로서 실용주의자들의 과학적 개념, 그리고 생각과 행동의 밀접한 관계를 강조하는 실용주의를 적용시켰다. 실용주의자들은 학문을, 시대를 초월하는 진리를 발견하는 것이 아니라 현재의 세계를 이해하고 변화시키는 하나의 방법이라고 보았다. 추상적인 선험적 도식으로부터 진리를 추론하는 것에 대한 실용주의자들의 의심, 그리고 검증 수단으로서 경험적인 탐구에 대한 호소는 20세기 초반 미국과 유럽의 사상에서 그들을 더 폭넓은 '형식주의에 대한 반항'의 일부가 되게 했다.[19] 실용주의자들에 따르면, 인간은 형식적인 시스템을 자료 더미에 적용하는 게 아니라 특정한 상황이나 문제를 조사함으로써 지식을 얻는 존재였다.

밀스가 보기에 실용주의의 약속은 "경험적인 진술을 향한 본능적 욕구"였다. 그 안에서 "지금까지 형식적이고 인식론적 관점들에서만 배타적으로 생각했던 문제들을 구체적인 연구를 통해 답변 가능한 것으로 만드는 방식으로 정의할 수 있을 것이다."[20] 따라서 밀스는 일찍부터 끊임없이 자신이 나중에 사회학에서 '거대 이론'이라고 부르게 되는 것에 회의를 느꼈다. '거대 이론'은 보편적 법칙을 특정한 연구 영역에 적용했다.[21] 실용주의는 또 젊은 시절 밀스가 증오한 가톨릭 학교들에서 만난 교리적인 진리 모형을 거부하기 위한 지적인 공격 수단을 제공했다.[22]

덧붙여 실용주의는 밀스가 사회학 연구에서 이론의 중요성을 인식하는 데 영향을 주었다. 어떤 특정한 개념 틀에서 볼 때에만 사실들이 의미가 통한다고 주장하는 순진한 경험주의자나 실용주의자는 아무도 없었다. 그 결과, 이론은 실제에서 어떠한 가치도 헤아리지 못한다. 밀스는 이 원리를 사회과학에 적용하여, 사회학적 탐구는 그 탐구 방법에 대한 인식을 통해 훨씬 생산적인 작업이 될 수 있다고 주장했다. 밀스는 "방법론적 자기 인식을 통해서 정확하고 확고한 성찰을 할 수 있다"고 거칠게 설명했다.[23] 텍사스대학 시절 밀스는 사회과학 방법들에 대한 철학적 성찰을 통해 사회과학의 실천을 향상시키는 것을 목표로 삼았다.

밀스는 또 실용주의자들로부터 사상의 역할에 대한 대단히 맥락적이고 역사주의적인 인식을 얻었다. 지식사회학에 대한 관심은 사상을 좀 더 폭넓은 사회적 세계와 관련시킴으로써 맥락을 이해하려는 실용주의적 탐구에서 자라났다. 실용주의자들은 탐구를, (그 안에서) 사상이 행동을 통해 서서히 발전하는 문제들의 어느 특정한 틀 속에서 특징지어지는 것으로 보았다. 이것이 밀스가 파악한 첫 번째 실용주의 원리였을 것이다. 젠트리와 밀러한테서 지도를 받아 1937년에 조지 허버트 미드의 철학 세미나에서 발표한 논문에서, 밀스는 미드를 따라 "심지어 가장 추상적인 사고도 행위, 즉 어떤 일반적인 방식의 행위가 아니라 어느 특정한 종류의 행위와 명확히 관련된다는 것, 그리고 그 사고는 특정한 상황들, 즉 일반적인 세계가 아니라 사회적 행위라는 유기체의 특정한 측면들 속의 활동과 더욱 관련이 깊다"고 주장했다.[24]

밀스가 학창 시절에 쓴 글들은 자신이 실용주의에 신세지고 있음을 증명하고 있지만, 그중에는 실용주의 철학의 결함을 지적하면서 쓴 논문이 많다. 실용주의자들을 자신의 '지적인 대부'로 인정했을 때조차도, 밀스는 "내가 '사회언어학'의 모퉁이라고 부르게 된 것"으로부터 실용주의자들에 대한 비판을 발전시키고 있다고 말했다.[25] 실용주의자들에 대한 치밀한 검토를 통해 밀스는 궁극적으로 지식의 본성에 관한 인식론적인 문제들보다 사회의 구체적인 역학 관계를 이해하는 데 초점을 맞추는 관점을 발전시켰다. 밀스는 초기에 이론적 성향이 강했고, 철학적인 것보다는 사회학적인 것에 관심이 더 쏠려 있었다. 철학적 성찰이 사회과학 연구에서 빠져서는 안 될 요소라는 것을 발견하는 반면, 궁극적으로 실용주의 철학은 오직 사회학적 연구만이 제공할 수 있는 사회구조에 대한 경험적 분석이 결여되어 있다고 이해했다.

밀스의 석사 논문 〈성찰, 행위, 문화〉(Reflection, Behavior, and Culture)는 듀이에 대한 사회언어학적 비평이었다. 밀스는 듀이를 "정신과 성찰에 관해서 경험적이고 포괄적으로 설명하는" 최초의 사상가 가운데 한 사람이라고 높이 평가하면서도, 사회 속에서 탐구하고자 하는 듀이의 시도가 "형식주의적이고 유감스럽게도 막연한" 것이라고 주장했다.[26] 밀스가 보기에 실용주의 철학자들은 사고 과정이라는 개념이 자신들이 처한 특정한 사회적 상황에서 나온다는 점, 그리고 어디에나 다 적용될 수는 없다는 점을 인식하지 못했다. 더욱이 생각이 사회 현실을 반영한다는 일반적 진술을 뛰어넘지 못한다는 점에서, 실용주의자들은 특정 개인의 사고가 어떻게 특정한 사회구조 속에서 일어나는지를 설명하기 위한 지침을 제공하지 못했다. 그러한 모형들에는 문화적이고 역사적인 근거가 필요하다고 생각했다. 듀이가 안고 있는 문제의 뿌리는 자연과학에서 가져온 탐구 방법을 일반화하여 사회과학에 적용하려는 시도에 있다고 밀스는 주장했다. 특히 듀이가 사회적 행동을 설명하기 위해 사용한 '적응'(adaptation) 같은 생물학 용어에 반대했다. 그러한 은유는 사회에 적응해 가는 어떤 이민자 개인의 경우에는 효과가 있을지 몰라도, 인간의 행동이 어떻게 제도와 사회 구조에 의해 특징지어지는가는 설명하지 못한다.

실용주의 원리들이 사상을 사회적 맥락 속에 확고하게 위치시키는 구체적인 연구에 적용되기 전까지는, 밀스가 볼 때 그 원리들은 너무 추상적인 상태에 머물러 있었다. 밀스의 실용주의 비평은 놀라울 만큼 실용주의 원리에 기대고 있었다. 그는 경험적인 탐구와 인간의 활동이 갖고 있는 대단히 사회적인 성격에 대해 실용주의자들이 개념을 충분히 발전시키지 못한다고 공격했다. 밀스는 시카고학파 사회학과 베블런의 제도학파 경제학에서도 영향을 받았다. 그는 이 두 지적인 전통을 모두 텍사스에서 만났다. 둘 다 나름대로 밀스에게 실용주의 사상의 영향력을 강화했지만, 동시에 사회학적 탐구에 적합하지 않아 보이는 실용주의 철학의 요소를 비판하도록 자극하기도 했다.

밀스에게 영향을 준 텍사스대학의 주요 사회학자는 워너 게티스였다. 게티스가 1927년 대학에 부임하면서 사회학과는 독립된 학과로 개설되었고 그가 학과장을 맡았다. 게티스의 책임 아래, 사회학과 교수진과 학생들은 철학과나 경제학과와 친밀한 관계를 유지할 수 있게 되었다. 이런 여건은 밀스가 분야를 넘나드는 학문 경향을 추구하도록 북돋웠다.[27] 텍사스대학에서 공부하던 초기 몇 년 동안 게티스와 밀스의 관계는 특히 가까웠다. 게티스는 첫 학기에 밀스가 자신의 사회학 강의를 청강할 수 있도록 했다. 또 사회학 성적이 우수하거나 과외 활동에 공로가 있는 학생들로 이루어진 우수학생협회에 밀스를 추천했고, 남서부사회과학협회(Southwestern Social Science Association) 모임에도 손수 운전해서 데려갔다.

뒷날 게티스가 은퇴를 앞둔 1958년에 밀스는 감사의 말을 발표하기 위하여 오스틴까지 날아갔다.[28] 함께 집필한 유일한 책은 공저로 펴낸 사회학 교과서뿐이었지만, 게티스는 밀스에게 영향을 준 사회학 이론에 관심을 놓지 않았다. 예를 들어, 게티스는 탤컷 파슨스의 《사회적 행동의 구조》(Structure of Social Action)를 "미국 사회학에서 돋보이는 공헌"이라고 처음으로 격찬한 사람들 가운데 하나였다.[29] 밀스가 사회과학은 자연과학의 방법과는 별개로 자체의 방법을 발전시켜야 한다는 생각을 하게 된 것도 어쩌면 게티스와의 만남에서 비롯된 것인지도 모른다. 게티스는 자신의 가장 중요한 논문에서 로버트 파크 같은 시카고학파 사회학자들이 받아들인 생태학적 접근법의 어떤 요소들을 비판했는데, 생물학에서 유래한 가정들을 무비판적으로 받아들였기 때문에 일관되고 설득력 있는 인간생태학 이론을 구축하지 못했다고 밀스는 주장했다.[30]

생태학 이론에는 회의적이었지만, 게티스는 시카고학파의 전통 안에서 움직였다. 1920년대 초에 그는 시카고대학 사회학과 전임강사로 일했다. 시카고학파는 단일하고 통일된 방법론을 가지고 있지 않다고 평가되었고, 사회학자들은 이런 전통 속에서 수많은 생각과 실천을 공유했다. 통계학을 사용했음에도 불구하고, 시카고학파 사회학자들은 사적인 문서와 인터뷰, 직접적인 관찰, 생활사, 생태학적 분석, 그리고 사회적 지도(地圖) 같은 구체적인 자료를 사용하는 것으로 알려져 있다. 그러한 접근법은 특정한 공동체 연구에 적합했으며, 이 전통 속의 여러 사회학자들은 시카고라는 도시를 자신들의 사회학적 실험실로 여겼다.[31]

이렇듯 밀스는 시카고학파 사회학을 만남으로써 사고방식에서 실용주의의 영향이 짙어진 것 같다. 밀접한 관계를 맺고 있었던 시카고 실용주의자들처럼, 시카고학파 사회학자들은 이론적이고 추상적인 접근법보다는 직접적이고 경험적인 사회조사를 더 높이 평가했다. 앤드루 애벗이 주장한 것처럼, 시카고 사회학의 기본적인 통찰력은 "사회적 사실들은 구체적인 공간에서 발견되기 때문에 우리는 특정한 시간과 장소에서 특정한 사회적 행위자가 놓여 있는 처지를 이해하지 않고서는 사회적 삶을 이해할 수 없다"고 주장한다.[32] 실용주의자들의 철학적 깊이에 마음이 끌렸지만, 밀스는 듀이에 대한 '사회학적' 비평을 위해 자신에게 친밀한 시카고 전통 속에 있는 사회학적 연구에 의지했다.

밀스는 석사 학위논문에서, 시카고학파 사회학의 가장 유명한 저작인 《유럽과 미국의 폴란드계 농민》(The Polish Peasant in Europe and America)과 듀이의 저작을 대비시켰다. "토머스와 즈나니에츠키의 연구 작업에 대한 90페이지짜리 〈방법론 노트〉(Methodological Note)가 사회학자들에게 수천 페이지에 이르는 듀이의 저작보다도 더 구체적이고 가치가 높았다. 왜냐하면 그것은 진행 중인 일련의 연구로부터 나왔으며, 거기에 담긴 공식과 규범들은 권고적 기능으로 되돌아갔을 뿐 아니라 다수의 진척된 연구로 발전해 나갔기 때문이다"라고 밀스는 단언했다.[33]

밀스는 텍사스대학 경제학자인 클레런스 아이레스한테서도 영향을 받았다. 졸업 학기가 되어서야 비로소 정식으로 아이레스의 강의를 신청했지만, 그 전부터 이미 몇몇 강의를 청강하고 아이레스의 대학원생 제자들과도 가깝게 지내고 있었다.[34] 시카고대학 철학과의 또 다른 걸출한 인물인 아이레스는 관습에 얽매이는 지적·정치적 범주에

쉽사리 들어맞지 않는 폭넓은 관심을 가진 타고난 선생이었다. 자신이 생각하는 바를 학생들과 터놓고 이야기하는 아이레스의 태도는 대학 당국과 갈등을 낳기도 했다.

아이레스는 과거에 《뉴리퍼블릭》(New Republic)의 공동 편집자를 지냈고 프랭클린 루스벨트 정부의 노동부 소비자국 책임자로 근무한 적이 있다.[35] 여러 방면에 걸쳐 사회과학 지식을 갖춘 솔직한 우상 파괴자로서, 아이레스가 밀스에게 본보기가 되었으리라고 짐작할 수 있다. 아이레스의 영향으로 밀스는 제도학파 경제학의 지적 전통과 처음으로 만났다. 소스타인 베블런의 사상에 뿌리를 두고 있는 제도학파 경제학은 형식주의적 사고 체계, 이를테면 이 경우에는 신고전파 경제학에 대한 실용주의의 반감을 공유하고 있었다. 제도학파 경제학자들은 수학적으로 정밀한 모델을 구축하기보다 경제학의 실제 세계에 접근하려고 애썼는데, 그것이 사회의 다른 측면들과 불가분하게 연결되어 있다고 보았다. 두 차례의 세계대전 사이에, 웨슬리 미첼의 지도 아래 제도학파 경제학은 더 확장되고 전문화되었다.[36] 하지만 아이레스는 사회제도의 역사적 연구와 비평을 강조한 베블런의 초기 전망과 더 가까웠다.

아이레스는 베블런의 경제학이 듀이의 실용주의와 양립할 수 있다고 확신하면서도, 제도학파 경제학은 인간 행동의 형성에서 제도와 사회구조의 역할을 실용주의 철학보다 더 강조한다고 보았다. 특히 제도학파 경제학자들은 미국 사회에서 사회적 권력이 어디에 있는지에 더 관심이 있었다. 밀스는 텍사스를 떠난 후에야 비로소 이 주제에 관심을 갖게 되었지만, 밀스가 실용주의에 대해 정치적 색채를 띠고 제기한 몇몇 비판에는 제도학파의 영향이 작용했다. 데이비드 밀러를 위해 쓴 어떤 논문에서, 밀스는 사상을 전체 사회와 관련짓고, 지식의 발전을 좌우하는 사회적 분화를 무시하는 실용주의자들의 성향을 비판하기 위해 제도학파의 관점을 사용했다. 예를 들어, 실용주의자들은 순진하게도 과학의 발전이 사실상 대기업에 가장 큰 이익을 안겨 줄 때조차 그 발전이 전체 사회에 이바지한다고 믿는다고 밀스는 단언했다.[37] 실용주의자들은 그러한 사회적 분화를 무시하면서 사상을 "사회적·정치적·경제적 가치의 여러 분야에 적절히" 위치시키는 데 실패했다고 밀스는 주장했다.[38] 이 대목에서 밀스는 가장 유명한 저작의 핵심 개념이 될 권력, 사회구조, 사회계층화(계급화), 그리고 엘리트 지배의 문제에 대해 막 싹트기 시작한 관심을 표현했다.

밀스가 아직 텍사스대학 학생이던 1939년 봄에 발표한 첫 번째 논문 〈언어, 논리, 그리고 문화〉(Language, Logic, and Culture)는 실용주의를 비롯한 미국의 지적 전통이 어떻게 그를 초기에 지식사회학으로 진출하게 했는지 잘 보여 준다. 밀스는, 사상이 사회 현실을 반영한다는 주장이 너무 추상적이고 형식주의적인 태도에서 나왔다는 데 문제의식을 품었다. 그는 사상이 사회 현실을 반영한다는 일반적인 원칙에는 동의하지만, '어떻게' 그러한지를 보여 주는 데에는 학자들 대부분이 실패했다고 생각했다. 밀스가 보기에, 실용주의자들뿐 아니라 마르크스주의자나 카를 만하임 같은 훨씬 세련된 지식사회학자들도 "정신과 사회적 요인들을 연결 짓는 데 사용하는 용어들을 올바로 이해하고 명쾌한 공식"을 내놓지 못했다.[39]

밀스는 지식사회학이 사상과 사회적 요인을 어떻게 연결시킬 수 있는지 입증하는 두 가지 가설을 제시했다. 첫 번째 가설은 '일반화된 타자'(generalized other)라는 미드의 사회심리학 개념을 가져왔다. '사회적 자아'에 관한 미드의 선구적인 주장에서는, 개인이란 사회의 다른 구성원과 주고받는 내적인 대화에 지속적으로 개입되는 것으로 본다. 한편 밀스에 따르면, 미드는 사회적 요인들이 외부의 영향이 아니라 오히려 모든 사고에 내재해 있는 것이라고 암시한다. '일반화된 타자'라는 미드의 공식은 너무 추상적이어서 '사회'에 의해 형성되는 '개인'을 가정하고 있지만, 사상이 일어나는 특정한 역사적·사회학적 사상을 파악하는 틀을 제공하지는 못한다고 밀스는 생각했다. 따라서 특정한 사상이 공식화되는 과정에 작용하는 구체적인 사회적 힘들을 설명하려면 미드의 개념을 수정해야 한다고 주장했다. 이를테면 모든 사고는 그것이 지향하고 있는 사람들의 특정한 가치와 이해관계를 고려하는 대화의 한 형태라고 보았다. 사상가는 그것을 의식하든 의식하지 않든 자신의 사상이 청중의 활동과 가치에 의해 규정된 '문제들'에 응답해야 한다.[40] 따라서 연구는 어떤 특정 사상가의 청중을 조사하여 더 큰 사회적·역사적 힘을 개인의 사회심리와 연결 지음으로써 사고의 사회적 맥락을 확립할 수 있다고 밀스는 주장했다.

〈언어, 논리, 그리고 문화〉에서 내놓은 두 번째 가설은, 지식사회학자는 사상가가 사용하는 언어의 의미를 깊이 연구해야 한다는 주장이었다. 여기에서 그는 논리적 추론의 규칙이 그것을 사용하는 사람들의 동의에 달려 있다는 찰스 샌더스 퍼스의 통찰력에 의지했다. 즉 언어는 생각을 표현하는 중립적인 도구가 아니라 과학의 언어조차도 거기에는 가치가 담겨 있다고 설명하는 최신 연구였다. 밀스는 "사회적으로 형성되고 유지되는 언어는 암묵적인 권고와 사회적 평가를 구현한다"고 결론지었다.[41] 말하자면 언어는 사회적 요인들이 사고 속에 뿌리내리는 주된 방식 가운데 하나였다. 그래서 지식사회학자들은 어떤 사상가가 무슨 단어를 사용했는지, 그 단어가 무엇을 의미했는지, 그리고 그의 언어가 남들이 사용한 언어와 어떤 관계가 있는지를 조사함으로써 연구를 이어 갈 수 있다는 것이다.

밀스가 보기에, 두 차례 세계대전 사이의 시기 동안 실용주의자들에게 나타난 '언어로의 전환'은 사회과학 방법론에 대한 유망한 접근법을 대표하고 있었다. 그 시대에 케네스 버크와 그레이스 드라구나, 찰스 모리스, 에드워드 사피어 같은 이들은 상징체계인 언어를 연구하기 위해 실용주의 개념에 의지했다.[42] 언어를 본디 문화에 의해 결정되는 것으로 보면서, 밀스는 실용주의의 이런 언어로의 전환이 유망하다는 점을 발견했다. 적어도 그들은 자연과학에서 가져온 개념을 사회현상을 연구하는 데 자의적으로 강제하지 않았기 때문이다.

자세히 읽어 보면 〈언어, 논리, 그리고 문화〉에는 사회 속의 권력관계가 어떻게 지식의 생산을 형성하는지가 잘 나타나 있다. 이 글에서 밀스는 제도학파 경제학을 바탕으로 실용주의자들을 비평했다. 구체적으로 그는 '자본'(capital)이라는 용어의 변화하는 의미가 변화하는 경제적 관계에 어떻게 반영되는지를 암시하고 있는 아이레스의 공로를 높이 평가했다.[43] 언젠가 밀스는 사상의 '계급적 성향'을 탐구해야 한다고 단언한 적이 있다.[44] 또 지식사회학은 사상의 '제도적·정치적 좌표'를 드러내야 한다고 주장한 적도 있다.[45] 머지않아 이런 주제는 밀스의 사상에서 중심 자리를 차지하게 된다.

〈언어, 논리, 그리고 문화〉는 젊은 학자로서 이루어 낸 인상적인 업적이었다. 미국과 유럽의 사회이론 모두와 친숙함을 전달하는 이 논문은 사회과학 분야 학술 문헌에 대한 밀스의 점증적인 통달을 입증했다. 전문화된 특정 분야에 학술적으로 크게 공헌한 이 논문은 앞으로의 연구를 위한 '정밀한 가설'을 주장하는 한편, 사상에 대한 매우 맥락적이고도 역사주의적인 접근법을 분명히 표현했고, 지식사회학을 위한 야심적인 연구 프로그램을 설계해 주었다. 밀스에게 지식사회학은, 사상가들의 의식적 관심이 그들의 사상에 어떻게 영향을 끼치는지를 결정하는 것보다 훨씬 더 많은 것을 포괄하고 있었다. 사상가와 그의 청중들이 인식하지 못한 것들을 포함하여, 모든 수준에서 지식은 문화적으로 결정되기 때문이다. 사회적인 고려는 사상가가 다루는 문제를 구술하는 데만 그치는 것이 아니다. 사고의 과정은 그 핵심이 사회적이다.

혼란에 빠진 학문을 위한 이론

텍사스대학을 다닐 때 보여 준 재능을 볼 때 밀스가 박사과정에 지원한 것은 당연한 일이었다. 그는 시카고대학에서 철학을 공부해 보라는 제안을 거절하고, 위스콘신대학으로 가 사회학을 공부하기로 결정했다.[46] 위스콘신대학이 장학금을 제안한 일이 그 결정을 내리게 한 요인이었음이 틀림없지만, 사회학 자체가 젊고 패기에 찬 밀스와 잘 어울리는 학문이기도 했다. 그 무렵 철학은 너무 전문화된 학문 분야가 되어 있었던 반면, 사회학은 이론적 정의(定義)를 필요로 하는 비교적 열려 있는 연구 분야로 남아 있었다. 사회학 분야에서 손꼽히는 학술지였던 《미국사회학평론》(American Sociological Review)에 〈언어, 논리, 그리고 문화〉가 실린 사실은 사회학이 밀스의 재능을 펼칠 유망한 출구였다는 점을 잘 보여 준다.

사회학은 언제나 여러 사회과학 가운데 가장 보편적이면서도 가장 덜 정의된 분야였다. 1930년대 후반은 특히 사회학이 혼란에 빠진 시기였다. 로버트 배니스터는 이렇게 말한다. "사회학은 두 차례의 세계대전 시기 동안 온전히 전문화되지 못한 상태에 머물러 있었다. 경계가 모호하고 공격에 취약했기에 새로운 패러다임을 모색하는 집단이라면 매혹적인 목표물이었다."[47] 특정 전문 분야에서 헤게모니를 쥐고 있던 집단이 아니었음에도, 시카고학파에게 사회학은 누가 봐도 가장 경쟁력이 있는 분야였다. 그리고 시카고대학 사회학과는 1936년까지 미국사회학회(ASS)와 그 학회지인 《미국사회학저널》(American Journal of Sociology)에 공간을 제공하고 있었다.

1930년대 한 무리의 절충주의 사회학자들이 미국사회학회에서 시카고 사회학자들의 명성에 도전했다. 이 반란을 주도한 객관주의자들은 시카고학파와는 대조적으로 사회학은 오직 자연과학의 모범을 본받을 때에만 과학적 학문이 될 수 있다고 주장했다. 그들은 관찰 가능한 인간 행동에 관해 지나치게 양적인 연구를 따랐고, 사회과학자의 윤리적·정치적인 중립성을 엄격히 주장했다. 1936년 이 반란은 또 다른 저널 《미국사회학평론》의 창간을 낳았고, 미국사회학회와 시카고대학의 형식적인 유대 관계를 단절시키는 결과를 초래했다. 하지만 객관주의 노선에 따라 사회학 분야를 재조직하려는 이런 시도는 실패했고, 밀스가 위스콘신대학 대학원에 입학할 무렵 사회학계는 여전히 분열된 채로 남아 있었다.[48]

사회학 분야의 혼란스러운 상태를 안타까워한 사람들이 많았지만, 그 어떤 훌륭한 연구 패러다임도 없던 바로 그 점이 오히려 밀스의 마음을 사로잡았다. 그런 상황은 사회학 분야 안에서 나올 수 있는 다양한 견해를 허용했고, 연구 목표나 방법을 뚜렷하게 확립할 수 있는 이론 작업을 필요로 했다. 어떤 학문적 입장을 고수하는가와 무관하게, 1930년대 후반의 지도적인 사회과학자들은 누구 할 것 없이 사회학 분야의 형편이 문제라는 점에 동의했고, 사회과학자라면 실천에 대해 이론적으로 좀 더 세련된 이해가 필요하다고 주장했다. 사회학 이론가들은, 이론이 사회학의 사명을 분명히 인식하게 해주고 사회학적 연구를 위해 좀 더 정밀한 방법을 발전시켜야 한다는 데 동의했다. 탤컷 파슨스는 1938년에 이렇게 지적했다. "우리가 '어떤 것을' 행하기에 앞서, 바로 지금 가장 중요한 논쟁들을 해결해야 한다는 의견이 널리 퍼져 있다."[49] 파슨스에 이어 허버트 블루머, 조지 런드버그, 로버트 린드, 로버트 머턴을 비롯한 주요 사회학자들이 1930년대 후반에 사회학 분야의 합의에 관한 문제를 다루었다.

시카고학파의 영향을 받았음에도, 밀스는 사회학의 목적과 방법을 재평가하고 있던 좀 더 젊은 세대의 이론가들과 행동을 같이했다. 이들 가운데 한 사람인 하워드 P. 베커는 〈언어, 논리, 그리고 문화〉의 출판을 도왔고, 위스콘신대학에서 밀스의 대학원 지도교수를 맡았다. 베커도 1930년대 중반에 미국사회학회 반란에 참여했지만, 곧 시카고대학에서 박사 학위를 받았다. 베커는 사회학자가 이론적인 쟁점들을 다루어야 한다고 주장함으로써 객관주의자 친구들을 금세 실망시켰다. 1920년대에 독일에서 공부한 베커는《미국사회학평론》의 편집위원으로서 독일의 사회학 사상을 미국에 들여오는 데 핵심적인 역할을 했다.[50] 또 다른 편집위원은 그 저널이 "독일에 기원을 둔 것이라면 무엇에든 돌진하는" 그 학술지의 성향을 "나치주의 신봉자 베커"의 영향 탓으로 돌렸다.[51]

여러 면에서 밀스가 베커를 지도교수로 선택한 것은 잘못이었다.

지식사회학에 대해 관심을 공유했음에도, 베커는 밀스의 마음을 사로잡은 카를 만하임의 프로그램에 반감을 가지고 있는 레오폴트 폰 비제 같은 독일 사회학자와 뜻을 같이했다. 베커와 밀스의 차이점은 나중에 밀스의 박사 학위논문 범위를 둘러싸고 벌어진 갈등에서 뚜렷하게 드러난다. 소문에 따르면, 두 사람 사이가 너무 벌어져서 1942년에 밀스의 박사 학위논문 심사가 끝날 무렵 베커가 "지옥에나 가 버려!"라고 하자, 밀스는 "선생님 다음에 가지요"라고 응수했다고 한다.[52]

그럼에도 조지 런드버그의 소책자 《사회학의 기초》(Foundations of Sociology)에 대한 반응에서 볼 수 있듯이, 밀스는 베커와 사회학 이론의 요건에 대한 상식을 공유했다. 두 사람의 반응이 비슷했던 것은, 어쩌면 베커가 자신의 사상을 밀스한테서 얻었기 때문일 것이다. 1940년 4월 밀스는 로버트 머턴에게 베커와 공동으로 집필한 런드버그에 관한 논문이 곧 나올 것이라고 언급했다. 하지만 그해 12월에 열린 미국사회학회 모임에서, 베커는 자신의 이름만 단독으로 표기된 런드버그에 관한 논문을 나누어 주었다. 밀스의 친구 하나는 베커에게 보낸 편지에서 표절이 "당신을 몹시 병들게" 했다고 썼다. 밀스는 베커가 자신의 사상을 도둑질했음을 확인했다.[53] 실제로 런드버그에 관한 베커의 논문 〈사회학적 실증주의의 한계〉(The Limits of Sociological Positivism)에 나타난 요지는 거의 모두 밀스의 미출판 원고 내용을 담고 있었다.[54] 틀림없이 이 사건은 밀스와 베커의 관계를 불편하게 만들었을 것이다. 그럼에도 베커가 밀스의 사상을 자신의 것으로 만들어 출판하려던 점은 두 사람의 관점에 공통점이 많다는 것을 암시해 준다.

조지 런드버그는 사회학에서 드러내 놓고 실증주의 프로그램을 지지하는 몇 안 되는 학자 가운데 한 사람이었다. 사회학 분야에서 자기편을 거의 만들지 못했음에도, 린드버그의 저작은 사회학을 위해 프로그램을 정의하려고 애쓰는 다른 사회학자들에게는 편리한 시금석이었다. 사회과학은 명시적으로 자연과학을 본받아야 한다고 린드버그는 주장했다. 보편타당하고 증명 가능한 명제를 발전시키기 위해 사회과학은 '조작할'(operationalize) 수 있는 가설들에 한정시킬 필요가 있었다. 나아가 상호 교류를 위해, 린드버그는 사회과학을 지각할 수 있고 양으로 잴 수 있는 행동에 관한 더 정밀한 연구로 축소시키는 것도 개의치 않았다. 가치라는 것은 과학 연구에서 적절한 주제가 아니었으며, 인간은 다른 모든 대상들처럼 동일한 일반 법칙에 종속되는 것으로 이해될 수 있었기 때문이다.[55]

밀스는 린드버그의 실증주의를 거부하고 베커가 논문에서 앵무새처럼 되풀이한 몇몇 핵심 요점을 제기했다. 첫째, 보편적으로 적합한 과학적 방법이란 존재하지 않는다. "모든 과학자들이 하나같이 생각하는 것은 존 듀이의 전통 속에 깃든 스승들을 모시고 있는 총명한 어린아이들에게 알려진 흔해 빠진 평범한 의견들뿐이다."[56] 밀스는 인간이란 그 무슨 다른 것들처럼 객체로서는 적절히 이해될 수 없는 존재라고 주장했다. "순수하게 물리적 차원 속에 있는 그 어떤 것도 인간처럼 상호작용하는 것은 없다." 따라서 사회학자들은 자연과학에서 가져온 추상적 모델을 적용할 게 아니라, 사회적 자료 연구에 적합한 방법을 채택할 필요가 있었다. 나아가 사회학 이론은 구체적인 실천에서 생겨나야 했다. "사회적 자료에 제대로 적용할 수 있는 사회학 방법을 위한 규칙들은 사회학 탐구로부터 생겨난다."[57]

런드버그에 대한 밀스의 반발은 실용주의 과학 이론에 대한 초기의 천착이 어떻게 그의 사회학 이론을 형성했는지를 잘 보여 준다. 아마 베커뿐 아니라 그 시대 대부분의 사회학 이론가들도 런드버그에 대한 밀스의 이런 비판에 동의했을 것이다. 올바른 사회학 이론은 연구와 밀접한 관계가 있고, 물리나 생물학적 범주만으로는 불충분한 특정한 영역의 사회현상들을 다루는 데 적합한 자신의 방법들을 발전시킬 것이고, 인간적 대상들의 가치와 의미를 설명해 줄 것이다. 밀스는 이러한 사회학 연구의 원칙을 받아들이는 가운데 자신이 시카고학파에 신세 지고 있음을 드러냈다. 실제로 1930년대 후반에 시카고 사회학의 지도적인 대변인이자 당시 《미국사회학저널》 편집자였던 허버트 블루머는 밀스가 대학원생이던 시절에 지지와 격려를 아낌없이 보내 주었다. "자네는 런드버그의 관점에 대해 계몽적이고 인상적인 비판을 했고, 말할 필요도 없이 나는 당신의 생각을 진정으로 공유한다네"라고 쓰면서, 블루머는 런드버그에 대한 밀스의 비평을 뒷받침했다. 블루머는 또한 〈언어, 논리, 그리고 문화〉를 격찬했다. "자네가 그 생각을 나보다도 훨씬 더 멀리까지 끌고 나간 것을 보니 무척 기쁘다네."[58] 미국 사회학에서 제2차 세계대전 이후 구조기능주의가 우세한 가운데, 손꼽히는 비평가인 블루머는 밀스의 생애를 통틀어 밀스의 사회학적 연구 작업에 대한 변함없는 찬양자로 남게 된다.

밀스는 시카고 전통에 많이 신세 지고 있으면서도, 또한 미국의 사회학에 뭔가 새로운 것을 소개하고 싶어 했다. 특히 그는 "그들의 전통 가운데 많은 것을 특징지은, 가위와 풀로 이것저것 오려 붙이는 절충주의와 교과서에 길들여지는 일에 싫증난, 미국 사회학계에서 소수의 젊은이들"과 뜻을 같이 했다.[59] 1930년대 후반과 1940년대에, 밀스의 사회학 연구 작업은 전후 시대에 자신의 주요 반대자가 될 인물들의 작업과 많은 것을 공유했다. 특히 1930년대 후반 사회학 이론의 가장 중요한 진술, 즉 〈언어, 논리, 그리고 문화〉와 나중의 논문인 〈지식 사회학의 방법론적 결과들〉에서 인용한 저작인 텔컷 파슨스의 《사회적 행동의 구조》와 공통된 측면이 있었다.[60]

파슨스 역시 밀스보다 20년 앞서 애머스트대학 학부 시절에 클레런스 아이레스 밑에서 제도학파 경제학을 배웠다. 1920년대에 독일에서 공부한 파슨스는 막스 베버의 《프로테스탄트 윤리와 자본주의 정신》을 영어로 번역하여 1930년에 출판했다. 1937년에 출판된 《사회적 행동의 구조》는 사회학 이론가들 사이에서 명성을 굳힌 저작이다.[61] 이 책에서 파슨스는 밀스가 제시한 것들과 비슷한 주장을 많이 했다. 예를 들어, 이론은 연구를 위한 프로그램으로서 그리고 개념적 준거 틀로서 필요하며, 이론이 없는 사실은 무의미하다고 단언했다. 또 파슨스는 사회현상을 연구하는 데 적합한 방법을 발견하려는 의욕을 가지고 있었다. 《사회적 행동의 구조》는 많은 부분 실증주의적이고 행동주의적인 견해에 대한 비평으로서 계획되었다. 나중에 파슨스는 그것을 "서로 마주 선 사회과학 대 생물학의 '독립전쟁' 속에서 터져 나온 일제사격"이라고 묘사했다.[62] 자신의 '자발적 행동 이론'(voluntaristic theory of action)이 이런 문제를 과학적으로 연구하는 것이 가능하다고 주장하면서도, 인간의 삶에서 주관적인 의미와 의지가 작용하는 요소들을 설명했다.

파슨스와 밀스 둘 다 20세기 사회과학의 장기적인 흐름에 참여했는데, 경제학에서 가져온 합리적 행동 이론의 관점에서가 아니라 유전이나 환경 같은 생물학적 범주의 관점만으로는 인간을 적절히 이해할 수 없음을 강조하는, 사회 이해에 관한 독특한 접근법의 발전을 지향했다.[63] 나중에 더 명백해질 테지만, 파슨스와 밀스 사이에 어떠한 차이점이 있었다고 해도 그들은 언제나 이 기본적인 사회학적 관점을 공유했다.

밀스는 사회 연구가 현재 부족한 이론적인 일관성과 정밀함을 필요로 한다는 점에서 다른 사회학자들과 의견을 같이했지만, 동시대인들처럼 사회학을 자율적인 학문 분야로 확립하는 것을 원하지는 않았다. 한편 베커는 사회학이 "다른 학문들의 연인이나 하녀가 아니라 그들의 자매로 간주되어야 한다"고 주장했다.[64] 사회학을 "경제학의 이론과 동일한 수준의 분석적인 과학"으로 확립하는 헌장을 제공하려는 파슨스의 시도가 가장 영향력이 컸다.[65] 파슨스의 공식화에서, 사회학은 시간 속의 사건들을 연구하는 세 가지 행동과학 가운데 하나였다. 파슨스는 사회학이 정치학이나 경제학과 뚜렷이 구별되게 '공통의 가치 통합'(common value integration) 현상에 초점을 맞추고 있다고 주장했는데, 그것은 자유롭게 선택하는 개별 행위자들의 사회적 결속을 가능하게 하는 문화적 가치들의 통합을 의미했다. 파슨스의 접근법은 사회학의 연구 주제를 한정하는 대가로 사회학 분야에 대한 좀 더 구체적인 정의를 성취했다. 공통의 가치 통합이라는 관점에서, 사회학을 시간 속에서 일어난 사건들에 관한 연구로 제한하는 것은 정치적 구조와 계급 분석에 관한 연구를 변두리로 내몰았을 뿐 아니라 사회적 갈등의 중요성을 경시했다.[66]

파슨스를 비롯한 이들이 개괄적으로 설명했듯이, 밀스는 자율적인 연구 분야를 조심스럽게 기술하려는 충동에 반대했으며 사회과학 분야 내부에서 연구 주제를 임의로 구별하는 것을 비판했다. 1939년에 발표한 미출판 논문인 〈사회심리학의 분류에 관한 노트〉(A Note on the Classification of the Social-Psychological Sciences)에서, 밀스는 범위가 뚜렷하게 정해진 연구 분야를 서술하려는 사회심리학자들의 잦은 시도를 고찰했다. 밀스는 어떤 자율적인 학문 분야를 정하려는 충동이 제도적 고려 때문이고, 그것은 사회 연구를 위한 최선의 방법을 발전시키는 데 해롭다고 믿었다. 그는 "사회학과 교수들이 분명히 사회심리학의 범위를 둘러싸고 논쟁을 벌이면서도, 사실은 늘어난 연구 보조금을 받는 학생들을 차지하려고 싸우는 가운데 나타나는 방법론적이고 제도적인 차원들의 혼란"이라고 불평했다.[67]

밀스는 유일하게 정당한 지적인 구별을 인식하고 있었다. 생물학적 기술을 사용하여 인간 유기체를 연구하는 생리학과 사회학적 관점 사이의 구별이 바로 그것이다. 그래서 밀스는 사회학 분야에 대한 파슨스의 정의보다 훨씬 더 포괄적인 사회 연구의 정의를 제시했다. "우리가 그 행동의 이른바 필요조건들을 구축하는 과정에서 사회·경제·정치 구조와 과정을 이용할 때, 비로소 우리는 행동을 사회적으로 설명하고 있는 것이다"라고 밀스는 썼다.[68] 생애를 통틀어 밀스는 사회과학과 인문학은 공동의 행동에 참여했으며, 분명한 경계들에 의해 떼어 놓을 수 없다는 이 신념을 계속 유지했다. 밀스는 1941년에 한 친구에게 이렇게 썼다. "학문의 접합 지점, 곧 학문적 경계에 서서 …… 손가락질하는 자들에게 화 있을지니, 우리의 진정한 문제와 새로운 건설은 바로 그러한 놀랍고 '혼란스러운' 경계로부터 나온다."[69] 그래서 밀스는 자신의 광범위한 철학적·사회과학적 관심을 통합하는 것을 허락하는 학문 분야에 마음이 끌렸다. 그런 분야 가운데 하나가 바로 지식사회학이었다.

미국의 '이데올로기와 유토피아'

카를 만하임의 《이데올로기와 유토피아》(Ideologie und Utopie)를 둘러싼 논쟁에서, 밀스는 만하임을 파슨스를 비롯한 지도적인 사회학자들과 완전히 구별했다. 1930년대에 미국 사회학계의 이론적 담론에서 독일의 저작들을 받아들이는 것은 중요한 문제였다. 1929년 독일에서 출판될 당시 《이데올로기와 유토피아》는 방법론 논쟁의 도화선이 되었다. 1936년에 영어판 《이데올로기와 유토피아》(독일어 책에 두 개의 장을 덧붙인 개정판)의 출판은 미국 사회과학자들 사이에서 벌어진 비슷한 방법론 논쟁에 불을 붙였다.[70] 그 논쟁은 서로 연관된 두 쟁점인 만하임의 인식론적 관점과 포괄적인 지식사회학 프로그램을 중심으로 전개되었다.

카를 만하임은 지식사회학이 '총체적 이데올로기'(total ideology)라는 개념에서 나왔다고 주장했다. 그는 총체적 이데올로기와 특정한 이데올로기 개념을 구별했는데, 사상이 어떻게 사상가들의 특정한 사회적 상황에서 나오는지를 증명함으로써 사상을 의심하는 데 사용했다. 특정한 이데올로기 개념에 따르면, "객관적 타당성에서 일반적으로 인정된 기준들을 언급함으로써, 거짓을 논박하고 잘못된 근원을 뿌리째 뽑는" 것이 가능했다.[71] 이와 대조적으로, 총체적 이데올로기 개념은 모든 사상이 총체적인 세계관, 그리고 그것을 옹호하는 이들의 사회적 지위와 분리될 수 없다는 점을 인식했다. 그 결과 "역사적·사회적으로 결정된 이런저런 의미로부터 독립된" 그 어떤 진리도 존재할 수 없었다.[72] 따라서 모든 사상은 사회적 요인과의 관계를 드러내는 이데올로기적 분석에 종속되어 있었다.

만하임은 사상가들의 계급적 지위뿐 아니라 교육, 지위, 세대 같은 요인까지 고려했다. 만하임에 따르면, 자신의 관점을 포함하여 모든 관점들을 이데올로기적 분석에 종속시키는 것이 지식사회학자의 과업이었다. 서로 경쟁하는 사상들의 확산과 공통된 사회적 가치들의 상실 때문에, 지식사회학은 현대 세계에서 독특한 형태의 탐구로서 출현한 것이라고 그는 주장했다. 사상의 시금석 가운데 하나는 시대적 적합성, 그리고 동시대의 상이한 이데올로기 요소들을 종합하는 능력이라고 만하임은 주장했다. 따라서 사상가들은 "사회의 역동적인 성격과 총체성에 대해 끊임없이 민감해지려고" 노력해야 했다.[73] 만하임이 이런 총체적인 이해를 성취하리라 기대한 집단은 '자주적 지식 계급'이었는데, 애석하게도 그들은 특정한 이해관계에 묶여 있는 어떤 사회 집단에도 뿌리내리고 있지 않았다.

만하임은 지식사회학의 다양성을 두 가지로 구별하면서 그것들 각각을 옹호했다. 지식사회학의 기본 개념은 가치 판단의 강제 없이 사상과 사회적 요인들의 관계를 학문적으로 연구하는 것이었다. 만일 만하임이 여기에서 멈추었다면 아무런 논쟁도 불러일으키지 않았을 것이다. 한편 그는 훨씬 더 포괄적인 평가적 개념의 지식사회학을 옹호했다. 평가적 개념에서, 지식사회학은 이성과 정치를 통합하는 계몽주의 프로젝트를 재건하는 데 꼭 필요한 문화적 변화를 위한 야심찬 프로그램이었다. 이성과 정치가 어떻게 화해할 수 있는지 분명하게 설명한 적은 한 번도 없지만, 만하임은 적어도 세 가지 주장을 제시했다. 지식사회학은 사회과학에서 한쪽에 치우친 부분적 견해를 제거하는 수단으로서, 정당을 위한 교육적 도구로서, 그리고 사람들로 하여금 그들의 행동을 무의식적으로 결정하는 것들을 인식하게끔 만

들어 이성적으로 통제할 수 있게 하는 방법으로서 제 역할을 할 수 있다는 것이었다.[74]

미국의 학자들이 이러한 자신의 사상을 잘 받아들일 것이라고 생각한 만하임의 바람은 대체로 실망스러웠다. 독일 지식인들은 미국에서 만하임의 생각을 공격하는 데 중요한 역할을 했다. 나치 독일에서 망명하여 뉴스쿨(New School for Social Research)에 몸담고 있던 한스 스파이어는 만하임의 지식사회학이 사회 변화를 이끌어 내는 데 열중하는 '실천적인' 사상가에게는 적용될 수 있어도, 보편적이고 시간을 초월하는 진리들을 추구하는 '이론적인' 사상가에게는 적용될 수 없다고 주장했다.[75] 그런데 더 색다르고 영향력 있는 비평을 한 사람은 독일의 사회학자 알렉산더 폰 셸팅이었다. 《이데올로기와 유토피아》에 대한 폰 셸팅의 논평은 하워드 베커의 간청에 따라 1936년 《미국사회학평론》에 발표되었다. 《이데올로기와 유토피아》의 영문판이 출판되기 전에 나온 이 논평은 미국에서 벌어질 논쟁의 조건이 되기에 충분했다.

만하임에 대한 폰 셸팅의 논평은 신칸트주의 관점에 바탕을 두고 있었는데, 그는 그것을 막스 베버 덕분으로 돌렸다. 이 입장에 따르면, 가치라는 것은 어떤 사회과학자가 무슨 질문을 할 것인지를 결정하는 것과는 관련이 있지만, 연구 결과의 타당성은 가치 판단으로부터 완전히 독립되어 있다는 것이다. 폰 셸팅은 만하임이 사회과학자들의 동기를 연구 결과와 혼동하고 있다고 생각했다. "사실(fact)의 기원과 사회적 요인들이 …… 그래서 시작된 사상과 개념의 가치에 영향을 미친다고 믿을 때, 비로소 난센스가 시작된다."[76] 폰 셸팅이 볼 때 만하임의 상대주의가 안고 있는 위험은, 사회과학을 일체의 다른 이데올로기처럼 다룸으로써 사회학적 지식의 과학적 지위를 근본적으로 손상시키는 점이었다.

미국의 손꼽히는 사회학자들은 폰 셸팅의 입장을 지지했다. 폰 셸팅의 논평이 실린 바로 그 학술지에서, 파슨스는 폰 셸팅의 《막스 베버의 지식학》(Max Webers Wissenschaftslehre)을 논평했다. "이론, 특히 사회과학 이론은 일반적 수준에서뿐 아니라 논리적·방법론에서도 그것의 사회적 기초와 관련된다"는 만하임의 주장에 문제가 있다는 점에서 파슨스는 폰 셸팅과 의견을 같이했다.[77] 《이데올로기와 유토피아》의 "실용주의와 관련된 어떤 사고 개념과의 밀접한 관계"를 인용하면서, 파슨스는 만하임의 사상이 미국에서 추종자들을 만들지도 모른다는 점을 우려하여 폰 셸팅을 그 대안으로 추천했다.[78]

《이데올로기와 유토피아》를 둘러싸고 미국에서 벌어진 논쟁에 참여한 사실상 모든 필자들이 실용주의와 만하임 사상 사이의 밀접한 관계에 주목했다. 만하임의 인식론은 복잡하고 때로는 모순되지만, 그는 활동적이고 역동적인 지식 개념, 사회현상들의 상호 관련성에 대한 강한 인식, 그리고 이전의 사상가들을 괴롭혔던 주체와 객체, 경험주의와 이상주의, 사실과 가치 사이의 거짓된 이분법을 뛰어넘으려는 갈망을 실용주의자들과 공유했다. 1937년 12월에 열린 미국사회학회 모임에서 만하임은 실용주의의 도구주의적 진리관을 자신의 것으로 받아들였다고 선언하도록 제자인 한스 거스에게 지시했다.[79]

파슨스는 실용주의와 만하임의 밀접한 관계 덕분에 만하임의 사상이 미국에서 쉽게 받아들여질 거라고 보지 않았다. 사실상 실용주의적 관점에서 만하임을 옹호한 미국의 사회과학자는 밀스뿐이었다. 밀스는 "만하임의 견해는 현실 세계 전반에 걸쳐 일반적 사고 어디에나 있는 관계를 둘러싼 전통적 관심과 말다툼으로부터 상황, 연구실, 그리고 탐구 형태의 결과에 대한 구체적인 고찰로 돌아선 1903년 이래로 듀이가 추구해 온 프로그램과 겹친다"고 주장했다.[80] 〈언어, 논리, 그리고 문화〉에서, 밀스는 만하임의 부적절한 사회심리학을 비판한 바 있다. 그러나 나중에 로버트 머턴에게 썼듯이, 만하임의 결점에도 불구하고 "그 사람은 …… 비록 흐릿하고 느슨하기는 해도, 신칸트주의 관점에서가 아니라 미국의 실용주의 관점에서 통합시키고 해석하면 모든 것이 뭔가 참으로 멋진 것이 되는 …… 대단히 암시적인 생각을 가지고 있다"고 믿었다.[81]

〈언어, 논리, 그리고 문화〉에서, 지식은 한 사상가가 국제화된 청중과 연대하고 사회적으로 구축된 논리와 언어 규칙들을 사용하는 것에 기초한다고 기술하면서, 밀스는 지식의 사회적 성격에 찬성 의견을 냈다. 1940년 11월 《미국사회학저널》에 실린 〈지식사회학의 방법론적 결과들〉에서, 밀스는 만하임을 비판하는 자들에게 도전하고자 이 주장을 확대했는데, 밀스는 그들이 "지식사회학의 주제와 함축을 제한할" 것이라고 단언했다.[82]

한스 스파이어와 정반대로, 밀스는 사회적 결과에 영향을 끼치려고 의식적으로 애쓰는 사상가들의 사고뿐 아니라 자신이 영구적인 진리들을 드러내고 있다고 믿는 사람들의 사고도 사회적으로 결정된다고 주장했다. 폰 셸팅에게 응수하면서, 과학적 검증 체계에서는 사상의 기원이 그 사상의 타당성에 영향을 미치지 않는다고 밀스는 시인했다. 그러나 이것으로 문제가 해결됐다고 생각하는 것은 어리석은 일이다. 왜냐하면 사상의 기원은 대단히 사회적이어서 질문에 답변을 구하려고 애쓰는 한 개인의 동기라는 단순한 문제를 넘어서기 때문이라고 밀스는 주장했다. 과학적 검증 체계는 그 자체가 역사와 문화에 따라 정해진다. 만하임은 사상이 부르주아·프로테스탄트적 기원과 얼마나 밀접한 관련이 있는지를 보여 주었다. 밀스는 "타당성과 진리에 관한 다양한 규범과 기준이 존재해 왔고 또 지금도 존재한다. 그리고 모든 시대에 명제들의 진리성을 결정하는 기초가 되는 이 기준 자체가 영속성과 변화에서 사회적·역사적 상대화에 적절하게 열려 있다"라고 썼다.[83]

흥미롭게도 몇 차례에 걸쳐 밀스는 이 '타당성과 진리에 관한 다양한 규범'을 '패러다임'이라고 불렀다. 과학철학자 토머스 쿤이 《과학혁명의 구조》(Structure of Scientific Revolution)에서 이 용어를 대중화하기 20년도 더 전의 일이었다.[84]

밀스는 지식사회학의 가장 중요한 결과들이 방법론적인 것이라고 주장했다. 즉 사상을 사회적 맥락 속에서 고찰하는 것은 사회과학자들이 자신의 연구 방법과 목표를 반성할 수 있게 했다. 그것은 경험적인 것이지 사변적인 것이 아니기 때문에, 지식사회학은 실제로 사회적 탐구에 의지하는 성찰의 수단을 제공했고 이로써 추상적·형식주의적인 도식을 사회과학 연구에 끼워 맞추는 것을 피했다. 예를 들어, 지식사회학자들은 가치가 언제 그리고 어떻게 사회과학 연구에 들어서는지, 그리고 어느 정도까지 사회과학자들은 자연과학에서 사용되는 것과 비슷한 방법을 채택해야 하는지에 대한 물음을 잘 다룰 수 있는 위치에 있다고 밀스는 주장했다.

결론적으로 밀스는 '사회과학의 정확한 자기 위치 설정'을 요구했는데, 이것은 나중에 〈사회병리학자들의 직업 이데올로기〉(The Professional Ideology of Social Pathologists)라는 논문에서 떠맡은 과업이었다. 밀스는 만하임의 역사주의적·콘텍스트 이론적 인식론을 받아들임으로써 다른 사회학자들과 구별되기는 했지만, 뚜렷한 지식 사회학의 목표를 많은 동료 사회학자들과 공유했다. 말하자면 방법상의 잘못을 간파하는 것, 사회 연구를 위한 좀 더 건전한 패러다임, 그리고 현재 모호한 쟁점들에 대한 정확한 정의 등을 말이다.[85] 만하임에게 그랬듯이, 밀스의 지식사회학을 위한 좀 더 포괄적인 프로그램은 사회학 분야의 전문가들이 동의할 수 있는 사회과학 연구 개선에 대한 요구를 포함하고 있었다.

〈지식사회학의 방법론적 결과들〉에 가장 흥미로운 반응을 보인 사람은 로버트 머턴이었다. 텔컷 파슨스와 피티림 소로킨을 연구하여 하버드대학에서 박사 학위를 받은 머턴은 1930년대 후반에 사회학 이론으로 돌아선 젊은 학자 가운데 하나였다. 머턴은 프랑스 사회학자인 에밀 뒤르켐의 사상을 미국에 소개하는 데 결정적인 역할을 했다. 사회학 분야에서 '떠오르는 스타' 머턴은 서른도 되기 전에 툴레인대학 사회학과 학과장이 되었고, 1941년에는 컬럼비아대학 교수로 임용되었다. 밀스가 그를 처음 만났을 때, 머턴은 영미 마르크스주의 저널인《과학과 사회》에 글을 쓰면서 좌파 지식인 서클과 교류하고 있었다. 밀스와 마찬가지로, 텍사스 사람이며 이전에 가톨릭 교인이던 머턴은 당시 미국인 사회학자로서는 보기 드문 배경을 가지고 있었다. 1910년에 태어난 머턴은 유대인 혈통으로(그는 메이어 슈콜닉에서 영어식 발음인 로버트 킹 머턴으로 이름을 바꿨다), 필라델피아의 노동자계급 거주 지역에서 성장하면서 한때는 갱단 조직원이기도 했다.[86]

17세기 영국의 과학 발전에 관해 사회학 분야에서 선구자적인 첫 번째 저작을 쓴 머턴은 떠오르던 지식사회학 분야에 관심이 많았다.

그는 밀스처럼 카를 만하임의 저작을 받아들이는 데 열중했다. 머턴은 폰 셸팅의 비평을 받아들이는 한편, 만약 만하임의 추종자들이 철학적 겉치레들을 포기한다면 내용 있는 지식사회학 연구를 위한 만하임의 소중한 주장을 더 발전시킬 수 있으리라 믿었다.[87] 머턴은 밀스의 논문 〈언어, 논리, 그리고 문화〉를 이 방향에서 유망한 진일보라고 생각했는데, "지식사회학 분석은 일련의 공식화된 가설, 정의, 논리적 명제를 요구한다"는 것을 밀스가 인식하고 있었기 때문이다.[88] 한편 그는 〈지식사회학의 방법론적 결과들〉에는 덜 열광했다. 머턴은 만하임의 인식론에 대한 밀스의 옹호가 과학적 지식에 관한 한 적합한 기초를 제공하지 못한다는 것에 반대했다. 거기에는 "우리가 어떤 기준들을 채택하느냐 하는 것은 단지 취향의 문제일 뿐"이라는 생각이 함축되어 있었기 때문이다.[89] 실제로 유럽 전역에 걸친 나치의 진출을 감안할 때, 머턴은 이 상대주의가 "더 이상 회복 불능의 …… 허무주의 요소들"을 담고 있다고 보았다.[90] 그러나 밀스가 보기에 머턴은 그 문제를 완전히 오해하고 있었다. "당신과 스파이어와 폰 셸팅, 그리고 결국 신칸트주의 지향을 가진 나머지 사람들이 …… 보지 못하는 것은, 내가 '패러다임'이라고 불러온 것의 실제적인 유래와 역할의 문제이다."[91]

이 논쟁과 관련하여 문제가 되는 것은 지식사회학의 한계라는 부분이다. 머턴은, 만하임의 인식론적 상대주의와 지식사회학을 위한 포괄적 프로그램이 철학과 사회학의 경계를 허물어 사회학 분야의 자율적인 과학 지위를 튼튼히 하려는 자신들의 프로젝트를 뿌리에서부터 손상시켰다는 사회과학자들의 일반적 합의를 분명히 표현했다. 머턴은 지식사회학을 사회학 내부에서 분명히 정의된 하위 학문 분야에 한정시킨 반면, 밀스는 그것이 철학, 사회심리학, 경제학, 정치학으로부터 나오고, 또 이런 다양한 학문들에 대한 함축을 가진 학제간 노력이 되기를 원했다. 밀스가 보기에 지식사회학은 현대 사회과학의 기본적인 전제 조건들을 조사하고 또 거기에 도전하는 중요한 방법이었다.

밀스는 만하임의 접근법을 사회과학에 대한 위협으로 보기보다는, 지식 생산이 얼마나 '사회적인지'를 강조함으로써 사회과학의 중요성을 뒷받침한다고 믿었다. 바로 이 지점이 1950년대의 전문적인 사회학에 맞서 밀스가 제기하게 될 주장이자 논쟁의 출발점이었다. 이 논쟁에서 머턴을 포함한 지도적인 사회학자들은 사회학의 결론이 정밀할 수 있도록 사회학의 경계를 제한하려고 애쓴 반면, 밀스는 그러한 제약을 거부했다. 그렇다고 특별히 이 시기 동안 밀스와 머턴 사이의 차이점을 지나치게 강조해서는 안 된다. 머턴은 밀스가 인식론적 전망에서 허무주의의 막다른 곤경에 빠져 버렸다고 주장했지만 지식사회학에서 건전한 연구를 증진시키려는 두 사람의 공동 목표를 강조했고, 또 그들의 차이점이 대개 의미론 차원일지 모른다고 주장했다.[92] 머턴은 밀스가 메릴랜드대학과 컬럼비아대학에 직장을 얻는 과정에 역할을 할 정도로 밀스의 연구 작업을 존중했다. 다른 사회학자들이 언제나 밀스와 의견이 일치한 것은 아니지만, 밀스의 관점이 소중하다는 점을 인정하고 발언할 기회를 주었다. 밀스의 견해는 독특했음에도 학문적 사회과학의 담론 안에 자리 잡았다.

머턴과 벌인 언쟁은 밀스에게 관점 자체를 다시 들여다보는 계기가 됐다. 한편으로, 밀스는 지식사회학이 사회학 지식의 기초적인 토대에 의심을 가질 수 있도록 포괄적 역할을 해줄 것이라고 기대했다. 사회과학자들이 사회 속에서 자신의 역할과 위치를 더 잘 고려하기 위해 지식사회학을 사용해야 한다고 주장하는 것은, 또한 사회과학자에게 좀 더 공적이고 정치적인 역할을 하라는 의미이기도 했다. 다른 한편으로, 밀스는 여전히 전문적인 사회과학의 정밀함에 대한 동료들의 신념을 공유했다. 그래서 적절한 훈련을 받지 못한 대중적 지식인들에게 맞서 좀 더 세련되고 체계적인 사회과학의 장점들을 옹호하고 나섰다.

저명한 좌파 작가 맥스 러너가 쓴 《사상은 무기다》(Ideas are Weapons)에 대한 긍정적인 논평에서, 밀스는 문화비평의 성찰과 사회학적 분석을 뚜렷이 구별했다. 밀스는 러너의 '정치 저널리즘'을 좀 더 세련된 지식사회학의 관점과 대비시켰다. 만일 러너가 유럽의 지식사회학을 좀 더 많이 알았다면, 사회적 요인이 사상에 영향을 미치는 주된 방식이 개별 사상가의 의식적인 관심을 통해서라는 잘못된 생각을 갖게 되지는 않았을 거라고 밀스는 주장했다. 러너의 책 제목은 어떻게 사상이 특정한 사회나 정치 집단을 위한 무기가 되는지에 관해 생각해보라고 환기시켰다. 밀스는 러너의 논문들이 갖고 있는 시의적절한 정치적 목적을 인정하면서도, 사상은 "분석적 식별을 위한 연구나 미묘한 관계들을 발견하는 데에도 무기가 될 수 있다"고 꼬집었다.[93]

성찰적 사회학

지식사회학과 관련해 밀스의 가장 큰 특징은 사회과학 지식을 비판적 성찰에 종속시키는 방법에 있었다. 《이데올로기와 유토피아》를 둘러싼 논쟁에서 드러났듯이, 밀스는 사회적·역사적 맥락에서 사회과학의 진리 주장을 상대화하는 것을 동시대인들보다 훨씬 더 즐겼다. 나아가 연구를 위한 고정 불변의 이론적 원리 확립에 초점을 맞추기보다, 사회과학 방법론을 끊임없이 수정해야 하는 늘 열려 있는 문제라고 보았다. 실제로 젊은 밀스에게 사회과학 이론이 가진 호소력의 대부분은 사회학적 상상력을 자극하는 능력이었다. 그는 1941년 한 친구에게 이렇게 썼다. "모든 새로운 것은 '하늘 위에' 떠 있다네. 만일 자네가 '지상'에 너무 가까이 머무른다면 결코 새로운 지역을 날아다니지 못할 것이네. 이론은 한 켤레의 무거운 부츠가 아니라 비행기이고 수색이고 정찰 부대이니까."[94]

애초에 밀스는 박사 학위논문이 선구적인 방법론 연구가 되기를 바랐다. 애초에 연구의 틀은 자신의 프로젝트를 상호 관련된 세 부분으로 나누는 것이었다. 이를테면 지식사회학 이론으로서 실용주의에 대한 비판적 고찰, 지식사회학의 방법론적 진술, 그리고 방법론 부분에서 정교한 도구를 사용하는 실용주의에 대한 상세한 경험적 설명 같은 식으로 말이다.[95] 그러나 경험적인 사회학 탐구를 철학적 성찰 및 방법론적 규정과 결합시키려는 시도가 사회학 분야의 규범에는 쉽게 들어맞지 않았다. 지도 교수인 하워드 베커는 경험적 연구를 통해 이론적 쟁점을 다루려는 밀스의 시도에 반대했다. 베커는 사회학 이론과 실천은 서로 밀접한 관계가 있기는 해도 개별적 연구 영역에 머물러 있을 필요가 있다는, 점차 널리 보급된 개념을 제시했다. 더욱이 베커는, 밀스의 계획이 "전통적으로 철학자들을 위해 남겨 둔 영역을 침입했다고" 걱정했다. 박사 논문이 사회학의 경계 안에 명백히 머물러 있으려면 경험적 연구에 엄격해질 필요가 있다는 것이었다.[96]

밀스가 품고 있던 야망을 가로막은 것은 베커의 반대만이 아니었다. 밀스는 메릴랜드대학 사회학과 부교수로서 새로운 직위를 유지하려면 1942년에 박사 논문을 서둘러 마무리해야 했다. 최종적인 박사 논문에는 서론과 결론은 물론이고 자기비판을 담은 부록도 없었다. 자기비판 가운데 하나는 지식사회학에서 자신의 중요한 저작이 "세부 절차와 좀 더 광범위한 인식론적 관심 둘 모두에 대한 뚜렷한 자기 인식"을 수반하지 않았다는 것인데, 그는 이 생략을 "지적으로 부적절한 고려" 탓으로 돌렸다.[97]

밀스는 박사 학위논문 〈실용주의의 몇 가지 측면에 관한 사회학적 설명〉(A Sociological Account of Some Aspects of Pragmatism)에서 실용주의자 세 사람 퍼스와 제임스, 듀이의 논의를 분석했다(미드에 관한 분석은 시간 제약으로 중단되었다). 밀스는 박사 논문에서 주장한 문제 가운데 많은 것을 이미 텍사스의 초기 연구 작업에서 진행한 바 있다. 그 가운데 가장 중요하고 새로운 주장은 듀이의 자유주의에 대한 비평이었는데, 지식사회학의 연구 작업보다도 최근 눈에 띄는 정치적 헌신에 힘입은 바가 더 컸다. 밀스는 세 학자의 사상을 분석하기 위해 이 실용주의자들의 사회적 배경을 하나하나 살펴보았다. 예를 들어, 퍼스의 저작은 과학적 경험과 학문적 아웃사이더로서의 지위라는 맥락에서 이해했다. 밀스는 실용주의자들의 사상을 그들 생애의 폭넓은 사회적 변화, 즉 연구 중심 대학의 증가와 현대의 과학적 견해 출현, 그리고 산업화와 분명히 연결하고자 했다. 그러나 부록에서 인정했듯이, 실용주의가 사회구조의 변화를 반영하는 맥락을 시종일관 체계적으로 상술하지는 못했다. 그는 "변화하는 사회구조 속에 있는, 전체 운동 과정에 대한 좀 더 간결한 표현과 발전된 진술"을 생략한 것을 미국 역사에 관한 지식이 부족한 탓으로 돌렸다.[98]

데이비드 밀러가 판단하기에, 박사 논문은 애당초 약속에는 못 미쳤다. 그러나 1943년의 논문 〈사회병리학자들의 직업 이데올로기〉는 "사회과학의 상세한 위치 설정"이라는 밀스의 초기 요구를 성취했다.[99] 밀스에게 사회과학 방법론을 재검토하는 최선의 방법은 사회과학 이론과 실천의 상호 영향을 확실히 하는 지식사회학의 경험적 연구였다. 학문적 자기비판을 위해 사회과학 도구를 사용하는 지식사회학을 옹호한 까닭에, 밀스는 나중에 앨빈 굴드너와 피에르 부르디외 같은 인물이 제시한 '성찰적 사회학'의 선구자로 보일지도 모르겠다. 굴드너에 따르면, 성찰적 사회학은 "사회학 저작의 이데올로기적 함축과 정치적 반향에 대한 독특한 인식"을 제공했다.[100]

〈언어, 논리, 그리고 문화〉에서, 밀스는 사상가 집단이 사용하는 개념과 방법을 지식사회학자가 자세히 분석해야 한다고 제안했다. 〈사회병리학자들의 직업 이데올로기〉에서는 여러 사회학 교과서를 검토했다. 그는 '사회병리학'에 초점을 맞추고서 범죄와 일탈에 대한 사회학자들의 선입견을 공격 목표로 삼았다. 밀스는 사회병리학자들의 핵심 개념이 '적응'(adjustment)임을 발견했다. 방법론적 관점에서, 사회병리학은 추상화의 수준이 낮았다. 사회병리학 교과서들은 전체 사회구조 문제를 고려하기보다는 개별적인 수준에서 일상 문제들을 고찰했다. 사회병리학자들이 연구한 전형적인 사례는 미국 사회에 적응해 가는 개별 이주자들이었다. 밀스의 논문은 사회병리학의 이러한 독특한 측면을 설명해 줄 근원적인 사회 요인들을 분석하고 있었다. 학부생들에게 알맞게 조정된 교과서에서 체계적 설명을 제시하려는 시도는 "이미 논리적으로 규정된 개념들 아래에서 사실들을 분류하여 축적하고 체계화한다"고 그는 주장했다.[101] 나아가 사회병리학자들의 동질적인 사회적 배경을 정확히 지적했다. 사회병리학 교과서 집필자들에 관한 밀스의 자료는, 경제성장과 산업화 시기 동안 지적인 직업에 종사하는 중간계급으로서 비슷한 직업 경로를 밟아 왔고 약간 개혁적인 정치적 정서를 가진 농촌이나 소도시 출신 남자들을 명쾌하게 묘사했다.

교과서 집필자들의 농촌과 소도시 배경은 어떻게 그들이 개인들을 '병리학적인' 것으로 분류하는지 설명해 주었다. 밀스는 사회병리학자들이 '적응'이라는 개념을 통계적·구조적 의미가 아니라 규범적 의미로 사용한다고 주장했다. 사회병리학자들은 대규모 집단, 특히 도시 지역의 대규모 집단을 "환경에 적응하지 못하는" 존재로 분류했다. 집필자들의 사회적 배경은 사회적 규범을 얼굴을 맞대는 상호작용을 특징으로 하는 소규모의 동질적 지역사회 주요 집단의 관점에서 정의하도록 이끌어, 이런 이상에 미치지 못하는 모든 행동이야말로 '병리적인' 것으로 비춰지기에 충분했다. 밀스에 따르면 '적응'이라는 개념은 "소도시 중간계급의 환경에 이상적인 규범이나 성향에 순응시키기 위한 선전"과 마찬가지였다.[102] 사회병리학자들의 사회적 배경이 그들로 하여금 과거 지향적 적응 개념을 받아들이도록 이끌 뿐 아니라, 산업화되어 가는 미국 경제 속에서 그들의 직업적 성공은 사회문제가 심원한 구조적 변화 없이도 해결될 수 있다는 낙관주의에 머물게 한다고 밀스는 주장했다. 사회병리학 교과서에서 나타나는 낮은 수준의 추상화를 사회문제가 개인적 수준에서 해결될 수 있다는 집필자들의 개혁주의적 믿음과 관련지으면서, 그들이 "전체 사회구조를 고려하지 못한 것"을 비판했다.[103]

사회병리학자들은 사회구조의 중요한 변화 없이 어떤 경우 개인적 적응이 불가능한지를 따로 묻지 않았다. 이런 낮은 수준의 추상화는 "규범적 구조 그 자체, 또는 그 정치적 함축에 대한 고찰을 허락하지 않았다."[104] 사회병리학자들의 온건한 개혁주의는 그들로 하여금 포괄적인 사회변혁을 심사숙고하지 못하게 했다. 따라서 사회병리학자들의 직업적 담론에서 드러나는 사회학 개념은 "얼마간 허용되는 통로의 내부에 있기보다는 그 통로에 역행하는 집단행동에서는 사용할 수 없었다."[105]

1940년대 초반 밀스가 좌파 쪽으로 돌아선 후에 쓴 〈사회병리학자들의 직업 이데올로기〉는 사회학 분야에 대한 근본적인 비평을 예고했다. 하지만 이 논문을 밀스가 자신을 전체 사회학 분야와 떼어 놓는 시도라고 해석하기는 힘들다. 논문 초록에서 "이 (사회병리학) 개념들의 가치를 명시적으로 평가하지" 않았다고 솔직하지 않은 주장을 하면서, 밀스가 논문을 가치중립적 사회과학 담론의 지배적 방식 속으로 어색하게 끼워 맞추려 했기 때문만은 아니다.[106] 밀스가 대화를 나눈 사회학 이론가들 가운데 다수는 틀림없이 정치적 이유에서 그의 저작에 대한 비판을 회피했을 테지만, 그들은 두 차례의 세계대전 사이에 사회과학 저작들 대부분이 불완전하다는 데 동의했을 것이다. 과거의 미국 사회학 방법들은 부적절하기 때문에 이론적으로 정통한 견해를 통해 수정될 필요가 있음을 암시함으로써, 밀스는 파슨스나 머턴 같은 사회학 분야에서 새롭게 등장하는 지도자 몇몇과 자신의 의견이 일치함을 발견했다. 예를 들어, 머턴은 사회학자들이 일탈로 간주하는 행동이 문제 집단에게 나타나는 병적인 현상이 아니라 때로는 순기능을 한다고 주장했다.[107]

〈사회병리학자들의 직업 이데올로기〉는 이전의 사회과학 작업에 대한 분석으로 오늘날까지도 사회학자들이 인용하는 고전적 비평이지만, 20세기 초반 미국 사회학을 완벽하게 설명한다고 볼 수는 없다. 밀스는 시카고학파 사회학자들의 주요 저작을 연구에 포함시키는 일을 소홀히 했다. 그런 학자들에게 농촌이나 소도시의 선입견을 전가하기는 어려웠을 텐데, 그들의 개념은 밀스가 기술한 다른 사회과학자의 개념보다 훨씬 더 세련됐다.[108] 그는 또한 사회병리학과 전체 사회학을 명확히 구분하지 않았고, 따라서 사회학 분야에 대한 그의 비평이 얼마나 멀리까지 확대되었는지를 불분명한 채로 남겨 두었다. 하지만 〈사회병리학자들의 직업 이데올로기〉는 특정한 주장보다는 성찰적 사회학에 보여 준 헌신 덕분에 더욱 중요했다. 불행히도 이 논문은 밀스가 옹호한 입장에 대한 정확한 성격을 둘러싸고 독자들을 혼란스럽게 했다. 이 불확실성은 지면을 고려해 밀스가 제출한 원래 논문을 줄이겠다는 저널 편집진의 결정에서 비롯되었다.

논문에서 미발표된 둘째 부분인 〈방법론적 결과: 병리학자들의 세 가지 문제〉(Methodological Consequences: Three Problems for pathologists)는, 사회학적 탐구에 대한 경험적 연구와 병행하는 방법론적 성찰을 구체화함으로써 이론과 실천의 긴밀한 상호 영향을 드러내려는 밀스의 의도가 담겨 있다.[109] 이 미발표된 부분에서, 밀스는 사회병리학 교과서에 대한 자신의 연구가 사회과학에서 가치의 지위와 관련하여 중요한 의미를 함축하고 있다고 주장했다. 밀스에 따르면, 가치가 과학적 탐구의 일부가 되어야 하는지 여부를 묻는 것은 잘못이다. 적응이라는 사회병리학자들의 규범적 비전의 사회적 파생물로서, 가치는 불가피하게 사회과학을 규정할 것이다. 사회과학자들은 "가치 판단에 대한 억제"를 시도하기보다는 어떻게 가치가 사회적 탐구를 규정하는

지를 더 깊이 인식하고, 또 어떻게 그들의 가치가 자신의 작업을 규정하는지를 면밀하게 조사해야 한다. 모든 관점, 특히 사회과학자 자신의 관점은 이데올로기 분석에 종속될 필요가 있다. 밀스는 사회과학자들이 이데올로기적 자기 분석을 통해 자신의 개념을 이성적으로 통제할 수 있다고 주장했다. "이제 요구되는 것은, 사회문제를 정의하는 데 사용되는 수식어구들, 개념들, 또 통합되지 않은 사실들 자체가 정밀 조사 대상이 되어야 한다는 것이다."[110]

밀스는 이 논의를 통해 다소 상이한 두 가지 결론을 이끌어 냈다. 한편으로, 비판적 자기반성의 목적은 될 수 있으면 여러 사회과학적 관점을 고려해 편견을 교정하는 것이고, 사회과학적 객관성은 "완전히 유기적으로 연관된 관점들이 교차하는 점에" 놓여 있다고 주장했다.[111] 여기에서 밀스는 저마다 소중한 것을 보전하려 애쓰는 모든 입장에 대해 이데올로기적 분석을 요구하는 만하임의 의견을 그대로 흉내 냈다. 이 개념의 배후에는, 만하임의 "자주적인 지식계급"인 자기비판적 사회과학자는 특정한 관점을 뛰어넘어 사회에 대한 포괄적 지식을 얻을 수 있다는 주장이 깔려 있었다. 다른 한편으로, 밀스는 자신의 목적이 좀 더 뚜렷한 정치색을 띠고 있어서 지배적 사상 배후의 이해관계를 폭로하려는 의도가 담겨 있음을 암시했다.

결국 사회병리학자들에 대한 밀스의 비평은 그들 스스로 가치 판단을 명백히 하지 못했다는 점뿐 아니라, 그들의 가치 판단 자체에 대한 공격이었다. "이데올로기는 사회적 환경 구석구석까지 널리 보급된 신념일 뿐 아니라 사회구조의 정당화이기" 때문에, 사회구조에 대한 보충 설명이 없는 이데올로기 분석은 부적합하다고 밀스는 주장했다. 그러면서 "미국에서 아카데미 사회학자들이 용기 있게 최선을 다했더라도 정치 현실에서 벗어날 수는 없다"고 밀스는 결론지었다. 따라서 사회과학자들은 "권력 문제를 정면으로 직시할" 필요가 있었다.[112] 밀스는 사회과학자들이 정치 변화의 동력이 되어야 한다고 요구하지는 않았다. 오히려 모든 철저한 자기반성은 사회과학자들 자신만으로는 정치 문제를 해결할 힘이 없음을 드러낼 거라고 주장했다. 그들이 할 수 있는 것은 사회문제를 연구하고 자신의 연구 작업에 담겨 있는 정치적 함의와 가정들을 고찰하는 것이다.

좌파 정치에 대한 헌신을 반영하는 글인 동시에 처음으로 발표된 사회학 논문인 〈사회병리학자들의 직업 이데올로기〉는 밀스의 초기 연구 작업에 숨겨진 정치적 잠재력을 내비치고 있었다. 1941년 전까지는 밀스에게 발전된 정치 인식이 없었지만, 인식론과 방법론의 다소 추상적인 철학적·이론적 문제들을 추구하는 동안 흡수한 특정한 사회과학 전통들은 그를 급진주의자가 되도록 도왔다. 가령, 실용주의는 정치 개혁 방향을 분명히 가리키는 일반적 학설에 대한 의심을 밀스에게 제공했다. 제임스 클로펜버그가 주장했듯이, "미국 실용주의자들이나 그와 닮은 유럽 실용주의자들이 제기한 '급진적 진리 이론'은 사회복지와 좀 더 폭넓은 민주적 참여를 확대하는 진보적 사회 민주주의 운동에서 정치적 보완이 필요함을 발견했다.[113] 로버트 웨스트브룩도 마찬가지로 듀이의 실용주의 철학이 급진적 민주 정치에 대한 헌신과 보조를 맞춘다고 논증했다.[114] 밀스는 자신의 정치학이 듀이의 진보주의보다 더 급진적이라고 생각했으면서도, 사회적 세계는 불확실하고 우발적이라는 실용주의 개념에서 힘을 이끌어 냈다. 따라서 지난날의 사회적 합의를 뛰어넘을 수 있는 집단적인 민주적 행동을 통해 이용 가능한 것으로 개조했다. 실제로 메릴랜드대학에서 한 첫 번째 강의에서 밀스는 실용주의 인식론의 체제 전복적 성격을 강조하는 강의 요강 서두에서 듀이를 인용했다.

보수주의자들의 경우를 인정하기로 하자. 일단 사고를 시작하게 되면, 수많은 대상과 목적, 제도들이 정해져 있다는 걸 빼놓고는 우리가 어떤 결과에 이르게 될지 아무도 보증할 수 없다. 모든 사상가들은 외관상 안정된 세계의 일부를 위험한 상태로 가져다 놓는다.[115]

아마도 가장 중요한 것은, 실용주의 철학자들이 사회과학의 중요한 공공적 역할을 가정한다는 점일 것이다. 《공중과 그 문제들》(The Public and Its Problems)에서, 존 듀이는 민주정치를 창출하기 위한 사회과학 지식의 필요성을 주장했다. 복잡한 현대사회에서 개인이 의사 결정에 참여하기 위해서는 전체 사회에 대한 지식이 필요하다. 따라서 듀이는 "학술서나 논문들이 탐구 수단을 제공하고 세련되게 하는 반면, 진정한 사회과학은 그 실재를 일상의 미디어 속에서 명백히 드러낼 것"이라고 주장했다.[116] 한스 요아스가 말했듯이, "한편으로 실용주의 사회철학은 사회과학 연구와 이론 구축을 위한 기본 개념들의 집합체와도 같았다. 다른 한편으로, 이토록 사회적인 과학들에 거대한 도덕적·정치적 중요성이 있다고 생각했다. 왜냐하면 그것들은 인간의 문제를 집단적으로 인식하고 토론하고 해결하는 보편적 인간 공동체의 연대성 증진에 결정적 공헌을 해야 하기 때문이다."[117] 따라서 밀스의 초기 연구 작업이 광범위한 독자에게 도달하는 것보다도 자신의 탐구 도구를 세련되게 하는 쪽을 더 지향했음에도 불구하고, 밀스의 실용주의 교육은 사회과학자가 할 수 있는 중요한 공공적이고 정치적인 역할을 암시했다.

주로 지식사회학에 대한 치밀한 연구 작업을 통해, 밀스는 권력관계가 어떻게 사상의 생산하고 분배하는 틀을 형성하는가에 초점을 맞추었다. 처음부터 밀스의 지식사회학 연구 작업 저변에 깔린 이 주제는 〈사회병리학자들의 직업 이데올로기〉 속의 지식사회학에 대한 무르익은 표현에서 절정에 이르렀다. 밀스는 '파워 엘리트'라는 용어를 〈방법론적 결과: 병리학자들의 세 가지 문제〉에서 처음 사용했는데, 이 논문에서 사상이 "권력 엘리트들의 사회적 무기"가 될 수 있다는 점을 지식사회학자들이 인식할 필요가 있다고 썼다.[118] 그러나 장차 급진적 방향으로 돌아설 것을 예고한 밀스의 초기 연구 작업에서 좀더 기본이 되는 요소는, 비록 포착하기는 어렵겠지만 사회과학의 정밀한 자기 위치 선정을 위한 방법론적 요청이었다. 초기의 밀스를 동시대 사회과학자들과 가장 뚜렷하게 구별 지은 것은 사회과학 탐구의 기초적인 가정들을 기꺼이 비평에 종속시켰다는 점이다. 그런 면에서 밀스는 정치적 급진주의자가 되기 이전에도 이미 고전적 의미에서 급진주의자였다. 그의 분석은 문제의 뿌리를 파고들었다. 밀스가 느낀 급진주의 정치의 매력 가운데 어떤 것은 지식사회학의 포괄적 개념에서 느낀 매력과 다르지 않았을 것이다. 이 두 가지 매력은 밀스를 연구 대상 바깥으로 나가도록 북돋웠을 뿐 아니라, 그 근본 가치들을 의심하게 만들었다.

초기 방법론 연구에 숨겨진 정치적 잠재력이 무엇이든, 사회학 연구의 정치적 요소에 대한 밀스의 인식은 〈사회병리학자들의 직업 이데올로기〉를 고전적 논문, 즉 발표된 적이 없는 방법론적 '후기'와 함께 읽으면 훨씬 더 통찰력 있는 논문이 되도록 했다. 지식사회학에 대한 연구 작업을 통해 얻은 통찰력은 나중에 형성된 그의 지적 발전에 결정적인 역할을 했다. 그가 사회과학 탐구를 위해 이끌어 낸 방법론적 함축들은 변함없이 그의 사회학적 관점에서 한 가지 기본적인 축이 되었으며, 또 지식사회학에 뛰어든 일은 남은 생애 동안 한결같이 자신의 관심 분에서 중심에 둔 한 가지 문제, 이른바 사상과 사회구조의 관계(바꿔 말하자면 지성과 권력의 관계)를 남겨 주었다. 따라서 어떤 의미에서 밀스는 한평생 변함없이 지식사회학자였다.

그러나 〈사회병리학자들의 직업 이데올로기〉에 뒤이어, 밀스는 사회과학계에 입문하는 계기가 된 방법론 연구 작업으로부터 돌아섰다. 이 전환은 책으로 출판하기 위해 박사 논문을 원래의 논문 개요에서 내비친 방향으로 수정하지 않겠다는 밀스의 결정에서 분명히 드러났다. 이 결정은 대학원 시절에 쓴 논문들을 출판하려 했던 밀스의 끈질긴 고집을 감안하면 주목할 만한 선택이었다. 〈방법론적 결과: 병리학자들의 세 가지 문제〉에서, 밀스는 사회학자들이 권력과 사회구조 문제를 다루어야 한다고 주장했다. 1940년대 초반 밀스는 그런 문제들은 단지 사상의 사회적 파생을 설명하려는 시도를 통해서만이 아니라 직접 물고 늘어질 필요가 있다고 믿었다. 이제 그는 지식사회학의 방법론적 결과들로부터 관심을 옮겼다. 그리하여 학창 시절에 보여 준 사회학적 야망을 세상에서 벌어지고 있는 일들에 대한 좀 더 명확한 정치적 물음에 집중했다.

2장

지금, 세상에서 벌어지고 있는 일들

미몽에서 깨어난 급진주의

"오늘날 세상에서 벌어지는 일들에 대해 지식인의 지식이 커지면 커질수록, 오히려 그들의 생각이 발휘되는 영향력은 점점 더 줄어드는 것 같다. 우리는 역사적으로 독특한 신시대에 살고 있다. 자본주의는 인간의 모든 활동에 영향을 미치는 완전히 새로운 문화적 현상이다."

1942년 2월, 밀스는 탁월한 뉴욕 좌파 지식인 드와이트 맥도널드에게 편지를 보냈다. 밀스는 "이따금 세상에서 벌어지고 있는 일들을 제게 알려 주십시오"라는 요청으로 편지를 끝맺었다.[1] 밀스는 생애를 통틀어 이 문구로 편지를 끝내는 일이 잦았다. 세계적 사건들에 대한 좌파의 해석을 처음으로 발전시키고 자기 생각을 전할 새로운 청중을 찾기 시작한 때인 1942년 초반에 이 문구를 쓰기 시작했다는 사실은 의미심장하다. 그런 가운데에서도 변함없이 사회과학 담론을 마음속 깊이 간직하고 있었다. 당대의 정치적 사건들에 대한 그의 관심은 1940년대 초반까지는 완전히 발전시키지 못한, 또 사회학 분야의 경향들과 어울리는 사회학적 관심과 보조를 맞추었다.

독일에서 이주해 온 사회학자 한스 거스와 교류하면서 걸러진 막스 베버의 영향력은 대규모 사회적 경향에 관한 큰 질문들을 던지도록 밀스를 고무시켰다. 밀스는 베버의 분석 틀을 사용하여, 미국 사회의 계급 구분, 집중된 정치권력과 거대한 관료제에 따른 억압과 배제의 영향을 탐구했다.

정치적 분석과 사회참여는 그가 생활하는 장소의 변화에서도 영향을 받았다. 밀스는 1941년 가을 메릴랜드대학 교수직을 수락함으로써 미국 정치의 중심에 더 가까이 다가갔고, 뉴욕에 자주 가게 되면서 미국의 지적·문화적 중심지에서 좌파 분위기와 접촉했다. 하지만 더 중요한 영향을 끼친 것은 세계적 사건들 그 자체였다. 그는 나중에 제 2차 세계대전을 회고하며 "정치에 대한 관심이 부쩍 늘었다. …… 가까이에서 정치를 따르고 정치에 관해 생각하면서 나는 급진주의자가 되었다"고 썼다.[2] 밀스는 해외에서 벌어지는 반파시즘 투쟁보다는 미국 사회의 전쟁 분위기를 더욱 걱정했다. 말하자면 미국의 군비 확장, 집중되는 정치권력, 그리고 정부와 기업 엘리트 사이에 나타나는 점점 더 친밀한 관계 등이었다. 드와이트 맥도널드, 대니얼 벨, 프란츠 노이만 같은 좌파 사상가의 영향을 받아, 새롭게 출현하는 미국의 전체주의에 대한 반유토피아적 분석을 연마했다. 밀스는 미국이라는 기업국가가 경제 엘리트와 정치 엘리트를 통합하고, 좌파 대안들을 억누르며 의미 있는 비판적 사고의 기초를 밑바닥부터 손상시키고 있다고 보았다.

밀스가 1940년대 초반에 발전시킨 정치적 관점은 '미몽에서 깨어난 급진주의'(disillusioned radicalism)였다. 그 분석은 사회의 변화 가능성에 대해 비판적이었고, 특정 사회운동이나 정당과 선을 그었다. 밀스가 나중에 출간한 저작들에서 더 영향력 있게 표명할 좌파적 비평의 독특한 힘과 한계의 대부분은 이 시기의 저작에 이미 뚜렷하게 나타났다.

밀스의 박사 논문은 지식사회학의 선구적 연구 성과라는 애초의 목표에는 미치지 못했지만, 걸음마를 시작하던 자신의 급진주의에서 결정적인 요소들을 드러냈다. 현대 세계에서 행동을 위한 부적절한 기초를 제공한 자유주의를 거부하며 미국 사회에서 권력 집중에 대한 현실 인식을 요청했고, 기존 질서에 대한 미래의 여러 대안과 관련한 절망감을 표시했다. 박사 논문에서 결정적으로 중요한 부분은 존 듀이의 자유주의에 관한 논의였다. 밀스는 특히 사회적 세계를 변화시키는 과정에서 합리적 행동의 가치를 평가한 듀이를 옹호했다. 실용주의가 "미국인의 삶에서 나타난 천박한 상업화"에 대한 변명일 뿐이라는 일부 좌파들의 주장은 받아들이지 않았다.[3] 밀스가 보기에 듀이는 "기업 형태의 조직화 추세에 맞서 싸우고, 자유롭게 생각하는 개인에게 강요하는 형식적 합리성에 반대하고" 있었다.[4]

밀스가 듀이를 비판한 지점은 듀이가 공언한 정치적 가치들이 아니라, 그런 가치를 실현하기 위해서 급진적 조치가 필요한 점을 보지 못한 지점이었다. 밀스에 따르면, 듀이는 초창기 미국 공화정의 특징이던 서로 얼굴을 맞대는 민주주의로 복귀하려는 비현실적 갈망을 견지하고 있었다. 듀이의 자유주의는 "토론을 통해 완전히 화합되지 않는, 구조와 권력 사이에 크게 갈라진 온갖 틈을 숨기지 않는 비교적 동질적 공동체"의 존재를 가정한다고 밀스는 주장했다.[5] 그런가 하면 듀이의 '숙의민주주의'(deliberative democracy) 비전은 공유하고 있었다. 그러나 듀이가 말하는 '고전적 민주주의'의 조건은 현재의 기업국가가 아니라 '제퍼슨적' 과거에 놓여 있다고 주장했다. 밀스는 듀이의 자유주의가 가지고 있는 중요한 결점이 "사회질서 속에 존재하는 그대로 현재의 권력 분배에 대한 정치·법률 문제를 정면으로 직시하지" 못하는 것이라고 보았다.[6] 현대 세계에서 자신의 가치에 맞서 배치된 강력한 이해관계들을 적절히 인식하지 못하고, 듀이는 '인간의 진보'와 '끝내 성공하는 지성'의 능력에 관한 보증되지 않은 '낙관주의'를 드러냈다는 것이다.[7] 밀스에 따르면, 듀이는 자유주의적 진보가 과학기술에서 구체화되며 모든 문제가 궁극적으로 사회적 지성에 적용되면 해결될 수 있다고 보았다. 이와 대조적으로, 밀스는 환상에서 벗어난 자신의 사회 분석, 즉 불쾌한 정치권력 현실에 용감히 맞서는 계몽적 접근법을 제시했다. 한스 거스와 밀스가 '미몽에서 깨어난 자유주의자'로 묘사한 베버의 저작에서, 밀스는 미국 사회에서 정치권력의 지위에 관해 매우 현실적 분석을 구축할 수 있는 사회학적 도구들을 발견했다고 믿었다.

밀스가 듀이를 비판한 또 다른 이유는, 듀이의 '행동' 개념이 "규모가 큰 조직이나 운동, 집권 가능성 있는 정당과 연결되어 있지 않고," 그 때문에 실용주의자들을 "합리화된 사회구조에 직면한 일종의 영구적인 중립 정치가"로 전락시켰기 때문이다.[8] 그러나 1940년대 초반에는 밀스 자신도 사회 변화의 동인을 제대로 식별할 수 없었다. 당대 미국의 사회구조에 대한 '집단주의' 또는 '사회주의적 대안'에 대한 그의 입장은 막연하고 추상적이었다. 밀스는 듀이의 보증되지 않은 낙관주의를 절망적 비관주의로 대체했다. 부분적으로 듀이는 사회 변화를 위한 그 어떤 운동과도 연결되어 있지 않은 상태에 머물러 있었기 때문에, 미몽에서 깨어난 급진주의는 지식인의 사회적 역할을 문제의 중심에 가져다 놓았다. 밀스는 자신의 지식사회학 초기 연구에 입각하여 지식인에게 초점을 맞추고 있었다. 이른바 지식인이 사회 속에서 스스로의 위치를 성찰적으로 인식할 필요가 있다고 주장했다.

밀스는 점점 더 뚜렷하게 도덕주의 방향으로 나아가 사회 속에서 올바름을 강조하고 비판적 지식인의 역할을 강조하는 한편, 기존 질서를 지지하거나 당면한 긴급 사안들에서 뒤로 한발 물러서는 지식인을 비난했다. 듀이에 대한 비평인 〈사회학적 판단〉(A Sociological Account)에서 이 주제를 처음으로 분명히 드러낸 밀스는, 이 시기의 가장 중요한 논문인 〈무기력한 사람들〉(The Powerless People)에서 본격적으로 고찰했다. 새롭게 출현하는 기업국가 미국을 폭로하기 위해 자유주의의 환상을 간파해야 한다고 주장하는 급진주의를 입장에서, 밀스는 급진적 지식인의 책임에 기초한 정치, 즉 운동이나 정당 정치가 아닌 '진실의 정치'를 제시했다.

밀스와 한스 거스, 사회구조와 권력

1940년대 초반 밀스가 사회구조나 정치권력 문제에 새로이 몰두하게 된 데는 독일에서 이주해 온 사회학자 한스 거스에게 크게 신세졌다. 밀스는 거스를 위스콘신대학 졸업을 앞둔 마지막 해에 만났다. 독일 사회학 전통에 깊이 빠져 있었고 원래 카를 만하임의 제자였던 거스는 테오도르 아도르노, 막스 호르크하이머, 에밀 레더러, 폴 틸리히, 알프레드 베버와 함께 공부했다. 그 밖에 거스의 대학 시절 동료로는 한나 아렌트, 노베르트 엘리아스, 한스 스파이어도 있었다. 1908년생인 거스는 막스 베버가 몸담고 있던 하이델베르크대학에서 공부하고 싶어 했다. 하지만 거스의 설명에 따르면, 1927년 하이델베르크대학에 학부생으로 입학하고 나서야 베버가 세상을 떠난 지 7년이나 되었음을 알았다고 한다. 그래서 그는 만하임 아래에서 공부했는데, 만하임은 거스를 가리켜 "이제껏 만난 학생 가운데 가장 재능이 뛰어난" 학생이라고 평가한 바 있다.' 거스는 만하임이 《이데올로기와 유토피아》(Ideologie und Utopie)를 준비하는 걸 도왔고, 그 뒤에 만하임을 따라 프랑크푸르트대학으로 가서 사회학 박사과정을 밟았다. 1933년에 마무리 지은 박사 학위논문은 지식사회학에서 만하임의 방법을 사용하여 초기 독일 부르주아의 자유주의를 분석했다. 1933년에 히틀러가 권력을 잡은 뒤에 만하임은 거스의 다른 유대인 지도교수들과 함께 망명을 떠났다. 거스는 국가사회주의(나치즘)에 맞선 헌신적인 좌파 반대자였음에도 독일에 머무르기로 결정했다. 일간지《베를리너 타게블라트》와 관련하여 일자리를 얻은 그는 암암리에 비판 정신을 고취시키는 정치 선전 글을 이 신문에 기고했다. 1938년이 되어 거스는 결국 독일에서 런던으로 피신했고, 곧이어 미국으로 건너갔다. 그는 다소 늦게 독일을 떠났는데, 그가 쓴 몇몇 신문 기사 탓에 평판이 나빠져서 미국에 있던 여러 독일 이주민 지식인들은 거스를 늘 의심했다. 대학에서 몇몇 임시직을 거친 뒤, 1940년 가을에 거스는 위스콘신대학에서 영구적인 일자리를 얻었다.[10]

거스는 분석적 구별 또는 '이념형'의 조심스러운 사용, 그리고 비교 방법의 역사적 사용으로 사회구조를 이해하려 애쓰는 베버의 전통을 대표했다. 한평생 사회주의자였던 거스는, 베버의 저작에 대한 네오마르크스주의 해석을 발전시켰다. 내재적인 역사적 목표에 대한 변증법적 희망을 상실한 마르크스의 유물론적 역사 해석을, 베버의 사회구조의 복잡성에 대한 존중과 비경제적인 사회적 분야의 중요성에 대한 올바른 이해와 연결시키려고 애썼다. 현대사회에 대한 거스의 비관적 비평은, 전체주의는 파시즘 사회뿐 아니라 민주 사회의 한 측면이기도 하다는 개념에서 비롯되었다. 그의 분석은 또 다른 독일 이주민 지식인 그룹인 이른바 프랑크푸르트학파의 분석과 많은 부분을 공유했는데, 이들은 밀스의 급진주의에도 영향을 미쳤다.[11]

나중에 밀스의 친구가 된 독일 이주민 사회학자 루이스 코저는, 미국에서 이주민 학자의 영향력이 대단했던 까닭은 학회나 출판물 때문이 아니라 오히려 "무슨 이유에서인가 그들의 말에 귀를 기울이고 그들의 메시지를 받아들였기" 때문이라고 말한 적이 있다.[12] 이 얘기는 거스의 경우에 딱 들어맞았다. 거스의 제자 가운데 상당수는 훗날 스승의 탁월함이 강의나 사적인 대화에서 가장 빛났다고 이야기했다. 거스는 사실상 미국의 지적 분위기에 거의 적응하지 못했다. 그는 베버 저작의 번역자로 가장 잘 알려져 있으면서도 거의 책을 저술하지 않았는데, 그나마도 밀스 같은 미국인 협력자를 만나지 못했다면 책을 훨씬 더 적게 출판했을 것이다. 밀스가 위스콘신대학에서 거스와 함께 보낸 시간은 1년이 채 안 되고 강의를 들은 적도 없지만, 두 사람은 금세 친구가 되고 협력자가 되었다. 거스의 영향력은 밀스가 평생 만나게 되는 그 어떤 사람보다 컸다. 그렇다고 거스의 영향력을 과장해서는 안 된다. 가이 오크스와 아서 비디치는 밀스를 가리켜, 자신의 멘토인 거스의 사상을 대중화시킨 사람이라고 그릇된 주장을 폈다.[13] 그러나 밀스는 거스를 만나기 전에 이미 사회과학에 대한 콘텍스트 이론과 역사주의 관점을 발전시켰다. 만하임의 지식사회학에 관한 저작을 통해 이미 독일 사회과학 전통을 접한 밀스는 독자적으로 다다랐다. 바로 이런 이유에서, 좀 더 노련한 거스는 젊은 밀스를 가치 있는 협력자로 인정하고 또 스스로를 밀스의 멘토라고 생각했을지 모르지만, 밀스를 거스의 제자라고 볼 수는 없다.

거스는 밀스가 정치적이고 역사적인 베버의 사회학, 또 이보다 정도는 덜하지만 마르크스를 처음으로 만날 수 있게 도왔다. 독일 사회학 전통은 밀스의 지적 발전에서 무척 중요했기에, 1944년에 이르러 밀스는 자신이 "미국 사회학 전반을 그처럼 심각하게 받아들일 기회를 가져 본 적이 없다"고 말했다. 또 자신의 "주된 충동은 독일의 발전, 특히 믹스 베버에 견주어 정도는 덜하지만 카를 만하임에서 비롯된 전통에서 가져왔다"고 밝힌 바 있다.[14] 거스는 세 가지 중요한 점에서 밀스가 사회학적 관점을 형성하하는 데 도움을 주었다. 그는 사회적 계층화를 이해하는 수단이 되는 베버의 분석 범주를 밀스에게 소개했고, 사회 연구에 좀 더 구조적이고 거시적으로 접근하도록 고무했으며 나아가 정치권력에 관심을 기울이도록 도왔다.

거스의 영향력은 W. 로이드 워너가 이끈 유명한 공동체 연구 시리즈 '양키 도시'(Yankee City)의 첫 권인 《현대 공동체의 사회생활》(The Social Life of a Modern Community)에 대해 밀스가 '베버식 비평'이라고 부른 글에서 분명하게 나타났다.[15] 밀스는 이 장황한 비평에서 워너의 순진한 경험주의를 비판하고자 자신의 실용주의 인식을 활용했다. 학문을 '관찰한 다음에 분류하고 그다음에 일반화한다'고 본 워너의 경험주의적 연구는 '사회계급을 발견했다'는 터무니없는 주장으로 귀결되었다. 밀스가 말했듯이, 모든 사회학적 연구는 처음부터 '계급' 같은 이론적 개념을 통해 성격이 규정된다. 따라서 밀스의 비평은 초기 저작에서부터 낯익은 주제들을 강조했다. 그러나 워너의 글은 "유럽의 사회학 문헌들, 특히 막스 베버의 저작에 나타난 포스트마르크스주의 논의들"에 대한 불충분한 지식에서 유래한다고 밀스는 주장했다.[16]

밀스가 볼 때, 베버의 좀 더 세련된 범주가 사회과학자들을 뚜렷한 분석적 상태를 유지하게 했다는 워너의 '계급' 정의는 사회적 계급화의 세 가지 의미를 통합시켰다. 베버를 따라서 밀스는 '계급'이 오직 경제적 위치만을 언급하고, '지위'는 위신의 문화적 분배를 언급하며, '권력'은 "어떤 상황에서 누가 누구에게 복종할 것이 기대됨"을 의미해야 한다고 주장했다.[17] 워너는 계급의 객관적 의미(순수하게 경제적인 것)를 주관적인 것(지위)과 통합했을 뿐 아니라, '계급'의 경제적 의미를 '계급의식'의 심리적·정치적 의미와 혼동했다. 베버가 제공하는 주의 깊은 분석적 구별을 사용할 때에만, 사회 연구자들은 의미 있는 질문, 예를 들어 미국 사회에서 경제적 위치는 사회적 지위와 어떻게 연동되는가 하는 질문을 실제로 던질 수 있다고 밀스는 주장했다.

거스가 밀스에게 끼친 영향은 공동 연구 저작에도 뚜렷하게 나타난다. 1941년 여름에 두 사람은 사회심리학 교과서를 함께 쓰려고 계획했다. 1953년이 되어서야 비로소 출판되지만, 거스와 밀스는 1940년대 초반에 《개성과 사회구조》(Character and Social Structure)라는 중요한 연구 성과를 냈다. 이때부터 두 사람 주고받은 편지 대부분은 그 책을 위한 장들의 초안을 교환하고, 연구를 위해 어떻게 함께 시간을 보낼 수 있을지를 계획했다. 하지만 전쟁 기간에는 거스가 외국인 적(敵)으로 분류되어 (거스가 독일에서 오래 머무른 탓에 의심받은 것을 감안하면) 대학 캠퍼스를 떠나 여행할 형편이 여의치 않았다. 1941년 8월 책의 개요에서 두 저자는, 진정한 사회심리학은 인간 본성에 관한 검증되지 않은 '초역사적' 가설들을 만든 정통적인 프로이트의 접근법이 안고 있는 문제를 넘어서는 것이라고 주장했다. 무엇보다 미국 인문과학에서 지배적인 '행동주의' 접근법에 도전해야 한다는 것이었는데, 이 접근법은 소중한 경험적 지향과 "인간의 변화 가능성을 관찰할 준비가 되어 있음"에도 불구하고 "각 분야가 서로 연결되지 않은 채로 그다지 쓸모없는 작은 분야의 분석에 한정되어" 있었다. 거스와 밀스는 미국 사회심리학자들에게 '구조 사회학'이 결여되었다고 주장했다. 따라서 대부분의 미국의 사회학은 대규모 제도들의 중요성, 그리고 사회구조의 서로 다른 측면들 사이의 밀접한 관계를 무시한 '좁은 사회학'이었다. 거스와 밀스는 개별적 인간 행위자의 심리를 놓치지 않고 "그들의 구조적 환경 속에서 특정한 역할"을 분석하기 위해 일반적이지만 유연한 틀을 제공하는 베버의 '이념형' 방법을 사용할 비교·역사적 접근법을 제안했다. 미국의 경험주의 전통과 독일의 이론적 전통 모두에서 최선의 것에 의지하기를 제안하면서, 두 사람은 1932년 《미국사회학저널》에서 "독일식 사회학과 미국식 사회학처럼 서로의 단점을 보충하기에 적합하면서도 연구 스타일이 다른 것은 지금까지 거의 존재하지 않았다"는 카를 만하임의 주장에 의식적으로 주의를 기울이려 애썼다.[18]

책의 머리말 초안에서, 거스와 밀스는 사회심리학에 대한 접근법이 "사회의 구조적·역사적 측면에 대한 보다 큰 초점 상실"로 귀결된 사회과학의 근시안에 대한 좀 더 광범위한 비평의 일부임을 분명히 했다. 그러나 거스와 밀스는 자신들의 연구 작업을 고립된 노력이 아니라 미국 사회과학에 나타나는 새로운 경향이라고 자평했다. 그들은 두 가지 점에서 미국 사회과학자들로 하여금 최근에 눈에 띄는 총체적 사회구조에 대해 관심을 갖게 할 것이라 믿었다. 첫째, "19세기와 20세기 초반 독일에서 사회학과 경제학이 끊임없이 교류함으로써 풍요로워진 …… 지난 10년 동안 미국 사회학의 …… 이론적 르네상스"였다. 둘째, 제2차 세계대전을 낳은 "전체주의적 사회구조 강화"를 이해하려는 갈망이었다.[19]

거스와 밀스는 좀 더 폭넓은 사회 연구를 향한 이 새로운 경향을 이 그는 사회학자가 누구인지 지켜보면서도 그 이름을 전혀 거론하지 않았다. 하지만 누가 봐도 탤컷 파슨스는 이론적 르네상스와 전체주의 사회구조를 이해하려는 시도 모두를 대표했다. 1930년대를 통틀어 미국에서 유럽의 이론을 주도하고 옹호했던 파슨스는 1940년대에 미국 사회과학에서 우뚝 솟은 거물이 되었다. 제2차 세계대전 동안 파시즘의 발흥을 밝히려는 시도에서 파슨스는 특정한 나라의 사회구조에 대한 연구를 지향하는 쪽으로 전환되었는데, 베버를 인용하는 방식이 달라진 것이 이 전환을 예증했다. 《사회적 행동의 구조》에서 파슨스는 베버를 주로 사회학 이론가로 다루었다. 1940년대 초반에는 '현대의 정치적 위기'를 이해하기 위해 베버의 이론을 적용했다. 나치 독일에 관한 몇몇 논문에서, 파슨스는 파시즘을 현대화의 구조적 역학에서 출현한 반현대 카리스마 운동이라고 보았다. 현대성(modernity)에 대한 나중의 좀 더 낙관적 묘사와 대조적으로, 여기에서 파슨스는 현대사회를 그 합리화 과정이 파시스트 유형의 운동으로 귀결되어 심리적으로 무질서를 낳을 우려가 있는 연약한 것으로 묘사했다. 그는 현대사회가 이성적·법률적 권위와 비인격적·보편적 규범에 기초한다고 생각했다.[20]

사회심리학의 렌즈를 통해 현대의 사회구조를 이해하려는 노력은 파슨스의 저작에 나타나는 특징이었을 뿐 아니라, 제2차 세계대전 시기 전체주의 발흥을 설명하려 애쓴 미국의 여러 사회과학자들한테서 나타나는 일반적인 경향이기도 했다.[21] 따라서 밀스가 사회과학에 대한 좀 더 구조적이고 거시적인 접근법으로 돌아선 것은 단지 거스의 영향으로부터 발전한 게 아니라, 이 시대 미국 사회과학에 나타난 주된 흐름에 참여했기 때문이었다. 1940년대 사회과학에서 점점 우세해지기 시작한 기능주의와 관계있는 구조적 접근법은 밀스와 거스가 연구한 바와 똑같은 부류의 원자론적 분석을 뛰어넘었다. 로버트 머던의 영향력 있는 학술서 《사회이론과 사회구조》(Social Theory and Social Structure, 1949)에서처럼, '사회구조'는 1940년대 미국 사회학의 전문용어 가운데 하나가 되었다.[22] 이전의 미국 사회학자들은 일반적으로 '지역사회'(community)를 연구 주제로 삼았던 반면, 좀 더 새롭고 거시적인 이 접근법은 국가와 심지어 현대성 자체를 주제로 삼았다. 이로써 시카고학파와 관련된 민족지학적 사회학과 객관주의자들의 양적 접근법 접근법은 모두 과거 사회학 전통으로부터 눈에 띄게 멀어졌다.

그러나 밀스는 당대 사회학자들보다 더 나아가 사회구조 연구가 역사를 통해 성격이 규정될 필요가 있다고 주장했다. 이것은 어느 정도 거스가 가르쳐 준 베버의 전통 때문이었는데, 이 전통에서 비교 방법은 동시대의 상이한 사회구조 사이의 비교뿐 아니라, 동시대의 구조와 과거의 구조를 비교하는 일도 중요하다고 생각했다. 실제로 밀스의 훗날 사회학 연구 작업은 현대 미국과 다른 사회들 사이의 비교보다는 역사 속에서 현대의 미국과 이전 시대 미국 사이의 비교에 더 많이 의존하게 된다. 이런 접근법을 좀 더 역사적인 것으로 만드는 과정에서, 밀스는 메릴랜드대학에서 친구가 된 젊고 주목할 만한 몇몇 역사가의 영향을 받았다. 프랭크 프리델, 리처드 호프스태터, 케네스 스탬프가 그런 이들이다. 밀스는 역사가들을 '지식의 장인'이라 일컬으며 이렇게 칭송했다. "그들은 어떤 사회과학자 집단보다도 훨씬 더 높은 학식을 지니고 있으며, 또한 그러한 학식을 제대로 사용할 줄 안다. 이 역사가들은 자신의 세계를 이해하려고 애쓰는 사람이라면 누구든 반드시 읽어야 할 열두 가지쯤 되는 전문 연구서를 저술했다.”[23] 전쟁 기간 동안 밀스는 메릴랜드대학에서 신병 보충을 주제로 한 과목을 가르치며 미국 역사에 대한 지식의 폭을 넓혔다.

서로 다른 사회의 측면들이 자율적이면서도 서로 밀접한 관련이 있음을 밀스는 베버의 사회과학과 연대함으로써 배웠다. 《개성과 사회구조》에서 한 가지 주목할 만한 점은 사회적 세계를 정치, 경제, 군사, 혈연관계 그리고 종교 이렇게 다섯 가지 질서의 관점에서 보았다는 사실이다. 밀스 역시 베버처럼 (경제적이든 그 밖의 다른 것이든) 모든 형태의 결정론에 반대하고, 상이한 사회 영역들 사이의 관계를 이끌어내려 애썼다. 그러나 베버에 관해 밀스가 가장 중요하게 생각한 점은 정치 영역에서 차지하는 권력관계의 중요성이었다. 밀스에게 정치는 확실히 경제와 이데올로기 둘 모두에 연결되면서도 경제나 이데올로기로 축소될 수 없었다. 나아가 정치는 궁극적으로 강제력에서 비롯된 것이었다. 밀스는 “심지어 그들의 의지에 반해 남들의 행동에 영향을 끼치는” 능력으로서 ‘권력’에 대한 베버의 정의를 제시했다.[24] 밀스는 베버를 따라서 정치권력을 제도적 관점에서 보았다. 즉 현대 세계에서 관료 조직과 그것을 통제하는 사람들을 특별히 고찰했다.

밀스가 정치권력에 대한 베버의 접근법을 부분적으로 거스로부터 받아들였다는 점은 두 사람의 공동 논문 〈관리자들을 위한 마르크스〉(A Marx for the Managers)에서 뚜렷하게 나타난다. 1942년에 발표한 이 논문에서, 거스와 밀스는 널리 논의된 제임스 버넘의 《관리사회》(The Managerial Society)를 꼼꼼히 살폈다. 뉴욕대학 철학 교수였던 버넘은 1940년 트로츠키주의 노동자당 창당을 도왔는데, 통제주의의 승리에 대한 그의 분석은 스탈린 통치 아래 소비에트 혁명의 관료화에 크게 의존했다. 그러나 1941년《관리사회》를 출판할 무렵 버넘은 마르크스주의를 포기했다. 그 결과 미래를 형성하게 될 불가피한 역사 발전을 현실적인 용어로 식별해야 한다고 주장했는데, 그 때문에 그의 책에 정치적·도덕적 비평이 쏟아졌다(제2차 세계대전 후에 버넘은 보수주의 운동에 참여했다). 버넘은《관리사회》에서, 자본주의는 사회주의가 아니라 미국, 소련, 독일 같은 전혀 다른 나라에서 지배력을 갖기 시작한 통제주의에 의해 무너지고 있다고 주장했다. 버넘은 현대 산업경제에 기능적으로 필요할 수밖에 없는 관리자라는 새로운 계급이 전 세계적으로 권력을 장악하고 있고, 또 그들의 이해관계에 따라 경제를 계획하려고 개입주의 국가들을 이용하고 있다고 주장했다.

버넘의《관리사회》는 사회 분석 연구 작업으로서는 너무 단순하고 도식적이었지만, 책의 부제에서 표현되었듯 "오늘날 세계에서 벌어지고 있는 것," 즉 밀스가 스스로에게 묻기 시작한 바로 그 질문을 설명하겠다고 대담하게 약속했기에 관심 있게 살펴봤다.《포춘》은 이 책을 '올해의 가장 논쟁적인 책'으로 꼽았다. 그 책을 비평하려는 밀스의 열망은 사회학적·정치적 쟁점들에 관한 좀 더 폭넓은 대중적 담론에 대한 새로운 관심을 암시했다.[25]

거스와 밀스에 따르면, 버넘은 현대 세계에서 나타나는 '산업과 행정 조직의 집중화'를 제대로 인식하고 있었다. 그러나 이 조직을 누가 무슨 목적으로 통제하는지를 고려하지 않고 단지 조직 형태만 분석함으로써 역사적 발전을 설명하는 부분에서는 그들의 주장과 빗나갔다. 버넘은 서로 다른 사회 영역을 뒤섞었고 정치권력의 중요성을 무시했다. 그는 "사회·경제 질서와 정치운동 사이의 자연스러운 일치"를 당연한 것으로 잘못 가정했고, 또 현대 사회구조에서 "특정한 기능에 관한 기술적 필요"를 '정치권력'과 혼동했다.[26] 전체로서의 현대 세계가 관리사회라는 동일한 형태를 향해 무작정 나아가고 있음을 논증하기보다는, 독일의 경우 결정적으로 중요한 질문은 새롭게 발전하는 관료적 구조가 어떻게 정치권력을 가진 자들에 의해 이용되는지 논증하는 거라고 비평가들은 주장했다. 거스와 밀스는 독일에 관해 이렇게 썼다. "문제는 권력이 어디에 있느냐 하는 점이다. 대답은 지배 구조인데, 이를테면 물리적 강제력을 독점하고 있고 또 그것 안에 산업주의자들과 토지를 소유한 동료들을 연합시킨 국가가 바로 그 지배 구조이다."[27] 관리자가 기능상 꼭 필요할는지는 몰라도, 그들은 독일을 비롯하여 그 어디에서도 지배력을 갖고 있지 않았다.

버넘에 대한 거스와 밀스의 비평은, 또한 그들이 소유와 계급 문제를 강조한 마르크스주의의 정치경제학 분석에 의존하고 있음을 보여주었다. 버넘은 관료 조직 형태에만 초점을 맞춤으로써 독일의 사회구조를 소련의 사회구조와 뚜렷이 구별되는 재산 상속 같은 정치경제학의 기본 문제를 간과했다. 더욱이 버넘은 '관리적 통제'에 초점을 맞춤으로써 국가의 규제력을 자본의 소유권과 혼동했다. 거스와 밀스에게, 뉴딜 정책과 나치즘은 자본주의를 넘어선 단계가 아니라 현대 세계에서 자본주의를 유지하려는 서로 다른 시도였다. 《개성과 사회구조》를 출판하기 앞서 1941년 개요에서 썼듯이, 거스와 밀스는 자본주의 시대가 아직 불완전하다고 믿었다. "우리는 역사적으로 독특한 신시대에 살고 있다. 자본주의는 인간의 모든 활동에 영향을 미치는 완전히 새로운 문화적 현상이다."[28] 만일 버넘이 기능적 결정론에서 "너무 많은 마르크스"를 제시했다면, 마르크스주의 사회구조 분석의 결여는 그로 하여금 현대 세계를 이해하지 못하게 했다. "오늘날 세계에서 벌어지고 있는 현상을 이해하는 일은 사유재산 압류나 폐지, 계급 구조, 가능한 정치·사회 운동들, 또 전쟁과 같은 기본적인 문제들에 대한 이해를 포함한다"고 거스와 밀스는 주장했다.[29]

〈관리자들을 위한 마르크스〉가 암시하듯이, 밀스는 수많은 좌파 사상가들이 마르크스로부터 취한 것을 베버한테서 배웠다. 특히 밀스는 사회의 다양한 계급 분석과 그 계급들이 "권력을 획득할 가능성"에 대해 관심을 표명했다. 관료 조직에 관한 물음에서 핵심은, "이 구조들이 무슨 목적을 위해 사용될 것인가, 누가 그 조직의 우두머리가 될 것인가, 어떻게 그 조직이 전복될 것인가, 또 그러한 구조들 속에서 어떤 운동이 자라날 것인가"였다.[30] 이런 질문들이 남은 생애 동안 밀스의 마음을 사로잡았고 《새로운 권력자들》, 《화이트칼라》, 《파워 엘리트》, 〈신좌파에게 보내는 편지〉에서도 일관되게 나타난다. 〈관리자들을 위한 마르크스〉는 밀스의 사상에 담긴 특징을 입증할 질문에 접근하는 두 가지 대조적인 방법도 암시했다. 한편으로 밀스는 버넘을 "불가피함"에 굴종하는 지나치게 결정론적인 사상가로 평하면서 '문화적 비관주의'라고 비판했다.[31] 그러면서 베버의 저작에서 실증된 것처럼 역사 변화에 유연하고 열려 있는 분석 방법을 옹호했다. 밀스는 역사적 우연성에 대한 실용주의적 인식과 웅장한 역사철학에 대한 의심을 받아들였다. 여기에 계급과 권력 구조에서 새로운 발전, 또 좌파 정치에서 새로운 출발을 전망하려는 태도도 가지고 있었다. 그런가 하면 밀스의 전시(戰時) 사회·정치 분석은 버넘의 분석만큼이나 비판적이었다. 급진 정치에 대한 밀스의 헌신은 급진 정치를 반대하는 원천이 봉쇄되었다는 신념과 함께했다. 밀스는 관리자가 권력에서 새로운 계급이라는 개념을 언제나 거부한 반면, 민주적 사회운동에 파멸적인 운명의 주문을 거는 것처럼 보이는 중앙 집중화된 관료 조직의 무시무시하고 뒤집을 수 없는 팽창을 인식했다. 따라서 전 세계에서 벌어지는 일들에 대한 밀스의 분석은 스스로 기꺼이 인정하려는 것보다 버넘의 분석과 더 비슷했다.

듀이의 왼쪽으로 간 급진주의자

공동 연구의 산물 〈관리자들을 위한 마르크스〉는 거스의 영향력 아래 밀스가 사회구조에 대한 거시적 연구에 이끌린 것, 세계적 사건들에 대한 좌파의 해석을 발전시키는 것에 대한 관심, 그리고 이 둘 사이의 밀접한 관계를 암시한다. 그러나 밀스에게 〈관리자들을 위한 마르크스〉는 거스와는 조금 다른 면에서 중요했다. 이 비평은 전문 학술지에 실렸음에도 불구하고, 밀스가 자신을 좀 더 폭넓고 교양 있는 청중을 위해 세계에서 벌어지고 있는 것을 분석할 역량을 가진 정치사상가로 자리 잡도록 도와주었다. 밀스는 존경하는 몇몇 저명한 좌파 지식인에게 이 비평의 별쇄본을 따로 구입해서 보내는 색다른 방법을 선택했다. 이 전략은 성공했다. 영향력 있는 좌파 저널 《파르티잔리뷰》 편집위원 드와이트 맥도널드는 밀스에게 "철저하게 문헌에 기초한 매우 흥미로운 비평"이라고 평가하고 자신의 중요한 비평서인 《경영자 혁명》(The Managerial Revolution)과 함께 출판할 수 있으면 좋겠다고 편지를 보냈다.[32] 엑서터, 예일, 메이시백화점의 경영대학 졸업생이자 헨리 루스가 발행하는 《포춘》의 고정 필진이었던 맥도널드는 뉴욕에서 반스탈린주의 좌파 지식인 세계를 주도하는 인물 가운데

하나였다.[33]

1942년부터 1944년까지 밀스는 《파르티잔리뷰》,《뉴리더》,《뉴리퍼
블릭》,《폴리틱스》 같은 좌파 지식인 잡지에 눈부신 글들을 기고했다.
메릴랜드대학에 몸담고 있으면서도 뉴욕의 지적 풍경과 밀접한 관계
를 맺을 수 있었던 것은, 1945년 뉴욕으로 이사하기 전부터 이들 잡지
에 기고함으로써 뉴욕 지식인들과 교류한 덕분이었다. 밀스가 정치적
분석으로 돌아선 데는, 사회과학 학술지를 통해 다다를 수 있었던 독
자보다는 대중을 위해 글을 쓰고 싶다는 자신의 갈망에 따른 움직임
이었다.

밀스는 이런저런 좌파 잡지에서 자신의 독자 폭을 넓힐 기회를 찾
았다. 1942년 밀스는 《뉴리더》의 편집인 대니얼 벨에게 편지를 썼다.
"좀 더 매끄럽게 글 쓰는 법을 배우고자, 올해는 '대중적인'(전문적이지
않은) 글을 많이 쓰려고 합니다. 그렇다고 그 글들이 모두 인쇄되리라
고는 기대하지 않습니다. 솔직히 그저 연습하고 있을 뿐입니다."[34] 밀
스가 《뉴리퍼블릭》에 비평을 즐겨 쓴 것은 돈벌이 때문이기도 했지만,
그 잡지를 "설명적인 글쓰기 문체의 교범으로 보았기 때문이다. ······
나는 자연스럽고 매끄러운 산문체 글을 쓰고 싶다."[35] 밀스가 이전에
전문적이고 사회학적이며 철학적인 언어로 글을 쓴 것을 감안한다면,
좀 더 광범위한 청중을 얻기 위해 산문체를 채택한 것은 결코 쉬운 일
이 아니었다. 1942년 가을 밀스를 만나고 나서, 리처드 호프스태터는
새 친구가 여전히 "슬프게도 사회학 전문용어에 빠져 있다"고 불만을
털어놓았다.[36]

폭넓은 대중들을 위해 글을 쓰려는 밀스의 시도에 한스 거스는 적
잖이 놀랐다. 그는 밀스가 너무 '저널리스틱한' 방향으로 나아가는 것

을 걱정해, "현안의 문제를 출판하기보다는 앞서서 학문 연구에 집중하라"고 조언했다.[37] 하지만 밀스가 현대의 정치적 관심사로 돌아서고 더 광범위한 청중을 위해 글을 쓰려는 시도를 사회과학과의 결별로 해석해서는 안 된다. 오히려 좌파 저널에 실린 밀스의 글은 현대 사회과학의 방법과 통찰력을 학계 바깥에서도 이용할 수 있도록 만들어준 공공적 사회학으로 보는 것이 옳다. 1944년에 밀스는 "다양한 의견을 가진 저널과 '작은 잡지'에 실린 논문들은 내 자신의 비실용적인 산문체를 제거하고 현대 사회과학을 대중에게 알기 쉽게 전달하는 방법을 발전시키려는" 시도였다고 썼다.[38] 실제로 컬럼비아대학 사회학과에서 대학원 공부한 대니얼 벨은 전문 사회학 저널에 실린 밀스의 여러 논문을 보고 그를《뉴리더》집필진으로 스카우트했다.[39]

몇몇 주도적 사회학자들은 비전문적인 좌파 대중을 위해 글을 쓰려는 밀스의 시도에 우려를 표현하기는커녕 오히려 박수를 보냈다. 로버트 머턴은《뉴리더》에 실린 밀스의 논문〈집산주의와 혼합경제〉(Collectivism and the Mixed-Up Economy)를 보고 '눈부신 성과'라고 생각했다.[40] 로버트 린드 역시 그 논문을 보고 "너무 기뻐서 팔짝팔짝 뛰었다"고 말했고, 나아가 밀스를《뉴리퍼블릭》의 필진으로 끌어들이기 위해 연줄까지 동원했다.[41] 한편 밀스는 정치적 참여 과정에 만난 사람들을 학문적 사회과학의 세계로 끌어들이려 애썼는데, 어느 정도는 성공을 거두었다. 이를테면 밀스는 맥도널드에게 미국사회학회에서 주최한 사회 계급에 관한 토론회에 패널로 참석해 연설해 달라고 부탁했다. 그리고 급진적 공동체 조직가인 솔 앨린스키를 설득해 출판된 적이 없는 '지식사회학과 커뮤니케이션 연구'라는 제목의 책을 함께 편집하려 애썼다.[42]

밀스는 사회구조와 권력 문제에 대한 사회학적 관심을 당시로서는 초기에 해당되는 중요한 비평 가운데 하나인 정치적 관심과 결합시켰다. 〈적의 위치 파악〉(Locating the Enemy)에서, 밀스는 프란츠 노이만의 《비히모스》(Behemoth)를 "독일 제국에 관한 명확한 분석인 동시에 사회과학에 대한 기초적 공헌"이라고 격찬했다.[43] 노이만은 프랑크푸르트학파와 밀접한 관련을 맺고 있는 독일 이주민 정치학자였다. 독일을 떠나면서 사회주의자 법률가로서 유망한 직업을 잃은 이후, 노이만은 사회주의 정치학자인 해럴드 래스키를 지도교수로 런던정경대학(LSE)에서 박사 학위를 받았다. 그래서 노이만은 프랑크푸르트학파 내부에서 철학 쪽으로 기울어진 여러 마르크스주의 동료들보다 영미권 사회과학의 경험주의적 성향을 받아들이는 데 더 개방적이었다. 거스나 밀스와 마찬가지로, 노이만은 미국의 경험주의 사회과학과 독일의 이론 사회과학의 훌륭한 요소들을 결합시키고 싶어 했고, 베버를 모범적인 사회과학자로서 존경했다.[44] 노이만은 밀스에게 계급과 권력에 대한 마르크스주의 해석의 적합성을 지속적으로 부각시켰다. "마르크스는 몇 가지 문제에서 19세기의 이론가인지도 모른다. …… 그러나 노이만이 신선하고 지적인 행동으로 다시 분명히 하듯이, 마르크스의 사고 기술, 요소는 물론 추진력도 적절함 그 이상이다."[45]

《비히모스》는 나치의 정치 체계에 대한 세련된 분석을 내놓았다. 독일 파시즘을 "전체주의적 독점자본주의"라고 본 노이만의 해석은 다른 주류 좌파 이론들과 달랐다. 이를테면 프리드리히 폴록의 저작에서 제시되고 프랑크푸르트학파 다수가 받아들인, '국가자본주의' 이론이라든가, 나치 정권을 단지 대기업을 위한 선봉대라고 보는 '독점

자본주의'라는 좀 더 정통적인 마르크스주의 이론, 그리고 나치의 정치 체계를 실제로 지배한 것은 경영자 관료제라고 생각한 '관료적 집단주의' 또는 버넘이 제창한 경제 이론인 경영자 혁명 등이 있었다. 오히려 노이만은 독일 파시즘이 서로 연결되어 있지만 차이를 나타내는 네 가지 '파워 블록'(국가 관료주의, 나치당, 군대, 대기업) 사이의 이해관계가 합쳐진 결과로 탄생했다고 주장했다. 이 집단들은 동일한 이해관계를 공유하지 않았지만, 전체주의 정부를 세우고 제국주의 팽창 정책을 유지하는 데는 협력했다. 노이만은 나치의 정치 체계를 어떤 최소한의 독자적인 권리들을 보장할 수 있는 자율적 국가라기보다는 오히려 파워 블록들의 합작이라고 평가했다. 그는 나치의 정치 체계를 "무법과 무정부의 지배"로 정의되는, 즉 인간의 권리와 존엄을 삼켜 왔고 세상을 거대한 대륙들의 패권으로 무질서하게 변형시키려 애쓰는 무시무시한 '비국가'(non-state)라고 규정했다.[46]

《비히모스》는 몇몇 영역의 자율성을 인정하면서도 상호 관계를 강조하는, 이른바 총체적 사회구조에 대한 경험주의적 연구를 수행하는 방법과 모델을 밀스에게 제시했다. 노이만은 나치의 정치 이데올로기에 대한 철저한 해부와 아울러 정치권력과 정치경제학에 대한 유물론적 분석을 제공했다. 밀스가 볼 때 노이만의 분석은 "정치 현실에 이르는 길은 이데올로기 분석을 '거친다'"는 점을 보여 주었고, 정치권력의 물음에 대한 통로로서 지식사회학에 대한 밀스의 변함없는 강조를 강화시켰다.[47] 노이만은 "그것의 직접적 대상 그 이상을 묘사하는 일반화된 묘사라는 요령을 갖추고 있고," 그래서 "현대 사회구조의 온갖 측면에서 윤곽을 섬세하게" 드러낼 수 있었다고 밀스는 주장했다.[48] 또한 '자본주의'에 대한 노이만의 정의에 주목했다. 시장 상황을 조작하는 독점회사들이 그 시장을 지배할 때 자본주의를 자유방임주의 경쟁과 연관 짓는 것은 잘못임을 인식하고서, 밀스는 자본주의 사회구조에서 결정적인 측면은 사유재산의 존재라는 노이만의 주장을 받아들였다. 밀스는 나치 독일의 자본주의 형태는, 경쟁이 소규모 생산자들 사이에서가 아니라 국가의 호의를 얻으려고 경쟁하고 노동조합을 궤멸시키기 위해 국가권력을 사용하는 대기업 카르텔 사이에서 벌어지는, 새롭고 매우 정치화된 변형물이라는 점에서 노이만과 의견이 일치했다. 가장 의미심장한 부분은, 밀스가 나치의 권력 구조를 네 가지 개별 부분으로 나눈 노이만의 의견과 같았다는 점이다. 그것은 서로 맞물린 경제·군사·정치 지도자로 구성된 '파워 엘리트'에 대한 밀스의 3중적 분석에 중대한 영향을 끼칠 그림이었다.

《비히모스》에 대한 밀스의 비평은 1930~1940년대 미국의 지성계에서 두각을 나타낸 유대인과 '와스프'(WASP, White Anglo-Saxon Protestant) 사상가들로 이루어진 뉴욕 지식인의 포럼이던 《파르티잔 리뷰》에 실렸다. 유럽의 현대사상을 미국 지성계에 소개하는 데 중점을 둔 그들의 코즈모폴리턴적 세계관은 밀스의 마음을 끌었다. 무엇보다도 사상의 중요성에 대한 열정적 신념과 (지식인 티를 내지만 대중을 겨냥한) 활기찬 정치·문화 논쟁 방식, 그리고 비판적 지식인들의 자세와 노력이 밀스에게 커다란 영감을 주었다. 뉴욕 지식인들이 1930년대 후반에 발전시킨 반스탈린주의 좌파는 1940년대 초반이 되면 이미 자신들의 급진적 과거로부터 한발 물러서는 분위기가 형성되는데, 이 기간 동안 반스탈린주의 세력은 밀스에게 중요한 정치적 영향력을 끼쳤다.[49] 그러나 정치화 과정에서 많은 측면은 밀스를 이 집단으로부터 떼어놓았다. 미국 노동조합들의 급격한 조직화, 그리고 공산주의자들과 반스탈린주의자들 사이의 갈등이 좌파 담론을 지배하던 1930년대에 대다수 뉴욕 지식인들은 좌파 사상에 끌렸다. 그러나 밀스의 정치화는 1940년대가 낳은 독특한 산물이었다.

밀스는 나중에 썼다. "나는 '1930년대'를 진지하게 경험하지는 않았다. 그때는 그 분위기를 이해하지 못했다."[50] 제2차 세계대전 이후, 잠깐이지만 노동운동에 열성적으로 참여한 다음에야 비로소 밀스는 사회운동에 참여하는 데서 오는 행복감을 느꼈다. 대다수 뉴욕 지식인들은 공산당이든 사회당이든, 미국 노동자당 또는 사회주의노동자당이든 정당에 대한 경험, 사회적 명분이나 노동 또는 반파시즘 같은 운동을 경험한 적이 있었다. 이와 대조적으로 밀스의 정치화는 거의 전적으로 지적인 일이었다. 그는 정당에 가입하거나 에스파냐 반파시스트들을 위한 집회에 참가하고 노동조합을 조직하는 운동을 지지하거나 '모스크바 재판'(Moscow Trials, 스탈린이 정적을 제거하려고 벌인 재판—옮긴이)을 비판하는 탄원서에 서명함으로써 좌파에 헌신하는 일 따위는 하지 않았다. 오히려 밀스는 좌파 잡지에 비평을 기고함으로써 급진주의자가 되었다. 뉴욕 지식인들처럼 밀스도 비공산주의 좌파를 구축하는 일에 헌신하는 반스탈린주의자였다. 그러나 밀스의 정치는 종종 뉴욕 지식인의 특징이던 종파주의, 특히 1940년대에 그들이 급진주의 사상을 버리게 된 주된 요인이던 한결같은 반공산주의에서 벗어나 있다는 점에서 참신했다.[51]

밀스의 정치 활동이 담고 있는 다양한 측면은 1940년대 초반에 이르러 스스로를 '급진주의자'로 묘사하는 데서 분명히 드러났다.[52] '급진주의자'를 자처함으로써, 밀스는 어떤 특정 집단이나 이념에 대한 충성을 굳이 표명하지 않고서도 자신을 헌신적인 좌파 지지자로 여길

수 있었다. 밀스는 '급진적'(radical)이라는 의미를 엄격한 정치적 용어
보다는 지적인 용어로 정의했다. 그는 솔 앨린스키에게 쓴 편지에서
마르크스를 인용했다. "급진주의자가 된다는 것은 사물을 뿌리로부터
이해한다는 것이다."[53] 맥도널드에게는 또 이렇게 썼다. "급진주의는
명칭이나 슬로건이 아니라 주목할 수밖에 없는 상세한 분석에서 나
온다."[54] '급진적'이라는 단어에서 주목해야 할 또 다른 측면은 자유주
의와 분명히 구별된다는 점이다.

　밀스는 자신의 정치가 좌파 속에서 정확히 어디에 위치하는지는
분명히 말하지 못했을지라도, '듀이의 왼편' 어딘가 위치한다고 주장
했다.[55] 혁명적 사회주의를 받아들이거나 그렇지 않으면 급진적 변화
가 어떤 모습일지 미주알고주알 설명하는 게 썩 내키진 않았지만, 밀
스는 기본적으로 자본주의 사회질서를 손대지 않고 개혁하겠다는 생
각을 비웃었다. 이따금 이런 생각은 급진적 태도를 취하게 함으로써
현상 유지를 지지하는 사람들과 거기에 도전하는 사람들을 뚜렷하
게 구별 지었다. 밀스는 자신의 정치 성향을 자본주의적 착취, 권위주
의, 군사주의에 대한 강력한 반대, 그리고 민주주의와 사회주의에 대
한 열정적 지지로 정의했다. 그러나 자신이 지지하는 정치 프로그램
이나 이런 정치적 목적을 달성하기 위해 어떤 수단을 사용할 수 있는
지에 관해서는 분명해 보이지 않았다. 이런 모호함은 생애를 통틀어
변함없이 이어졌는데, 밀스의 정치 분석이 잠정적·실험적 성격을 띤
1940년대 초반에 특히 뚜렷하게 나타났다. 그가 1942년부터 1944년
까지 쓴 모든 기사는 비평이었다. 좌파 담론에 갓 참가한 신출내기로
서, 밀스는 정치적 견해를 진술하기보다 남들의 정치적 견해를 분석
하는 쪽에 한층 더 편안한 마음을 느꼈다.

제2차 세계대전으로부터 선(善)이라는 게 나올 수 있을까 하는 강한 회의주의는 밀스의 초기 정치의식을 지배한 단 하나의 쟁점이었다. 대통령 선거전에서 유일하게 반전(反戰) 후보자였던 사회주의자 노먼 토머스에게 투표하라고 부모에게 간청하면서, 밀스는 일찍이 1940년대에 반전 정서를 표현한 바 있다. 밀스는 또한 메릴랜드 주의 좌파로 기운 역사가 친구들과 함께한 정기 모임에서 전쟁을 비판했다.[56] 전쟁 기간에 일어난 그 어떤 사건도 밀스의 마음을 바꾸어 놓지 못한 것이다. 1945년에 그는 부모님께 이런 편지를 썼다. "제가 3년 전에 말씀 드렸듯이, 나는 여기에 끼어들지 않을 것입니다. 전쟁은 비참함과 모든 문명화된 가치들에 대한 '상호' 죽음일 뿐 아무런 유익함도 없는 빌어먹을 대량 살인입니다."[57] 전쟁 노력에 관한 밀스의 회의주의는 대체로 자신이 징집될지도 모른다는 사실에 대한 개인적인 두려움, 그리고 불행했던 텍사스A&M대학 신입생 시절에 자라난 군사주의에 대한 본능적인 반감에서 비롯되었다.

밀스의 반전 정치는 맥도널드와 비슷한 입장에 서 있었다. 맥도널드는 처음에 트로츠키주의 노동자당의 입장에서 전쟁에 반대했다. 전쟁은 경쟁하는 제국주의 간의 투쟁으로서, 파시즘 신봉자들이 전쟁에 참가하기 전에 사회주의적 '제3진영'을 확립해야 한다고 노동자당은 주장했다. 1943년 맥도널드는 전쟁 문제를 둘러싸고 《파르티잔리뷰》 편집자들과 절교를 선언했다. 저널에 실린 글들은 전쟁에 관한 거리낌 없는 토론을 회피하고 있었는데, 맥도널드는 잡지 편집자인 윌리엄 필립스와 필립 라브가 정치적 분석의 책임을 포기했다고 생각했다.[58] 맥도널드와 달리 밀스는 전쟁에 대한 반대를 공개적으로 표현하지 않았고, 또 자신의 반전 태도 때문에 《뉴리퍼블릭》과 《뉴리더》처럼 전쟁에 찬성하는 출판물에 글 쓰는 것을 단념하지도 않았다. 심지어 밀스는 징집을 피하려고 전략사무국(OSS) 조사부 같은 정부 일자리에 지원하기까지 했다. 그럼에도 밀스의 반전 태도는 이 시대 내내 자신의 정치 활동에서 기본이었다.

밀스가 전쟁에 반대한 것은 판단상의 중요한 실수를 드러냈다. 이 시기 밀스의 급진주의에는 주요 한계들 중 일부가 드러났는데, 파시즘의 위협을 과소평가하게 만든 국제적 관점의 결여가 그러했다. 게다가 밀스는 (평생에 걸쳐 그랬듯이) 인종 문제를 외면했다. 전쟁 지지자들은 명분을 나라 안팎에서 벌이는 반파시즘 투쟁의 일부로 묘사할 수 있었기 때문에, 전쟁은 인종 평등을 위한 상당한 추진력을 낳는다는 점을 올바로 인식하지 못했다. 따라서 미국의 '파시즘'에 대한 밀스의 분석은 전쟁 노력에 대한 좌파 반파시즘 지지자들에게 무척 중요한 인종 문제를 무시하는 꼴이 되었다.[59] 그럼에도 전쟁에 대한 밀스의 회의주의는 '좌파 자유주의'(left-liberal) 전쟁 지지자들이 주장한 전쟁 노력에 관한 환상에 빠지지 않도록 미연에 방지했다. 프랭크 워런이 주장했듯이, 진보주의자들은 국내 문제들, 그리고 파시즘에 맞서 전쟁을 지지하는 데 밑바탕이 되는, 미국 사회에 대한 비판을 은폐시켜 줄 온갖 '고상한 관념'의 존재를 믿었다.[60] 밀스는 이들과 거리를 둠으로써 전쟁이 자유롭게 풀어 놓은 강력한 보수주의의 힘을 느낄 수 있었고, 또한 랜돌프 본이 제1차 세계대전에 관해 "전쟁은 국가의 건강"이라고 한 유명한 발언의 의도를 인식할 수 있었다.[61]

밀스의 전쟁 반대는 제2차 세계대전 기간과 이후 미국 사회를 특징짓게 만들 중요한 경향들을 직시하게끔 했다. 이를테면 행정부 안에서의 정치권력 집중, 대기업과 연방정부의 협력, 미국의 군사주의화가 그러했다.[62] 물론 이러한 경향을 과장하는 측면이 없지 않았지만, 분명한 건 밀스가 그 중요성을 이해한 당대의 몇 안 되는 지식인 가운데 한 사람이라는 점이다. 그는 전쟁이 미국 사회에 미치는 영향을 몹시 우려했다. 따라서 전쟁은 경쟁하는 제국주의 간의 충돌일 뿐이라는 좌파 반대자들의 지정학적 주장에는 특별히 설득되지 않았지만, 전쟁이 미국 사회에서 파시즘 같은 경향으로 귀결되리라는 그들의 주장에는 마음이 흔들렸다. 《비히모스》에 대한 비평의 결말에서 밀스는 나치와 미국의 사회구조를 불길하게 비교했다.

　《비히모스》에 대한 분석은 민주주의 국가들에서 자본주의에 빛을 비춘다. …… 노이만의 책을 꼼꼼히 읽는다면, 당신은 당신 가까이 있는 가능한 미래들의 가혹한 윤곽을 보게 될 것이다. 좌파 사상이 혼란에 빠지고 분열되고 하찮은 것들에 힘을 쏟고 있는 상황에서, 그는 500와트의 섬광으로 적의 위치를 알아낸다. 그리고 나치는 적의 이름들 가운데 하나일 뿐이다.[63]

　미국의 정치경제학에 나타난 구조적 경향들이 나치 독일의 경향과 비슷하다는 밀스의 주장은, 《뉴리더》의 편집인 대니얼 벨이 발전시킨 '독점국가'(monopoly state) 미국에 대한 분석과 유사했다. 한 살 어리지만 열세 살 나이에 '청년사회주의자동맹'에 가입한 벨은 밀스보다 좌파에 관한 경험이 훨씬 더 많았다. 벨의 생각은 밀스와 달리 마르크스주의의 진화론적 사회주의 전통에 흠뻑 젖어 있었다. 그럼에도 두 사람은 전쟁 기간 동안 많은 생각을 공유했다. 전시 명령은 정부 계획을 통해 더 큰 사회민주주의를 불러올 것이라고 주장하면서, 벨은 처음에 전쟁을 지지했다. 그러나 1942년에 이르러 미국 대기업이 자신의 목적을 추진하려고 국가 계획을 이용하고 있고, 이로써 기업이 지배하는 무시무시한 '독점국가'를 향해 가고 있다고 강력히 주장하기 시작했다. 마찬가지로 노이만의 《비히모스》에 영향을 받은 하워드 브릭이 썼듯이, 벨은 "전쟁으로 야기된 사회변혁은 사회민주주의 방향이 아니라 억압적이고 새로 강화된 독점 지배 질서를 향하는 경향이 있음"을 깨달았다.[64] 《뉴리더》에 실린 부정부패를 들추어내는 일련의 보고서뿐 아니라 미출간된 책 원고에서도, 벨은 밀스가 열심히 읽은 정부의 전쟁 계획 대리인들의 점증적인 기업 지배에 관한 분석을 발전시켰다. 밀스는 벨에게 이런 편지를 보냈다. "나는 《뉴리더》에 실리는 모든 글들이 독점에 관한 당신의 성실한 연구를 본받는 것을 보고 싶습니다."

1942년 12월 《뉴리더》에 실린 밀스의 논문 〈집산주의와 혼합경제〉는 어쩌면 벨의 간청 때문인지도 모른다. 이 논문은 서서히 드러나는 밀스의 정치적 관점에 대해 많은 특징적 측면을 예증했다. 이를테면 미국 사회구조에서 전시의 경향에 관한 깊은 우려, 시대에 뒤처진 순진한 자유주의에 대한 비판, 권력과 사회구조에 관한 질문, 그리고 민주적 사회주의 대안에 대한 모호하지만 열정적 지지가 바로 그러했다. 그것은 또한 밀스가 지식사회학에 관한 연구에서 연마한 이데올로기적 정밀 분석 기술에 바탕을 깔고 있었다. 〈집산주의와 혼합경제〉는 뉴딜 정책을 지지한 자유주의자 존 체임벌린과 아바 P. 러너가 《뉴리더》에서 주장한 견해에 응수했다. 체임벌린과 러너는 저마다 민간 기업의 경제적 자유와 미국인의 사회적 안전을 보장하기 위해 국가의 개입이 결합된 '혼합경제'에 찬성했다. 이에 반해 밀스는 그러한 자유주의적 생각들이 낡고 추상적이라고 주장했다. 민간 기업을 위한 경제적 자유는 민주적 정치제도를 공고히 하는 데 도움을 준다는 체임벌린의 생각을 밀스는 날카롭게 비판했다. 이 논리의 전제는 인구의 다수가 독립 기업가인 '고전적 민주주의' 상황에서라면 어떨지 몰라도 생산수단이 독점 경제에 집중되고 다수가 의존적 노동자들인 현대 산업 세계에서는 적용될 수 없다고 주장했다. "향수에 젖은 소망이나 제퍼슨에 대한 언급은 소매상인들을 실직자로 만들 것"이라고 밀스는 썼다.[65]

존 듀이에 관한 박사 학위논문에서 밝힌 비평을 반영하여, 자유주의 사상은 경제 권력과 정치권력의 분배를 무시하기 때문에 위험할 정도로 추상적이고 지나치게 형식주의적이라고 밀스는 주장했다. '정치경제학'에 대한 통찰력이 없는 체임벌린은 경제적 자유에 대한 요청의 '기능적 결과'가 관료적으로 관리되는 기업들의 지배 가능성을 높인다는 점을 이해할 수 없었다.[66] 더욱이 케인스주의가 혼합경제를 위한 청사진을 제공했다는 러너의 주장은 잘못이라고 보았는데, 왜냐하면 "그것은 지식 보급의 문제라기보다 권력관계와 경제적 이해관계의 문제이기" 때문이었다.[67] 현대 경제에서 '경제적 자유'를 요구하는 것은 현대의 경향을 오해하고, 궁극적으로는 대기업의 목적을 정당화한다고 밀스는 강력히 주장했다.

이미 경제는 몹시 정치화되었을 뿐 아니라 기업들은 자신을 규제하려는 의도를 가진 정부 기관에 침입했다. '쥐꼬리만큼 버는' 사람들, 즉 전쟁 기간에 정부 기관 직원으로 근무했지만 여전히 그들의 기업 고용주로부터 봉급을 받는 피고용인들의 존재를 가리키면서, "경제 권력이 워싱턴에 머물러 있을지 몰라도, 워싱턴은 또한 (그곳에) 머무르려 애쓰는 사업가들로 가득하다"고 밀스는 주장했다.[68] 또 대기업은 정부로부터 추상적 '자유'를 추구하기보다 자신들의 활동에 도움을 얻기 위해 '경제적 자유'를 정치 참여를 정당화하는 수사학으로 사용함으로써 점점 더 정부를 지배하려고 혈안이 되어 있다고 밀스는 주장했다. "기업과 정부는 점점 더 한통속이 되고 있다. …… 그들의 갈등은 정부 내부에서 제도화되고 …… 점점 국회의 승인 없이 행동한다"는 것을 자유주의자들은 순진하게도 인식하지 못했다.[69] 이렇듯 새로 출현하는 미국의 '기업국가'를 가리켜 파시즘적이라고 부를 만큼 멀리 나아가지는 않았지만, 밀스는 노이만이 《비히모스》에서 묘사한 서로 맞물린 엘리트의 체제를 분명히 염두에 두고 있었다. 따라서 밀스의 '파워 엘리트' 논제는 전쟁 시기의 분석에 뿌리를 두었다.[70]

밀스는 〈집산주의와 혼합경제〉를 "내가 사회주의를 위해 쓴 가장 강력한 글 가운데 하나"라고 밝혔다.[71] 누가 봐도 이 논문은 생산수단과 정치권력이 엘리트에게 집중된 계급사회에 대한 정열적인 비평을 담고 있는데, 그들의 권력에 도전하려면 자유주의적인 뉴딜 정책보다 훨씬 더 강력한 프로그램이 필요하다고 주장했다. 그러면서 민주적 이상을 현대의 경제로 갱신하기 위해 필요한 수단으로서 사회주의적 대안, 즉 생산수단을 민주적 계획에 따라 이용할 것을 제시했다.[72] 그러나 집산주의 경제 시스템이 정확히 어떤 모습일지, 또 어떤 정치 행위자들이 그렇게 할지에 관해서는 자세히 설명하지 못했다.

《뉴리더》에 실린 일련의 부정부패를 들추어내는 조사를 통해 부와 권력이 점점 더 대기업에 집중되는 현상에 자신의 관찰을 보강한 대니얼 벨은 1945년 초에 밀스한테도 비슷한 기회를 주었다. 전쟁 기간에 국회가 설립한 소규모전쟁설비주식회사(SWPC, The Smaller War Plants Corporations)는 대기업과 소기업이 일반 대중의 삶에 미치는 영향을 비교하기 위해 미국의 몇몇 도시에 관한 연구를 밀스에게 위임했다. 연구 목적은 국회를 설득해 소기업을 돕는 국가기관을 설립하려는 것이었다. 밀스는 이것을 "산업 집중, 부재자 소유권, 거대 기업들의 지배를 향한 …… 국가적 경향"의 영향을 조사할 수 있는 일종의 '수퍼저널리즘'을 펼칠 기회로 보고 제안에 흔쾌히 응했다.[73] 먼저 메릴랜드대학으로부터 휴가를 얻은 뒤 몇 주에 걸쳐 급속도로 연구를 진행했다. 인구조사 정보를 대조하고 각 지역의 다양한 시민들과 직접 면담을 실시하면서, 밀스는 소기업이 지배적인 세 도시와 대기업이 지배적인 세 도시에 관한 자료를 분석했다. 밀스가 현지 조사를 마친 후, SWPC에서 근무하는 경제학자 멜빌 울머가 〈소기업과 시민 복지〉(Small Business and Civic Welfare)라는 보고서를 발표했는데, 최종적인 초고 자료를 실제로 제공한 이는 밀스였다.

보고서는 "소기업은 시민 복지 수준을 향상시키는 경향이 있는 반면, 대기업은 하락시키는 경향이 있다"고 결론지었다.[74] 밀스와 울머는 소기업이 지배하는 도시에서는 안정성, 소비자의 선택, 소득 격차, 건강, 주택, 교육, 문화 시설, 휴양 등 다양한 기준에서 볼 때 이점이 있음을 증명하는 통계자료를 제시했다. 한편 이 보고서에서 가장 흥미로운 부분은 왜 대기업이 시민 정신을 우울하게 하는 경향이 있는지에 대한 추론적 평가였다. 한 도시에서 부재자 소유 기업들이 출현하면 전통적으로 시민 기업들에 주로 참여한 '독립적 중산층'의 수가 격감된다고 보고서는 주장했다. 기업 네트워크를 향상시킬 기회와 명성을 얻을 수 있음을 포함해서, 독립적 중산층은 시민단체에서 일할 그 어떤 동기를 가지고 있었다. 그러나 새로운 중산층의 기업 관리자들은 다른 지역에 있는 회사 상사의 마음에 들려고 애쓰는 경향이 있고 시민 복지 향상에는 관심이 덜했다.

〈소기업과 시민 복지〉는 미국 사회에서 권력의 원천이 어디에 있는지에 관한 밀스의 새로운 목표에도 이바지했다. '실제적이고 분명한 권력'이라는 항목에서, 보고서는 대기업이 지배하는 도시들에서 어떻게 소기업인들이 기업 권력을 위한 앞잡이로 활용되는지를 묘사했다. 기업은 지역 경제를 지배하기 때문에 지역의 온갖 정치적 결정들까지 통제했다. 또 그들은 지역 경제를 황폐화시킬 수 있는 공장이나 사무실을 이전함으로써 언제든지 도시를 위협할 수 있었다. 그러나 밀스가 면접 조사에서 얻은 몇몇 사례를 통해, 기업들은 일반적으로 공공연히 위협하면서 움직이기보다 지역의 경제·정치 조직의 배후에서 은밀히 움직이는 쪽을 선호한다는 사실이 드러났다. 따라서 자발적인 소기업인들이 '대기업 간부들의 돌격대' 역할을 하고 있는 셈이었다.[75] 궁극적으로 미국 경제가 점점 더 집중화되고 있었기 때문에 시민 복지와 민주적인 지역 정치 모두 고통을 겪으리라고 보고서는 주장했다. 〈소기업과 시민 복지〉는 독립적 중산층이 의존적인 새로운 중산층으로 바뀔 때 나타나는 민주주의의 쇠퇴에 관해, 즉 뒷날 《화이트칼라》의 중요한 부분을 구성하게 될 이야기를 제공했다.

무기력한 사람들, 지식인의 사회적 역할

정치적 생각은 일반적으로 정치적 희망이 커지는 현상과 함께 변화가 나타난다. 말하자면, 상실한 대의명분에 봉사하기 위해 기꺼이

회심하는 사람들은 거의 없다. 그러나 밀스는 예외였다. 그 스스로는 국가를 움직이는 정치적 이해관계를 인식한다는 관점에서 환상을 품고 있지 않다고 여겼을지라도, 자신의 정치적 전망이 실현되는 걸 볼 수 있으리라는 기대 또한 거의 하지 않았다. 노동조합이 시민 복지의 보루로서 독립적 중산층을 대신할지도 모른다는 주장을 잠깐 했음에도, 밀스는 〈집산주의와 혼합경제〉에서 직접 확인한 경향들에 대한 대안을 거의 제시하지 않았다. 그가 〈소기업과 시민 복지〉에서 초점을 맞춘 소기업들 또한 자유주의의 낡은 해결책들 때문에 자유주의를 공격한 자칭 급진주의자에게는 적합한 해결책이 아니었다. 사회 변화를 일으키는 힘의 소재를 밝힐 수는 없어도, 밀스는 '진실의 정치'(지식인들의 비판적 목소리)를 정치의 주류가 자신의 정치적 패배를 인정할 때까지 세계에 맞서는, 필요하지만 절망적인 도덕적 자세로 간주했다.

좌파로 새로 개종한 사람으로서 밀스는 개인적으로 정치적 실망감을 거의 가지고 있지 않았지만, 1940년대 초반에 많은 동료들이 실제로 그러한 경험을 한 사실은 주목할 만하다. 한스 거스와 프란츠 노이만은 독일 사회 내부의 혁명적 변화가 사회주의가 아니라 파시즘의 승리로 귀결되는 것을 지켜본 독일 사회주의자였다. 드와이트 맥도널드는 과거에 자신의 정치적 희망을 유지시켜 준 두 단체인 노동당 및 《파르티잔리뷰》와 절교했다. 초기에 제2차 세계대전을 지지했던 대니얼 벨은 그 전쟁이 미국에서 독점국가로 귀결되리란 것을 확신했다. 또 메릴랜드대학에서 밀스의 가장 가까운 친구였고 1930년대에 좌파의 대의에 깊이 헌신했으며 한때 공산당 당원이었던 리처드 호프스태터는, 미국의 자본주의와 그에 반대하는 모든 정치운동 모두로부터

떨어져 나와 나치-소련 평화협정을 따르는 것 말고는 '갈 곳이 없는' 자신의 모습을 발견했다.[76]

밀스는 좌파로 개종한 지 얼마 되지 않았지만, 하워드 브릭이 '탈진보적 급진주의'라고 통찰력 있게 묘사한 바대로 표현할 준비가 되어 있었다. 1930년대 후반부터 좌파들이 경험하기 시작한 정치적 패배는 그들로 하여금 자유주의와 좌파 사상의 중요한 가정들 가운데 하나를 문제 삼게 했다. 바로 역사의 변화가 필연적으로 사회 발전으로 귀결되리라는 것이었다. 마치 소련의 스탈린주의와 독일 나치즘의 발흥이 그들을 낙담시키기에 불충분했던 것처럼, 1940년대 미국 좌파 지식인들은 미국 사회에서 전체주의 경향 또한 간파했다. 사회 변화의 동인을 식별하지 못한 채 좌파 지식인들은 자기반성적인 상태에서 지식인의 적절한 역할을 묻고, 궁극적으로 정치적 관점이 아니라 도덕적 관점에서만 대안을 제시할 수 있었다. 브릭이 썼듯이, "성공의 승인을 역사 속에서 발견할 수 없어 …… 탈진보적 급진주의는 스스로 고치기 어렵고 정체된 현실에 갇혀 있다고 느꼈다. …… 그 특징적 표현은 지적인 소외(내재적 힘)보다는 초월적 비평이라고 생각되는 급진주의였다."[77]

그러한 급진주의자들은 급진적 지식인의 책임에 몰두했는데, 이것은 밀스의 지식사회학 배경과 정치적 회심에 대한 매우 지적인 면모를 감안한다면 그의 마음속 최전선에 놓인 문제였다. 전쟁 기간 동안 자신의 가장 중요한 정치적 논문인 〈무기력한 사람들〉에서, 밀스는 사회 속에서 지식인의 적절한 역할을 마음속에 그렸다. 이 대목에서 밀스는 자신의 관점을 갈고 닦는 일에 집중하기 위해 남들의 저작을 비판하는 작업을 넘어섰다. 〈무기력한 사람들〉은 맥도널드가 창간한 잡지 《폴리틱스》 1944년 4월호에 실렸다. 잡지 창간에 깊숙이 결합한 밀스는 친구들에게 잡지 발기인이 되어 달라고 요청하고 학계로부터 기부금을 모았다.[78] 초기에 발간된 《폴리틱스》는 밀스의 정치적 입장에 가까웠다. 사실 밀스가 맥도널드에게 제안한 이 잡지 이름은 환상을 거의 견딜 수 없었던, 즉 정치권력 현실에 충격을 줄 만한 분석에 대한 밀스의 관심을 구체적으로 표현했다. 대니얼 벨의 〈다가오는 전후 노동의 비극〉(The Coming Tragedy of Postwar Labor)과 월터 오크스의 〈영구적인 전쟁경제〉(The Permanent War Economy) 같은 잡지 앞부분에 실린 논문 가운데 몇몇은 미국 사회를 변모시키고 있던 전시의 경향들로 밀스의 위기감을 굳혔다. 《폴리틱스》는 또한 밀스가 〈무기력한 사람들〉에서 고찰한 딜레마인, 정치적 분석과 사회 변화에 여전히 관심이 있지만 정치적 고향이 없는 자신의 모습을 발견한 좌파 지식인의 문제를 솔직하게 다루었다. 이 논문에서 그는 전후 사회를 분석하는 데 핵심을 이루게 될 논의의 대부분을 명확하게 표현했다.

〈무기력한 사람들〉에서 밀스는 지식인의 책임을 터놓고 이야기하고 있다. 밀스는 세상을 '단지 이해하려고' 애쓰는 사람들에 맞서 대중적 참여를 주장했다. 사상은 사회적으로 적합한 것이 되어야 한다. "전달되지 않는 지식은 정신을 비뚤어지게 하고 흐릿하게 만들어 마침내 잊히고 만다."[79] 밀스는 현대사회의 경향에 비관적이었지만, 1940년대 지식인 집단에서 인기를 끌던 인간 본성의 불가피한 한계를 강조하는 비극적 감수성은 거부했다.[80] "틀림없이 만족감을 가지고 존 듀이를 읽은 지 얼마 되지도 않은 사람들이 쇠렌 키르케고르 같은 개인적 비극의 분석가에게 엄청난 관심을 보였다"고 밀스는 말했다.[81]

새로이 부활하는 이 비극적 감수성과 대조적으로, 밀스는 고전적 계몽주의와 실용주의 관점에서 "자신의 운명을 통제하는 인간 지성의 힘"을 옹호했다.[82]

하지만 밀스는 지식인들이 당면 문제와 관련하여 공개적으로 적절한 역할을 하는 것이 불가능하지는 않더라도 점점 더 어려워질 수밖에 없는 상황임을 암시했다. 〈적의 위치 파악〉과 〈집산주의와 혼합경제〉에서, 밀스는 한 줌밖에 안 되는 권력의 제도가 지배하는 사회로 나아가는 혼란스런 흐름을 묘사했다. 또 〈무기력한 사람들〉에서는 지식인들한테 나타나는 "현대사회 조직 밑바닥에 깔려 있는 경향들"의 결과를 분석했다.[83] 어떤 점에서 지식인의 딜레마는 스스로의 운명에 대한 정치적 통제력을 잃은 현대사회의 개인들에게도 나타나는 것이었다. 지식인은 "그들이 의존하고 있는 것을 효과적으로 통제하지 못하는" 현대인 가운데 특별한 부류일 뿐이었다.[84] 밀스는 현대사회에 나타나는 개인의 무기력을 실질적인 민주주의를 위해 애쓰지 않는 엘리트들이 통제하고 있는 조직이 늘어난 탓으로 돌렸다. 그러나 '비인격적 괴물'이 되어 가는 권력은 지식인들에게 특히 어려움을 주었다. '책임 있는' 사회에서는 지식인들이 대중적 논쟁을 위해 쟁점을 분류할 수 있었지만, 현대 세계에서는 자기 생각을 가지고 폭넓은 대중에게 다가가기가 어려웠다. 청중과의 연결은 매스미디어를 통제하는 거대 복합기업에 의해 단절되기 일쑤였다. 지식인들의 곤경을 잘 보여주는 것은 시장에서 대중에게 호소하는 쪽으로 기울고 있던 '할리우드 작가들'의 작품이었다. 그래서 "지식 노동자들이 효과적인 전달 수단을 빼앗기고 말았다"고 밀스는 결론을 내렸다.[85]

밀스가 보기에 지식인들은 남의 의지에 따라 뭔가 결정되는 '캐치-22'(catch-22, 미국인 작가 조지프 헬러가 쓴 관료주의 행정을 비판하는 소설 제목—옮긴이)에 직면해 있었다. 통치 제도 안에서 권력의 자리를 받아들인다면 그들은 비판적 독립성과 그 결과 진리에 도달하는 길, 다시 말해 스스로 진정한 지식인으로 존재하는 길을 잃고 말 것이다. 하지만 진리에 대한 헌신을 변함없이 유지한다면, 그들은 권력에 접근하는 길과 궁극적으로 자신의 생각을 현실로 바꿀 능력을 잃게 될 것이다. 어느 쪽이든 지식인들은 의존성과 부적합성 사이에서 선택해야 하는 '무기력한 종족'일 뿐이었다. "오늘날 세상에서 벌어지는 일들에 대해 지식인의 지식이 커지면 커질수록, 오히려 그들의 생각이 발휘되는 영향력은 점점 더 줄어드는 것 같다"고 밀스는 서글프게 말했다. 이런 딜레마는 "자신의 생각이 차이를 만든다는 환상 아래 수고해 온 지식인들 속에 …… 개인적 질병"을 일으키고, 이로써 자신이 "정치적으로 부적합하다는" 느낌을 갖게 했다.[86]

비록 그렇다 하더라도, 지식인들은 현대의 여러 경향에 저항할 수 있는 몇 안 되는 사회적 부류라고 밀스는 주장했다. 그들의 저항은, 권력을 쥐고 있는 자들의 이해관계를 섬기는 일반적인 개념의 정체를 폭로할 '진실의 정치'라는 형태를 띠어야 했다. "이제, 참신한 인식은 현대 매스컴이 우리를 꼼짝달싹 못하게 만드는 수단인 틀에 박힌 영상과 지성의 정체를 폭로하고 분쇄할 능력을 필연적으로 수반해야 한다." 예를 들어, 사회과학자들은 현대 사회과학의 대부분이 범하는 "권위를 떠받치는 온갖 환상들"에 도전하기 시작했다.[87] 밀스에 따르면, 급진적 지식인들의 바로 그 주변성은 현대사회 문제에 대한 독특한 통찰력을 사회과학자들에게 제공했다. 따라서 "우리는 초연함에 의해 이해와 책임이 요구되는 사회 속에서 진실의 정치를 갈망하고 그것을 위해 일하는, 이 둘 사이를 끊임없이 오가야 한다"고 밀스는 주장했다.[88] 그러나 지성이 권력 문제에 책임 있게 집중할 수 있는 방법을 기본적으로 제시하지 못한 채, 밀스는 지식인의 진정성에 대한 낭만적 인식에 머물렀다. 실제로 지성이 본분으로 충분히 발휘된 사람은 밀스 자신에 그쳤다. 밀스는 지식인들에게 "그들 내부의 거짓된 것에 배반당하지" 말라고 촉구하는 말로 논문을 끝마쳤다.[89]

많은 사람들은 〈무기력한 사람들〉이 지식인의 비판적 역할에 대해 오랜 세월에 걸쳐 유효성이 증명된 옹호라고 평가했다.[90] 실제로 이 논문은 지식인의 주된 사회적 공헌을 사상으로 공식화하는 과정에 그들에게 공적인 책임을 일깨워 주는 강력한 선언으로 우뚝 서 있다. 그런가 하면 그 시대에 환멸을 느낀 급진주의의 한 표현으로서, 어느 정도 밀스의 사상이 지닌 특징적 한계를 드러내기도 했다. 지식사회학은 지식인의 '사회적 위치'를 분명히 이해하려는 밀스의 갈망을 틀 지었다.[91] 그러나 밀스의 주장들, 특히 지식인이 지적 생산수단을 '빼앗겼다'는 입증되지 않은 주장은 사회적 근거가 없었다. 팸플릿을 쓰는 것에 대한 토머스 페인의 간단한 언급 말고는, 밀스는 지식인이 수용적 대중에게 직접적으로 영향력을 행사하는 황금시대를 누린 적이 있다는 아무런 증거도 제시하지 않았다. 분명히 급진적 지식인의 위치를 정의하려 애쓰면서도, 그 중간에 존재하는 수많은 회색분자는 마치 있지도 않았다는 듯이 밀스는 사회질서에 도전하는 지식인과 그 질서에 이리저리 휘둘리는 사람들을 너무 뚜렷하게 구분했다. 매스미디어가 은폐하는 진실을 폭로하는 진정한 지식인들에 대한 전폭적인 신뢰를 강조함에 있어, 밀스는 이 도덕적 명령을 자신의 성찰적 사회학에 대한 연구 작업에서 발전시키고 계속해 공언한 지식의 사회적 기원에 대한 역사주의적·콘텍스트 이론적 분석과 조화시키지 못했다. 밀스는 사상의 사회적 기초라는 개념으로 시작했지만, 대의명분이나 친구 등을 "배반하지" 말라는 개인적 명령으로 끝냈다. 만일 밀스가 비판적 지식인들의 영웅적 역할을 주장했다면, 그것은 분명히 절망에서 태어난 영웅주의였다. 궁극적으로, 〈무기력한 사람들〉에서 밀스는 사회 속에서 급진적 지식인으로서 자신의 위치를 밝혀내지 못했다. 주변부 급진주의자로서의 위치를 받아들임에 따라 전체 사회를 보고 비평할 수 있었지만, 동시에 이 비평을 낳고 정치적 반대의 가능한 근원들을 주장할 수 있었던 사회적 삶의 그런 요소들을 식별하지 못하게 했다.

〈무기력한 사람들〉은 앞으로도 밀스가 함정에 빠지게 되리란 것을 보여 주었다. 밀스는 현대 권력관계의 현실에 관한 분석을, 진보적 사회 변화를 위한 가능성으로 귀결될 수도 있는 사회질서 속의 중요한 갈등이나 모순을 배제할 정도로까지 밀고 나가면서, 외견상 성취하기 힘든 과업을 지식인들에게 맡겼다. 기껏해야 지식인들은 대의명분이나 친구 등을 배반하는 걸 피할 수 있을 뿐이라고 주장함으로써, 진실의 정치는 필요하면서도 불가능하다고 암시했다. 미몽에서 깨어난 급진주의 입장은 사회 분석의 한 자세로서 어떤 약속을 제시했다. 그것은 비록 현대 권력관계의 헤게모니에 대한 과장된 인식을 촉진시켰을지는 몰라도, 기존 생각에 대한 매우 회의적·비판적 견해는 주류의 정치적 수사학과 사회 분석의 핵심적 환상을 꿰뚫었다. 그러나 그러한 자세는 사회 속에서 지식인의 적절한 역할에 대한 밀스의 지나친 요구를 성취할 수 없게 했다.

막스 베버로부터

앞서 살펴본 것처럼, 1940년대 초반 밀스의 중요한 사회학적·정치적 전환은 막스 베버의 영향에 힘입은 바 크다. 사회과학에 대한 밀스의 구조적이고 거시적인 접근법과 급진주의는 모두 거스와 공동 편집한 책《막스 베버로부터》(From Max Weber)에서 드러났다. 핵심 논문을 탁월하게 선정하고 수려하게 번역한《막스 베버로부터》는 베버의 저작을 소개하는 그 어떤 책보다도 미국인들에게 커다란 역할을 했다. 이 책은 지금도 학부생 수업에서 필독서로 지정되고 있다. 전쟁 기간 동안 거스가 베버의 저작을 영어로 번역하고 있다는 걸 알고서, 밀스는 1944년 맥도널드에게《폴리틱스》에서 베버의 미완성 저작《경제와 사회》(Economy and Society)에 실려 있는 〈계급, 지위, 정당〉(Class, Status, Party)을 출간하자고 제안했다.[92] 이 책이 성공적으로 출간되고 나서 밀스는 옥스퍼드대학 출판부에 베버의 번역서 가운데 하나를 출판하도록 설득했다. 출판사 섭외에 밀스가 중요한 역할을 하기는 했지만, 책에 담긴 지적인 힘은 거스한테서 나왔다. 거스가 초역을 마친 원고를 밀스가 잘 읽히도록 산문체 영어로 고쳐 썼다. 밀스가 우아한 문체를 책임지고 있었다면, 원문의 의미를 영어로 옮기고 어떤 저작을 포함시킬지 선별하는 작업은 거스의 공로임이 분명하다. 덧붙이자면, 거스는 길게 늘어진 서문에 제시된 베버의 해석을 주로 맡았을 뿐 아니라 전기 부분은 혼자서 책임졌다. 그러나 서문에서는 밀스의 독특한 문제의식을 강조했다. 이러한 사실은 어느 정도 밀스에게 끼친 거스의 영향을 보여 준다. 그러나 두 사람이 주고받은 편지를 주의 깊게 읽어 보면, 밀스도 베버의 정치적·지적 지향에 관한 서

문의 핵심 부분에 중요한 공헌을 한 것으로 보인다.[93]

밀스는 베버 해석이 현대에서 사회학적·정치적으로 중요한 의미가 있음을 거스보다도 더 잘 인식하고 있었다. 특히 자신들의 번역이 미국에서 손꼽히는 베버 번역자이자 학자인 탤컷 파슨스와 이론적·정치적 차이를 입증한다고 믿었다. 밀스는 《막스 베버로부터》에 실을 베버의 논문 배열에서 "베버의 글을 가지고 뭐든 하려는 온갖 빌어먹을 형식화된 체계를 가진 파슨스 등에 맞선 것으로서 …… 베버의 복합적 관점"을 강조해야 한다고 거스를 설득했다.[94] 밀스와 거스 두 사람 모두 전체 사회구조에 대한 거시적 연구를 지향하는 학문 경향을 띠고 있었지만, 밀스는 파슨스와 달리 사회적 행동을 위한 특정한 사회적·역사적 맥락을 중요하게 생각했다. 즉 이전의 방법론적 연구 작업에서 발전시켰고 또 큰 문제를 다루려는 야망에 맞서 꾸준히 균형을 잡아 나간, 역사주의적 접근 방법을 강조했다. 파슨스가 체계적인 이론 틀을 발전시키려는 불완전한 시도 때문에 베버를 높이 평가했다면, 밀스는 함량 높은 역사적·비교적 연구 때문에 베버를 칭송했다. 따라서 밀스는 모든 사회에 적용될 수 있는 보편적 이론 틀을 지향하는, 파슨스의 저작에서 예시된 전후의 풍조에 반대했다.[95]

밀스는 드와이트 맥도널드에게 "그 개자식(파슨스)은 모든 실질적이고 급진적인 내용을 제거하려고 그것(베버의 저작)을 번역했다. 우리는 결코 그런 짓을 하지 않는다"고 떠벌였다.[96] 전후 시대에 파슨스 같은 사회사상가들은 마르크스주의 사회 이론의 대안을 제시하고자 베버에게 시선을 돌리는 경우가 많았다. 파시즘에 관한 초기 논문들과 대조적으로, 1947년 파슨스는 비인격적·보편적 기준의 합리적·법률적 권위와 관료 조직이 통치하는 사회는 "엄격히 고정된 전통주의"에서 벗어나 있고 기회 균등과 법 앞의 평등뿐 아니라 더 능률적인 조직을 허용한다고 강조한, 근대성에 대한 베버의 비교적 낙관적인 설명을 제시했다.[97] 에밀 뒤르켐의 주제를 강조하고 공유된 가치의 중요성에 집중한, 베버에 대한 파슨스의 이상주의적 해석에 맞서, 거스와 밀스는 베버의 저작이 "정치적·군사적 유물론으로 마르크스의 유물론을 '마무리하려는' 시도로 볼" 수 있음을 강조하는 유물론적 해석을 제시했다.[98]

거스와 밀스에 따르면, 베버는 마르크스의 사상 가운데 일부에 도전했지만 다른 부분들은 확장시켰다. 예를 들어 베버는 경제적 요인에 관해 단일한 원인을 강조한 마르크스의 생각을 뿌리째 흔들었다. 그리고 사회 계급의 결정적 중요성과 대규모 경제 시스템의 강제적 성격을 인식하면서도, 계급투쟁을 현대 역사의 핵심 주제로 여기지 않았다. 거스와 밀스가 주목한 것처럼, 베버에게 자본주의는 사회주의에 의해 정복될 운명을 가진 불합리한 구조가 아니라 관료적 합리성의 결정체였다. 미래는 사회주의로 이행되는 것이 아니라 "기계적 절차, 비인간화, 판에 박힌 억압적인 일"로 특징지어질 것이라고 보았다.[99] 그런가 하면 베버는 마르크스처럼 "획기적 구조로서 자본주의의 문제"를 과제로 삼았다.[100] "생산수단으로부터 분리된 임금노동자"에 대한 마르크스의 분석을 부연 설명하면서, 베버는 이 소외가 프롤레타리아뿐 아니라 거의 모든 현대인에게 해당되는 상황임을 보여 주었다.[101] 실제로 마르크스와 베버 사이의 유사점을 강조하는 과정에서, 거스와 밀스는 마르크스주의의 주제 가운데 하나로 '착취'보다는 '소외'를 훨씬 더 강조했다.

《막스 베버로부터》서문에서 그려진 베버는 전쟁 기간의 밀스와 무척이나 닮았다. 현대의 사회적 경향에 대한 분석을 절망적으로 제시하면서도, 총체적 구조에 대한 사회학적 이해를 위해 노력했다. '정치적 지식인'으로서 베버에 대한 거스와 밀스의 분석에는, 밀스가 베버와 얼마나 일체감을 깊이 느꼈는지가 고스란히 드러난다. 거스와 밀스의 분석에 따르면, 베버는 "현대 세계에서 정치적 지향에 대한 탐구를 도와줄 일련의 규칙을 비교 연구로부터 잡아채기" 위해 사회학적 지식을 추구했다.[102] 그러한 사회학적 지식은 "공공의 문제에 관해 지식인의 입장을 취할 사람에게 현대 문명의 복잡성이 요구하는 부류에" 해당하는 것이었다.[103] 베버는 이 부류의 사회학적 분석에서 가장 빛나는 실천가였지만, 자신의 사회과학적 통찰력을 정치적으로 적합하게 만드는 과정에서는 이겨 내기 어려운 도전에 직면해야 했다.[104] 베버는 정치에 열정을 갖고 있었지만, "그의 말은 권력균형을 조언할 만한 아무런 힘도 지위도 없었다." 급진주의자라기보다는 '향수에 젖은 자유주의자'였을지도 모르는 베버는, 밀스가 말하던 무기력한 지식인과 똑같은 딜레마에 빠져 있었다.[105] 밀스처럼 베버도 "지식은 어쨌든 권력"이라는 신념을 결코 포기하지 않았다. 하지만 밀스처럼 어째서 그런지에 대한 주목할 만한 이유는 전혀 제시하지 못했다. 밀스처럼 베버는 '절대 목적인 윤리'를 '책임 윤리'와 합치려고 애썼는데, 그것은 지식인들이 도덕적 헌신과 정치적 변화를 불러오기 위한 노력 사이에서 균형을 맞추려는 것이었다. 그러나 밀스의 분석처럼, 현대 세계에 대한 베버의 비관적인 분석은 이 과업이 어떻게 극단적으로 영웅적인 것이 아닌 그 무엇이 될 수 있는지 보여 주는 사회학적 기초를 제시하지 못하게 했다.[106]

〈무기력한 사람들〉처럼 《막스 베버로부터》의 서문이 함축하고 있는 바는, 다른 사회 집단들이 그들의 통찰력을 정치 프로그램에 통합시킬 수 없다면 지식인들은 '무력해질' 것이라는 사실이었다. 그런데 1940년대 전반에 밀스가 베버의 비관주의와 급진적 환멸 쪽으로 돌아선 것은 사실상 시기상조였다. 밀스 스스로도 〈무기력한 사람들〉에서 주장한 것이 좀 과장됐다는 점을 깨달은 것 같다. 그는 좀 더 "적극적이고 긍정적인 논조"를 띠고 있는 '제3자들'에 관한 최종적 부분을 잘라냈다고 로버트 린드에게 편지를 썼다.[107] 밀스는 지식인의 딜레마가 최근에 나타난 좌파의 쇠퇴뿐 아니라 장기적이고 구조적인 경향에서 비롯되었다고 믿었지만, 그의 분석은 좌파가 패배하는 특정한 역사적 순간의 산물이었다. 곧 밀스는, 지성의 힘이 급진적 사회 재건을 추구하는 데서 동력을 얻을 수 있다는 희망을 제공한 노동운동에 뛰어들게 되었다.

3장

권력과 지식인의 연대

노동운동과 사회과학

"권력과 지성의 통일을 허락하고 시작하는 게 노조 지도자들의 과업이다. 그들은 그렇게 할 수 있는 유일한 사람들이다. 그들이 지금 미국 사회에서 전략적 엘리트인 것은 바로 그 때문이다."

1945년, 밀스는 컬럼비아대학 응용사회연구소(BASR)에 연구원 자리를 얻으려고 뉴욕으로 이사했다. 응용사회연구소가 개척한 새로운 사회 연구 방법을 배우고자 했던 밀스는 그 방법을 자신의 사회학적·정치적 목적에 써먹을 수 있다고 확신했다. 일단 뉴욕으로 오자 밀스는 전후의 짧은 시기 동안 좌파적 사회 변화를 위한 동력으로서 위대한 약속을 제공하는 미국의 노동운동과 짧지만 열렬한 사랑을 시작했다. 어두운 비관주의 이후 1945년부터 1948년까지 4년 동안은 밀스에게 거대한 희망과 열정의 시대였다. 그는 사회학계의 정상을 향해 질주하는 젊은 지식인으로서 사회과학의 가능성에 매혹되어 있었다. 사회 변화의 동인을 찾는 좌파로서 노동에서 자신의 급진적 비전을 실현하게 될 잠재력이 풍부한 정치적 운동을 발견했다.

이 시기라고 해서 밀스 나름으로 갈등과 딜레마가 없었던 건 아니다. 그리고 미몽에서 깨어난 급진주의 역시 완전히 제쳐 놓은 건 아니다. 그럼에도 연구소 일과 노동운동에 대한 밀스의 헌신은, 〈무기력한 사람들〉에서 주장한 참 지식인의 불가피한 참여 모델을 제시했다. 응용사회연구소의 지위에 힘입어 밀스는 미국 사회에 대한 통찰력을 확대할 수 있다고 믿은 사회과학적 혁신을 처음으로 경험했다. 노동 지식인으로 살아가면서 밀스는 급진주의자라고 해서 사회로부터 영원히 소외될 필요는 없다고 생각하게 되었다. 그들은 사회 변화를 위해 활기차게 일할 수 있었다. 좌파 지식인과 노동자의 동맹, 즉 '권력과 지성의 결합'은 기업 사회로 나아가는 놀라운 경향을 역전시켜 현대 미국 민주주의의 새 시대를 알릴 수 있으리라고 밀스는 아주 낙관적으로 전망했다.

이 시기 밀스의 두 가지 헌신은 향후 지적인 발전에 중요한 힘이 되었다. 전문적·정치적 기회가 적절하게 주어진다면, 한 사람의 참여 사회과학 지식인이 무엇을 성취할 수 있는가에 대한 모델을 제공할 수 있을 터였다. 응용사회연구소의 노동연구분과 책임자로서 연구한 성과에 기초하여 1948년 나온 첫 번째 책《새로운 권력자들: 미국의 노동 지도자들》(The New Men of Power: America's Labor Leaders)은 좌파 노동 지식인들의 조직인 '노동과 민주주의를 위한 통합연구원'(IUI, Inter-Union Institute for Labor and Democracy)에 참여함으로써 동기가 부여되었다. 그러나《새로운 권력자들》을 마무리할 무렵, 밀스는 연구소 중심의 사회과학과 미국 노동조합 둘 모두에 환멸을 느끼고 있었다. 1947년, 밀스는 자신이 맡게 된 프로젝트를 놓고 연구소 소장 폴 라자스펠트와 의견 충돌을 일으켰다. 그 무렵 밀스는 노동조합 지도자들이 점점 더 세련되어 가는 기업자본주의에 맞서 결집할 수도 없고 결집하려 하지도 않는다고 걱정했다. 따라서《새로운 권력자들》은 깊은 양면 가치로 특징지어졌다. 밀스는 노조 지도자들에 대한 통계조사에 크게 의존하면서도 현대의 사회 변화에 대해 좀 더 포괄적으로 분석했고, 권력과 지성의 결합을 변함없이 희망하면서도 노동조합이 자발적 협력자가 될 수 있을까 의심했다.

컬럼비아대학 응용사회연구소

전쟁이 끝날 무렵, 밀스는 메릴랜드대학에서 자신의 지위에 불만을 느꼈다. 예전에 미식축구 코치였던 이 대학 총장 H. C. '컬리' 버드는 그 무렵 학문의 수준을 떨어뜨리고 교수들의 표준 작업량을 늘린 바 있다. 역사가 친구들인 호프스태터, 프리델, 스탬프와 함께 밀스는 총 장 버드의 정책에 반대했다. 게다가 버드가 군사 계약을 굳혔기 때문에 캠퍼스 안에 주둔한 군대는 더 강력해졌다. ROTC가 대학 본부 건물 외곽을 24시간 순찰하는 캠퍼스에서 밀스는 마음이 편할 리가 없었다.[1] 1944년 로버트 머턴에게 다른 직장을 찾을 수 있도록 도움을 요청하는 편지에서, 밀스는 메릴랜드를 '침몰하는 배'라고 묘사했다.[2] 머턴이 밀스를 구출하는 데는 시간이 얼마 걸리지 않았다. 1944년 가을, 컬럼비아대학은 밀스에게 영구적인 직장으로 이어질 가능성이 있는 사회학과 여름 초빙 조교수직을 제안했다. 그 제안은 "스물여덟 된 풋내기에게 기막힌 행운"이었다.[3] 1945년 초, 밀스는 컬럼비아로부터 BASR 연구원으로서 개인의 영향에 관한 대규모 연구를 감독해 달라는 또 다른 제의를 받았다. 그는 이 연구원 자리를 받아들이면 컬럼비아대학 교수로서 평생 자리 잡을 수 있으리라 기대했다. 밀스는 메릴랜드대학에서 휴가를 얻었지만 돌아가지 않았다. 1946년 초, 그는 학과 명칭에 어울리지 않게 정치학과 대학원 안에 위치한 컬럼비아대학 사회학과 조교수로 임명되었다. 밀스는 부모에게 "이제야 한숨 돌린 것 같아요. 아시다시피 제가 지금까지 쭉 해온 일이잖아요"라고 편지를 썼다.[4]

컬럼비아대학 사회학과는 미국에서 손꼽히는 학과 가운데 하나였다. 1895년에 설립된 사회학과는, 처음 수십 년 동안은 통계학적 방법을 강조해 컬럼비아대학을 시카고대학의 강력한 도전자로 만든 프랭클린 기딩스가 이끌었다. 1928년에 기딩스가 은퇴하자, 온갖 사회학적 문제들은 양적 방법으로 적절히 다루어질 수 없다고 믿은 사회이론가 로버트 매키버가 그 자리를 이어받았다. 1941년에 이르러 사회학과는 밀스가 재직한 17년 동안 학과가 유지하게 될 형태를 갖추기 시작했다. 경험주의적 연구자와 사회이론가 가운데 누구를 고용할지를 둘러싸고 고민한 끝에 절충안으로 각각 한 사람씩 채용했다. 그런데 새로 채용된 폴 라자스펠트와 로버트 머턴은 경쟁하기보다 친한 협력자가 되었다. 두 사람은 힘을 합쳐 향후 수십 년 동안 사회학과를 결집력이 높고 강력한 시스템을 바탕으로 전국에서 탁월한 학과로 변모시켰다. 이 과정에서 그들은 미국 사회과학의 판을 새롭게 짜는 데 크게 기여했다.[5]

　밀스가 컬럼비아대학으로 옮긴 것은 처음에는 자신과 컬럼비아 사회학 둘 모두에게 위대한 약속이었다. 무엇보다 밀스에게 그 직위는 학자 생활의 서열에서 놀랄 만큼 빠른 승진을 의미했다. 서른도 되기 전에 극소수 사람들만이 도달한 그런 부류의 탁월함을 성취했다. 컬럼비아대학 교수직이 제공하는 자원과 지위는 그의 끊임없는 연구 작업을 뒷받침하게 될 터였다. 저녁 식사 자리에서 라자스펠트와 머턴이 밀스에게 BASR 자리를 제의하자, 밀스는 몹시 흥분했고 "다른 식당으로 정신없이 걸어 들어가 엄청난 음식을 또 먹었다!"[6] 컬럼비아대학은 재기 넘치는 젊은 사회학자를 확보함으로써 전후 제도권 사회학의 중심이 되려는 목표에 도달할 수 있었다.

　밀스가 1945년 컬럼비아에 왔을 때, 사회학과장 로버트 린드는 그

학과가 "모든 대학의 사회학과들을 능가할" 수 있겠다며 야심 찬 제안을 담은 편지를 대학 총장에게 썼다. 밀스를 채용한 것은 그 계획의 일부였다. 린드는 제안서 부록에서, "우리는 그 사람을 좋아합니다. 그는 뛰어날 뿐 아니라 미국에서 손꼽히는 사회학자로 발전할 게 틀림없습니다"라고 썼다.[7] 로버트 머턴이 밀스를 채용한 데는 분명 연구 성과를 높이 평가한 것과 관련이 크다. 머턴은 밀스를 앞으로 사회학 분야를 변모시킬 젊은 세대 사회학자 가운데 한 사람으로 보았다. 1944년에 머턴은 사회심리학자 킹슬리 데이비스에게 이런 편지를 썼다. "어쩌면…… 앞으로 우리 세 사람(머턴, 밀스, 데이비스)이 잉태할 사회학 분야에서, 이제껏 다소 전통적인 동료들의 자기만족에 빠져 있는 의자 뒤편 아래쪽에 작은 시한폭탄을 설치할 계획을 수립할 수 있을 겁니다."[8] 뉴스쿨(New School for Social Research)이 1946년 밀스에게 자리 하나를 맡아 달라고 요청했을 때, 머턴은 그를 "국내에서 같은 연령대 학자 가운데 가장 걸출한 사회학자"라고 평가했고, "개인적으로 그를 우리 학과에 붙잡아 두고자 컬럼비아대학이 최선을 다하기를 권고합니다"라고 간단히 말했다.[9]

이후 컬럼비아대학은 주로 BASR을 통해 전후 사회학에 영향을 끼치게 된다. BASR은 사회학과와 공식적으로 아무런 관련이 없으면서도 사회학과의 반독립적인 날개 구실을 했다. 사실상 BASR의 소장을 맡아 온 인물들은 모두 사회학자였는데, 여러 사회학 대학원생들에게 연구 기술을 훈련시켰다. 거꾸로 학생들은 연구를 위해서 노동력의 일부를 제공했다. 연구소를 이끈 라자스펠트와 머턴은 1940년대 말에 사회학과의 중심을 차지한 학자였는데, 실제로 BASR은 상당 부분 라자스펠트의 개인 창작품이었다. 1933년 오스트리아에서 이민을 온 이래 정식 연구소를 세우려 애쓴 그의 꿈은 비로소 컬럼비아대학이 1945년 BASR과 영구적인 제도적 제휴를 확립하면서 성취되었다.

BASR은 컬럼비아대학 사회학이 주로 대규모 조사 연구의 선구적인 기술로 미국 사회과학을 주도할 수 있도록 뒷받침해 주었다. 그 밖에 1940년대에 설립된 눈에 띄는 연구소로는 시카고대학 국가여론연구센터(National Opinion Research Center)와 미시간대학 조사연구센터(Survey Research Center)가 있다. 전국적으로 조사 연구를 지향하는 사회학의 경향은 1949년 《미국의 병사》(The American Soldier)로 출판된 대규모 사회학적 조사로 잘 나타났다. 새뮤얼 스토퍼가 이끈 이 조사 연구는 전쟁기의 자원을 지원받아 널리 환영을 받으며 미국 군대를 대상으로 실행되었다. 과거에 사회과학자들은 남들이 모은 정보에 의존했지만, 조사 연구는 자체적으로 시장조사에서 사용되는 방법들을 도입함으로써 자신들만의 자료를 얻을 수 있었다. 사회 연구의 새로운 기술을 크게 강조한 이런 방법은 사회학 분야를 다시 정의하기에 이르렀다. 이런 경향은 사회학과에서 라자스펠트를 지도자 가운데 한 사람으로 채용한 것에 그대로 반영되었다. 실제로 응용심리학자와 수학자로 훈련을 받아 온 라자스펠트는 이민 온 이후 몇 년 동안 스스로를 사회학자라고 밝히지 않았다.[10] 아카데믹한 학과와 달리 연구소는 위계 구조를 요구했다. 연구소는 종신 임용과 동료 간 협력 관계라는 규범적인 대학 제도 바깥에서 활동하는 수많은 숙련된 연구원을 고용할 수 있었다.[11] 연구소의 위계 구조는 몹시 성차별적이기도 했다. BASR의 최고 지도자들은 남자였음에도 여성 연구원이 많았는데, 그들 대부분이 밀스의 연구에 중요한 도움을 주었다. 특히 헬런 슈나이더는 《새로운 권력자들》을 쓰는 데 필요한 통계 작업 대부분을 수행했고, 1947년에 밀스와 결혼한 루스 하퍼는 온갖 연구와 《화이트 칼라》, 《파워 엘리트》 집필도 도왔다.

BASR은 내용과 관련된 연구 영역보다 오히려 방법론이나 이론적 관심에 이끌린 다목적 연구소였다. 라자스펠트가 이끈 연구원들은 몇 가지 조사연구 방법을 고안해 냈다. 이를테면, 개인이 저마다 어떻게 결정을 내리는지 측정하기 위해 시간 경과에 따라 다시 인터뷰하는 것까지 포함한 '패널 조사'와 연구 대상인 개인들을 그들의 사회적 네트워크와 연결하는 '소시오메트리 조사' 등이 있다. 라자스펠트 자신은 종종 오직 연구 방법에 대한 강박관념으로 유명했지만, 연구소는 더 나은 사회 연구 기술을 발전시키는 것 이상의 일을 했다. BASR은 또한 이론적 통찰력을 시험해 일반화하고 몇몇 연구 영역에 적용될 수 있는 방법을 만들어 냈다. 이 이론적 강조는 어느 정도 머턴의 영향 때문이었는데, BASR의 사회학자들은 고전적 사회학자들(그리고 그의 예전 스승인 탤컷 파슨스)이 발전시킨 좀 더 추상적이고 포괄적인 이론과 반대되는, 경험적으로 검증할 수 있는 '중간범위 이론'을 발전시켜야 한다고 주장해서 유명해졌다.[12] BASR에서 발전된 중간범위 이론의 실례로는 라디오 청취자의 자기 선택과 두 단계의 영향력 흐름'(two-step flow of influence)이 포함된다.[13]

연구소에 참여하기까지 밀스의 사회학 연구 작업은 사실상 대부분 이론적이었다.[14] 이제 그는 새로운 사회 연구 기술을 배우는 일에 흥분했다. 전에는 학문에 대한 경험주의적 연구의 중요성을 강조했지만, 이제 연구소에서 실제로 적용할 기회가 열린 것이다. 처음에 밀스는 연구소의 연구 기술이 총체적 사회구조를 이해하려는 자신의 거시적 관심 속에 통합될 수 있다고 자신했지만, 자리를 얻기도 전에 연구소 '정치'에 직면해야 했다. BASR은 컬럼비아대학과 관계를 공식화함으로써 캠퍼스 안에 공간을 제공받고, 대학은 연구소 운영비의 10퍼센트를 보조금으로 지급했다. 이 기금은 컬럼비아대학의 사회학자들이 요구한 액수에 견주면 턱없이 부족했기에, 연구소는 외부 수입에 의존하는 상태에 머물러 있었다. 연구소의 역대 소장들 가운데 한 사람에 따르면, 대학 측이 BASR에 더 많은 보조금을 지급하는 걸 거절한 까닭은 대학과 형식화된 관계만으로도 "프로젝트를 위해 외부 지원을 기대할 수 있는 면허장"을 얻은 것이나 마찬가지였기 때문이다. 밀스가 재직하는 기간 동안 BASR은 상당한 기금을 정부 기관과 재단, 비영리 단체로부터 받았지만, 대부분은 기업들과 계약하여 받아 냈다.[15]

밀스가 비민주적인 기업국가로 치닫는 미국을 좌지우지하고 있다고 확신한 대기업들을 위한 연구 계약은 한편으로 윤리적 딜레마를 던져 주었다. 하지만 BASR의 정치적 방향에 진심 어린 우려를 표명한 로버트 린드가 없었더라면, 밀스는 이 문제를 정면으로 직시하지 않았을지도 모른다. 광고 담당 임원, 가톨릭 신학교 학생(신학교 출신 성직자), 편집자, 재단 임원 등 다양한 이력을 갖고 있던 린드는 자신의 아내 헬런 메릴 린드와 함께 지은 설득력 있는 공동체 연구 《미들타운》(Middletown)으로 유명세를 얻었다. 공식적인 사회학 훈련은 부족했지만, 컬럼비아대학은 1931년에 이 연구를 인정하여 그를 채용했다. 린드는 늘 아웃사이더 같은 구석이 있기는 했지만 컬럼비아대학과 사회학 분야에서 강한 존재감을 드러내며 보기 드문 시각을 제시했다. 경험주의적·통계적 연구를 강력히 지지한 그는 이따금 추상적인 사회학 이론을 비판했지만, 한편으로는 1933년의 역작 《무엇을 위한 지식인가?》(Knowledge for What?)에서 사회과학자라면 연구가 진보적인 사회 목적에 확실히 이바지해야 할 도덕적 의무가 있다고 생각한 정치적 급진주의자였다.[16] 밀스는 제2차 세계대전 기간에 그들 공동의 좌파 정치와 미국 정치에서 점차 대기업의 지배를 우려하는 가운데 린드를 만났다.

린드는 밀스가 초기에 내놓은 정치적 저작을 격찬했다. 린드는 1943년 밀스에게 "사물에 대해 당신과 같은 관점을 지닌 사람들이 너무도 적다"고 쓰고, "나는 당신에 관해 알고 싶다"고 덧붙였다.[17] 린드는 라자스펠트를 비판적으로 지지하고 좀 더 새로운 연구 기술을 기대하며 변함없는 믿음을 보였지만, BASR이 점차 상업적인 자금 제공에 의존하는 경향을 심각하게 걱정했다. 린드는 밀스가 연구원 직책을 받아들인 걸 축하하며 다섯 쪽이나 되는 편지를 썼지만, 한편으로 라자스펠트와 머턴, BASR이 "영혼을 팔아먹은" 걸 되받아 비난하면서, 밀스의 노력은 변함없이 '기업 파시즘'에 맞서는 방향에 설 때 더욱더 쓸모 있을 것이라고 넌지시 알렸다.[18] 린드의 편지는 밀스에게 장차 연구소가 컬럼비아대학의 사회학을 점점 더 지배하는 문제를 둘러싸고 사회학과에서 벌어질 쓰라린 갈등을 파악하는 데 도움을 주었다. BASR은 컬럼비아대학이 사회학 분야에서 점점 더 우월한 지위를 얻도록 도와주긴 했지만, 새로운 연구 기술과 행동을 같이하지 않는 사회학과의 여러 학자들을 소외시켰다.[19] 3년이 채 못 되어 밀스 자신도 그런 논쟁에 휘말리게 된다.

그러나 1945년, 밀스는 연구소와 급진적 정치 사이의 이겨 내기 어려운 갈등을 전혀 겪지 않았다. 그는 컬럼비아 사회학자들 사이에 벌어지는 논쟁을 주시하면서도 연구원 일자리를 받아들였다. 거스에게

"나는 연구 경험을 몹시 열망하지만 학문 세계의 정치에 말려들어 혼란을 느끼고 싶지는 않습니다"라고 썼다.[20] 밀스는 연구원 직책이 자신의 급진적 정치 성향을 손상시킬지도 몰랐지만 개의치 않았다. 자신은 "체질적으로 대기업의 아첨꾼이 되어 영혼을 팔아먹을 수 없기에" 상업적 연구를 수행하는 동안에도 급진적 자세를 유지할 수 있을 거라고 확신했다. 더욱이 그는 머턴, 라자스펠트, 린드와 친밀한 관계를 기대했으므로 연구소와 사회학과를 중재할 수 있다고 보았다.[21] 머턴과 라자스펠트가 자신을 고용함으로써 그들이 뭘 하고 있는지 안다고 스스로를 안심시켰다.

그들은 나에 관해 두 가지를 알고 있다. 첫째, 내가 급진적 의견에서 절대적으로 정직하다는 것, 즉 아무도 내가 결코 "영혼을 팔아먹을 거라고는" 생각하지 않는다는 점이다. 둘째, 그들은 린드가 나에게 대단히 우호적인 태도를 가지고 있고, 더욱이 나를 무척 좋아한다는 걸 알고 있다. 나를 얻음으로써 …… 그들은 연구소(BASR)와 사회학과를 더 밀접하게 결합시킬 것이다. …… 따라서 그것은 자기 자신과 조직의 이해관계를 위해 일하는 모든 사람이 한 개인(나)의 이기심과 일치하는 그런 드문 인간적 경우들 가운데 하나인 것 같다.[22]

밀스는 연구소에 들어가 처음 몇 달 동안은 머턴이나 라자스펠트와 사이좋게 지냈다. 밀스는 거스에게 이렇게 편지를 썼다.

머턴과 나는 무척 친하게 지내고 멋진 조화를 이루고 있습니다.

…… 우리는 아주 효과적이고 균형 잡힌 존경 체계를 애써 성취했답니다! 그건 어느 정도 라자스펠트 덕분이지요. 정말 대단한 사람이고 우리 둘 다 그를 좋아합니다. 그에게 많은 걸 배웁니다.[23]

누가 봐도 밀스의 말 속에는 그 정도 일류 직장을 얻는 것에 관한 모든 의심을 풀려는 강한 합리화 요소가 있었다. 그럼에도 밀스는 새로운 사회 연구 기술들이 적절한 목적에 사용될 때의 가치를 진정으로 믿었다. 밀스는 그러한 경험주의적 기술들은 본디 보수적 선입견을 가지고 있다고 믿었던 좌파 사회과학자들에게 화가 나 있었다. 옥스퍼드대학 출판사에서 나온 프랑크푸르트학파 이론가 막스 호르크하이머의 《이성의 황혼》(Twilight of Reason) 원고를 읽고, 밀스는 편집자에게 보내는 보고서에 이렇게 썼다. "제발, '통계'나 '설문지,' '여론조사'에 대해 이토록 미숙한 가시 돋친 말을 잘라 내게 하라. …… 세상을 이해하려 애쓸 때, 우리는 우리 손을 도울 수 있는 어떤 방법이라도 사용할 수 있다."[24] 좀 더 새로운 사회 연구 기술에는 본래의 가치 성향이 전혀 담겨 있지 않기 때문에, 미국의 지배적 사회질서를 유지하기 위해서가 아니라 비판하기 위해 사용할 수 있다고 밀스는 믿었다. 밀스가 급진주의자 친구들에게 설명했듯이, 그는 연구원 직책이 자신이 계획한 사회계급에 대한 연구를 추구할 자원과 훈련, 또 미국에서의 지위를 허락해 주기를 희망했다. "그 직책은 나에게 조수들 등 훌륭한 연구진이라는 수단을 주며, 또한 내가 이해하기로는 무엇을 연구하고 어떻게 연구할 것인가를 결정하는 데 상당한 자율성을 준다."[25] 대니얼 벨에게는 또 이렇게 썼다. "계급과 지위의 결속에 관해 많은 발견이 이루어지지 않고서는, 그들이 마음속에 담고 있는 연구들을 적절히 계획하기까지, 이 모든 일이 도대체 어떻게 가능한지 이해할" 수 없었다. 그는 "상업적 연구와 급진적 연구 사이에 합리적 일치점"이 존재한다고 결론 내렸다.[26]

실제로 BASR의 상업적 연구 작업은 시장 분할에 관한 관심에서 사회 계층화에 대한 통찰력을 드러냈다. 예를 들어, 라디오와 관련한 라자스펠트의 선구적인 연구는 라디오 프로그램 청취자들이 주로 계급에 바탕을 두고 자기 선택을 한다고 결론지었다.[27] 아주 흥미롭게도, 밀스의 관심도 라자스펠트가 오스트리아에서 초창기에 가졌던 관심과 비슷했다. 저명한 마르크스주의 이론가 루돌프 힐퍼딩 가문에서 성장한 사회주의자 라자스펠트는 처음에 투표 행위에 관해 연구하고 싶었지만, 정치적 이유로 오스트리아에서는 이 연구를 진행할 수 없었다. 그래서 "사회주의자의 투표 행위와 비누를 사는 행위 사이에 방법론적 등가성"이 있다고 믿고, 대신 상업적 연구로 돌아섰다.[28] 1940년대가 되자 라자스펠트는 마르크스주의를 자신의 연구에 통합시키는 것에 더 이상 관심을 두지 않았다. 따라서 밀스는 라자스펠트와 자신의 뚜렷한 차이를 곧 발견하게 될 테지만, 어떤 의미에서 라자스펠트가 시작한 과업을 완성하려 애쓰고 있었을 뿐이다. 바로 좌파의 사회 이해를 구축하기 위해 상업적 연구 수행에서 완전해진 기술들을 적용하는 일이었다.

노동조합 간부와 지식인

1946년 초 BASR 내에 노동연구분과(LRD, Labor Research Division)를 설립했을 때, 밀스는 연구소의 자원과 연구 방법들을 좌파의 목적에 가장 성공적으로 적용시켰다. 밀스는 노동연구분과가 더 많은 외부 계약을 맺을 수 있다고 설득하고, 또 어쩌면 머뭇머뭇 노동을 편드는 라자스펠트 정서를 자극하며 그 필요성을 납득시켰다.[29] 1946년의 논문 〈기술의 정치〉(The Politics of Skill)에서, 밀스는 노동연구분과를 구체적으로 언급하지는 않았지만 분과를 만드는 것에 대한 자신의 이론적 근거를 설명했다. BASR에서 발전된 것과 같은 연구 기술을 "소수 기업인들이 독점하고" 있다고 그는 썼다. 그러나 "새로운 연구원들 가운데 다수는 일체감을 느끼지 않는 목적을 위해 좋아하지 않는 사람들에게 영혼을 팔아야 하는 걸 못마땅해 하고 도덕적으로 불행하다"고 주장했다. 해결책은 이 "새로운 기술과 비전"을 노동운동을 위해 사용하는 것이었다. 연구소는 상업적인 연구에 머물러 있을 필요가 없고 이제 다른 고객을 섬길 필요가 있었다.[30]

밀스가 노동조합을 지지할 가치가 있는 제도라고 생각한 것은 제2차 세계대전 직후 활기를 되찾은 노동운동에 대한 반응이었다. 사회의 주류에서 내몰린 지식인들은 새롭게 출현하게 될 경제·정치·군사 엘리트가 지배하는 전후 질서에 대한 유일한 반대 세력이라고 밀스는 전시의 저술들에서 주장한 바 있다. 또 그는 1943년에 "오늘날 진정한 민주주의가 의지할 수 있는 가장 중요한 사회적 권력은 노동조합"이라고 결론지었다.[31] 파업이 전쟁 노력들을 위협하면서 많은 사람들을 격분시켰음에도, 전쟁 기간에 밀스는 론 L. 루이스가 지도하는 미국광산노동자연맹의 파업을 지지했다.[32] 밀스는 자신의 정치적 조직을 형성할 수 있는 광범위한 기반을 가진 노동운동만이 점차 확대되는 대기업의 힘에 도전할 수 있다는 좌파의 정설을 받아들였다 하지만 노조가 그런 역할을 할 수 있으리라는 희망은 거의 갖지 않았다. 노동당의 요청을 받아들였을 때조차도, 밀스는 "그런 일이 가까운 미래에는 일어나지 않을 것"이라고 예언했다.[33]

사회 변화의 동력으로서 노동조합에 대한 밀스의 비관적 전망을 전쟁 동안 노동조합들이 스스로 투쟁성을 억눌렀다는 사실을 반영하고 있었다. 1930년대에 갑자기 등장한 미국노동총연맹 산업별노동조합회의(CIO)의 성급한 조직화 열풍은 전시의 숨 막히는 무파업 서약에 자리를 내준 바 있다. 하지만 제2차 세계대전 직후 몇 년 동안 노동조합에 기초한 사회 변화를 희망하는 좌파들에게 위대한 약속이 되고 있었다. 그 전에도 또 그 후에도, 미국 노동자들의 노동조합 가입률이 그때만큼 높았던 적은 없었다. 전쟁을 통틀어, 노동자 대중은 일련의 무모한 파업에서 자신의 투쟁성을 증명했다.

전쟁이 끝난 후 CIO가 무파업 서약을 거두어들였을 때, 여러 노조 지도자들은 재빨리 그 투쟁성을 활용했다. 전후 1945~1946년의 파업 물결은 미국 역사상 최대 규모의 조업 정지를 낳았다. 전후와 가까운 시기에, 수많은 노조 지도자들과 노조자유주의 지지자들은 사회민주주의 사상에 이끌렸다. 노동조합의 세력 범위 안에 있는 걸출한 인물들은 노동당의 전망을 숙고했고, 그들은 CIO의 정치활동위원회가 민주당을 노동당으로 변화시키거나 제3당을 위한 토대를 제공할 거라고 추측했다. 남부에서 운동을 조직하고 있었던 CIO의 '딕시 작전'(Operation Dixie)은 미국 정치에 대한 그 지역의 반동적 지배를 분쇄하려고 시도했다. 야심 찬 노동조합 지도자들의 폭넓은 사회민주주의 어젠다와 (노동자) 대중의 호전적인 징후를 감안할 때, 노동의 진보적 지지자들이 전후 정치 질서를 틀 짓는 데 노동조합이 중추적 역할을 하리라고 기대한 것은 당연했다.[34] 밀스 같은 지식인들을 자신의 대의명분에 끌어들이는 노동계의 능력은 사회운동으로서 전후 잠재력의 징조 가운데 하나였다. 노동조합이 언제나 다수의 지식인 간부들을 고용해 왔음에도 불구하고, 다른 지식인들은 노동조합이 그들의 사회 비평을 이용하고 발전시킬 수 있는 더욱 광범위한 정치적 변혁을 약속할 때에만 노조에 이끌려 왔다. 잠깐 동안이나마 밀스는 노동조합의 대의명분에 깊숙이 참여하고 노동조합의 전망에 깊이 이끌린 진정한 노동지식인이 되었다. 실제로 1946년과 1947년에, 밀스는 노동조합에 대한 관심을 그가 이미 착수한 다른 프로젝트들보다 우선시했다.[35]

밀스가 최근 눈에 띄게 노동에 헌신한 활동은 '노동과 민주주의를 위한 통합연구원'(IUI)에 참여함으로써 본격화되었다. 연구소를 이끌고 있던 존경할 만한 노동 저널리스트인 제이컵 하드먼이었는데, 밀스는 그를 "훌륭한 노인네, 예순네 살가량 된 러시아 사회주의자, 전에는 잘 몰랐던 부류의 사람인 그와 교제하며 나는 많은 걸 배웠다"고 묘사했다.[36] 1882년 상트페테르부르크 태생인 하드먼은 1905년 러시아 혁명에 연루되어 추방되었다. IUI를 설립하기 전인 1925년부터 1944년까지 그는 미국의류노동자연맹의 공식 기관지 《전진》(The Advance)을 편집했다. 밀스가 노동조합에 대한 생각을 형성해 나가는 데 중요한 역할을 했지만, 하드먼의 정치학은 밀스가 최근 참여한 반스탈린주의 지식인 서클의 정치보다 더 온건했다. 과거에는 급진적이었지만, 1940년대에 이르러 하드먼의 입장은 제2차 세계대전 직후 노동조합과 자유주의 서클들에서 활발해진 사회민주주의 사상에 더 가까웠다. 하드먼은 정치화된 노동운동이야말로 미국을 유럽 국가들이 향하던 방향으로 밀고 나아갈 실제적 기회를 줄 수 있다고 믿었다. 그는 완전고용을 위해 중앙집권화된 경제계획을 포함한 케인스주의 좌파 입장을 옹호했고, 전시의 전시노동위원회(War Labor Board)와 물가관리국처럼 기업·노동·대중 3자에게 경제계획에 관한 (기술적 문제 해결을 위한) 정보를 요청하는 협동조합주의 기구를 지지했다.[37] 밀스는 좀 더 급진적인 노동 프로그램을 발전시켰지만, 노동운동이 지적으로 자기 방향을 인식하고 미국 정치에서 결정적 역할을 해야한다는 점에서는 하드먼과 의견을 같이했다. 밀스는 《새로운 권력자들》을 하드먼에게 바치면서 이렇게 썼다. "그가 내린 결론 가운데 의견이 일치하지 않은 부분도 많았지만, 그의 도움이 없었다면 결코 목표에 도달하지 못했을 것이다."[38]

하드먼의 연구소는 전후의 분위기 속에서 노동에 대한 지식인들의 새로운 열정을 결집시켰다. 1945년 8월, IUI는 지적 분석으로 노동운동을 돕고자 잡지 《노동과 국가》를 간행했다. 밀스는 1945년 말 IUI 모임에 참석하기 시작하여 1946년 4월에는 그 잡지에 글을 싣는 편집진에 합류했다. 《노동과 국가》의 주된 목표 가운데 하나는 교양 수준을 높이고 전국적으로 의식 있는 노조 지도력을 창출하기 위해 노조 지도자들과 지식인들을 결합하는 일이었다. 잡지 편집자들은 IUI가 기획한 논문집 제목에서 드러나듯 "노동에 복무하는" 헌신적인 지식인 집단을 육성하고자 했다. IUI는 (공산주의자를 제외한) 좌파이면서도 색깔이 서로 다른 사람들이 노동운동의 현황을 논의할 수 있는 포괄적인 포럼이었다. 《노동과 국가》는 "차이점을 늘어놓고 분명하게 생각하는 것"을 목표로 삼았다.[39]

다양한 관점을 가지고 있는 그 잡지의 필자들은 폭넓은 절충주의 집단이었다. 데이비드 더빈스키, 윌리엄 그린, 윌리엄 레이저슨, 필립 머리, 월터 루서, 헨리 월리스 같은 노조 지도자와 정치가들이 1946년에 논문을 실었다. 그러나 《노동과 국가》의 핵심은 개별적 노동조합 교육이나 연구 또는 경제학 분야에 봉사했으며, 솔로몬 바킨과 브로두스 미첼 같은 이들에게 이끌려 편집진으로 일하게 된 한 무리의 지식인들이었다. 필자 집단은 헨리 데이비드, 왈도 프랭크, 엘리 긴즈버그, 네이선 글레이저, 로버트 린드, 벤 셀리그먼을 비롯한 뉴욕의 학식 있는 좌파 인사들과 지식인들로 꾸려졌다. 일상적인 노동조합 정치의 기본에는 관심이 덜한 IUI의 독립적 지식인들은 좀 더 폭넓고 투쟁적인 관점을 제시하는 경향이 있었다. 때로 다른 필자들보다 더 급진적인 그들은 《노동과 국가》 편집자문위원인 로버트 린드가 잡지 초창기 호에서 그랬듯이 노조 지도자들에게 좌파 정치에서 좀 더 활동적인 역할을 해줄 것을 권고했다.[40]

IUI에서 급진적인 편에 속했던 밀스는 IUI 회원 가운데 온건파의 노조자유주의 정치학에 마음이 썩 편치 않았다. 그러나 IUI는 그에게 〈무기력한 사람들〉에서 지식인의 운명이라고 주장했던 소원(疏遠 소외, estrangement)과 주변성(marginality)과는 다른 자세를 취했다. 밀스는 IUI를 노조 간부들과 사상가들이 "일하는 사람들을 위해" 협력할 수 있는 페이비언협회(1884년 시드니 웨브, 조지 버나드 쇼 등이 창립한 영국의 온건한 사회주의 사상 단체—옮긴이) 같은 조직으로 여겼다. 그는 노동과의 동맹이 자신과 같은 사회과학 지식인들에게 새로운 목적의식을 가져다줄 거라고 내다봤다. 이를테면 그들 가운데 일부는 실제로 자신의 전문 지식과 아이디어를 그들이 믿을 수 있는 한 운동과 연결 짓기를 원했다. 그들은 이런 재능과 에너지를 좌파에 도움이 될 만한 하나의 조직에 쏟아부을 준비가 되어 있었다. 그리고 그들 대부분에게 좌파는 노동을 의미했다.[41] 밀스에게 핵심은 그저 노동을 섬기는 것이 아니라 노동의 방향에 영향을 미치는 것이었다. 노동운동에서 지식인들의 존재가 운동을 더욱 정치적이고 급진적인 방향으로 움직일 거라고 가정하면서, 밀스는 노동에 관한 강력한 사상 전통을 끌어왔다. 예를 들어, 밀스가 대학원 시절 함께 수업을 들은 위스콘신대학의 영향력 있는 노동경제학자인 셀리그 펄먼은 노동 급진주의의 존재를 지식인들의 영향 덕분으로 돌렸다. 펄먼은 좌파 지식인들이 사회 속에 존재하는 노동의 잠재력을 생각하면서 느끼는 "압도적인 사회적 신비주의의 질주"를 맹렬히 공격했다.[42] 일자리를 보장받기 위한 노동조합에 반대하면서, 밀스와 IUI 사람들은 노동이 폭넓은 정치적 역할을 하도록 돕는 데 지식인의 영향은 필수적이라고 생각했다.

정확히 어떻게 지식인들이 노동운동의 진로에 영향을 미칠 수 있는가? 밀스는 1946년 IUI 원탁회의에서 발표한 논문 〈노동운동 속의 전문 지식인〉(The Professional Intellectual in the Labor Movement)에서 이 문제를 놓고 씨름했다. 발표한 논문은 〈연구자가 노동을 위해 할 수 있는 것〉(What Research Can Do for Labor)으로 수정하여 《노동과 국가》 1946년 6~7월 호에 실었다. 독립적 지식인은 노동조합을 모아 진보적 노동운동으로 결집시키는 과정에서 비판적 역할을 할 수 있다고 밀스는 주장했다. "프리랜서 지식인들은 때때로 직종별 노조 지도자에게 정치적으로 성가신 사람이다. 이들은 개별 노동조합 또는 산업 현장에서 벌어지는 노동자와 고용주의 경제적 투쟁을 좀 더 크고 광범위한 전투로 변화시키고, 이 순수한 경제투쟁에서 정치적 양상을 발견해 낸다."[43] 그러나 왜 노조 지도자들이 지식인의 발언에 귀 기울여야 하는지를 설명하는 데에는 어려움을 겪어야 했다. 개별 노동조합의 실천 경험은 더 이상 장기적 전략을 위한 기초가 될 수 없다고 생각했기 때문에, 밀스는 노조 지도자가 "큰 그림을 그리려면 결국 지식인에게 기대야" 한다고 주장했다.[44]

그러나 밀스가 날카롭게 인식했듯이, 지식인은 "휘황찬란한 언변만으로" 노조 지도자들에게 영향을 미치려고 해서는 안 된다.[45] 레닌주의 제3당 조직가들과 달리, 프리랜서 지식인은 노조 지도자들의 결정에 영향을 끼칠 만한 세력 기반이 마련되어 있지 않았다. 따라서 밀스는 프리랜서 지식인들이 노동조합 간의 일치단결과 선전 활동, 조직화 영역에서 노조 지도자들이 성취하는 데 도움이 될 만한 몇몇 구체적 목표를 제안했다. 이런 연구가 "모든 특정한 시간에, 개별 노조가 다른 노조들이 행하고 있는 것을 지향하도록" 노력함으로써 노동조합의 단결에 공헌할 수 있다고 밀스는 주장했다.[46] 덧붙여 지식인의 연구는 노동조합의 대중적 이미지를 형성하는 데 도움을 줄 수 있었다. 대중의 정보 가운데 상당수는 노동조합에 부정적인 편견을 품고 있기 때문에, 객관적 연구는 노동조합에 대한 일반적인 오해들을 논박할 수 있었다. 예를 들어, 밀스가 〈노동조합 지도자: 집단적 초상〉(The Trade Union Leader: A Collective Portrait)에서 입증했듯이, 연구는 대다수 노조 지도자들이 외국 태생이라는 생각을 지울 수 있었다. 마지막으로, 지식인은 노조 조합원들을 위한 잠재적 '시장'을 조사하는 시장조사 기술을 사용하여 노동조합 결성을 도울 수 있었다. 그런 기술은 미국 남부 '딕시 작전'에서 대규모 조직화 열풍을 일으키고, 조직가들이 화이트칼라 노동자들을 조직하는 효과적 전략을 발전시키도록 도울 수 있었다.[47]

밀스는 노조 지도자들이 "좀 더 새로운 사회과학 기술"을 터득한 전문 학자들의 작업에 기대야 하는 몇 가지 이유를 설득력 있게 제시했다.[48] 그런데 어떻게 이러한 연구자가 노동운동에서 "정치적으로 성가신 사람"이 된다는 말인가? 기업사 전문가인 윌리엄 밀러는 친구 밀스가 어째서 '지식인'(intellectual)보다 '전문가'(technician)라는 용어를 사용하는지 의아하게 생각했다. "노조들에겐 양적·통계적 사회학자들이 필요하다고 말하고, 또 '지식인' 같은 낡은 단어를 사용하여 문제를 혼란스럽게 하지 않고서도 그들이 실천할 수 있는 것을 말해 줄 수 있지 않은가?"하고 밀스에게 물었다.[49] 그러나 특정한 연구 기술을 터득했을 뿐 아니라 주요 목표의 관점에서 생각하는 지식인만이 "정치적·경제적 싸움"에서 노조 지도자들을 실제로 도울 수 있다고 밀스는 주장했다.[50] 구체적인 과제를 수행하여 노조 지도자들의 신뢰를 얻음으로써, 결국 지식인이 "종합적 계획과 아주 큰 전략"에 관해 그들에게 충고할 수 있기를 밀스는 희망했다. 그럼에도 〈연구자가 노동을 위해 할 수 있는 것〉은 지식인의 역할이 노조 지도자의 역할에 반드시 종속되어야 한다고 주장했다. 밀러가 논문 초고에서 썼듯이, 지식인은 "내가 여기에서 말한 부류의 것은 모두 그가 행할 수 있는 것과 관련됨을 …… 인식해야 한다. 그것을 행하는 것에 실제로 만족할 수 없다면, 그는 노동에 관한 일체의 것을 잊어버리거나 중립의 이점을 포기해야 한다."[51] 밀스가 설정한 연구 목표들은 비민주적 기업 지배 사회의 출현을 막고자 노동에 의존하는 사람에게는 적합했다. 그럼에도 밀스가 노동을 섬기는 이 비교적 세속적인 과업들에 기꺼이 헌신함으로써 이제 자신의 목표가 노동운동의 목표와 어느 정도까지 동일시하는지를 보여 주었다.

1946년 들어 밀스는 연구가 노동을 위해 할 수 있는 것을 증명하는 일에 착수했다. 그해 봄 그는 BASR 안에 새로 꾸려진 노동연구분과

(LRD)의 책임자로 임명되었다. LRD는 단지 부분적 성공이었다. 밀스는 그 분과를 BASR의 상설 기구로 확립하기 위해 필요한 재정적 후원을 노동조합들한테서 얻어 내지 못했다. 계획되어 있던 좌파에 대한 포괄적 조사를 완성하는 데 필요한 자금을 확보하는 일도 실패했다. 그것은 노동조합과 좌파의 다른 조직들을 조사함으로써 "미국에서 사회주의적 또는 급진적 잠재력"을 결정했을 것이다.[52] 그러나 밀스는 2년에 걸쳐 노동에 관한 자신의 광범위한 연구 작업을 노동연구분과에 의존했다. 1944년, 여전히 메릴랜드에 머물며 밀스는 노조 지도자들에 대한 조사를 수행했다. 그는 BASR의 자원 덕에 훨씬 더 광범위한 조사를 완성할 수 있었다. 1946년 5월 밀스와 연구원들은 AFL과 CIO의 여러 지도자들에게 첫 번째 설문지를 발송했다. 이 조사는 《새로운 권력자들》을 위한 기초 자료를 제공할 터였다.

노동연구분과에서 밀스의 연구 작업은 IUI와 밀접한 관계를 맺고 있었다. 일찍이 1945년 11월 하드먼과 밀스는 다양한 노동 쟁점에 관한 여론조사를 실시하자고 논의했고, IUI는 노동 지도자들에 대한 BASR의 조사에 꽤 많은 자금을 지원했다. 《노동과 국가》 1946년 11~12월호부터 밀스와 BASR의 동료 연구원들은 노동 관련 여론조사의 정확성과 중요성을 분석하고, 그 조사에서 발견된 사실 가운데 일부를 소개하는 '사람들이 생각하는 것'(What the People Think)이라는 고정 칼럼을 썼다.[53] 노동연구분과가 수행한 연구 과제의 영향력은 그리 크지 않았지만, 밀스는 자기가 하는 작업이 노동운동에 도움이 된다는 생각에 들떴다. 한 친구가 연구소에 언제 방문하면 되는지를 물었을 때, 밀스는 "밤낮으로 프롤레타리아계급과 함께 외출하는 일이 많으니, 사전에 쪽지를 보내는 게 가장 좋겠소" 하고 대답하기도 했다.[54] 사회 변화에 헌신하는 운동을 위해 구체적인 과제를 수행하는 일은 전쟁 시기 밀스의 저술들에서 뚜렷하게 드러난 정신을 좀먹는 비관주의에 대한 교정 수단이 되었다. 그럼에도 밀스는 그 시절에 환멸을 느낀 급진주의를 완전히 포기하지는 않았다. 이따금 그는 노동에 헌신하는 자신의 노력을 권력을 잡는 수단으로서 사회운동에 공헌하기보다는 개인의 실존적 선택이라고 평했다. 언젠가 밀스는 "글쎄, 나는 이길 수 없는 소규모 집단들과 운명을 같이하기로 결정한 사람이다. 만일 당신이 머뭇거린다면, 큰 집단들 또한 결코 이기지 못한다. …… 그것은 오로지 사람이 자신의 무게중심을 어느 집단에 계속해 가져다 놓기로 결정하느냐의 문제일 뿐"이라고 하며 곰곰이 생각했다.[55]

전쟁이 끝난 뒤 새로 발견한 노동을 기꺼이 받아들임에 따라 밀스는 새로운 동맹자들과 새로운 희망을 얻었지만, 한편으로 드와이트 맥도널드나 《폴리틱스》와 결별로 이끌었다. 맥도널드가 1944년에 《폴리틱스》를 창간한 이유 가운데 하나는 노동에서 새로운 잠재력을 보았기 때문이지만, 그의 기대는 곧 어긋났다. 예전에 트로츠키주의자였던 그는 전후의 파업 물결을 "계급투쟁의 교리에 매몰된 낡은 신자들"에게만 흥분을 자아내는 것이라며 가볍게 넘겨 버렸다.[56] 《폴리틱스》의 '새로운 길'(New Roads) 시리즈 가운데 독창적 논문인 〈근본은 사람이다〉(The Root Is Man)에서, 맥도널드는 '현대의 노동조합'은 또 다른 "사회의 인습 패턴을 노동계급에 확대시켜 관료화된 거대 조직"에 불과하다고 결론지었다.[57] 좌파의 전통적 원동력에 대한 맥도널드의 거부는 급진주의 정치에 대한 자신의 보다 큰 재개념화의 일부였다. 그는 개인의 자유와 지방분권, 도덕적 저항을 강조하는 반면,

"정치적 행동을 온건하고 거만 떨지 않는 개인 차원으로 축소하려" 애썼다.[58] 그리하여 《폴리틱스》는 미국과 유럽의 일부 지식인들 사이에 뿌리내린 새로운 급진주의, 즉 평화주의와 아나키즘 사상을 받아들였고, 또 역사가 그레고리 섬너가 말한바 "개인의 존엄과 도덕적 자율성에 바탕을 둔 분산된 다원주의 질서"를 마음에 새기는 급진주의를 분명히 드러냈다.[59]

맥도널드가 조직화된 노동과 관계를 끊은 뒤로도 밀스는 《폴리틱스》의 비주류파로 남았다. 하지만 밀스는 개인의 도덕적 저항이 전통적인 정치 행동에 대한 적절한 대체물 구실을 할 수 있다는 맥도널드의 생각에 도전했다. 밀스에게 정치는 무엇보다도 여전히 경제적·정치적 권력을 위한 제도적 투쟁이었다. 밀스는 〈근본은 사람이다〉를 "훌륭한 논문"이라고 평가하면서도, 맥도널드에게 "당신은 정치 행동에 참여하는 것을 주저했습니다. 이 산에서 나오는 건 생쥐가 아니라 생쥐의 찍찍거리는 울음소리뿐"이라고 편지를 썼다.[60] 노동을 급진적 정치 변화의 필수 동력으로 촉진하는 가운데, 밀스는 맥도널드의 '새로운 길' 시리즈 마르크스주의 비평가들 가운데 루이스 코저나 어빙 하우 같은 사람과 의견이 일치한다는 점을 깨달았다.[61] 《폴리틱스》가 노동 투쟁에 무관심을 드러냄으로써 원래의 사명을 포기하고 있다고 느낀 밀스는 맥도널드에게 이렇게 편지를 썼다. "들어 보세요. 나는 《폴리틱스》와 관련해 사람들로부터 온갖 항의를 받고 있습니다. 아주 효과적인 정치적 분석 대신에 이 모든 기묘한 철학적 난센스 …… 지금으로서는 무척 흥미를 더해 가고 있는 미국의 노사 간 논쟁을 좀 더 분석하는 게 어떨까요?"[62] 더욱이, 밀스는 과학이 본디 "도덕과 무관하다"는 맥도널드의 주장을 가볍게 무시했다. 밀스는 맥도널드와 《폴리틱스》가 바라보는 방향에 대한 혐오감을 거스에게 표현했다. "맥도널드에 관한 당신의 생각이 옳습니다. 그는 이제 '과학에 반대할' 건지 아닌지 대화 속에서 진지하게 고려하고 있습니다. 그는 일종의 '인도주의적'이고 매우 도덕적인, 따라서 언제나 더욱 '광신자처럼' 되었습니다. 빌어먹을! 결국 우리는 또 다른 잡지를 시작해야만 할 것 같습니다."[63]

디케이터 연구

맥도널드가 밀스를 실망시킨 것 가운데 하나는 현대 세계에 대한 사회과학의 본질적 공헌을 인식하지 못한 점이다. 앞으로 사회과학은 "일반적이고 도덕적인 반성에서 더욱 중심"에 설 것이라고 밀스는 그에게 말했다.[64] 밀스는 여기에서 사회 전반에 대한 거시적 연구로 가능하게 된 현대 세계에 대한 일종의 이론적 이해를 언급한 게 틀림없지만, 연구소가 중심이 된 대규모 연구의 특징인 상세한 경험주의적 연구 작업을 의미하기도 했다. 1945년 여름, 일리노이 주 디케이터에서 사람들이 무언가 결정할 때 개인적 영향이 어느 정도 효과를 주는지에 관해 대규모 연구를 수행하고자 BASR은 밀스를 고용했다. 새로운 연구 기술을 배우고 미국의 사회 계층화에 대한 이해에 유용한 정보를 모을 기회를 제공한 디케이터 연구가 처음에는 밀스의 마음을 끌었다. 그러나 그것은 궁극적으로 BASR 소장 라자스펠트와 컬럼비아대학 사회학과 사이에 오랫동안 이어진 논쟁을 낳았다. 이 갈등은 밀스가 전문적 사회학의 행로에서 벗어나는 기나긴 여정의 출발점이었다. 그 연구에 기초하여 출판된 《개인적 영향》(Personal Influence,

1955)은 전후 미디어 연구에서 필독서였지만, 이 책이 나올 무렵 밀스는 프로젝트에서 이탈한 지 오래되었다. 라자스펠트는 토드 기틀린이 "모든 연구 영역의 기초가 되는 문서로 읽힐 수 있다"고 주장한 텍스트를 위한 또 다른 공동 저자를 엘리후 카츠한테서 발견했다.[65]

디케이터 연구는 1940년 투표 결과에 기초한 BASR의 선행 연구인 〈사람들의 선택〉(The People's Choice)에서 발전된 '두 단계 의사소통 흐름'(two-step flow of communication) 이론을 시험하려고 계획되었다. 영향은 매스미디어로부터 남들을 설득하여 자신들의 주요 집단으로 끌어들이는 '여론 주도자들'에게로 연결되는 생각의 흐름에서 나온다고 이 이론은 주장했다. 〈사람들의 선택〉은 한 개인의 투표 의향에 다른 사람들이 의미심장한 영향을 끼친다고 결론짓고, 따라서 이전의 학문은 매스미디어의 직접적 영향을 과대평가했다고 주장했다.[66] 디케이터 연구를 위해, 밀스와 한 팀을 이룬 연구원들은 도시 안에 14개 대표 지역을 선정하고, 일곱 가정마다 여자 한 명씩을 선정하여 패션과 가족 소비자 구매, 영화 관람, 시사 문제 등에서 내린 최근의 결정들에 관해 면접 조사를 시도했다. 그동안 그들의 결정에 어떤 중요한 변화가 있었는지 알아보려고 이 여자들에 대해 6월과 8월 두 차례 인터뷰를 진행했다. 최초 응답자들이 자신의 의사 결정에 영향을 주었다고 열거한 이들을 모두 면접 조사함으로써 개인 상호 간에 끼치는 영향의 흐름을 좀 더 정밀히 연구하기 위해, 밀스와 연구팀은 '눈덩이표집'(snowball sampling)이라는 새로운 방법을 채택했다. 따라서 개개인들 사이에 나타나는 개인적 영향의 흐름을 추적한 이 연구는 여론 주도자와 추종자의 전형적 특징에 관한 갖가지 자료를 제공할 수 있었다.[67]

자료 수집은 연구 팀에게 고생스러운 수고를 요구했음에도 밀스는 그 일에 정력적으로 임했다. 특히 정치적 영향의 통로를 조사할 때 그랬다. "빠른 속도로 전개되는 사건들, 말하자면 원자폭탄이나 러시아의 진출, 일본의 항복 등은 반복해서 면접을 실시하던 나를 완전히 사로잡았다. …… 변화하는 여론의 흐름 속에서 이 사건들이 어떠한 영향을 끼치는지를 포착할 수 있었기 때문이다"라고 그는 8월에 썼다.[68] 그러나 일찍부터 밀스는 양으로 측정 가능한 자료를 다량으로 수집하려는 충동은 계급 계층화(class stratification) 같은 그가 관심을 갖고 있는 사회현상들에 대한 깊이 있는 이해를 방해한다고 느꼈다. 그는 거스에게 설명했듯이 "30분짜리 면접 3천 건보다는 세심한 주의를 필요로 하는 표본 하나에 100퍼센트 심층적인 5시간짜리 면접"을 선호했다.[69] 그는 "도시의 서로 다른 수준에서 발견되는 일련의 계층화 이미지(images of stratification)를 구축하고 대규모 통계에서 …… 사람들이 마음을 정하는 방법에 관한 질적 이해와 결합시키기" 위해 50건의 심층 면접을 실시하고 싶다고 출판사에 편지를 보냈다.[70] 실제로 밀스는 디케이터에서 "정해진 답 없이 생각대로 자유롭게 대답할 수 있는" 45건의 면접을 실시했다.[71]

밀스는 연구의 원래 계획을 더 질적인 현지 조사로 보충하는 과정에서 자신의 소신대로 행동했지만, 자료를 모아 일람표로 만든 것은 몇 가지 문제가 생기고 난 이후였다. 밀스가 직면한 첫 번째 문제에 불만을 표명한 것은 연구 후원자인 맥퍼든 출판사였다. 노동자계급 청중을 겨냥한 잡지 《진실》(True Story)의 발행인 맥퍼든은 두 단계의 영향력 모델에 마음이 끌렸다. 그것은 '여론 주도자들'이 부유하고 고등교육을 받은 사람들 사이에서뿐 아니라 모든 사회적·경제적 범주에서 발견될 수 있다고 주장했기 때문이다. 따라서 맥퍼든은 그 잡지에 광고하도록 기업들을 설득시킬 수 있는(사회과학 전문가들에 의해 검증된) 논리를 추구했다. 무엇을 입고, 사고, 볼 것인지 공동체 구성원들을 설득시키는 과정에서 '임금노동자들'(Mrs. Wageworkers)은 '상류계급'(Mrs. Tophat)만큼이나 영향력이 있다는 점을 주장하고자 맥퍼든이 만든 슬라이드 쇼는 (부하 직원들을 타이르고 있는 '밀스 박사'의 다수 그림으로 암시된) 연구소의 과학적 권위에 의존했다.[72] 밀스는 이 연구가 상업적으로 적용될 것을 알면서도 슬라이드 쇼의 이데올로기적 결합을 우려했다. "오늘날 대량생산과 대중 소비는 미국적 방식의 구원으로 불쑥 등장한다. …… 우리는 물건을 팔아야 하지만 또한 생각, 즉 미국의 생각도 팔아야 한다. 그런 생각들이 전보다 더 빠르고 효과적으로 보급되고 있다! 만일 이 보고서가 그 무슨 더 효과적인 판매와 생각의 보급을 만든다면, 아무리 작을지라도 그것은 후원자의 목적을 성취할 것"이라고 결론지었다.[73] 밀스는 맥퍼든의 이런 정치적 의견과 BASR의 암묵적 관계에 반대하라고 허버트 드레이크에게 편지를 썼다.[74]

밀스는 디케이터 연구 논문 초고에 대한 라자스펠트의 요구를 충족시키기 어렵다는 점을 발견했다. 밀스는 보고서에서 먼저 정치권력 분배를 위한 좌파의 고려를, 잡지 광고를 파는 데 도움이 되도록 짜인 상업 자금에 기초한 프로젝트와 통합시키려 애썼다. 두 번째로 그는 수평적 인간 사이의 영향을 강조한 연구소의 '두 단계 의사소통 이론'을 발전시키는 한편, 엄격한 계급 구조가 확립된 사회적 계급화에 대한 자신의 관심을 발전시키려 애썼다. 세 번째로 밀스는 사회구조에 대한 거시적 관심을 개인적 의사결정 이론과 조화시키려 했다. 마지막으로 그는 미국 사회의 성격에 대한 자신의 심도 깊은 이해를 연구소의 엄격한 양적 기술과 결합시키려 애썼다. 그 자신의 지적 관심을 라자스펠트의 연구소 중심 연구의 방법론적·실제적 요구와 통합시키려는 밀스의 시도는 너무 야심적이어서 십중팔구 실패할 운명이었다. 그러나 밀스가 연구소의 기술들을 노골적으로 거부하지 않고 오히려 그것들을 기초로 삼으려 애썼다는 점이 무엇보다 중요하다. 그렇게 하면서 밀스는 양적인 것에 기초한 연구소의 대규모 연구가 어떤 결과를 낳을 수 있는지 다시 생각했다.

1946년 좌담에서, 밀스는 '거시적' 접근법과 '미시적' 접근법을 결합시킬 것을 약속하는 디케이터 자료 해석 방법을 설계했다. '거시적' 접근법에 대한 밀스의 색다른 정의는 대규모 단위에 대한 관심보다는 권력 계급제도의 소재를 밝히는 것에 대한 기본적 관심을 언급한 것으로서, '거시적' 접근법은 "권력과 영향력의 구조를 파악하기" 위해 "지도자 사슬"(chain of leaders)을 결정했다. 밀스의 거시적 연구는 로버트 린드 부부의 《미들타운》(Middletown) 연구들을 모델로 삼았다. 《미들타운》과 《변화하는 미들타운》(Middletown in Transition)에서 린드 부부는 민족지학 접근법을 사용해 인디애나 주 먼시의 권력 구조를 조사했다. 그들은 미들타운의 노동자와 자본가 계급이 뚜렷이 구별된다면서, 결국 한 집안이 도시를 지배한다고 결론지었다.[75] 특정 관심사를 사회 권력의 계급제도들과 통합하는 것이 이전에 BASR에서 발전된 방법들을 향상시킬 수 있다고 밀스는 주장했다. 디케이터의 선구적 연구인 〈사람들의 선택〉이 지닌 약점 가운데 하나가 "연구가 너무 구조적이어서 계획이나 해석에서 이 지역사회의 권력 시스템이나 정당 조직에 대한 언급이 전혀 없는" 점이라고 밀스는 언급했다.

디케이터 연구의 눈덩이표집 기술은 "거시적 연구 개념과 미시적 연구 개념 사이에 다리"를 놓을 수 있으므로, 그 연구는 커다란 가능성 있다는 점을 발견했다. 한 개인이 또 다른 개인에게 어떠한 영향을 미칠 수 있는지를 추적함으로써 연구원들은 영향의 과정뿐 아니라 권력의 계급제도에 관해서도 배울 수 있었는데, 여론 주도자와 추종자는 "전형적으로 지도자와 지도를 받는 사람의 관계에 있기" 때문이다.[76]

밀스의 경험주의적 관심과 이론적 관심의 통합은 이론적 배경을 가진 연구소의 다른 연구원 로버트 머턴도 공유한 목표였다. 그러나 권력 구조를 파악하려는 밀스의 욕구와 대규모 제도들의 결정적 권력에 대한 확신, 그리고 정치적 영향의 계급제도적 성격에 대한 강조는 규범적인 BASR 접근법에 커다란 수정을 요구했다. 1947년 초 언젠가, 디케이터 연구를 둘러싸고 밀스와 라자스펠트 사이에 심각한 갈등이 벌어졌다.[77] 논쟁은 지식인의 자율성과 사회과학 방법론, 정치 이데올로기라는 기본적 문제를 둘러싸고 벌어졌는데, 이 세 가지는 밀스와 미국 사회과학의 향후 발전에서 중요한 주제가 되었다.[78]

BASR가 제안한 자리를 받아들였을 때, 밀스는 자율적인 연구원이 될 거라고 생각했다. 실제로 그곳에 직장을 잡았을 때, 자신은 물론 라자스펠트와 머턴 셋 다 "논리학자와 이론가, 아이디어가 풍부한 사람들이 될 것입니다"라고 거스에게 편지를 썼다. 실제로 밀스는 자신이 라자스펠트와 거의 동등하게 될 것으로 생각했다.[79] 밀스는 자신이 부추긴 LRD 같은 프로젝트에서 자신의 관심을 추구할 수 있는 상당한 정도의 자유를 누렸다. 하지만 디케이터 연구에서 밀스의 자율성은 제약되었다. 이전 연구에서 발전되고 또 연구소가 나중에 계속 다듬어 나간 라자스펠트의 지론(持論), 즉 두 단계 영향력 모델을 발전시켜야 하는 연구 과제 때문이었다. 연구의 본디 목적과 자신의 관심을 통합시키려는 밀스의 시도에 라자스펠트는 화가 났다. 라자스펠트가 생각할 때 이 연구의 책임자는 자신이고 밀스는 고용인으로 있는, 기업적인 연구 실체로서의 BASR 그 자체였다. 그러나 밀스는 자신이 디케이터 연구의 최종적인 저자라고 생각했고, 또 연구는 저자의 개인적 관점을 표현해야 한다고 느꼈다. 그래서 연구 보고서를 상업 출판사에서 자기 이름으로 출판하기를 기대했다.[80]

밀스는 지식인의 독립성을 급진적 변화가 필요한 억압적인 세계에서 해방시키는 힘으로 생각했기 때문에, 이 갈등은 특히 강렬했다. 앞에서 살펴보았듯이, 밀스는 자율성만큼 소중히 여긴 것이 없었다. 그는 '제도권 인간' 또는 라자스펠트가 자신을 그런 존재로 묘사했듯이 '관리형 학자'가 결코 될 수 없었다.[81] 모든 연구 작업이 소장의 감독 아래에 있는 연구소의 위계적이고 관료적인 성격을 거스르기란 어쩌면 불가능한 일이었을 것이다. 연구 작업의 관리를 둘러싼 라자스펠트와 밀스의 갈등은 심했지만, 그렇다고 해서 특별한 것은 아니었다. 라자스펠트가 제자들조차도 자신들의 생각을 발전시키는 걸 허용하지 않고 교묘하게 "교수 자신의 외연(外延)"으로서 작업하도록 다루었다고 불평했다.[82] 라자스펠트는 밀스를 비롯하여 다섯 명이나 되는 사회학자들에게 디케이터 보고서를 쓰도록 요청했는데, 결국 엘리후 카츠의 연구 실적에 만족하기까지는 다섯 사람 모두 부족하다고 판단했다.[83]

라자스펠트와 밀스의 갈등에는 정반대되는 사회과학 방법론도 포함되어 있었다. 하지만 두 사람의 갈등을 사회과학에 대한 거시적 접근법과 미시적 접근법 사이의 갈등으로 평가하는 것은 잘못이다. 현대사회의 성격에 관한 거대한 이론적 물음들에 답하기 위해, 밀스는 디케이터 연구에서 사용된 미시적 기술을 사용하는 데 관심이 있었다. 그리고 라자스펠트의 접근법은 시카고학파 같은 공동 연구들만큼 미시적이지 않았다. 공동체보다 개인에 초점을 맞추고 있는 라자스펠트의 의사결정 이론은 사회학적이라기보다 오히려 심리학적이었고, 밀스가 나중에 《사회학적 상상력》에서 단언하듯 추상적 경험주의 접근법이었다. 밀스는 연구소의 방법들에 상당한 관심이 있었고, 또 그것들을 자신의 접근법 속에 통합시키려 했다. 그럼에도 라자스펠트는 대규모 사회와 현대의 사회적 경향을 이해하는 도구가 되는 이론에 대해 밀스의 연구를 받아들이지 않았다. 그러한 이론들이 적어도 수십 년에 걸친 더 심도 있는 연구가 끝날 때까지는 경험적으로 입증될 수 없다고 믿었다. 밀스는 사회적으로 긴급한 중요성이 있는 큰 문제들에 답변할 수 있는 최선의 연구를 추구한 반면, 라자스펠트는 이용 가능한 가장 엄격한 기술이라고 생각되는 것을 가지고 적절하게 답할 수 있는 문제들만을 추구했다. 이따금 라자스펠트는 사회과학 연구 작업의 내용이나 적합성, 영향보다는 사회과학적 기술들을 세련되게 다듬는 데 더 많은 관심을 보였다. 라자스펠트의 동료 가운데 한 사람이 회고했듯이, "라자스펠트는 독창적인 방법론적 일람표가 홀러리스(Hollerith, 구멍 뚫린 카드를 이용해 통계를 처리하는 장치—옮긴이) 기계에서 튀어나오도록 하는 걸 더 즐겼다. …… 그 작업이 실제로 중요한지 아닌지는 부차적인 문제였다."[84]

근본적으로 라자스펠트와 밀스의 갈등을 불러온 것은 사회과학의 한계 문제였다. 실용주의와 만하임, 베버 같은 독일의 고전적 사회과학자들의 영향을 받아, 밀스는 대중적 토론을 통해 계몽하고 현대 세계를 이해하도록 돕는 사회과학의 능력을 굳게 믿으며 연구했다. 이런 일을 할 수 없다면, 사회과학은 기껏해야 시시한 연구일 뿐이었다. 밀스가 라자스펠트와 충돌한 것은, 밀스가 사회비평가였기 때문이 아니라 오히려 라자스펠트보다 사회과학에 훨씬 더 야심적인 목적을 가졌기 때문이다. 뒷날 밀스는 라자스펠트를 이렇게 기억했다. "나는 그보다 더 독단적인 사람을 결코 보지 못했다. 이런저런 신념에 관해 독단적이기 때문이 아니라, 이성 그 자체의 한계에 관해 독단적이었기 때문이라고 생각된다."[85]

디케이터 연구에서 나타난 갈등은 정치 문제까지 연결되었다. 그 문제는 어느 정도 사회과학자의 적절한 정치적 역할에 초점이 맞추어져 있었다. 정치적 가치들은 사회과학과 떼려야 뗄 수 없고 명쾌하게 언명되어야 한다고 밀스는 믿었다. 라자스펠트는 좌파의 대의명분에 얼마간 공감했으면서도 사회과학 연구 작업의 가치중립성을 공언했고, 지식인의 학문적 역할과 정치적 역할의 엄격한 분리를 주장했다. 하지만 밀스와 라자스펠트가 제시한 디케이터 자료에 관해 서로 다른 해석은 또렷한 정치적 결과를 갖고 있었다. 디케이터 자료를 해석하고, 또 미국은 어느 정도 엘리트가 지배하는 대중사회라는 확신을 라자스펠트가 연구한 대인 관계 영향에 대한 통찰력과 종합함으로써, 밀스는 1940년대 초반의 정치적 분석에서 라자스펠트가 발전시킨 것보다 미국 사회에 대해 좀 더 적극적인 생생한 묘사를 발전시켰다.

디케이터 보고서에 관한 밀스의 작업은 1940년대 초반과 나중 모두에서 뚜렷하게 나타난, 미국 사회 속의 대규모 제도의 헤게모니 권력을 지나치게 강조하는 자신의 경향을 완화하도록 도와주었다. 《화이트칼라》에서 정치적으로 무감각한 미국인들에 대한 적나라한 묘사와 대조적으로, 디케이터 자료들에 대한 밀스의 해석은 좀 더 개방적이고 활기 넘치는 미국의 공공 영역을 주장했다. "모든 직업이나 계급 수준에서 의견과 정보를 교환하고 서로 다른 부류의 매스미디어와 그 다양한 내용에 노출된 사람들과 소규모 집단의 복잡하고 비공식적인 네트워크"가 바로 그것이었다.[86] 미국인들은 매스미디어에서 받은 메시지에 도전할 능력이 있음을 지적함으로써 미국 사회 내부에서 반대 가능한 원천들을 주장하기 위해, 밀스는 심지어 여론 주도자들에 의한 대인 관계의 영향이라는 개념을 적용했다. 여론 주도자들은 "매스미디어가 담고 있는 것을 거부할 수 있고 실제로 거부한다. 그들은 그것을 전달할 뿐 아니라 굴절시킬 수 있고 또 굴절시킨다"라고 결론지었다.[87]

밀스는 라자스펠트의 두 단계 영향력 모델의 요소들을 받아들였지만, 매스미디어를 통제하는 엘리트의 영향력은 물론 정치 영역에서 상류계급의 여론 주도자들이 행사하는 불균형한 과잉 영향을 계속 강조했다. 헌신적 급진주의자인 밀스는 라자스펠트의 두 단계 영향력 모델의 언명되지 않은 이데올로기적 내용을 받아들일 수 없었다. 사람들의 수평적 영향을 강조하는 라자스펠트의 중간범위 이론은 미국이 억압적 계급제도가 아니라 국민의 동의에 따라 작동하는 비교적 민주적인 사회라고 주장했다. 정치 결정을 마케팅 결정과 같다고 생각함으로써 라자스펠트는, 밀스가 《새로운 권력자들》과 이후 저작들에서 옹호한 참여민주주의와 어울리지 않는 (연구를 후원한 쪽에서 명시적으로 지지한) 민주주의에 대한 소비자 중심주의 설명을 암묵적으로 부추겼다. 개인적 상호작용 연구에 한정된 《개인적 영향》은 (기업이 지배하는 매스미디어에서서처럼) 집중된 경제 권력의 제도적 구조에 관한 질문, 밀스가 가장 중요하다고 믿는 바로 그런 종류의 질문들을 회피했다.

컬럼비아대학 사회학과는 라자스펠트가 만족할 만큼 보고서를 완성하지 못한 밀스의 부교수 승진을 늦추었다. 학과 구성원들이 밀스의 잠재력을 변함없이 신뢰했음에도, 1947년에 사회학과는 연구 책임을 완수하지 못한 것에 실망했음을 알리는 편지를 밀스에게 보냈다. 이 일은 로버트 머턴과 밀스의 관계를 긴장시켰다.[88] 이 논쟁이 최종적으로 해결되기까지는 몇 해가 걸렸고, 그것은 전문적 사회학과 밀스가 분리되는 기나긴 과정이었다. 1947년에 밀스와 라자스펠트는 타협을 통해 논쟁을 매듭지었다. 라자스펠트는 디케이터 초안을 작성하는 책임을 떠맡고, 밀스는 BASR을 위해 자금을 확보하려고 새로운 보고서 《푸에르토리코 여행》(The Puerto Rican Journey)을 완성했다.[89] 하지만 밀스는 연구소의 연구 방법에 곧 환멸을 느꼈다.

디케이터 연구를 놓고 벌인 갈등은 밀스가 컬럼비아대학 사회학과, 나아가 전체 사회학계 주류에서 밀려나는 단초가 되었다. 이렇게 시작된 불화는 전문 사회학계 내부의 관심사와 관점이 좁아지는 흐름을 반영했다. 연구소 중심의 연구만으로는 밀스가 제기한 야심적 질문에 대한 답변을 결코 줄 수 없었음에도 불구하고, 밀스가 그 연구를 거부한 것은 다소 불행한 결과를 낳았다. 왜냐하면 미국 사회에 대한 그의 묘사는 점점 더 귀에 거슬리고 덜 경험주의적이 되었기 때문이다. 주류 사회학자였던 적은 없었지만, 밀스는 사회학 분야의 연구 작업과 창조적 긴장 속에서 자신의 독특한 통찰력 가운데 많은 것을 발전시켰다. 디케이터 논쟁의 결과, 밀스는 점점 더 전문적 사회학을 제한적이고 자의적인 것, 즉 의지할 수 없고 완전히 포기해야 하는 것으로 바라보게 되었다. 그는 자신의 연구 작업을 대다수 학구적 사회과학자들이 의무를 게을리 했던 사회과학의 약속에 따라 행동하는 대안적 사회학으로 간주하기 시작했다.

새로운 권력자들

라자스펠트와 빚은 갈등에도 불구하고, 밀스는 변함없이 BASR에서 벌인 다른 활동들이 노동이라는 대의명분에 도움을 주기를 희망했다. 1947년 여름, 밀스는 1947년 말에서 1948년 초에 완성한 노동조합 지도자들에 관한 책의 "무척 훌륭한 초고"를 끝마쳤다고 맥도널드에게 편지를 썼다.[90] 《새로운 권력자들: 미국의 노동조합 지도자들》은 노동조합 지도자들에 관한 BASR 조사에 기초한 경험적 자료들과 미국 사회에서 노동조합의 위치에 대한 광범위한 정치적 분석, 이 둘 사이를 넘나들었다. 밀스의 이 첫 번째 책은 미국 노조 지도자들에 대한 절망적 분석과 노동 권력이나 좌파 지성의 결합에 의존하는 급진적 프로그램, 이 두 가지 모두를 보여 주었다. 전후에 들어와 기업과 노조의 대결이 극도로 악화될 무렵, 밀스는 노동조합과 미국의 민주주의를 위한 뚜렷한 대안을 제시했다. 노동조합은 세련된 보수주의자들이 계획한 '주류'를 따를 것인가, 아니면 민주적인 사회주의 대안을 위한 전위 역할을 할 것인가.

디케이터 연구를 둘러싼 갈등이 들끓었을 때, 연구소 중심의 사회과학에 대한 밀스의 불만이 커졌다. 1947년 밀스가 잡지 《노동과 국가》에 칼럼을 쓰기로 한 것은, 연구소의 기술들을 사용하는 풍토에서 정치적으로 긴급하고 중요한 노동의 큰 문제를 묻는 방향으로 신속한 전환을 의미했다. 노동에 관한 통계를 평가하려고 계획된 칼럼인 '사람들이 생각하는 것'에서, 밀스는 "여론조사가 포착하지 못하는 다섯 부류의 공중"을 질서으로 평가했다. 밀스는 '공중'(public)을 미국인 가운데서도 수동적 대중(mass)과 구별되는 정치적으로 활동적인 사람들의 집단으로 정의했다. 칼럼에서 그는 극좌, 독립 좌파, 중도 자유주의자, 실천적 보수주의자 그리고 세련된 보수주의자 이렇게 다섯 부류의 공중을 꼽았다. 밀스는 공중에 대해서 구성원 수보다 지적 일관성을 좀 더 중요한 기준으로 삼고, 중도 자유주의자가 가장 많은 지지자를 갖고 있음을 인정하면서도 그것의 군중적 사고 때문에 가치를 깎아내렸다. 그 대신 세련된 보수주의자와 극좌파를 결정적으로 중요한 미국의 두 공중으로 간주했다.

'세련된 보수주의' 진영에 대한 밀스의 분석은 1940년대 초기의 정치적 저작들에 바탕을 두었고 '파워 엘리트' 논제의 전조가 되었다. 실천적 보수주의자들과 달리 세련된 보수주의자들은 노동조합을 파괴하는 사람들이 아니었다. 오히려 그들은 보수주의의 목적을 위해 노동조합을 이용하고 싶어 했다. 그들은 "노동조합은 급진주의에 맞서 안정시키는 힘이 있고, 또 급진적 운동과 변화에 대항하는 세력으로서 고무되고 도움을 받아야 한다"고 믿었다. 서민 대중의 급진주의를 억누르기 위해 그들은 노조 지도자들과 협력을 확실히 다지면서, "실업계 거물의 부관들"로 써먹을 계획이었다. 여기에서 밀스는 미국 철강노조의 간부 지식인 클린턴 골든과 해럴드 루텐버그를 예로 들었다. 그들은 《산업 민주주의의 역학》(The Dynamics of Industrial Democracy)에서 노동조합들에게 급진주의자들을 훈련시킬 것을 재촉했다. 밀스는 세련된 보수주의를 노동운동의 주된 위험으로 간주했다. 실제적 권리를 두려워하고 또 자신들의 조직을 결집시키기 위해, 노동조합은 건설 중인 자유주의 전선을 통해 협력적인 대기업이 제시하는 유혹을 넙죽 받아들일지도 몰랐다.[91] 사실 그 무렵 벌어진 사건들은 밀스를 이런 결론으로 내모는 것처럼 보였다. 1947년의 노사관계법인 태프트-하틀리법(Taft-Hartley Act)은 세련된 보수주의 논리를 반영하고 있었다. 이 법은 노동조합의 법적 권리를 인정했지만, 노조가 행사할 수 있는 역할을 제한하고 노조원들 사이의 불만을 억누를 더 많은 책임을 노조 지도부에 부여했다.[92]

밀스는 공산당을 중도 자유주의의 한 정파로 격하시키며 공산당의 정치권력을 가볍게 보았다. 밀스가 보기에 극좌파는 "분쇄된 자본주의, 그리고 의기양양한 '노동자 통제'를 가진 사회주의"라는 분명하고 시종일관된 프로그램을 가진 소수의 트로츠키주의 분파들로 이루어져 있었다. 노동조합을 주로 경제적 이익집단으로 본 자유주의자들과는 달리, 극좌파는 노동의 급진적인 정치 잠재력을 인식하고 있었다. 서민 대중의 급진주의를 믿고 싶어 했지만 '노동 형이상학'이 결여된 반스탈린주의 지식인들의 독립적인 좌파와는 달리, 극좌파는 노동조합을 잠재적인 급진 세력이라고 생각했다. 그 결과 그들은 노조 지도자들을 "실질적인 좌파 운동"을 불러일으킨 정도에 따라 판단했다. 그렇게 하는 데 실패한 사람들은 "실제로는 노동계급을 오도하는 지도자들"이었고 일반 대중의 급진주의를 억누르는 관료적 특권계급이었다. 밀스는 극좌파를 "다소 경직되어 있다"고 비판했지만, 노동을 위한 그들의 급진적 프로그램과 모든 확립된 국가권력으로부터 독립된 사회주의적 '제3진영'을 만들려는 갈망을 높이 평가했다.[93]

밀스가 자신의 정치적 공중에 극좌파를 포함시킨 것은 미국인의 정치적·지적 삶에 과도한 영향을 끼친, 맥스 샥트먼이 이끈 노동자당(Workers Party) 내부 트로츠키파와의 관계를 반영했다. 노동자당은 소련의 계급적 성격을 둘러싸고 제임스 캐넌의 사회주의노동자당(Socialist Workers Party)에서 분리되어 나와 1940년에 만들어졌다. 캐넌을 따르는 사람들은 트로츠키를 따라. 소비에트 사회주의공화국연방이 타락한 노동자들의 국가라고 주장한 반면, 샥트먼을 따르는 사람들은 스탈린주의가 새로운 형태의 "관료적 집산주의"를 대표한다고 주장했다. 샥트먼을 따르는 사람들이 생산을 빌미로 호전적 행동을 방해하는 것에 대해 노조 지도자들에게 날카롭게 도전했을 때, 관료주의 확립에 대한 비슷한 비평이 노동에 대한 노동자당의 입장을 특징지었다.[94] 맥도널드와 작가 하비 스와도스를 포함해 밀스의 몇몇 친구들은 한때 노동자당에 속해 있었다. 1947년 무렵 밀스는 노동자들 스스로 생산을 직접 통제하는 것을 옹호한, 샥트먼을 따르는 사람들의 "노동자들의 통제" 입장 쪽으로 이끌렸다. 1947년 1월, 밀스는 노동자당을 대상으로 '1920~1947년의 사회주의 패배와 새로운 방향 설정'이라는 주제로 강연했다. 1947년에 이르러, 밀스는 노동자당의 기관지 《노동 행동》(Labor Action)에 실린 논문들을 꼬박꼬박 읽었다.

밀스는 "여론조사가 포착하지 못하는 다섯 부류의 공중"을 《새로운 권력자들》의 첫 장에 포함시켰다. 그 책은 미국 노동계 지도자들의 동맹을 둘러싸고 세련된 보수주의자들과 극좌파 사이에 최후의 대결이 불가피하다는 논리를 비중 있게 다루었다. 또한 "통계적인 것과 질적인 것"을 결합하면서, 미국 노조 지도자들에 대한 집단적 초상화를 구축하고자 조사 자료와 정치적 분석을 종합했다.[95] 밀스는 이제껏 사회학 논문이나 좌파 평론 방식으로 글을 써 왔는데,《화이트칼라》와《파워 엘리트》에서도 그럴 테지만《새로운 권력자들》에서 이 두 장르를 결합했다. 그 결과는 경험주의적 사회과학과 급진적인 정치 분석의 불균형한 혼합으로 나타났다. 밀스의 자료들은 노조 지도자들의 사회적 배경과 AFL-CIO 합병 가능성에 관한 그들의 의견, 그리고 정당과 노조 지도자들의 유대 관계에 관한 중요한 정보를 담고 있었다. 그러나 밀스는 미국 노조 지도자들에 대한 주의 깊고 정확한 묘사 그 이상을 보여 주려 애썼다. 그는 자신의 책이 "정치적으로 적합한" 것이 되기를 바랐다.[96] 이 목적을 위해, 밀스는 "전쟁과 불황으로 치닫고 있는 주된 흐름을 멈출 수 있는 유일한 조직들을 이끄는 …… 전략적 행위자"로서 미국 노조 지도자들에게 초점을 맞추었다.[97] 노동조합이 뒷받침하는 사회 변화를 위한 급진적 프로그램을 제안할 때도, 밀스의 분석은 노동운동의 잠재력에 대한 현실적 인식을 드러냈다.

밀스는 사회학적 분석을 통해 현재 상태의 노조 지도력은 주류에 도전하기보다는 그 흐름을 뒤따를 가능성이 훨씬 더 높다고 결론지었다. 책 말미에서 노조 지도자들이 전위 역할로 이행할 가능성을 결정하기 위해, 그는 일반적으로 인정하는 바와 같이 있는 그대로의 '전투성 점수'(militancy score)를 계산했다. '전투적인' 지도자들은 기업의 '막대한 권력과 영향력'을 인식하고서, 노조들을 깨뜨리거나 족쇄를 채우려는 기업의 의도를 인정하고서, 양당제가 노동에 함정이라는 점을 지각하고서, 그리고 다음 10년에 걸쳐 노동당 결성을 선호하면서, "기업에 대한 현실적 이미지"를 가지고 있다고 밀스는 주장했다. CIO의 지도자 가운데 겨우 8퍼센트(AFL의 4퍼센트)만이 전투성에서 'A' 학점을 받았고, 19퍼센트(AFL의 9퍼센트)가 'B' 학점을 받았다.[98]

밀스는 대다수 노조 지도자들을 소심한 기회주의자라고 결론지었다. 그들은 자신들이 직면한 위협의 심각성을 인식하지 못하거나 그것에 맞서 싸울 의지가 없었다. 시대착오에 빠져 보수적인 실리적 조합주의 전략을 추구하면서, 노동조합은 이익집단 구실을 하며 조합원들의 경제적 이익을 얻어 내긴 했지만, 점점 더 정치화되는 경제 속에서 미국 노동자들에게 정치적 목소리를 내는 데는 실패했다. 밀스는 노조 지도자들이 대부분 계획된 프로그램에 따르고, 미래에 대한 전망을 품기보다는 정치적으로 근시안적이고 기회주의적이라는 사실을 발견했다. AFL 지도자 가운데 고작 17퍼센트와 CIO 지도자의 45퍼센트만이 노동조합에 폭넓은 정치 프로그램이 필요하다고 생각한 것으로 드러났다. 밀스는 이런 정치적 근시안이 "오직 파멸의 위험을 무릅쓸 수밖에 없는 장기적인 정치적 결과들"을 가져올 거라고 예언했다.[99] "경제적 인간의 마지막 대표자"인 노조 지도자들은 "현대사회를 인식할 잠재적인 다수 운동으로서보다는, 자신의 권력을 다른 권력들과 비교해 헤아려야 하는 본질적으로 소수의 일"로서 그 역할에 기꺼이 안주하려는 것처럼 보였다.[100] 따라서 노조 지도자들은 밀스가 기대하는 전위 세력으로 복무하기에는 무리가 따르고 "정치적 행동에 관한 한 가망 없는 사람들"이었다.[101]

밀스는 BASR 노조 지도자 조사에서 얻은 경험적 분석을, 미국 정치에서 노조 지도자들의 소심함이 무엇을 의미하는지에 대한 정치적 추론으로 보충했다. 밀스에 따르면, 대부분의 노조 지도자들은 기업과 노동 사이에서 이해관계의 자연스러운 조화를 가정한 '자유주의 수사학'을 무턱대고 받아들이고 있었다. 장기적 전략 없이 노조를, 새로 출현하는 기업국가의 말단 사원으로서 모집하려는 세련된 보수주자들의 함정에 빠질 것처럼 보였다. 밀스는 노조 지도자가, 노조 인정과 경제적 문제의 양보에 대한 보답으로 경영자 측과 협력하면서 '불만을 관리하는 자'가 될 수 있다고 생각했다. 실제로 전후에 노조 지도자들은 인정받지 못한 조업 중단으로 생겨난 기업의 손실에 대해 노동조합이 책임을 떠안기로 한 단체교섭 협약에 서명했다. '불만의 관리자'인 노조 지도자는 급진주의자로 행동하지 못했을 뿐 아니라 보수주의 편에서 강제력을 행사했다. "급진주의자와 극단론자를 훈련시키는 과정에서 노조 지도자는 노사 협력이라는 자유주의 목표와 미국의 체제 속에서 기업가의 지위를 떠받치고 있다.[102] 조합원들을 경영진이 추동하는 작업 과정에 통합시킴으로써, 노동조합은 효과적으로 "생산을 사회화하지 못하고 합리화했다."[103]

만일 노동조합이 계속해서 현재의 길을 걷는다면, '기업 병영국가'를 향한 '큰 흐름'을 멈출 수 없다고 밀스는 주장했다. 이런 '큰 흐름'에 대한 묘사가 분명하지는 않았지만 전시의 저작들에 기초를 두었고 뒤에 출간될 《파워 엘리트》의 전조가 되었다. 그 '큰 흐름'은 미국 상품의 해외 시장 확보를 위한 영구적인 전쟁경제를 만들어 내고 해외에서 영향력을 확장함으로써 미국 사회를 안정시키려는, 기업·군대·정치 엘리트들 사이에서 득세하는 세련된 보수주의자들의 계획이었다. 그런 계획은 미국 사회제도의 독점적인 측면을 확대할 것이고, 실질적 민주주의보다는 엘리트 집단의 통치로 귀결되고 끊임없는 전쟁 위협을 불러올 거라고 밀스는 주장했다.

이 시나리오는 암담했다. 하지만 밀스가 노동 급진주의에 대한 희망을 완전히 포기한 것은 아니었다. 《새로운 권력자들》은 밀스의 모든 저작 가운데 급진적인 사회변혁을 위한 가장 구체적 프로그램을 담고 있다. 1940년대를 통틀어, 밀스는 자신이 비판하는 사회에 대해 막연한 대안만을 제시해 왔다. 그러나 《새로운 권력자들》에서, 노동운동은 사회변혁을 위한 동력이 될 수 있다고 믿고, 자신의 급진적인 정치적 비전을 더욱 뚜렷하게 드러냈다. 뒤에 나온 책들과는 대조적으로, 밀스는 '대안들'이라는 제목으로 한 장을 구성했다. 노동자계급이 이 급진적 프로그램을 실행할 수 없다고 곧 단언하게 될 테지만, 《새로운 권력자들》에서 제시한 전망은 현대 미국 사회를 비판할 수 있도록 관점을 제공하는 강력한 사회이론으로 남았다. 이 전망 가운데 결정적인 요소에는 폭넓은 민주적 참여, 분산된 권력 구조, 군사력 증강 회피, 모든 시민을 위한 의미 있는 노동이 포함되어 있었다.

좌파의 목표는 "현대의 사회구조를 민주화하는 것"이라고 밀스는 썼다.[104] 궁극적 목표는 "그것의 영역과는 무관하게, 사회적 결정에 그대로 영향을 받는 모든 사람이 그 결정에 대해 발언권을 가지고 경영에 관여하는 사회"였다.[105] 흔히들 '참여민주주의'가 신좌파의 발명품이었다고 여겼지만, 《새로운 권력자들》은 그 생각이 사회주의와 급진적 노동운동 전통에 깊이 뿌리박고 있음을 입증했다.[106] 좌파 프로그램은 "문제의 뿌리인 노동과정 속의 인간에서 시작되어야 한다고 밀스는 주장했다.[107] 《새로운 권력자들》에서, 밀스는 샥트먼의 노동자당과 영국의 길드사회주의자 조지 더글러스 콜의 저작에서 접한 노동자들의 지배적 지위를 옹호했다. 그는 또한 20세기 초 힘의 정점에 도달했고, 그 행동들에 밀스가 감탄한 급진적 노동조합 지상주의 노조 세계노동자연맹(IWW)의 역사적 실례에 의존했다. 밀스가 보기에 노동자들의 지배는 노동조합이 임금과 노동조건을 둘러싼 협상 너머까지 역할을 확대하고 집단적 자기 관리를 향해 나아가야 하는 것을 의미했다. "노동 행위의 독립은 생산과정에서 노동자들의 지속적 지배를 의미하는데, 그것은 노동조합이 자신의 권력이 허락하는 모든 시점에서 관리 기능을 노동자들의 지배로 대체하려는 걸 의미한다."[108] 따라서 노동조합은 "마치 그것이 이 사회 내부에서 노동의 조직가가 되려는 듯이, 그리고 미래의 민주사회를 위한 사회적 재편성의 기초가 되려는 듯이" 행동해야 했다.[109] 더욱이 노조는 노동자들의 지배를 위해 힘쓸 뿐 아니라, 궁극적으로 "인간의 충동이 노동 속에서 자신을 창조적으로 실현할 기회를 줌"으로써 노동 자체의 성격을 바꾸는 걸 목표로 삼아야 한다.[110] 이 대담한 프로그램이 작동하려면, 노조는 전체 노동계급을 조직하고 독자적인 정당을 결성해야 할 터였다.

밀스가 노동에 대한 가장 포괄적이고 급진적인 프로그램을 발전시킴으로써, 이제 현존하는 노조 지도력에 대한 그의 비판은 더욱 더 강해졌다. 밀스가 현재의 노조 지도력은 주류에 도전하기보다 오히려 굴복할 것이라고 결론지었다고 해도, 자신의 급진적 프로그램이 노조 지도력을 급진주의로 변화시킬 수 있는 경제 불황 시기에 실현될지도 모른다는 생각은 여전히 버리지 않았다. 심각한 위기로 치닫는 경향이 있는 자본주의에 대한 밀스의 개념은 전시와 1950년대의 정적(靜的)인 기업 헤게모니와 뚜렷이 대조되었다. 《새로운 권력자들》에서, 밀스는 "역사적 연속성에 대한 자유주의적 견해가 이따금 역사가 비연속적이라는 사실을 흐릿하게 해서는 안 된다"고 썼다.[111] "다가오는 불황은 미국 노동자들 속에 (반란을 일으키려는) 거센 충동을 심어주고" 지도부에게 노동조합의 성격을 바꾸도록 강제할 거라고 밀스는 예언했다. 노조가 새로운 불황에 대해 주목하지 않을 수 없다는 반응을 보이면, "대중에게 적절히 전달된 광범위하고 활기찬 행동이 노동조합의 영향력과 지지를 크게 확대할" 때 사람들이 노조 배후에 다시 집결될 것이다.[112] "온갖 무책임한 사회적 결정의 결과로 고통을 겪고 또 현대사회에서 이용할 수 있는 가치들 가운데 불공평하게 적은 몫을 가진 모든 사람들은 좌파의 잠재적 구성원이기" 때문에, 좌파 프로그램을 위한 대중적 기반이 중간계급 사람들 사이에서 발견될 수 있을 것이다.[113]

불황이 급진적 노동운동으로 귀결될 수 있다는 밀스의 신념은 노동계급의 잠재적 급진주의와 노동 지식인의 잠재적 힘에 대한 확신에 바탕을 두고 있었다. 다가오는 불황은 밀스가 말하는 "권력과 지성이 결합"할 수 있는 기회를 제공할 것이다.[114] 언제든지 이데올로기에 높은 가치를 두는 경향이 있는 밀스는, 경제 침체 속에서는 권력이 "이데올로기적이거나 전략적으로 준비가 되어 있는 사람들 쪽으로" 방향을 틀 거라고 주장했다.[115] 세련된 보수주의자들과 좌파는 일관된 프로그램을 가진 양대 집단으로 떠오르게 될 텐데, 노동조합은 둘 가운데 하나를 선택해야 할 것이다. 불황의 상황에서는, 종종 "비탄과 분노 사이에서 갈팡질팡하는 무기력한 의견을 가진 제3진영"인 독립 좌파 지식인들이 새로운 정치적 적합성을 획득할 수 있을 것이다.[116] 불황 시기에 좌파 지식인들은 "정치적 박탈에 초점을 맞추고, 공동의 이해관계와 공동의 투쟁에 관한 진리를 (사람들 마음속에) 심어 주고, 좀 더 나은 내일에 대해 어떤 희망을 주는 대항 상징들"을 제시할 수 있을 것이다.[117] 만일 노조 지도자들이 그러한 지식인들의 말에 귀 기울인다면, 그들은 주류에 맞서 진실로 민주적인 사회주의 대안을 실행하는 데 필요한 전망과 의지를 결합시킬 수 있을 것이다.

《새로운 권력자들》의 결론에 해당하는 장에서 노동 지식인에 관한 밀스의 반성은 IUI 경험이나 하드먼과의 관계에 크게 신세지고 있었다. 권력과 지성의 결합에 대한 밀스의 요구는 또한 그가 책을 수정하는 동안 1947년 11월 미국자동차노조(UAW) 총회에 참석한 것에서도 크게 영향을 받았다. 《코멘터리》(Commentary) 편집자 네이선 글레이저의 초대로 노조 총회에 참석한 밀스는 〈사상과 풀뿌리 대중의 결합〉(Grass-Roots' Union with Ideas)이라는 글을 발표했고, 이 논문의 일부를 《새로운 권력자들》에 포함시켰다. 대담한 지도력과 사회주의적 배경, 제3당(third party, 소수당) 성향을 띤 미국자동차노조 위원장 월터 루서는 중도에서 왼편에 있는 모든 이들에게 매력적인 인물이 되었다. 예를 들어 어빙 하우와 브랭코 위딕은 루서가 이끌고 있는 미국자동차노조가 "거대한 에너지원과 권력을 미국인의 삶 속에서 새로운 사회 세력이 되기 위해 사용할" 것을 희망했다.[118] 1946년 총회에서 루서가 위원장으로 당선되자 밀스는 곧바로 전보를 쳤다. "축하합니다. 당신의 지도력 아래 미국자동차노조가 미국에서 진보 노동조합의 중심이 되기를 우리 모두 기대합니다."[119] 루서의 재선이 유력했던 1947년 총회는 1년 전 행사처럼 흥분을 자아내지는 못했지만, 밀스는 총회에 참석하여 힘을 얻었다.

〈사상과 풀뿌리 대중의 결합〉에서 밀스는, 루서가 "훈련된 노동자들을 산업에 제공할 것을 보증하는 어떤 종류의 국가자본주의를 위한 '인간 기술자'(human engineer)가 되려는, 또 사실상 서민 대중(일반 조합원들)을 무력하게 하여 미국의 다양한 법인 조직의 손쉬운 먹잇감으로 만들려는 무의식적 유혹"이 있을지도 모른다고 걱정하면서, 미국자동차노조가 세련된 보수주의자들의 먹이가 될 수도 있다는 우려를 표명했다.[120] 그럼에도 전투적인 조합원들과 유기적인 노조 지식인들을 가진 미국자동차노조가 활기를 회복한 좌파 노동운동 최전선에서 "권력과 생생히 접촉하는 사상"의 이상을 구현할 수 있다고 밀스는 주장했다. 루서에 대해서는 냉담했지만("그는 …… 당신의 사회적 감정을 충족시키기에는 충분하지만, 당신의 사회적 지성을 충족시키기에는 불충분하다"), 밀스는 미국자동차노조 일반 조합원들이 집단정신과 전투적이고 민주적인 '워블리'(Wobbly, IWW 조합원)의 충동을 가지고 있다고 생각했다. "이 사람들은 조직화되었을 뿐 아니라 노동조합으로 묶여 있다"고 그는 감탄했다.[121]

밀스는 미국자동차노조의 "활기찬 서민 대중의 민주주의"를 높이 평가하면서도 미국 노동조합주의에서 새롭다고 여겨지는 현상, 즉 미국자동차노조 내부의 "노동조합이 길러 낸 지식인들"의 존재에 주목했다. 밀스는 여기에서 교육 부문의 프랜시스 다우닝, 형 월터보다 더 좌파로 기운 빅터 루서, 기관지 편집자 프랭크 윈, 특히 연구소 소장 냇 웨인버그를 비롯한 몇몇 사람들에 관해 생각하고 있었다. 이 사람들은 밀스가 1947년 총회 주변에서 자기 길을 찾도록 도와주었다. 나중에 밀스는 그들의 과업 가운데 하나는 "나 자신처럼 무식한 사람들이 고작 일주일 '현장' 경험을 한 후 미국자동차노조에 대한 이상한 보고서를 작성하지 않도록 대책을 강구하는" 거라고 농담하면서, 논평을 받기 위해 그들에게 논문 초고를 보냈다.[122] 이 유기적인 노동조합 지식인들한테서, 밀스는 '절망의 정치'를 받아들인다고 조롱한 뉴욕 지식인들과 반대되는 참신한 실례를 발견했다. 노조가 길러 낸 지식인들은 "속임수나 신경과민 없는 지식인들"이고, "여러 학문 집단에서 흔히 드러나는 사소한 방식으로 서로 경쟁하는" 일

따위는 하지 않는다고 밀스는 썼다.[123] 그들이 노동조합에 대한 전문 경험을 폭넓은 정치적 전망과 결합시킨 것은 생계를 위한 평범한 노조원들과 폭넓은 정치사상의 세계를 연결하는 결정적인 고리가 되었다. BASR의 두 단계 커뮤니케이션 모델에서 한 구절을 빌려, 노조가 길러 낸 지식인들은 미국자동차노조가 노동계급 내부의 '여론 주도층'이 될 수 있게 한다고 밀스는 주장했다. 따라서 그들은 "미국자동차노조가 노조원들뿐 아니라 미국 정치의 급진적 변화를 바라는 모든 사람에게 영향을 미치기에 충분한 전위 노조가 될 유일한 보증"을 제공했다.[124]

〈사상과 풀뿌리 대중의 결합〉은 《새로운 권력자들》에서도 제시한, 권력과 지성의 결합에 대한 명확한 노동 지지자의 비전을 담고 있었다. 그러나 그 책은 또한 '노동 형이상학,' 곧 노동운동은 좌파가 사회 변화의 주된 동인 역할을 할 수 있다는 개념을 밀스가 나중에 거부하게 되는 전조가 되었다. 밀스가 《새로운 권력자들》을 썼을 바로 그때도, 더욱 진보적인 사회질서에 대한 노조의 노력은 반공산주의 정치, 내부 불화, 노조 지도력 확립, 또 기업의 단호한 반격에 대해 머뭇거리고 있었다. 밀스의 불황 시나리오는 노동을 위한 자신의 급진적 프로그램이 유토피아적인 것이 아니었다고 주장할 수 있게 했다. 그러나 다가오는 불황에 대한 밀스의 예언은 환상으로 판명되었다. 《새로운 권력자들》에서, 밀스는 현재 상태의 노동이 아니라 노동운동 내부의 변화를 낳을지도 모르는 외부 환경에 희망을 걸었다. 노동 급진주의의 부활이 필요하지만 갈수록 그것이 불가능하다고 깨닫고서, 그는 좌절의 분위기를 받아들이고 있었다. 희망과 환멸 사이를 시계추처럼 왔다 갔다 하는 《새로운 권력자들》은 비극적인 말로 끝맺었다.

"권력과 지성의 통일을 허락하고 시작하는 게 노조 지도자들의 과업이다. 그들은 그렇게 할 수 있는 유일한 사람들이다. 그들이 지금 미국 사회에서 전략적 엘리트인 것은 바로 그 때문이다. 그 책임을 받아들일 준비가 되어 있지 않고 또 그럴 마음도 거의 없는 이들에게 그리도 많은 사람들이 의존한 적은 일찍이 없었다."[125]

확실히 노조에 대한 밀스의 정치적 희망은 좀 지나쳤다. 만일 전후 세월 속에 노동운동을 위한 실제적인 기회를 잃어버린 일이 있다면, 그것은 밀스가 옹호한 급진적 프로그램보다는 하드먼을 비롯한 이들이 발전시킨 사회민주주의 노선이었다. 노동 형이상학에 대한 밀스의 공격은 노동조합의 성과와 지속적 열망을 적절히 설명하지 못했다. 전후 시기에 노동조합은 조합원들의 남부럽지 않은 생활수준을 확보하고 그들을 멋대로 행동하는 경영진으로부터 보호하는 데 무척 중요한 역할을 했다. 밀스는 노동조합이 언제나 어느 정도는 사회운동이고 어느 정도는 이익집단이라는 것을 제대로 인식하지 못한 반면, 전후 세월 속에서 그 균형이 결정적으로 바뀌었음을 올바로 이해하고 있었다.

1950년대에 이르러, 광범위한 정치적 의제를 지지한 노동조합들조차도 좀 더 큰 정치 구조와 그 제도 내부에서 권력을 휘두르려는 욕망에 사로잡힌 자신의 모습을 발견했다.[126] 더욱이 그들의 투쟁을 정치화하지 못한 것에 대해 노조 지도자들을 비판한 일은 밀스의 선견지명으로 판명났다. 노조 지도자들은 전후 시대에 조합원들을 위해 중요한 이익을 쟁취했지만, 1970년대 이래로 수십 년에 걸쳐 점점 더 보수적인 정치 환경을 동반한 쇠퇴에 저항하기란 쉽지 않았다.[127] 라자스펠트와 겪은 갈등의 여파로 말미암은 전문적 사회학과의 불화가 그의 사회 비판을 성숙시켰듯이, 결국 밀스가 '노동 형이상학'을 포기한 것은 《새로운 권력자들》의 출간을 암시했다. 노동조합이 잠시 제공한 사회운동과 급진적 야망을 포기할 마음이 내키지 않은 밀스는 다음 책 《화이트칼라》에서 냉철한 급진주의로 돌아가 그것을 자세히 설명했다.

4장

행동하지 않는 신중간계급

화이트칼라

"백화점 판매원이 스스로를 부자 고객과 동일시하거나 회사원이 자기가 다니는 유명 회사 이름에 자기 정체성을 결합시키면서, 화이트칼라 노동자들은 자신보다 사회적으로 우월한 사람들한테서 위신을 빌려온다"

"화이트칼라들이 현대사회 속으로 조용히 들어섰다."[1] 《화이트칼라》는 이렇게 시작된다. 의존적이고 봉급을 받는 고용인들, 신중간계급이 늘어나고 재산(특히 토지)을 가진 낡은 중간계급이 쇠퇴함에 따라 근본적인 직업 전환이 이루어졌다. 이 의미심장한 변화를 파악하려면 기업의 관리자나 관료적 전문가, 판매원, 사무직 노동자로서 다양한 겉모습을 띠고 있는 화이트칼라 노동자들을 조사해야 한다. 신중간계급의 "직업적 뒤섞임"에 관한 이 조사는 "대형 매장, 법인 조직의 두뇌, 관리와 운영의 새로운 세계"로서 미국 사회의 새로운 그림을 드러냈다.[2] 이 세상의 반영웅들, 즉 주인공답지 않은 주인공들을 가장 잘 포착한 이들은 바로 소설가들이었다. 화이트칼라의 소외는 "우리 시대의 특징이 되는 심리적 주제"를 상징했다.[3] 따라서 사람들은 '총체적인 현대사회'를 이해하기 위해 신중간계급으로 시선을 돌렸다.[4] 왜냐하면 '뉴 리틀맨'은 "현대사회의 마음 내키지 않는 선봉대"이기 때문이라고 밀스는 결론지었다.[5] 서문에서 암시한 것처럼 《화이트칼라》는 크고 강력한 관료 조직들이 '뉴 리틀맨'을 왜소하게 만드는 현대사회에 관해 심란한 묘사를 제시했다.

《화이트칼라》로 밀스는 사회 비평가로서 전국적인 명성을 확고히 다졌다. 1951년에 출판된 이 책은 미국 중간계급의 성격에 관한 전후의 걱정스러운 대화, 즉 사회학적 작업들이 두각을 보인 한 담론에 참여했다. 곧 이 책은 미국 사회 분석의 고전적 저작으로 지위를 얻었다. 21세기의 비평가조차도 《화이트칼라》를 "미국 중간계급들에 관해 우리가 가지고 있는 가장 중요한 책"이라고 평가할 정도이다.[6] 야심 찬 저작 《화이트칼라》의 근본적인 목적은 밀스가 거스에게 보낸 1946년의 편지에서 잘 드러난다.

신중간계급을 다룬 이 책에 관해 당신과 좀 긴 대화를 나누고 싶습니다. 저는 이 주제를 앞에 두고 몹시 혼란스런 상태에 있습니다. 잘 아시다시피, 저는 한꺼번에 다섯 가지 일을 하려 애쓰고 있습니다. 내게 너무 야심적인 작업일지도 모르겠군요. 첫째, 실재하는 사실적 자료들에 관해 완전히 확정적으로 정의하기. 둘째, 더욱 새로운 기술들, 특히 집중 면접을 …… 충분히 활용하기. 셋째, 이 책을 문학과도 같은 방식으로 쓰기. 넷째, 특히 심리적 측면과 아주 급진적 관점에서, 덜 분명하더라도 이 주제에 관해 실제로 박식해지기. 다섯째, 이 모두를 20세기 미국에서 실제로 중요한 주제들에 엮어 맞추기.[7]

현대 미국에서 신중간계급의 역사적 형성과 객관적인 계급적 지위, 또 그 계급에 대한 심리적·정치적 견해에 관한 사회학 저작으로서 이 책의 범위는 무척 인상적이었다. 밀스는 단호히 급진적 관점으로 현대사회를 총체적으로 그려 내려고 애썼다. 더욱이 새로운 글쓰기, 즉 개인적 전망을 전달함과 동시에 전문적이지 않은 대중 독자의 마음을 잡아끌 수 있는 '사회학적 시(詩)'로 자신의 통찰력을 정교하게 다듬으려고 했다. 어쩌면 그가 우려한 대로 이 책의 목표는 "너무 야심적인" 것일지 모른다. 그 성과가 훌륭함에도 불구하고 이따금 (사상이나 문체가) 갈팡질팡 혼란스럽고 과장된 화이트칼라 노동자들과 미국 사회의 초상화가 드러났다. 《화이트칼라》에는 글을 쓰고 있던 불확실한 전환의 순간을 반영하는 뒤범벅된 통찰력이 담겨 있었다. 밀스의 거대한 야망이 하나의 불규칙한 저작을 낳았다면, 그 야망들의 상호작용은 곧 이 책이 가진 독창성에 원천이 되었다.

《화이트칼라》는 1940년대 밀스의 사회학 연구 작업의 정점이자 새로운 방향을 가늠할 수 있는 특징을 보여 준다. 또한 그의 어떤 저작보다도 사회심리학, 개인의 성격과 사회구조의 관계에 대한 오랜 관심을 드러내고 있다. 그런가 하면 《화이트칼라》는 1940년대 후반 급격히 변화하던 지적·정치적 환경에 기본적으로 영향을 받았다. 특히 밀스 같은 다작의 저자에게, 《화이트칼라》는 집필 기간이 지난하고도 고통스런 과정이 되었다. 이전에 그를 지탱해 주던 정치적·지적 세력들과 결별함으로써 나타난 위기를 반영하기도 했다. 조직화된 노동에 대한 미몽에서 깨어나고 전문적 사회학과 점점 더 거리를 두게 된 결과로 쓰인 《화이트칼라》는 자신의 세계를 이해하는 새로운 방법을 붙잡으려 애쓰는 고립된 지식인의 작품이었다.[8]

사회심리학과 정치 논쟁

《화이트칼라》를 위한 착상은 일찍이 1944년에 나왔다. 그해 밀스는 현대 미국의 중간계급을 다루는 책과 관련해서 자신의 개념을 친구들과 공유했고, 연구를 시작하기에 앞서 구겐하임 연구비를 따내는 데 성공했다. 밀스는 이 과제가 자신의 첫 주요 작업이 되리라는 걸 이미 느꼈지만, 그때까지만 해도 프로젝트에 대한 구상이 상당히 막연했다. 예를 들어, 구겐하임 연구비 신청서에는 화이트칼라의 대중적 이미지를 고찰하고 그들에 관한 체계적인 전문 자료를 모으고, "직업과 의사소통 자료에 기초해 심리 유형을 분석하는 기술"을 발전시킴으로써 "화이트칼라와 미국인의 삶 속에서 그들의 역할을 이해하려" 애쓰겠다는 것 정도만 언급했다.'

《화이트칼라》는 사회심리학에 대한 밀스의 오랜 관심을 드러내고 있다. 밀스가 이 책에서 채택한 심리적 접근법은, 1940년대 동안 자신이 발전시켜 온 것과 서로 맞물려 있으면서도 별개의 이론적·경험적·정치적 헌신으로부터 나왔다. 텍사스대학에서 실용주의와 함께함으로써 밀스는 사회심리학이 사회적인 분야와 매우 가깝다는 것을 배웠다. 1930년대 말과 1940년대 초의 저작들에서 밀스는 시간을 초월한 생물학적 요소가 인간의 본성을 규정한다는 개념을 단호히 거부했다. 곧 밀스는 실용주의의 심리학 전통을, 그 전통에 결여되어 있다고 생각한 사회학적 내용으로 보충했다. 《화이트칼라》에서 밀스는 사상이 생겨나는 사회적·역사적 맥락을 추적하는 자신의 지식사회학을 개인의 정신 연구에 적용했다. 지식사회학과 마찬가지로, 사회심리학은 인간과 사회에 관한 기본 질문들을 위해 학문으로서 사회과학의 편협한 경계를 뛰어넘는 융합적 연구 방법이었기에 밀스의 마음에 들었다.

사회심리학에 초점을 맞추면서 밀스는 미국 사회과학의 주류에 참여했다. 사회과학 내부에서 사회심리학은 텔컷 파슨스나 로버트 머턴

같은 기능주의자들과, 허버트 블루머가 이끌고 있던 시카고대학의 전통 속에서 한 무리의 상징적 상호작용론자들이 추구한 중요한 하위 학문 분야가 되어 가고 있었다. 인간의 상호작용을 특정한 대인 관계의 환경 속에서 연구한 상징적 상호작용론자들처럼, 밀스는 실용주의 철학자 조지 허버트 미드한테서 영향을 받았다. 심리학 방법들을 미국 사회 연구에 적용한 밀스의 연구 작업은 또한 제2차 세계대전 기간에 점점 더 영향력이 커지던 마거릿 미드나 루스 베네딕트 같은 인류학자들이 발전시킨 '문화와 개성'(culture and personality) 학파의 연구 작업과 유사했다. 문화와 개성 이론가들처럼, 밀스는 프로이드식 통찰력의 근거를 역사와 문화에 둠으로써 정신분석의 통찰력을 상대화한 헨리 스택 설리번과 독일 이민자인 에리히 프롬 같은 프로이드학파 수정론자들의 작업에 기초를 두었다.[10]

이런 사회과학 경향을 반영하고 있음에도, 개인의 성격 형성에서 제도의 결정적 역할에 초점을 맞추는 밀스의 작업은 사회심리학에 대한 자신만의 접근법이기도 했다. 상징적 상호작용론자들의 '환경' 접근법을 비판하면서, 밀스의 사회심리학은 총체적 사회, 특히 현대 미국에 대한 거시적 연구를 수반했다. 개인을 특정한 상호작용의 배경 속에 위치시키기보다는, 더 크고 더 비개인적인 힘들이 개인에게 미치는 영향을 추적했다. 그리고 때때로 '민족성'이라는 지나치게 단순화된 개념에 의존하는 문화와 개성 학파와 달리, 밀스는 사회가 계급이나 지위, 권력 노선에 따라 계층화되는 방법을 식별했다. 따라서 그는 복잡한 현대사회를 살아가는 남녀의 다양한 유형에 대해 훨씬 참신한 설명을 약속했다.

사회심리학에 대한 제도주의 접근법은 한스 거스의 영향 아래 베버의 사회학과 연대함으로 나타났다. 밀스는 거스와 공동 집필한 《개성과 사회구조: 사회제도의 심리학》(Character and Social Structure: The Psychology of Social Institution)에서 자신의 사회심리학을 힘겹게 성취했다. 《개성과 사회구조》는 1953년에야 비로소 출판되었지만, 밀스가 《화이트칼라》를 끝마치기 전에 두 사람은 이미 저작에 대한 기본적인 생각을 공유하고 있었다. 2장에서 논의하고 있듯이, 두 사람은 1941년에 책의 광범위한 개요를 그렸다.[11] 이 책은 대학교 학부생 교재로 쓰였다. 밀스 전집에 대한 연구에서 무시되는 경우가 많지만, 이 책은 《화이트칼라》를 비롯한 여러 책에서 밀스가 개인의 성격과 사회구조를 연결 짓는 방식을 이해하도록 도와주는 사회심리학의 중요한 저작이다.[12] 《개성과 사회구조》의 대부분은 '성격'이나 '사회구조'를 그 자신의 용어들로 다루고 있지만, 이 책의 중요한 공헌은 사회의 "구조적·역사적 측면"을 "인간 자아의 가장 친밀한 측면"과 연결하는 작업 모델을 제공한 점이다.[13] 거스와 밀스는 이 연결을 '역할', 즉 일련의 사회적 기대 행동이라는 자신들의 개념 속에서 식별했다. 사회제도는 개개인이 행하는 역할들의 집합으로 정의되는 '사람들'(persons)을 형성하는 역할을 한다. 따라서 사회심리학자들은 "사람들이 행하는 역할들, 그리고 그들이 내면화하는 경향에 따라 사람들을 선택하고 형성하는 제도"를 주의 깊게 살펴야 한다고 거스와 밀스는 주장했다.[14] 일단 사회학자들이 제도가 어떻게 사람을 규정하는지 이해한다면, 그들은 각 개인의 내적 감정들과 의식으로서 정의되는 '자아' 사이의 관계를 조사할 수 있을 것이다. 거스와 밀스는 정치, 경제, 군사, 종교 그리고 친족(kinship) 질서들 속에서 권위의 분배를 근본적으로 반영하는 사람과 자아가 제도들에 의해 형성되는 방법을 강조했다. 한편 두 사람은 저마다 독특한 개인을 시야에서 놓치지 않으면서 거대한 역사적·정치적 발전들에 관해 말하는 방법을 제시하려 애썼다.[15]

《개성과 사회구조》에서 발전된 이론적 틀은 밀스가 화이트칼라 노동자들에 대한 연구가 최선의 대답을 줄 거라고 확신한 것과 관련하여 적어도 세 가지 사회심리학적 연구 노선을 추구하도록 이끌었다. 첫째는 '관료주의의 심리적 측면들,' 또는 현대 세계에서 확대된 대규모 제도들의 권력이 어떻게 개별 남녀의 삶에 영향을 미치는지를 조사했다.[16] 《화이트칼라》에서 밀스는 대규모 조직 속에서 일하는 관리자와 전문가, 사무직 노동자, 백화점 점원을 연구했다. 둘째, 현대 자본주의가 개인에게 미치는 영향, 말하자면 점점 더 상업화되어 가는 세계가 현대인을 어떻게 규정하는지 고찰했다. 이를테면 상품 판매원들의 소외와 심리 상태를 조사했다. 마지막으로 불안정하고 급변하는 역할 기대가 어떻게 '지위 공황'(status panic)이라는 걸 만들어 내는지를 탐구했다. 《개성과 사회구조》는 현대사회에 나타나는 불안의 근원을 "예측할 수 없는 사회구조의 흐름, 그리고 마찬가지로 불안정한 대인 관계의 역동성"으로 식별했고, "남들에 의해 변화하는 기대와 평가 속에서 아무런 공동의 직업 패턴이나 조화도 없는 사회에서 남들에게 자신의 자아상을 인정받으려는, 지위에 얽매인 인간의 광적인 시도"를 언급했다.[17]

1945년부터 밀스는 미국 중간계급의 사회심리학을 스케치해 보기 위해 경험적 정보를 수집하기 시작했다. 1940년대 중반에 수행한 몇몇 연구에서 그는 "'화이트칼라 자료'에 주의를 집중시켰다."[18] 자신의 에너지 대부분을 가장 직접적인 연구 과업, 바로 화이트칼라 노동자들을 위한 직업적 자료를 모으고 체계화하는 일에 쏟았다. BASR에서 연구하며 정부나 기업에서 나오는 광범위한 통계를 모으고 표로 만들었다. 이를테면, 연구진과 함께 직업이나 노조원의 지위, 자격, 소득 같은 화이트칼라의 사회 계층화와 관련한 객관적 측면을 이해하려고 상세한 인구조사 자료를 검토했다.[19] 밀스는 화이트칼라의 삶에서 좀 더 주관적이고 심리적인 측면을 확실하게 이해했다. 그는 영세기업인들의 낡은 중간계급 심리를 꿰뚫어보기를 위해 〈소기업과 시민 복지〉라는 보고서 면접 자료를 검토했고, 또 (연구의 원래 계획에는 없었지만 자신이 수행한 45건의 "생각나는 대로 자유롭게 대답할 수 있는" 면접을 포함한) 디케이터 연구를 토대로 자료를 수집했다.[20] 가장 흥미로운 것은 밀스가 민족지학적 관찰을 의뢰했다는 점이다. 그는 이전에 메릴랜드대학 학생이던 제임스 B. 게일이 다양한 분야의 메이시백화점 판매원들에 관해 기록한 메모를 꼼꼼히 검토했고, 연구원인 헬렌 포웰에게 자신의 판매원 경험에 관해 보고해 달라고 부탁하고 비용을 지불했다.[21]

《화이트칼라》를 위해, 밀스는 자신이 연구 책임자가 되어 1946년 가을에 BASR의 후원으로 진행한 '미국의 일상생활' 프로젝트를 통해 집중 면접을 벌였다. 밀스는 연구소에서 수행한 이전의 연구들을 '일상생활' 프로젝트의 모델로 삼았다. 연구소가 질적 연구를 수행하는 과정에서 발휘하던 자발성은 생각보다 훨씬 더 강했다. 양적 연구에 덧붙여, BASR은 사회심리학에 대한 좀 더 깊은 이해를 촉진하고자 계획된 기술에 의지하는 프로젝트들을 후원했다. '미국의 일상생활' 연구는 전쟁 채권을 팔기 위해 유명한 가수 케이트 스미스를 주연으로 선정한 1943년 마라톤 라디오 방송에 관한 연구인 로버트 머턴의《대

중 설득》(Mass Persuasion)을 가장 구체적으로 본받았다. 《대중 설득》
은 현대의 포커스 그룹(focus group, 테스트할 상품에 대해 토의하는 소비
자 그룹—옮긴이)의 선구자인 집중 면접을 토대로 삼았다. 집중 면접은
일련의 설문지를 사용하고 통계적 결과를 낳았던 반면, 면접관이 실
험 대상자의 심리를 더 깊이 탐구할 수 있게 할 만큼 충분히 자유롭게
생각하고 대답할 수 있었다. 밀스의 '일상생활' 연구도 비슷한 기법을
사용했다. 《대중 설득》 연구에 참여한 연구소 연구원이었던 저넷 그
린도 '일상생활' 프로젝트를 위해 면접을 감독했다. 《대중 설득》은 또
한 밀스의 '일상생활' 연구에 나타난 두 가지 두드러진 측면을 포함하
고 있었다. 이를테면 개인의 심리를 더욱 규모가 큰 사회구조와 관련
짓고, 사회 연구의 비판적 기능을 받아들이는 시도를 선보였다. 대중
설득에서 어떤 기술이 가장 효과적인지 단순히 분석만 하지 않고, 실
험 대상자들의 사회심리학은 판매술의 가치가 널리 보급된 '속임수
사회'의 맥락 속에 오직 그들을 가져다 놓음으로써만 파악될 수 있다
고 강조하면서 머턴은 《대중 설득》을 시작했다. 그리고 "민주적 가치
를 지향하는" 사회과학이 필요하다는 주장으로 이 책을 끝마쳤다.[22]

　'일상생활' 프로젝트를 위해, 밀스의 연구 팀은 뉴욕 시 화이트칼라
노동자들에 대해 128건의 인터뷰를 진행했다. 다양한 직업을 가진 이
질적인 계급의 남녀 집단인 인터뷰 풀(pool)은 로펌, 보험회사, 대학,
정부, 백화점 같은 서로 다른 작업 환경 속의 중간 관리자, 전문가, 비
서, 판매원으로 구성되었다. '일상생활' 설문지에 있는 갖가지 질문
은 작업장의 온갖 제도가 어떻게 화이트칼라의 삶을 틀 짓는지를 다
루었다. 면접관들은 직장 동료, 상사, 고객과의 관계, 직업 경력, 승진
가능성, 직업 만족도, 그리고 근무일 동안 시간 경과가 어떻게 경험되

는지 따위의 직업 관련 주제들에 관해 질문했다. 연구는 실험 대상자의 직장 바깥 삶에 관한 정보도 수집하도록 계획되었고, 또 우정, 여가, 사회적 지위에 대한 자기 인식, 정치적 견해와 '사회 현실에 대한 이미지,' 노동조합에 대한 태도와 관련된 질문까지 포함시켰다.[23] 응답자들이 설정된 질문 73건에만 대답했다고 해도, 밀스는 화이트칼라 노동자들에 관한 자료를 충분히 수집했을 것이다. 그러나 그는 또한 "엄밀히 조사하는 질문 …… 제시된 답변들 속에 개인의 경험이 온전히 포함될 수 있도록" 면접관들이 직관에 의존할 것을 장려했다.[24] 여러 응답을 통계 일람표로 만들 수도 있겠지만, 밀스는 개개인의 심리, 즉 통계만으로는 결코 포착할 수 없는 것에 대한 질적 인식을 발전시키기 위해 상상력을 사용하도록 면접관들을 격려했다. 특히 밀스는 화이트칼라 노동자들이 '꿈꾸는 삶'을 비롯하여 그들의 가장 깊은 생각과 감정까지 이해하려 애썼다. 면접관들에게 이렇게 지시했다. "당신들은 그가 깨어 있을 때 가장 관심 있는 것이 무엇인지를 발견했다. 이제 당신들은 그가 잠들 때 무얼 꿈꾸는지 알고 싶어 한다. 만일 그에게 삶의 초점이 하나 있다면, 그것은 뭔가? 그는 스스로 어떠한 목적에 이바지하고 있다고 느끼는가?"[25] 밝힐 게 아주 많은 이 인터뷰들은 실제로 대단히 '집중적'이었는데, 때때로 몇 시간 동안이나 지속되고 두 차례로 나눠 실시되는 경우도 많았다.

《화이트칼라》는 밀스가 사회심리학에서 발전시킨 이론적·경험적 노력에서 나왔다. 그러나 그는 또한 사회심리학에 관해 "깊이 있고 급진적인 관점"을 제시할 작정이었다. 여기에서 밀스는 화이트칼라 노동자들에 관한 폭넓은 좌파 문헌에 의존했다. 밀스가 지적했듯이, "금세기를 통틀어 정치사상에 관한 한 이론적 주도권의 중심은 좌파에 있었고, 처음으로 신중간계급을 발견한 쪽은 좌파 '사상가들'임에 틀림없다."[26] 화이트칼라에 관한 독일의 중요한 사회학 문헌이 밀스에게 영향을 미쳤다. 누구보다도 한스 거스는 밀스가 이 학문 분야를 처음으로 접할 수 있도록 도와주었다. 그리고 에밀 레더러와 한스 스파이어 같은 과거 여러 차례 벌어진 논쟁의 주요 참가자들은 이제 독일에서 이주한 학자들의 피난처인 뉴욕의 뉴스쿨에서 가르치고 있었다. 중요한 독일 저작들이 공공사업진흥국 프로젝트의 일환으로 1930년대에 영어로 번역되었다. 밀스는 앨프리드 빙햄, 루이스 코리, 윌리엄 윌링의 책을 비롯하여 화이트칼라에 관한 미국 좌파들의 저작도 알고 있었다.[27] 신중간계급을 심리적 관점에서 이해할 필요가 있다는 밀스의 주장에는 이런 저술가들 다수의 분석이 반영되어 있었다. 수많은 분석가들이 화이트칼라 노동자를 육체노동자와 기업인들 사이에서, 특히 지위를 의식하는 집단으로 간주했다. 독일 저술가들은 화이트칼라 노동자를 새로운 중간층, 즉 경제적 관점을 뛰어넘어 이해될 필요가 있는, 걱정과 열망을 가진 새로운 '지위 집단'으로 묘사했다. 화이트칼라 노동자에 대한 밀스의 분석은 독일의 전통에서 많은 부분을 끌어왔는데, '뉴 리틀맨'이라는 용어도 바이마르공화국을 다룬 한스 팔루다의 소설《리틀맨, 지금은 어떤가?》(Little Man, What Now?)에서 제목을 참고했다.[28]

이전의 좌파들처럼, 밀스에게도 화이트칼라 노동자는 정치적 희망과 두려움의 바로미터로 보였다. 현대사회에서 커다란 계층의 하나로서 화이트칼라 노동자가 출현함에 따라, 좌파 사상가들은 산업계에서 프롤레타리아와 부르주아의 구별이 더 커지리라는 마르크스의 전망을 재고할 것을 요구받았다. 이전 저술가들은 신중간계급이 내리는 정치적 결정이 미래 사회의 모양새를 결정할 것이라고 예측했다. 화이트칼라 노동자들은 사회주의를 창출하기 위해 노동계급과 연대할 것인가, 아니면 심지어 그들 자신의 독특한 브랜드인 급진적 정치를 발전시킬 것인가? 그것도 아니면 양자택일로 노동에 맞서 부르주아와 결합하거나 파시즘 같은 우파 운동을 지지함으로써 반동적 역할을 할 것인가? 1930년대의 구좌파 담론에서 미국 사상가들은 신중간계급이 파시즘과 사회주의 사이의 단호한 선택에 직면했다고 주장했다. 앨프리드 빙햄이 표현했듯이, 미국 중간계급은 "파시즘의 편이 될 만반의 준비가 되어" 있었지만, 또한 "실제로 건설적이고 지적인 변화를 위한 준비도 놀라울 정도로 갖추고 있었다."[29]

밀스의 심리학적 초점은 좀 더 정통적인 유물론적 분석가들과 구별되었다. 1947년 1월 노동자당 당원들 앞에서 한 연설에서, 밀스는 청중 속 트로츠키주의자들에게 20세기에 뿌리내리려면 마르크스주의 사상의 실패를 인식해야 한다고 촉구했다. 사회주의자들은 개인들이 객관적인 계급적 이해관계 속에서 무의식적으로 행동할 거라는 믿음에 기대기보다, 자신들이 결집하려고 하는 사람들의 심리를 더 잘 이해할 필요가 있다고 보았다. 특히 "계급과 계급의식, 정치의 심리적 문제들"을 이해하는 데 중심적인 신중간계급을 연구할 필요를 느꼈다. '거대한 패잔병들'을 모아 놓고 연설하면서, 밀스는 혁명적 사회주의의 실패가 "경제적·정치적 잘못"뿐 아니라 "대중 심리에 대한 계산 착오"로도 설명될 수 있다고 주장했다. 그러고는 "적어도 여기 미국에서 20세기 인간의 비참함은 물질적이라기보다 훨씬 더 심리적이고 문화적이다"라고 선언했다. 사회주의자라면 자신들의 목표가 물질적 풍요가 아니라 "소외되지 않은 인간, 즉 일과 사랑으로 충만한 인간"을 낳을 수 있는 사회구조를 창출하는 것임을 떠올릴 필요가 있었다.[30] 따라서 밀스의 심리학은 문화와 심리 같은 상부구조 요소들의 중요성을 강조함으로써 마르크스주의의 전통적인 유물론에 도전한 서유럽의 마르크스주의자들과 많은 걸 공유했다. 서유럽 마르크스주의자들처럼, 밀스는 그저 경제적 착취보다는 오히려 소외에 대한 기본적 관심을 불러일으켰다. 그리고 사회주의혁명이 구체화되지 못한 것을 노동자들의 허위의식, 즉 자신의 객관적인 계급적 이해관계를 인식하지 못하는 무능력에 초점을 맞추어 설명했다.[31]

  1940년대 중반과 후반에 걸쳐 《화이트칼라》를 저술하면서, 밀스는 화이트칼라 노동자들의 사회심리학에 대한 '급진적 경향'을 제시하는 서로 다른 두 모델 사이를 왔다 갔다 했다. 한편으로 당시 노동당원들의 전망처럼, 화이트칼라 노동자는 블루칼라 노동자와 공동의 계급적 이해관계를 실현하고 급진적 노동운동에 가담할지도 모른다는 희망을 가지고 밀스는 과거 좌파의 분석 경향을 따랐다. 예를 들어 《화이트칼라》보다 3년 앞서 출판된 《새로운 권력자들》에서, 밀스는 자기 색채가 강한 노동운동이 화이트칼라 노동자들 사이에서 "결정적으로 중요한 동맹"을 이루어 낼 수 있다고 주장했다.[32] 1946년 《미국사회학평론》에 발표된 화이트칼라 노동자들에 관한 밀스의 첫 사회학적 연구 〈중소 도시의 중간계급〉(The Middle Class in Middle-Sized Cities)은 중립적인 사회과학의 어조를 채택했지만 똑같은 주장을 발전시켰다. 여기에서 밀스는 모든 계급 가운데 "소기업인과 화이트칼라 노동자는 가장 모호하고 가장 덜 분명하게 정의된 사회적 위치를 차지한다"고, 즉 대기업과 노동 사이에서 무정형(無定形)의 위치를 차지한다고 단언했다.[33] 정치적으로 노동조합보다는 대기업과 연합할 가능성이 훨씬 더 큰 소기업인은 자신들의 불안정한 지위를 '사업 자체'와 동일시했다. 그러나 잡다하게 뒤섞인 화이트칼라 노동자들의 정치적 충성은 누구든 잡아챌 가능성이 높았는데, 노동조합이 '시민의 힘과 품격'을 확보할 수만 있다면 그들이 노동조합을 따르게 될 거라고 밀스는 마음속으로 생각했다.[34]

밀스는 화이트칼라 노동자들에 관한 자신의 연구가 노동조합을 조직하는 실제 목표에 도움이 되기를 바랐다. 화이트칼라 노동자들이 노동조합에 가입하는 과정에서 지위에 대한 열망이 어떻게 그들의 객관적인 경제적 이해관계를 삼가게 하는지를 이해할 수 있다면, 아마도 노동조합 조직가들이 노조 결성의 장애물을 극복할 더 나은 방법을 발견하도록 도와줄 수도 있었을 것이다. '일상생활' 설문지의 질문들은 대부분 노동조합과 관련된 것이었는데, 밀스는 한 노동조합 간부에게 그 연구를 "노조 결성 추진에서 장애물을 극복할 좀 더 체계적인 장치들을 발전시키도록" 도와줄 "노조 결성에 반대하는 화이트칼라 노동자들의 심리적 저항에 대한 시험적 연구"라고 설명했다.[35] 실제로 1947년 후반에 미국자동차노조 연구소장인 냇 웨인버그는 밀스한테 화이트칼라 노동자들을 노조에 가입시키는 일에 감독을 맡아달라고 정중히 부탁하는 편지를 썼다. "화이트칼라 노동자들의 조직에 관해 국제적인 대표들에게 말씀해 주시도록 당신을 초청하고 싶습니다. 우리는 사무직 노동자들을 조직하고 섬기는 데 직접 관련된 대표들을 위해 그 주제에 관한 일주일에 걸친 세미나를 열 수도 있습니다. 어떻습니까?" 밀스는 곧바로 그 제안을 수락했다.[36]

하지만 밀스는 심리적 문제들에 대한 '급진적 경향'을 제공하는 또 다른 방법에도 마음이 끌렸다. 1940년대 내내 밀스는 미국을 무감각하고 정치적으로 수동적인 '대중사회'라고 본, 새롭게 출현한 좌파의 분석에 영향을 받았다. 이 견해는 맥도널드가 이끄는 《폴리틱스》 그룹이 받아들였고, 프랑크푸르트학파 멤버들에 의해 세련된 이론적 형태로 발전했다. 밀스는 '일상생활' 연구에서 면접관들에게 화이트칼라 노동자들의 소외를 조사할 것을 장려함으로써 미국 중간계급의 무감각한 정도를 치밀하게 탐구했다. 예를 들어 '정치적 무감각'이라는 범주 아래 열거된 질문에는 "상황이 어떻게 돌아가는지에 대해 당신한테 그 어떤 발언권이 있다고 느끼나요? 당신의 주장이 중요한지 그렇지 않은지가 당신에게 어떤 차이를 만듭니까?"라는 질문이 포함되었다. 밀스는 이런 질문의 의도를 '정치적 무관심의 뿌리 찾기'로 정리했고, 또 면접관들에게 응답자들이 무엇을 생각하느냐보다는 오히려 "응답자가 경우에 따라, 아무런 정치적 주요 동기도 없는 '태엽 없는 시계'라고 느낀 이유"에 주의를 집중해 달라고 지시했다.[37] 화이트칼라 노동자의 심리에 대한 밀스의 정치적 분석이 노동당원들의 희망을 통해 인도될 것인지 아니면 대중사회의 비관주의에 의해 인도될 것인지는, 《화이트칼라》의 체계적 서술에서 결정적인 것으로 판명될 터였다. 여기에서 1940년대 후반에 일어난 정치적·지적 사건들이 핵심적인 요인으로 드러났다.

고립되는 밀스

1948년에 밀스는 광범위한 연구 자료를 모아 《화이트칼라》를 써 나갔다. 이 책의 전체적인 틀은 1948년부터 1950년까지 텍스트 대부분을 집필하고 수정한 이 시기 동안 대부분 결정되었다. 1940년대 후반의 사건들은 두 가지 중요한 점에서 최종적인 텍스트를 규정했다. 밀스가 전문적 사회학과 거리를 둠에 따라,《화이트칼라》는 학술적 연구의 결과이기보다 스스로 '사회학적 시'(sociological poetry)라고 일컬은 형식이 되었다. 전후 노동운동에 대한 희망이 꺾이고 좌파 지식인들 가운데 다수가 급진주의 사상을 버렸을 때, 오히려 밀스는 급진주의로 돌아갔다. 미국의 중간계급에 대한 풍부한 상상력과 절망적인 묘사로《화이트칼라》를 마무리했을 때, 두 가지 성과 모두 밀스를 점점 더 고립된 상태에 머물게 했다.

애초부터 이론적으로 세련되고 경험적으로 풍부한《화이트칼라》는 사회과학에 공헌하는 것은 물론이고, 일반 대중들에게 다가갈 수 있는 잠재력을 가진 교양서였다.[38] 밀스 스스로 1946년 부모에게 설명했듯이, "결국 거스와 내가 번역한 것(《막스 베버로부터》)은 전문가들을 위한 책이었지만 …… 이 책《화이트칼라》는 그렇지 않습니다. 한번 보세요! 대중을 위한 책이 바로 여기 있습니다. 이것은 누구라도 읽을 수 있는 책입니다."[39] 이 책은 화이트칼라 노동자들에 관한 서술을 넘어 그들을 '위한' 것이기도 했다.

이 책은 온통 20세기라는 거대한 세계 속의 뉴 리틀맨에 관한 것이다. 그것은 작은 사람에 관한, 그들이 어떻게 살아가는지에 관한, 그들에게 어떤 기회가 주어질 것인지에 관한 책이다. 이 책은 또한 그들이 (그 안에) 살고 있는, 살아야만 하는, 살고 싶지 않은 세상에 관한 것이다. 내가 말한 대로 그것은 만인의 책이 될 것이다. 따지고 보면 과연 누가 작은 사람이 아니라 말할 수 있겠는가?[40]

밀스는 좀 더 폭넓은 독자들에게 다가가려고 사회학적 주장과 시적인 환상을 혼합한 문체를 고안했다. 밀스가 모델로 삼은 문체 가운데 하나는, 1948년 《폴리틱스》에 실린 논문에서 '사회학적 시'로 평한 제임스 에이지와 워커 에번스의 공저 《이제 명망가들을 찬양하자》(Let Us Now Praise Famous Men, 이 책에서 말하는 '명망가들'이란 궁핍한 시대의 남루한 사람들을 가리키는 역설적인 표현이다—옮긴이)였다. 사회과학적 관점은 다루는 주제로부터 초연한 상태에서 너무 편안함을 느끼기 때문에 현대의 소외 문제를 다루기에 충분하지 않다고 밀스는 주장했다. 사회과학자들은 "오늘날 대다수 인간의 관찰과 지적인 작업에 내재된 소외에 대해 이론적 근거와 복잡한 절차를 날조한다"고 그는 주장했다. 사회과학자들은 자신을 줄곧 초연한 상태에 머물러 있게 함으로써 완전한 경험을 죽이는 다소 식상한 글쓰기 방식을 발전시켜왔다.[41] 반면 '사회학적 시'는 훈련된 과학자의 객관성뿐 아니라 예술가의 상상력을 요구했다. 따라서 밀스는 《화이트칼라》에서 추구한 자신의 과업이 소설가의 작업과도 비슷하다고 여겼다. 그럼에도 밀스는 사회과학 접근법의 장점들을 역설했다. 밀스의 '사회학적 시'는 사회과학 이론과 방법을 가벼이 넘기지 않았다. 오히려 "보통의 사회학적 모노그래프(monograph, 한정된 단일 분야를 주제로 삼아 작성하는 전공 논문—옮긴이)의 두툼한 사실과 빈약한 의미, 어쨌든 그들이 상상적 구성에 대한 하나의 구실일 뿐이라고 간주하는, 의미 있는 도달에 대한 그들의 시도에서 사실들을 죽이는 예술 형태들 (이 둘) 사이의 어딘가에"서 있었다.[42]

BASR에서 연구한 경험을 바탕으로 밀스는 사회학 연구 작업에 개인적·비판적 전망을 담을 필요가 있음을 인정했다. 실제로 라자스펠트가 디케이터 보고서에 담긴 밀스의 초고에서 삭제하려 애쓴 부분이 바로 이런 요소들이었다.[43] 전문적 사회과학으로부터 밀스를 고립시키게 만든 디케이터 논쟁은 1940년대 후반과 1950년대 초반에 걸쳐 끊임없이 수면 위로 떠올랐다.《푸에르토리코 여행》에 관한 작업을 거의 끝마친 뒤, 연구 작업을 계속하게 된 걸 기뻐하면서 밀스는 1948년 말에 연구소를 떠났다. 1949년 봄, 시카고대학 객원교수였던 밀스는 그곳에서 평생직장의 가능성을 검토했다. 시카고대학의 일반 교육 커리큘럼에 만족하지 못한 밀스는 컬럼비아대학과 당시 학과장을 맡고 있던 라자스펠트와의 갈등을 일시적으로 수습했다.[44] 그러나 라자스펠트는 밀스와 사회학과 사이에서 한결같이 긴장의 근원으로 남아 있던 디케이터 보고서의 새로운 초안을 쓰도록 밀스에게 끈질기게 요청했다. 1950년 언젠가 밀스는 "신이시여, 내 책상에서 이 쓰레기를 치워 버릴까요?" 하고 소리쳤다. "그것(디케이터 보고서)은 끊임없이 내 머릿속을 복잡하게 한다. 그 일을 계속하는 게 정말 싫다."[45]

《화이트칼라》가 출판되고 몇 달 만에 밀스는 마침내 프로젝트를 더이상 계속하는 것을 거부했다. 보고서를 위한 현지 조사가 끝나고도 6년이 더 지난 뒤인 1952년 초의 일이었다. "나는 지금껏 관여한 그 어떤 책보다도 쓰레기 같은 그 작업을 오래 해 왔다. 물론 그(라자스펠트)는 이제 그 짓을 걷어치울 거다. 하지만 나는 개의치 않는다"고 그는 썼다. 이 거부는 아카데미 사회학 전반에 대해 결정적인 결별을 의미했다. "내가 풀어놓아 주는 전문가들의 환호를 집어치워라. 당신이 당신 자신의 사람이라는 지속적 감정보다 더 가치 있는 것은 없다"고 그는 결론지었다.[46]

연구소를 떠난 뒤, 밀스는 컬럼비아대학 중심부 건물 옆으로 늘어선 학부생을 위한 부속 건물로 사실상 물러났다. 그곳에는 자크 바르 죙, 대니얼 벨, 라이어널 트릴링을 비롯한 저명한 교수진이 학생들을 가르치고 있었다.[47] 밀스는 원래 컬럼비아대학 학부에 임용되었음에 도 대학원생들을 지도했는데, 컬럼비아대학 사회학과의 연구 활동과 대학원생 훈련에서 두드러진 역할을 할 것이라고 확신했다. 디케이터 논쟁 이후 더 이상 그런 역할을 하지 않았다는 점은, 컬럼비아대학뿐 아니라 일반적 사회학자들 속에서 밀스의 위상을 높여 줄 좋은 징조 였다. 그는 여전히 미국 사회과학 연구의 중심 가운데 하나였지만 단 호히 가장자리에 자리 잡았다.

로버트 머턴과 밀스의 관계는 컬럼비아대학 사회학과의 일반적인 사회학자들한테서 점점 더 적대적이고 소원해지고 있음을 보여 주는 본보기가 되었다. 밀스는 머턴의 연구 작업을 변함없이 존중하고 탄 복하며 바라보았는데, 이런 태도는 그가 주류 사회과학의 가치 대부 분을 여전히 인정하고 있음을 말해 준다. 1949년 연말, 밀스는 머턴 에게 그의 영향력 있는 학술서 《사회 이론과 사회구조》(Social Theory and Social Structure)를 격찬하는 짧은 편지를 보냈다. "우리 학문 분 야의 실제로 진지한 작업으로부터 내가 얼마나 멀리 떨어져 방황했 는지 …… 그동안 깨닫지 못했습니다."[48] 하지만 한편으로 밀스는 머 턴을 비판하기 시작했다. 1950년에 밀스는 "머턴은 기술을 제외하고 는 실제로 아무것도 가르치지 않는다"고 불평하면서, "나는 그가 라자 스펠트 밑에 있는 걸 이해할 수 없다. 받아들이기 힘들 정도로 당혹스 럽다"고 덧붙였다.[49]

밀스의 판단이 전적으로 공정하다고 할 수는 없었다. 머턴은 여전 히 폭넓은 시야를 가진 남다른 이론가였다. 하지만 머턴은 1940년대에 라자스펠트와 연구 작업을 함께하며 크게 영향을 받았다. 머턴은 사회 비평의 핵심 요소들을 담고 있던 자신의 초기 사회이론 작업에서 전문적 사회학의 한계를 규정하는 좁은 관심사로 옮겨 갔다. 당대 가장 우아한 문장을 구사하던 학자 가운데 한 사람인 머턴은 권위 있는 저작《사회 이론과 사회구조》서문에서, 사회학자들이 "문학적 우아함에 대한 엉뚱한 관심"을 피하기 위해서는 자연과학을 따라야 한다고 경고했다. 머턴은 사회학이 '대중적'이어야 한다고 믿었다. 그러나 그 의미는 사회학자들이 비전문가들과 직접 의사소통하려고 애써야 한다는 게 아니라, 사회학적 통찰력이 "지극히 개인적 경험"으로부터 나왔을 때조차도 "표준화되고, 또 그 통찰력의 결과들은 남들에 의해 시험 가능하게 될" 필요가 있다는 의미였다.[50] 동시대의 많은 사람들이 받아들인, 전문적 사회학에 대한 밀스의 정의는 그가《화이트 칼라》를 위해 필수적이라고 생각한 사회 비평, 개인적 비전, 그리고 비전문 대중에게 다가가려는 시도 같은 요소들을 배제했다. 밀스와 머턴은 적어도《사회학적 상상력》이 출판된 1959년까지는 진심 어린 친분을 유지했다. 하지만 이후 두 사람의 관계는 더 이상 과거의 남다른 지적 교류와 우애로 발전하지 못했다.[51]

일반 사회학자들 속에서 전후의 지도자들은 사회학 분야의 이론적·통계적 요소를 결합시키는 일치된 의견을 수립하려 애쓰면서, 과학적 지위를 획득할 수 있는 사회학 지식의 능력에 대한 새로운 자신감을 표현했다. 하버드대학의 영향력 있는 사회관계학과에서 이루어진 이론가 탤컷 파슨스와 통계학자 새뮤얼 스토퍼의 조합은 컬럼비아대학의 머턴과 라자스펠트 연합과 비슷했다. 애초부터 하버드대학의 상황에 회의적이었던 밀스는 거스에게 보낸 편지에서, "사람들은 새로운 하버드 조직에 관해 말이 많습니다. 파슨스와 스토퍼가 19세기 이론과 20세기의 기술을 통합해 새롭고 굉장한 것을 만들어 낼 거라고 생각하지만, 그들이 아주 많은 연구를 하고 또 그것이 얼마나 많은 대가를 치러야 하는지는 신만이 알고 있습니다"라고 썼다.[52]

미국에서 전후 사회학은 지지자들이 평했듯이 결코 통일적이지 않을뿐더러 밀스를 비롯한 후대 비평가들이 단언했듯이 획일적이지도 않았다. 사회학계 지도자들 사이에 접근법에서 중요한 차이가 있었고, 특히 밀스의 연구 작업에 반영되었듯이 대안적 전통들도 여전히 남아 있었다. 그럼에도 과학적 지위를 획득하려는 사회학 지도자들의 헌신에 밀스 같은 공공적이고 인도주의적이고 명백한 좌파적 연구 작업을 위한 여지는 예전보다 덜했다. 실제로 전후 사회학자들은 때때로 미국 사회에 대해 비판적 관점을 누그러뜨릴 것을 노골적으로 간청했다. 예를 들어, 1948년의 표본조사 〈미국 사회학의 현 상태〉(The Present State of American Sociology)에서, 시카고대학의 영향력 있는 사회학자 에드워드 실스는 "정치권력에 더 책임 있는 태도"를 취하라고 동료들에게 요구했다. 밀스라면 그 말이 자신을 겨냥했을 때 쉽게 받아들일 수도 있었을 가시 돋친 말로, 실스는 "아무리 많은 그들의 지지자들이 관료제와 소외, 환멸을 느낀 마르크스주의자들 사이에 유행하는 다른 것들에 관해 말한다고 해도, 고질적인 반대주의가 사회과학을 더 현실적으로 만들지는 않을 것"이라고 썼다.[53]

전문적 사회학과 거리를 두면서, 동시에 밀스는 좌파 정치의 전망에도 환멸을 느끼고 있었다. 1930년대에 발흥한 미국 좌파의 정치·문화 권력은 1940년대 말에 이르러 뚜렷이 쇠퇴했다. 오랫동안 역사가들은 이 시기에 좌파가 쇠퇴한 주요 원인이 제2차 세계대전 이후의 적색공포, 이른바 '매카시즘'이라고 정확히 지적해 왔다. 실제로 강력한 반공 보수주의자들은 공산주의자들뿐 아니라 자유주의와 좌익 사상, 실천 활동 전반에 걸쳐 표적으로 삼았다.[54] 그들은 수많은 자유주의자들로 하여금 조금이라도 급진적인 대안들과 뚜렷한 경계선을 긋게 함으로써 좌파 지지자들이 점점 더 사회의 주류에서 밀려나게 했다. 이 대목에서 아서 슐레진저는 자유주의를 극우와 극좌 사이에 자리 잡고 있는 "없어서는 안 될 중심"의 일부라고 다시 정의했다.[55] 밀스는 좌파에 대한 억압과 관련하여 전후 적색공포의 중요성을 무시하는 경향이 있었는데, 대체로 그의 독특한 정치 여정 때문이었다. 밀스는 공산당이나 인민전선 단체와 무관한 반스탈린주의자였기에 매카시즘의 표적이 되는 것을 두려워하지 않았다.

밀스는 매카시즘의 영향과 점점 떠오르고 있던 냉전 정치의 질서가 좌파의 부활 가능성을 어떻게 위협하는지 인식하고 있었다. 이런 정황에 관한 글을 동료이자 반스탈린 급진주의자 어빙 새니스와 루이스 코저와 함께 《폴리틱스》에 실을 예정이었던 미발표된 급진적 선언인 〈두 강대국 세계의 제3진영〉(A Third Camp in a Two-Tower World)에서도 논지가 분명히 드러났다. 저자들은 노동자당 당수였던 맥스 샥트먼한테서 '제3진영'이라는 용어를 가져와 사용했다. 샥트먼은 자본주의 서방세계와 스탈린주의 소련으로부터 독립한 사회주의 블록 결성을 강조하려고 1940년대 이래 이 용어를 사용했다. 독립적이고 급진적인 관점에서, 그 선언은 의기소침한 세계정세를 보여 주는 것에 전념했다. "20세기 세계에서, 전쟁은 실로 끝도 없고 공허한 것으로 …… 드러났다"고 저자들은 숙고했다.[56]

세계는 점점 더 적대적인 두 초강대국으로 나뉘고 있었는데, 이 둘 가운데 어느 쪽도 미래를 위한 진보적 모델을 제시하지 못했다. 전쟁으로 인구가 크게 줄어든 유럽은 제3세력으로서 역할을 감당할 힘이 부족했고, 탈식민 세계에서 신생 독립국가들의 발흥은 냉전 상황에서 한쪽에 충성을 바쳐야 할 필요 때문에 무위로 돌아갔다. 소련은 스탈린주의 관료제를 꽉 움켜쥐고 있었다. 마지막으로, 미국에서 민주적 관용의 표명들은 피상적이어서, "한편으로는 주로 반대파의 약점의 반영이고, 다른 한편으로는 미국 정치경제의 힘과 상대적 부유함의 반영"이었다.[57] 누가 봐도 그들의 분석은 지나치게 단순화되어 있었고 미국에서 민주 제도의 중요성을 지나치게 과소평가한 분석이었다. 그러나 출현하는 냉전이 의미한 것은, 세계가 자유주의적이고 형식적으로 민주적인 자본주의와 권위주의적 소비에트 방식의 공산주의 사이에서 어느 한쪽을 선택할 때, 다른 정치적 대안을 추구할 가능성은 뚜렷이 감소될 것이라는 게 저자들의 생각이었다. 실제로 1947년 3월 트루먼독트린에서 1948년 6월 시작된 베를린 공수작전에 이르기까지, 1947~1948년에 정체가 밝혀지는 일련의 사건들이 터지면서 급속히 출현한 냉전 질서는 전후 초기 시대에 밀스를 흥분시켰던 그런 부류의 정치적 기회들을 차단하고 있었다.

미국 노동운동의 발전을 통해, 밀스는 새로운 냉전 환경 속에서 제한적인 결과들을 경험했다. 선언의 저자들은 급진주의자들이 "유럽에서 점령군 철수, 의회 민주주의를 침해하지 않는 재산 국유화, 미국 자본주의의 팽창이라는 필요에 기초하지 않은 러시아 반대" 같은 질문들을 제기할 폭넓은 기반을 가진 노동당을 조직할 정치적 공간을 여전히 희망했다. 저자들은 "그런 세력이 출현할 가능성에 대해서가 아니라 필연성에 관해" 쓸 것을 주장했다.[58]

그러나 이런 희망은 현실에서 점점 더 멀어져 갔다. 노동조합의 비공산당원 지도자들이 트루먼 행정부의 외교정책에 선뜻 도전할 만한 징조는 거의 나타나지 않았다. 선언이 쓰인 시점에 이르러 노동조합은 마셜플랜을 온 마음으로 받아들였고, 노조 지도자들은 1947년 노사관계법이 통과한 이후 정치적으로 수세에 몰렸다. 노사관계법은 그들에게 정부에 대한 충성을 맹세할 것을 요구했고, 또 그들이 일반 조합원들로부터 미국의 냉전 정책에 대한 가장 강력한 노동 비평가들이었던 공산주의와 관련된 급진주의자들을 숙청하게 했다.[59] 미국의 노동계급이 혼자 힘으로 냉전을 가로막고 국제 정치의 방향을 역전시키기를 기대했다면, 코저와 밀스, 새니스는 지푸라기라도 붙잡으려고 했다. 논문 게재가 보류된 것은 아마 이런 이유에서일 것이다. 새니스는 밀스에게 그것은 "좀 순진하고 …… 실제로 별로 설득력도 없기" 때문에, 선언을 "취소해야" 한다고 썼다. 《폴리틱스》 1948년 겨울호는 논문이 다음 호에 실릴 거라고 알렸다. 밀스는 9월 말에 동료들에게 초고를 보내면서 끝까지 포기하지 않았지만, 다른 저자들은 결국 논문을 출판하지 않기로 결정했다.[60]

또 다른 미출판 원고인 〈선거의 의미에 관한 노트〉(Notes on the Meaning of the Election)의 초고들에서 명백히 드러나듯이, 1948년의 대통령 선거로 밀스는 미국에서 좌파를 지향하는 정치 변화에 대한 모든 희망을 잃었다. 밀스는 이미 《새로운 권력자들》에서, 공산주의 앞잡이로 널리 여겨지던 헨리 월리스의 제3정당 운동은 노조 지도자들이 자신들의 독립 정당을 결성하는 걸 단념시켰다고 말했다. 이제 그는 트루먼의 뜻밖의 승리가 CIO 좌파들이 노동당을 결성할 가능성을 사전에 차단했다고 주장했다. 실제로 공화당 승리 이후의 날을 기대하며 제3정당 결성 가능성을 논의하기 위해 초대형 컨퍼런스를 계획한 미국자동차노조(UAW)는 트루먼이 선출되자 그 생각을 재빨리 접었다.[61]

트루먼에게 승리를 안겨 준 것은 주로 노동자 표였기 때문에, 노조 지도자들은 이제 자신들의 정당을 출범시킬 마음이 거의 없어 보였다. 밀스는 노동조합의 급진적 잠재력이 점차 소멸할 것이라고 내다보았고, 또 앞으로 전개될 상황에 대해 개탄했다. 트루먼이 패배했다면 "자유주의와 노동 요소들을 전반적으로 민주당에서 새로운 정당의 당원들 쪽으로 이동"시킬 수도 있었을 것이다. 민주당이 해산하고 새로운 비공산주의 노동당이 창당되었다면, 그리고 보수적인 듀이 행정부가 또 다른 경제 불황에 직면할 만큼 오래갔더라면, 새 정당은 프랭클린 D. 루스벨트의 뉴딜 정책을 새끼 양처럼 유순하게 보이게 만들 우렁찬 목소리를 가지고 정치적 활동 무대에 들어섰을지도 모른다. 물론 이러한 기회는 이제 물 건너갔고, 길게 늘어진 (만일 과거에 이랬더라면 현재 어떻게 되었을까 하는) '가정의 문제들'에 지나지 않았다.[62]

1949년 초에 발표된 《노동과 국가》(Labor and Nation)에 실린 마지막 논문에서, 밀스는 화이트칼라 노동조합주의를 검토했다. '일상생활' 연구를 감독하고 있던 불과 몇 년 전까지만 해도, 밀스는 노동조합에 대한 화이트칼라 노동자들의 반응을 분석해 노동계급 조직화를 도와줄 정보를 밝혀낼 수 있으리라 기대했다. 그러나 1949년에 이르러 밀스는 노동계급에 관해 아주 비관적인 생각을 갖게 되었고, 그래서 화이트칼라 노동자들을 노동조합에 가입시키는 것만으로는 광범위한 정치적 풍토에 영향을 끼칠 수 없다고 주장했다. 화이트칼라 노

동자들 사이에서 조직화 운동이 점점 더 성공을 거두리라 예측하면서
도, 노동조합화가 "폭넓게 민주적인 정치경제학의 가능성"을 향상시
키지 못할 거라고 주장했다. 밀스는 "노동조합주의의 좀 더 큰 의미는
노조들의 운동이 되어야 하는가, 혹은 또 다른 기득권, 즉 경제적으
로 대가를 치르고 정치 규제의 동인이 되어야 하는가 하는 문제를 포
함한다"고 주장했다. 후자가 경우에 들어맞는다고 확신하고서, 밀스
는 화이트칼라 노동자들의 조직은 단지 "주류 속으로 노동조합을 편
입시킬 수 있을 뿐이다. 그런 노동조합은 그들을 자유주의 국가에서
가장 새로운 기득권의 일부로 통합시키는 역할을 할 것이다"라고 주
장했다. 밀스에게 노동계급 변혁의 결과들은 큰 의미가 있었다. "만일
미국 민주주의의 미래가 위태롭게 된다면, 그것은 그 무슨 노동운동
에 의해서가 아니라 노동운동의 부재, 또 그것을 일련의 새로운 기득
권으로 대체한 결과이다."[63]

《노동과 국가》에 실린 밀스의 논문 대부분은 《화이트칼라》 속으
로 통합되었다. 이 책은 구좌파가 희망했던 노동계급에 기초한 사회
변화에 대한 깊은 환멸을 드러냈다. "미국 사회의 질서를 새롭게 할
…… 문화적·정치적 투쟁"에 노동조합들이 참여할 거라고 더 이상 믿
지 않았기 때문이다.[64] 밀스가 "권력과 지성의 통일" 가능성을 포기한
것은 전후 노동운동 내부의 더 큰 경향들을 반영하고 있었다. 과거에
는 노동계급과 자신을 동일시했던 지식인들이 이제는 노동계급을 지
배적인 정치 질서 속에 절망적으로 편입된 것으로 생각하게 되었기
때문이다. 밀스의 친구 하비 스와도스처럼, 노동계급에 관해 계속 글
을 쓰고 있던 이들조차 점점 더 좌절감을 느낀 어조를 받아들였다.[65]
《노동과 국가》 마지막 호는 1952년 1월에 출판되었다. 노동계급의 전

후 변형의 희생물인 그 잡지는 노조 지도자들의 전망을 지지한 노조들, 그리고 미국의 사회민주주의를 이루기 위해 협력하는 지식인들의 재정적 뒷받침에 의존해 왔는데, 1950년대 초에 이르자 기금은 급격히 줄어들기 시작했다.[66] 프랭크 윈과 냇 웨인버그처럼 전에는 밀스가 무척 고무적으로 생각했던 노동조합이 길러 낸 지식인들이 1960년대까지 미국자동차노조 간부로 남아 있기는 했지만, 그들은 노동운동이 만든 정치적 타협에 점점 더 좌절감을 느끼게 되었다.[67] 《화이트칼라》는 노동 형이상학에 대한 거부라고 볼 수 있지만, 여전히 노동문제와 과거 밀스의 연대성에 크게 영향을 받았다. 결국 이 책은 화이트칼라 노동자들에 관한 책이었다. 《화이트칼라》에서 현대의 노동 소외를 비판하면서 밀스는 노동자들의 지배를 위한 운동 속에서 일찍이 자신이 칭송했던 이상들을 사용했다.

만일 권력과 지성의 통일이 실현되지 않았다고 하더라도, 밀스는 1940년대 초반 막 싹트고 있던 자신의 급진주의에 영양분을 공급한 비슷한 생각을 가진 좌파 지식인들의 공동체와 상호작용함으로써 지지를 이끌어 냈을지도 모른다. 독립 좌파의 정치적 운명이 희미해 보였던 1940년대에도, 급진적 지식인들 사이에서는 활기 넘치는 논쟁이 벌어지고 있었다.[68] '제3진영' 선언에서, 저자들은 정치적 자유와 인간의 존엄을 무시할 만큼 경제적 범주들을 강조했던 현대 사회구조 속의 실험들과 관련된 "사회주의 이상을 재검토할 것"을 요구했다.[69] 선언은 애초에 이 논의를 촉진하려고 계획되었다. 필자들은 《폴리틱스》의 한 호를 편집하는 객원 연구자에게 선언에서 제기된 문제들을 중점적으로 다루어 달라고 제안했다. 그리고 그들은 한나 아렌트, 시드니 훅, 조지 오웰, 아서 슐레진저는 물론이고, 놀랍게도 밀스의 컬럼

비아대학 동료인 라자스펠트와 머턴을 비롯한 지식인들의 폭넓은 반응을 이끌어 낼 계획을 세웠다.[70]

유감스럽게도, 좌파의 소생 가능성을 기꺼이 토의할 집단을 발견하려는 소박한 목표조차도 1940년대 후반의 밀스에게는 도달하기 어려운 일이 되었다. 1940년대 말에 이르러, 대부분의 뉴욕 지식인들은 급진적인 신념을 포기했다.[71] 밀스는 1949년에 녹음된 '좌파에 관한 토론'(Dialogs on the Left)을 조직한 주요 인물이었다. 다른 사람들 중에서도 루이스 코저와 메이어 샤피로가 주도한 이 토론은 "급진적 비판을 부활시키고, 그 가치를 믿는 사람들 사이에 접촉을 회복하는 것"을 목표로 삼았다. 그러나 몇몇 지식인들만 참석했을 뿐, 어떤 제안서나 잡지도 나오지 않았다.[72] 그 시대의 분위기를 보여 주는 한 가지 사건은 1949년 《폴리틱스》 간행을 중지하기로 한 드와이트 맥도널드의 결정이었다. 전후에 밀스는 잡지의 내용 가운데 많은 부분 의견이 완전히 일치하지 않았지만, "잡지 출판이 내 자신의 혼란에 가장 가까운 것"이라고 생각했다.[73] 편집상의 의무에 무력감을 느낀 맥도널드는, 1948년에 밀스와 어빙 하우, 메리 매카시에게 편집자로 합류해 달라고 요청하며 잡지를 다시 구성하려 애썼다. 밀스는 그 제안을 좌파의 비판적 목소리가 생생하게 살아 있는 한 가지 방식이라고 생각했다.[74] 결국 밀스는 맥도널드의 제안을 받아들이지 않기로 결정했다. 많은 시간을 헌신해야 한다는 걱정에 덧붙여, 자신의 정치적 입장에 별로 확신이 없어 그 역할을 맡는 게 불편할 거라고 밀스는 답했다. "지금은 그 문제들 가운데 많은 부분이 불분명했다"는 점을 감안하더라도, "불쌍한 편집자가 아니라 불쌍한 기고자가 되어야 한다"고 밀스는 맥도널드에게 편지를 썼다.[75] 《폴리틱스》가 폐간된 이후 맥도널드는 탈 급진화를 향한 큰 흐름을 따랐다. 1952년에는 마침내 자신이 "냉전 속에서 자유 진영을 선택했다"는 유명한 선언을 내놓았다.[76]

지난날의 친구 대다수가 좌파로부터 떠나갔음에도, 밀스는 왜 급진적 사회 비평에 대한 헌신을 지속했을까? 밀스는 과거에도 그런 역할을 맡은 적이 있었기에 고독한 반항자가 될 마음의 준비가 되어 있었다. 많은 뉴욕 지식인들은 스탈린주의의 위험을 인식한 최초의 좌파들이었으므로, 그들의 한결같은 반공산주의 논리는 이제 소비에트 연방에 맞서 냉전에 참여하는 미국과 자신을 동일시하도록 이끌었다. 밀스는 반스탈린주의자이긴 했지만 모스크바의 여론 조작을 위한 공개 재판이나 히틀러-스탈린 협정 기간에는 좌파에 속하지 않았고, 또 비슷한 선입견을 공산주의와 공유하지도 않았다. 따라서 그는 전후 시기 동안 독립적인 급진주의 태도를 유지할 더 나은 위치에 있었다. 그는 (맥도널드 같은 이들이 그랬듯이) 자유 진영과 소련 사이에서 하나를 선택하도록 강요받는다고 느끼지 않았다. 더욱이 앞에서 살펴본 것처럼 밀스의 급진주의는 환멸에서 비롯되었다. 그는 정치 변화에 대한 좌파의 역량이 비관적인 순간에 좌파에 가담했다. 노동 지식인으로서 전후 일정 기간 동안 밀스는 좌파의 가능성에 대해 좀 더 낙관적으로 바뀌었다. 그러나 그는 지식인의 태도로서 급진주의에 가담했고, 따라서 그의 헌신은 그 무슨 특정한 정치운동의 성공이나 실패에 얽매이지 않았다.

불가피하게, 1940년대 말 좌파의 뚜렷한 쇠퇴는 밀스에게 성숙한 사회 비판을 부추겨 《화이트칼라》를 현실을 직시한 급진주의 저작으로 만들었다. 전문적 사회학으로부터 점점 주변화되는 과정과 일치했던 구좌파의 소멸은 밀스를 고립되고 혼란스럽고 분노하게 만들었다.

1950년 밀스는 그가 자주 교류한 사상가로 드와이트 맥도널드와 프랑크푸르트학파 이론가인 레오 뢰벤탈을 언급하면서, "나는 지적으로 정말이지 몹시 고독합니다"라고 거스에게 편지를 썼다.[77] 밀스의 지적·정치적 고립은《화이트칼라》를 완성하는 일이나 그 프로젝트를 위해 설정한 야심적인 사회학적·정치적 목표를 달성하기 어렵게 했다. 1949년 밀스는 어빙 새니스에게 그 책을 끝마치는 것은 "이 어두운 혼돈 속에 몸부림치는 것"과 같다고 불평했다.[78] 또 친구인 윌리엄 밀러에게도 비슷한 편지를 썼다.

> 《화이트칼라》에 관해 또다시 환멸을 느낀다. 나는 책을 제대로 쓸 수 없다. 이 책에서 미국에 관해 내가 말하고자 하는 것을 얻을 수 없다. 나는 지금 모든 상황에 낙담하여 친구한테 고백하고 있다. 소외, 무감각, 부패, 허탈함, 난장판, 엉터리, 놀라움이 있는 곳에 작은 스포트라이트 하나를 받는 초점을 만드는 것인데, 그것이 얼마나 외로운지, 실제로 얼마나 끔찍이 외롭고 값지고 저속하고 고귀한지 모르겠다. 어쩌면 내가 이제 현실로 받아들이는 그 분위기는, 말로 명쾌하게 표현할 수 있다면 물론 여전히 가치 있을지도 모르는 혼란일 뿐인지도 모른다.[79]

밀스의 지적 고립은 또한 텍스트를 형성하는 중요한 부분들을 수정하는 문제들에 대한 특정한 해결책으로 이끌었다. 자신의 주장을 떠받치고 이해하기 어렵게 만들지도 모를 자료들을 포함하기보다는 개인적인 사회학적 비전을 강조하기로 결정하고서, 그는 원래 포함시켰던 통계자료 가운데 다수를 잘라 냈다. 이 책을《새로운 권력자들》

처럼 급진적 긴박성에 대한 간청이 아니라 도덕적 비난으로서 썼음은 더욱 중요하다. 밀러에게 설명한 것처럼, "그것은 이 구조 안에 있는 모든 것에 대한 총체적 저주이다. 만일 그렇다면, 우리는 그 저주스런 구조가 어떻게, 왜 지속되는지 물어야 한다. 그것은 그렇게 될 수 없는데도, 나한테는 바로 그런 것처럼 보인다."[80]

화이트칼라와 현대 자본주의

《화이트칼라: 미국의 중간계급》은 1951년 9월에 출판되었다. '낡은 중간계급,' '화이트칼라 노동자들,' '삶의 방식,' '권력의 길' 이렇게 4부로 나누고 모두 15개의 장으로 구성했다. 이 책은 밀스답게 사회학적 분류와 뚜렷한 이상형, 대담한 정치적 분석이 독특하게 혼합된 저작이다. 《화이트칼라》는 '사회학적 시'라는 이상을 성취하기 위해 선택되었고 밀스의 그 어떤 책보다 문학적인 문체로 쓰였다. 밀스의 언어는 분석을 간결하게 전달하면서도 동시에 '대형 매장'(The Great Salesroom)과 '거대한 파일'(The Enormous File) 같은 장 제목에서 독자의 주의를 사로잡았다. 이것들이 언제나 성공적으로 일관된 전체 속으로 통합되지는 않았지만, 그 텍스트는 1940년대에 나온 밀스의 저작들과 연결되었다. 예를 들어, 지적 직업인들에 관한 장과 판매원들에 관한 또 다른 장 사이에 단단히 박혀 둘 사이를 갈라놓는 밀스의 1944년 논문 〈무기력한 사람들〉의 일부를 이루는 지식인들에 관한 '두뇌 주식회사'(Brains Inc.)를 발견하고 독자들은 놀랐을지도 모른다.

1부에서 밀스는 낡은 중간계급에서 신중간계급으로의 역사적 전환을 묘사했다. 경제적 기반을 제공하는 널리 흩어진 재산 소유권을 가지고, 19세기의 미국은 경쟁이 개인들에게 자유인이 될 기회를 제공하는 자동조절 시장이라는 고전적 자유주의 이상에 근접한 중간계급 사회였다고 주장했다. "어떠한 봉건제도 전통이나 관료 국가도 가지고 있지 않으면서, 절대적 개인주의는 저절로 굴러가는 것처럼 보이고 또 (그 안에서) 사람들이 자기 자신을 만드는 것처럼 보이는 이 자유주의 사회 속에 예외적으로 놓여 있었다."[81] 루이스 하츠의 표현에 따르면 "자유롭게 태어난"(born liberal) 사회를 묘사함으로써, 19세기 미국 역사에 대한 밀스의 해석은 전후 합의에 관한 역사학파의 주목할 만한 저작을 닮았다. 합의의 역사가들처럼, 밀스는 미국에는 봉건적 계급제도가 없었음을 강조하고 자유주의적 개인주의 이데올로기가 미국 사회에 널리 퍼져 있다고 결론지었다. 합의의 역사 이데올로기는 대니얼 부어스틴의 《미국 정치의 천재성》(The Genius of American Politics)이 구축한 기념비적 보수주의로부터, 루이스 하츠의 《미국의 자유주의 전통》(The Liberal Tradition in America)과 리처드 호프스태터의 《미국의 정치적 전통》(The American Political Tradition)에서 보이는 급진적 비평에 이르기까지 광범위하게 걸쳐 있었다. 이들 급진적 비평가들은 자신들이 본 것을 미국 역사의 전체 과정을 관통하는 패권적인 자유주의적·자본주의적·정치적 문화로 날카롭게 비판했다. 《화이트칼라》에서 드러난 급진주의의 전체적 분위기는 하츠나 호프스태터와 많은 부분 공유했으면서도, 19세기를 찬미하는 밀스의 묘사는 부어스틴에 더 가까웠다.[82] 밀스는 자유시장의 조화로운 역할에 대해서는 비전을 제시하고 있으나, 노예제도의 역사적 중요성을 살짝만 언급하고 넘어갔고 아메리카 원주민들과 멕시코인들의 토지를 강제 몰수한 것에 대해서는 소홀히 다루었다. 즉, 그는 노예제도를

"흔히 생각하듯이 별로 중대해 보이지는 않는다"고 주장했고, '몰수'라는 용어 대신 "거대한 대륙 전역에 걸쳐 흥분이 고조되었다"고 언급했다.[83]

밀스는 책의 첫 부분 어느 정도까지는 "유토피아적 과거를 보여준다"는 것을 의식하고 있었다.[84] 리처드 길럼은 19세기 미국의 자본주의에 대한 역사적 설명이 '학술적'으로서는 실패했지만, 미국 사회가 공화국의 뿌리를 다시 한 번 되찾을 가능성을 상상함으로써 '급진적 신화'로서는 성공했다고 주장했다.[85] 길럼의 주장을 받아들이기는 어렵다. 밀스의 역사적 설명에는 신비한 요소들이 많이 있지만, 소지주들로 이루어진 사회에 대한 향수와 관련해서는 뚜렷하게 급진적인 것이 없었다. 실제로 과거의 과감한 기업가들을 현재의 안전을 의식하는 관료들과 대조시킨 방식에는 대체로 보수적인 분위기가 서려 있었다. 심지어 "결국 정부가 사람들이 더 평등한 상태에 머물도록 개입한다"고 비꼬듯 말하면서, 밀스는 뉴딜 정책에 반대하는 가시 돋친 지적을 포함시키기도 했다.[86] 이렇듯 보수적 어조가 두드러짐에도 불구하고, 《화이트칼라》는 보수적인 책이 아니다. 오히려 기업화된 미국을 과거의 이상화된 공화국과 대조시킴으로써 미국을 비판하는 좌파 전통에 들어맞았다. 마이클 데닝이 주장한 것처럼, 미국 토박이 급진주의자들은 "한때 유망했지만 쇠퇴하고 있는 민주주의"라는 수사학적 표현을 더 좋아했다. 예를 들어, 존 도스 파소스의 〈USA〉 3부작은 현대 미국에서 '큰돈'의 지배를 비판하고자 "링컨 공화국의 쇠퇴와 몰락"을 이야기했다.[87] 밀스의 향수는 희망에 찬 급진적 신화라기보다 환멸을 느낀 급진주의의 절망을 드러냈다. 좌파의 합의 역사가인 호프스태터와 하츠가 자신들의 절실한 정치적 대안 부재를 미국의 과거 속으로

투사한 반면, 밀스는 기업 헤게모니의 동시대를 날카롭게 비판하기 위해 과거의 공화국 시대를 낭만적으로 묘사했다.

독립적인 생산계급의 쇠퇴를 한탄하는 동안에도, 밀스는 19세기의 정치가 낡은 중간계급의 자유시장 자유주의에 바탕을 두고 있다는 생각의 정체를 설득력 있게 폭로했다. 현대 세계에서 자유시장 자유주의의 이데올로기는 가능한 사회적 이상을 더 이상 보여 주지 않았다. 오히려 기업을 위한 이데올로기적 보호막을 제공하여, 낡은 중간계급의 분노를 노동조합이나 복지국가에 맞서는 그릇된 방향으로 쏠리게 했다. 따라서 밀스는 20세기의 모든 진지한 민주 운동은 "자본주의의 기본적 관계"를 다루어야 한다고 주장했다.[88] 낡은 중간계급의 '영웅들'인 농부와 소기업인의 운명에 대한 밀스의 고찰은, 현대 미국 사회에서 자신들의 재산과 노동을 통제하는 사람들조차 더 이상 독립적으로 행동하지 못할 수 있음을 논증했다. 하나의 계급으로서 살아남기는 했지만, 소기업인들은 대기업의 경제적·정치적 음모를 통해 그 역학이 정해지는 시장 안에서 움직이도록 강제된 채 '기업가로서의 기능'을 박탈당했다. 현대의 농부들은 독립성이라는 공화국의 미덕을 구현하기보다는, 생산을 줄이도록 계획된 농업 보조금을 통해 가격을 정하는 국가에 의존하는 계급이 되었다.

2부 '화이트칼라 세계들'에서 설명했듯이, 더욱 거대한 관료제도에 의존하는 것은 낡은 중간계급뿐 아니라 신중간계급의 운명이기도 했다. 2부의 여섯 개 장은 이 책의 경험적·사회학적 핵심을 이루고 있다. 중간계급을 정의하고 묘사할 때, 밀스는 조심스러운 구별과 정의의 범위를 제시하면서 최대한 분석적인 태도를 보였다. 그는 한정된 지면을 고려하여 출판에 앞서 책에 소개된 통계적 비교 자료들 가운데 많은 부분을 잘라 냈다. 그럼에도 그는 농부와 소기업인, 독립적인 전문직 같은 낡은 기업가적 중간계급들로부터 피고용인들(관리자, 판매원, 사무직 노동자, 봉급을 받는 지적 직업인)이라는 신중간계급으로 전환하는 중요한 과정에서 자료를 덜 제시했다. 밀스의 통계에 따르면, 1870년부터 1940년까지 미국 인구 가운데 낡은 중간계급의 비율은 33퍼센트에서 20퍼센트로 줄어든 반면, 신중간계급 비율은 6퍼센트에서 무려 25퍼센트로 증가했다.[89]

밀스는 신중간계급을 한 덩어리로 묶어 머리 위에서 아치형을 이루는 동질적 범주 속에 넣었다고 비난받아 왔다.[90] 그러나 사실 그는 "화이트칼라들은 …… 단순한 수평적 계급이 아니다"라고 명쾌히 논박하면서, 그러한 지나친 단순화를 조심스럽게 경계했다.[91] 낡은 중간계급과 비교해 화이트칼라는 생산수단이 없음으로 정의되고, 따라서 직업에 의해 계층화되었다. 임금노동자들과 비교하여 그들은 직업의 성격에 따라 정의되었다. 그들은 물건을 생산하려고 일하는 게 아니라, "서류와 돈, 사람들"을 가지고 일했다.[92] 상류계급에 견주어 그들은 궁극적인 의사 결정권을 갖고 있지 않았다. 그러나 밀스는 이 폭넓은 신중간계급들 속에서 다양한 수준의 소득과 위신, 권력을 보았다.

《화이트칼라》의 가장 중요한 성과 가운데 하나는 화이트칼라의 일터 내부에 있는 계급제도를 확인했다는 점이다. 밀스는 맨 꼭대기의 관리자자나 지적 직업인들에서 맨 밑바닥의 판매원과 사무직 노동자들에 이르기까지 '화이트칼라 피라미드'를 제시했다. 젠더를 분석에 끌어들인 몇몇 사례 가운데, 밀스는 권위가 "대략적으로 연령과 성에 따라 등급이 매겨지는, 즉 젊은 여성이 좀 더 연령이 높은 남성에게 종속되어 있는 경향이 발견되는" 세계를 묘사했다.[93] 밀스는 이 화이트칼라 피라미드 속에서 훨씬 더 많은 성차별적인 구별을 했는지도 모른다. 흥미롭게도 그는 실제로 그런 자료를 가지고 있었다. '일상생활' 프로젝트에는 가정과 직업에서 품고 있는 야망들, 또 일터에서 성적 유혹이 만연한 것에 관해 여성 응답자들에게 묻는 일련의 질문이 담겨 있었다. 애초에 그는 《화이트칼라》에 '화이트칼라 고용에서 나타나는 성적 착취'라는 제목으로 장 하나를 포함시킬 계획이었다. 하지만 결국 그 부분은 책에 담기지 않은 채 출판되었다. 주에서 화이트칼라 세계를 '상업화된 가부장제'라고 묘사하면서, 밀스는 최종적인 텍스트에서보다 더 멀리 나아갔다.[94]

2부 '화이트칼라 세계들'의 개별 장들은 관리자, 전문가, 지식인, 판매원, 하급 사무직 노동자를 주제로 다루면서 피라미드의 맨 꼭대기에서 밑바닥으로 내려가는 방식으로 구성했다. 화이트칼라의 삶의 다양성을 포착하기 위해, 밀스는 광범위한 자료를 사용해 서로 다른 수준들에 대한 단편적 묘사를 제시했다. 그는 개인적 경험과 소설 작품은 물론 통계 계산, 집중 면접, 역사 연구, 민족지학의 관찰에서도 자료를 가져왔다. 작업장의 기계화와 현대식 백화점의 발전에 대한 설명에서처럼, 신중간계급이 지배하는 사회로의 전환을 특징짓는 역사적 사건들에 대한 배경을 흐리게 한 인상적인 삽화와 사진들까지 제시하면서, 밀스는 이 묘사들에 약간의 시적인 표현을 가미했다. 또한 화이트칼라 노동자들의 이런저런 매력적 이상형도 제시했다. 예를 들어, 메릴랜드대학을 졸업하고 뉴욕의 메이시백화점에서 일한 제임스 게일의 경험에 많이 의존하면서, 밀스는 도시의 백화점에서 발견되는 여러 유형의 판매원들을 분류했다. 이를테면 '늑대'(고객들을 공격적으로 찾아다님), 마법사(상품을 팔려고 자신의 인간적 매력 이용함), 순진한 여점원(전문적이지 않고 자기를 내세우지도 않음), 유랑자(이 매장 저 매장 다니면서 남의 뒷말을 전함), 사회적 위선자(더 높은 지위를 욕망함), 고참(심술을 부리거나 비굴해지긴 했지만 쓸모 있는 베테랑) 같은 식이었다.[95]

밀스는 화이트칼라 세계의 부유함과 다양성을 묘사하면서도, 일터에서 벌어지는 모습을 시종일관 분석했다. 피라미드의 모든 수준에서, 노동자들은 특색 있는 기술이나 기능을 유지하려고 몸부림치고 있었다. 달리 말하자면 독립성을 상실해 가고 있었던 것이다. 거대하고 비인간적인 관료 조직들은 위에서 아래로 기능을 조직하는 광범위한 '관리 책임자'를 통해 노동에 대한 지배권을 점점 더 틀어쥐고 있었다. 현대 세계의 일터에서는 "점점 더 많은 영역이 관리와 조작의 대상이 된다"고 밀스는 주장했다.[96] 예를 들어 지역을 넘어 전국에 걸쳐 펼쳐지는 광고 전쟁에서 광고가 표준화되면서 판매원들의 자율성이 줄어들었다. 조직들이 상품을 억지로 권하는 특정한 타입의 사람을 고용하고 훈련시키는 걸 목표로 삼았을 때, 판매원들 스스로도 규격화되어 갔다. 조직에 점점 더 많은 지배권을 주고 개별 노동자에게는 덜 주는 이런 경향은 화이트칼라 피라미드의 꼭대기에 있는 사람들에게도 영향을 끼쳤다. 예를 들어 변호사들은 스스로 개업하기보다는 오히려 대기업의 '법률 공장'에서 근무할 가능성이 더 커졌다. 중간 관리자들은 "관료적 기계 그 자체의 (톱니바퀴) 뭉치와 이빨"에 지나지 않았다.[97] 제임스 버넘의 '관리 테제'에 대한 비평을 되풀이하면서, 기업의 최고 관리자들은 막대한 자산가들의 믿음직한 하인들이기 때문에 사실상 자율적 힘이 없다고 밀스는 주장했다. 이따금 밀스는 기업주의의 영속성과 자신이 식별한 경향들의 불완전함을 주목하면서, 화이트칼라 세계의 관료화에 대한 묘사를 조심스럽게 제한했다. 또 어떤 경우에는 이런 전환을 좀 더 과장된 용어로 묘사했다. 한번은 "마치 개인들로부터 이성 자체를 몰수당한 것 같으며, 교묘한 관료제 안에서 새로운 형태의 두뇌 집단으로 자리 잡은 것 같다"고 밀스는 말했다.[98] 또한 "자신의 노동으로부터 소외된 임금 노동자는 카프카식 완성에 한 걸음 더 가까이 다가갔다"고 밀스는 결론지었다.[99]

《화이트칼라》의 중요한 공헌 가운데 하나는 자동화와 분업화에 따른 노동의 단순 작업화에 관한 분석이다. 해리 브레이버먼의 《노동과 독점자본》(Labor and Monopoly Capital) 같은 후대의 비평에 이르는 길을 터 주었다.[100] 이 시점에 이르러 밀스는 노동운동을 단념했지만, 《화이트칼라》는 여전히 노동에 관한 아주 특별한 저작이었다. 그가 식별한 파괴적 경향들을 거스를지도 모르는 그 무슨 정치 세력이나 내재적 역사 발전을 인식할 수는 없었지만, 밀스는 현대 노동의 유의미성이라는 결정적으로 중요한 문제를 제기했다. 현대의 노동 소외를 비평하면서 소외되지 않은 노동이 어떤 모습일지 스스로 상상하도록 만든 '장인 정신'(craftsmanship)의 이상을 발전시켰다. 이 이상은 노동을 스스로 통제할 뿐 아니라, 노동이 개인적으로 의미 있고 창조적이어야 한다는 개념을 담고 있었다. 밀스는 이 장인 정신의 윤리를 만드는 데 애써 온 사상가로서 카를 마르크스, 윌리엄 모리스, 존 러스킨, 레오 톨스토이 그리고 소스타인 베블런을 꼽았다. 그런데 현대에는 이 이상이 "시대에 뒤떨어진 것"이 되고 말았다고 안타까워했다.[101]

《화이트칼라》가 관료화와 현대 자본주의에서 나타나는 노동의 단순 작업화에 대한 비평으로 성공했다면, 또 다른 성취들은 밀스 스스로 설정한 목표에 따라 뒤섞였다. 신중간계급의 심리 묘사, 그리고 책 3부의 제목처럼 그들의 노동 세계들과 '생활양식' 포착하기. 신중간계급은 "위신을 얻으려 애쓰는 심리," 즉 정체감과 자존심을 위해 자신들의 사회적 지위에 기대는 모습을 보인다고 주장하는 부분에서, 밀스는 사회학의 전통을 따랐다.[102] 판매원이 스스로를 부자 고객과 동일시하거나 회사원이 자기가 다니는 유명 회사 이름에 자기 정체성을 결합시키면서, 화이트칼라 노동자들은 자신보다 사회적으로 우월한 사람들한테서 "위신을 빌려온다"고 밀스는 주장했다. 역사적으로 화이트칼라 노동자들은 몇 가지 요소를 근거로 블루칼라 노동자들에 대해 자신들의 우월한 지위를 주장했다는 사실에 밀스는 주목했다. 말하자면 시급보다는 봉급으로 지불되는 더 높은 소득, 비교적 천하게 보이지 않는 노동, 더 높은 학력과 배경, 그리고 (밀스가 더 강조했을지도 모를 요소인) 화이트칼라 노동의 민족적·인종적 배타성 등이었다. 그러나 조직된 노동계급이 점차 경제적·정치적 권력을 얻음에 따라, 위신을 뒷받침하는 물질적 기초는 서서히 침식되어 화이트칼라 피라미드의 맨 밑바닥 노동자들은 '지위의 프롤레타리아화'로 귀결된다고 밀스는 주장했다. 이런 노동자들이 위축되는 위신의 파편들에 매달릴 때, 자신들의 불안과 걱정이 표면화될 '지위 공황'(status panic)에 빠지기 쉽다고 밀스는 주장했다.[103]

《화이트칼라》는 새로운 관료제도들이 어떤 유형의 사람들을 만들어 낼지 그림으로써 그 성격과 사회구조를 연결하려 애썼다. 이 책에서 시종일관 밀스는 '뉴 리틀맨'인 화이트칼라 노동자를 생생하게 묘사했다. 그들은 자신의 세계를 건설하는 데 활발하게 참여하지 않고,

자신이 통제할 수 없는 보다 큰 사회적 힘에 휘둘리며 행동하는 소외된 희생자들이었다. 결정은 대개 비인격적인 관료제도로부터 나오는 것으로 여기기 때문에, 화이트칼라 노동자들은 자신들이 소외되는 원인조차 이해할 수 없었다. "비인격적 조작은 은폐되어 있기 때문에 강제보다도 더 교활하다. 그래서 우리는 적의 위치를 찾아내 전쟁을 선포할 수 없다"고 밀스는 주장했다.[104] 그러고는 이 결론으로부터 현대 세계에서 "착취는 물질적이기보다 심리적인 형태를 띠게 된다"는 통찰력을 이끌어 냈다.[105] "오늘날 미국의 사회구조에 나타나는 독특한 심리적 측면 가운데 하나는, 사회구조가 개인의 자아와 사회로부터 소외를 조직적으로 만들어 내고 유지한다는 점이다"[106]

그럼에도 밀스는 일관되게 관료적 집중화를 심리적 소외의 뿌리로 다루지는 않았다. 특히 자본주의 시장 관계의 지속적인 보급에 의해서도 소외가 어느 정도까지 야기될 수 있는지에 관해서는 확신 없는 상태에 머물러 있었다. 마르크스의 초기 저작들과 《자본론》의 '상품 물신주의'에 대한 탁월한 분석에서 특히 분명히 나타난 것처럼, 밀스는 자본주의에 대한 심리적 비평을 강조한 마르크스주의 전통에 많이 의지했다.[107] 마르크스의 견해에 따라, 현대사회에서 '현금 거래 관계'의 우선권은 "개개인이 암암리에 다른 사람을 수단으로 만들려고 애쓰기 때문에, 사람들은 서로 멀어진다. …… 개개인은 스스로를 도구로 만들고 자기 자신으로부터도 소원해진다"고 밀스는 주장했다.[108] "시장은 이제 모든 제도와 관계 속으로 들어오게 된다"고 밀스는 단언했다.[109] 따라서 "탐욕을 일상화하고 비인격적 조직 원리를 내세우는 '기업 기계' 속에서, 사람들은 톱니바퀴의 이빨일 뿐"이라고 밀스는 불평했다.[110] 그러면서도 밀스는 현대의 관료제도 속에서 불리하게 일하는 상태를 과거 자유시장에서 독립 기업가의 일과 지속적으로 비교했다. 이런 맥락에서 문제는 자본주의적 관계 그 자체가 아니라 마르크스의 분석을 무용지물로 만드는 현대의 '기업사회'(corporate society)에 있었다. 언젠가 밀스는 "마르크스가 사람들 위에 군림하는 이질적 권력이라고 파악한 세계시장은 여러 영역에서 관료화된 기업으로 대체되었다"고 주장했다.[111]

화이트칼라의 소외가 비롯된 뿌리와 성격에 관한 밀스의 혼란은 프랑크푸르트학파와 관련이 있는 수정주의 정신분석학자 에리히 프롬의 인본주의 저작의 타당성에 반대하는 감정과도 관련이 있었다. 미국 지식인들 사이에 널리 읽히는 《자조적 인간》(Man for Himself)에서, 프롬은 인간의 자유가 안고 있는 실존적 딜레마를 피하고자 순응하는 '시장 인격'을 묘사했다.[112] 프롬은 시장 인격의 밑바닥에는 어떤 진정한 자아가 있다고 믿었다. 화이트칼라 노동자들은 '그들 자신으로부터' 소외되어 있거나 소원해져 있다고 언급했을 때, 밀스는 자신의 견해가 프롬과 일치함을 암시했다. 사실 밀스는 그러한 진정한 자아의 존재를 의심했다. 지인에게 보내는 짧은 편지에서 밀스는 시장 인격의 비참함은 "인간은 자신의 삶과 행복에는 무관심하고 자신이 잘 팔리는 데에만 관심이 있다"는 사실 때문이라는 프롬의 주장을 거부했다. "이 모든 것은 낭만적 휴머니즘이 아닌가. …… 거짓말! …… 그들은 그토록 잘 팔리는 상품들이 되는 것에서 행복을 얻지 않는가"라고 밀스는 대답했다.[113] 《화이트칼라》에서 현대의 판매원들이 소외되어 있는 것이 자신의 참된 자아로부터 멀어진 자신을 팔려는 끊임없는 필요 탓인지, 아니면 현대 상업광고의 수법이 그들의 상품을 가장 잘 파는 방법을 결정하는 기업가적 기능을 몰수했기 때문인지는 불분명했다. 자아에 대한 급진적인 사회적 관점에 전념하면서, 밀스는 우리가 그것으로부터 소외될 수 있는 한 진정한 자아가 존재한다는 개념을 온전히 받아들이기는 어렵다는 점을 발견했다.[114] 실제로 밀스의 가장 큰 두려움은 화이트칼라 노동자들이 그 어떤 소외감도 경험하지 못할지 모른다는 점이었다. 만일 인간의 본성에 무한히 융통성이 있다면, 화이트칼라 노동자들은 어쩌면 현대의 억압적 관료 조직이 만들어 낸 새로운 유형의 인간을 상징할 거라고 밀스는 생각했다. 그것은 곧 "명랑한 로봇"이었다.[115]

밀스가 보기에 소외는 화이트칼라 노동자들의 직장생활뿐 아니라 '생활방식'에도 스며들어 있었다. 노동과 여가 활동 사이의 분열은 화이트칼라 노동자들의 정체성을 해체시킨다고 밀스는 주장했다. 그들은 직장에서는 '일상적 자아'를, 매일 밤이나 주말에는 '휴일의 자아'를 발전시켰다. 밀스는 대중문화가 "성적 매력과 박진감을 수동적으로 향유하게 만들어 힘들고 단조로운 일에서 벗어나게 한다"는 가설을 세웠다.[116] 만일 노동이 화이트칼라 노동자들에게 아무런 본질적 의미도 없다면, 그들의 여가 시간은 "놀라게 하고, 흥분시키고, (정신이나 주의를) 흐트러뜨리는," 그러나 "이성이나 감정을 확대하지 않거나 자발적 기질이 창조적으로 펼쳐지도록 허락하지 않는 대중적 여가 활동"에 주로 소비될 것이다.[117] "사람들은 '재미'라는 동전을 가지고 매일 밤과 주말에 그것들을 되사기 위해 자신의 작은 조각들을 판다"고 밀스는 썼다.[118] 현실 도피적인 대중문화는 "지금 수많은 화이트칼라들이 살고 있는 환상의 세계"를 만들어 냈다고 밀스는 주장했다.[119] 여기에서 밀스는 20세기 중반의 좌파들 사이에서 일반적이었고, 클레멘트 그린버그와 드와이트 맥도널드 같은 미국 저자들뿐 아니라 프랑크푸르트학파 지식인들도 발전시킨 대중문화 비평에 의존했다. 밀스는 대중의 여가 활동이 의미 있는 노동의 결핍을 보상하는 방식에 대해 진지하게 질문을 던졌다. 20세기 중반의 다른 대중문화 비평가들처럼, 그는 대중문화 소비자들을 전적으로 조작되고 수동적이고 무감각한 존재로 풍자했다.[120]

밀스는 화이트칼라 노동자들의 일상적 삶을 이해하려 애쓰면서도, 가족이나 종교처럼 그들의 삶에 의미를 주었을지도 모를 요인을 무시했다. 《화이트칼라》의 '뉴 리틀맨'은 개별적인 화이트칼라 노동자들이 어떻게 사는지를 명확하게 표현했다기보다는 오히려 거대한 역사적 전환을 상징했다. 이 새로운 관료 조직들 속에서 개인이 실제로 어떻게 행동하는지 알고 싶은 독자들은 어빙 고프먼 같은 다른 사회학자들 쪽으로 돌아서야 할 것이다.[121] 거스와 밀스의 《개성과 사회구조》는 개인의 성격과 사회구조 사이에 지속되는 상호작용 과정을 포착할 모델을 제시했다. 《화이트칼라》는 어떻게 사회구조가 개인의 성격을 형성하는지에 주의를 집중했다. 밀스는 때때로 둘 사이의 상호작용을 포착하는 것보다는 사회구조에 대한 자신의 이해로부터 성격에 미치는 영향을 추론했다. 그는 화이트칼라 노동자들에게 공감하면서도 그들을 "(주의나 충고 따위를) 좇아 행동하지만 (주체적으로) 행동하지 않는 작은 피조물"이라고 평가했다.[122]

밀스는 BASR '일상생활' 연구를 활용하는 데 인색했기에, 화이트칼라 노동자들을 묘사하는 데 고통을 겪었다. 면접 자료들은 상상력이 풍부한 묘사나 화이트칼라 노동자들의 생활방식을 비평하는 데 경험 자료로서 핵심적인 원천이 되었다. 그런데 연구 결과는 "질적 방법에 관한 훗날의 책"에서 다룰 거라고 약속하면서, 그 자료들을 "오직 인용의 출처와 심리적 진술들에 대한 비공식 참고로서만" 사용했다. 하지만 약속한 책은 출판되지 않았다.[123] 이 풍부한 자료를 이용하지 않기로 한 밀스의 결정은, 전문적 사회학이 창조적 가능성과 새로운 청중에 접할 기회를 열어 준 바로 그 무렵 사회학과 점점 더 거리를 두게 된 방식이 그의 사회 분석에 부정적 영향을 끼쳤음을 말해 준다. 면접 자료들은 화이트칼라의 소외와 걱정에 관해 분석하는 데 더 많은 증거를 제공했을 테지만, 또한 그가 화이트칼라 노동자들을 그들 자신의 대리인을 가진 걸로 묘사할 수 있게 했을 것이다.[124]

궁극적으로, 대규모 관료 조직이 개인의 자유와 합리성을 박탈하는 상황을 묘사하는 가운데 밀스는 1940년대 말의 정치적 대안들에 깊은 환멸을 드러냈다. 《화이트칼라》는 화이트칼라 노동자들이 진보적 노동운동과 결합할 거라는 전후 자신의 희망에 대한 추적을 포함하고 있었지만, 밀스는 이제 이런 일이 일어날 가능성은 거의 없다고 보았다. 그는 또한 이전의 좌파들이 우려한 것처럼, 미국의 화이트칼라 노동자들이 우파 운동과 결합할 기회가 무르익었다고 두려워하지도 않았다. 책의 마지막 부분인 '권력의 길'에서, 그는 신중간계급이 "충성, 요구, 희망의 영역으로서 정치로부터 소외된 채" 정치적으로 무관심하다고 결론지었다.[125] 수동적이고 무감각한 화이트칼라 노동자들은 행동이 아니라 침묵을 통해 하나의 정치 집단으로서 역할을 했다. "그들은 급진적이지도, 자유주의적이지도, 보수적이지도, 반동적이지도 않다. 그들은 무활동, 즉 행동에서 벗어나 있다. 사사로운 인간으로서, 이제 미국 시민은 바보 천치들로 구성되어 있다고 우리는 결론지어야 한다."[126]

화이트칼라 노동자들에 대한 밀스의 묘사는 일종의 듀이주의자의 악몽이었다. 듀이를 비롯한 진보주의자들처럼, 밀스는 개인들이 자신의 사적인 삶에 영향을 미치는 사회구조들을 합리적으로 통제할 수 있는 숙의민주주의에 대한 규범적 몰입(normative commitment, 도덕이나 윤리적 이유 때문에 조직 구성원으로서 남아 있고자 하는 의무감—옮긴이)에 빠져 있다고 믿었다. 그러나 미국 사회에 대한 경험적 묘사에서, 밀스는 듀이가 아니라 듀이를 비판한 가장 유명한 비평가 가운데 한 사람인 월터 리프먼과 의견이 일치했다. 현대 세계에서 "시민은 정치적으로 무슨 일이 벌어지고 있는지 알 수 없고 정치에 관해 제대로 생각할 수도 없을 뿐 아니라, 지적으로 그것에 입각해 행동할 수도 없다"는 점을 논증한 리프먼의 분석은 어떤 자유주의자라도 논박할 수 없을 것이다.[127] '뉴 리틀맨'은 역사와 사회에 대해 집단 이성의 지배를 행사할 마음이 없을뿐더러 행사할 수도 없는, 말하자면 참여하는 시민이 아니라 '정치적 내시들'이라고 밀스는 주장했다. 따라서 자신이 본 것을 현대 미국의 핵심 아이러니라고 평했다. "확대되고 집중된 권력 덕분에 정치제도가 미국사의 진행 방향에 좀 더 객관적으로 중요해질지 모르겠지만, 대중 소외 탓에 일반 시민들에게는 개인적으로 그 중요성을 점점 상실하게 된다."[128]

그러한 세계에서는 지식인도 무기력한 사람일 뿐이었다. 《화이트칼라》에서 "자신의 생각이 중요한 차이를 만들 거라고 믿는 지식인들 사이에 나타나는 특히 중대한 질병"을 언급했을 때, 밀스는 자기 자신의 모습을 떠올렸다.[129] 그럼에도 밀스는, 한때 좌파로 기운 지식인들 사이에 일반적인 "인간의 합리성에 대한 낙관적 믿음"을 너무 쉽게 포기한 이들을 공격했다.[130] 화이트칼라 노동자들을 '명랑한 로봇'이나 '정치적 내시'로 묘사한 비관주의에도 불구하고, 《화이트칼라》에는 적어도 희미한 낙관주의의 빛이 담겨 있었다. 1950년대 초에 발표하게 될 논문들에서 곧 상세히 밝혀지게 되듯이, 미국 사회의 결점을 폭로함으로써 지식인들은 민주적 토론을 낳는 데 도움을 줄 수 있다고 밀스는 확신했다. 단지 그들에 '관해서'뿐 아니라 그들을 '위해서' 쓴 책에서, '뉴 리틀맨'에 대한 묘사는 화이트칼라 노동자들한테서 환상을 걷어 냄으로써 그들이 자의식을 갖도록 자극하려는 의도도 있었다. 아무리 환멸을 느꼈다고 해도, 밀스는 급진주의로 변한 '현대의 사회학'에 대한 자신의 전망에 변함없이 헌신했다. 이 사회학의 "첫 번째 교훈은, 개인은 자기 자신을 시대의 경향과 사회계층의 모든 개인들의 삶의 가능성 속에 위치시키지 않고서는 자신의 경험을 이해하거나 자기 운명을 측정할 수 없다"는 것이다. [131] 비록 그렇다 하더라도, 독자들은 그러한 교훈이 '뉴 리틀맨'에게 미치는 효과는 없을 거라고 결론짓기 십상이었다.

전후 미국 사회에 대한 비판

학자들은 지난 세월을 회고하면서 《화이트칼라》를 1950년대 사회 비판의 고전으로 평가했다. 앞에서 지적했듯이, 이 책은 사실상 1940년대에 깊이 뿌리박고 있었다. 그럼에도 불구하고, 1951년 그 책의 출판은 당시 미국 문화의 민감한 곳을 건드렸다. 《화이트칼라》는 밀스가 희망했듯이 "만인의 책"이 되지는 못했을지 몰라도 실제로 강력한 영향을 주었다. 옥스퍼드대학 출판부에서 출판된 이 책은 주요 신문과 권위 있는 저널들에 폭넓게 서평이 실리면서 초판 3,500부가 한 달 만에 다 팔렸다. [132] 밀스는 전문적 사회과학자들과 소그룹 좌파 지식인들보다 훨씬 더 대규모 독자들에게 가닿았다. 대체로 이 성공은 사회학적 통찰력을 바탕으로 급진적 사회 비평을 분명하고 생생한 산문으로 전달하는 밀스의 재능을 입증했다. 《화이트칼라》의 인기는 또한 윌프레드 맥클레이가 "전후 미국 문화의 의기양양한 표면 밑에 흐르는 숨은 의심의 흐름"이라고 묘사한 것의 증거를 제시했다.[133] 책은 아메리칸드림과 미국인의 성격에 관한 전후의 토론, 즉 중간계급 사람들의 자율성 상실에 초점을 맞춘 담론에도 공헌했다.

아서 밀러의 희곡 《세일즈맨의 죽음》(Death of a Salesman)은 이미 1949년에 나왔다. 슬로언 윌슨의 소설 《회색 플란넬 정장의 남자》(The Man in the Gray Flannel Suit)는 1955년에 출판된다. 윌리엄 H. 화이트의 《조직 인간》(Organization Man)은 체제 순응적인 "무감각한 사람들"(pod people)에 관한 고전적 공포영화 〈외계의 침입자〉(Invasion of the Body Snatchers)가 개봉되던 해인 1956년에 나오게 된다.[134] 《화이트칼라》는 새로운 풍요의 시대에 심리적 순응에 관한 좀 더 큰 담론과 맞물려 있었기 때문에, 《파워 엘리트》에 대한 반발에서 평론가들이 자주 표현한 바 있는, 한마디로 무책임한 급진주의자라고 밀스를 비난했을 가능성은 적었다.

《화이트칼라》에서, 밀스는 미국 사회를 자기처럼 부정적으로 바라보는 평론가는 거의 없다고 말했다. 거의 보편적으로, 평론가들은 이 저작을 세련된 사회학과 사회 비평에서 (종잡을 수 없는) 전문용어가 없는 중요한 저작이라고 칭찬했다. 그러나 그들은 화이트칼라의 소외에 대한 이 책의 가차 없는 묘사를 평가했다. 《뉴욕타임스》에 실린 호레이스 캘런의 서평이 대표적이다. 캘런은 그 책을 "미국식 인간 종족에 대한 20세기 중반의 묘사"라고 격찬했고, 또 "그들의 궁극적 구원으로부터 멀리 있음"을 경고하기 위해 화이트칼라 노동자들에게 그 책을 추천했다. 그러나 캘런은 또한 밀스를 "그가 묘사하는 무익함의 진정한 목소리"라고 평가했으며, 《화이트칼라》는 "주제 자체로부터 출현하는 한 형태(configuration)라기보다는 오히려 편집증 환자의 원한이 낳은 작품"이라고 결론지었다.[135] 《코멘터리》에서 시카고대학 사회학자인 에버렛 휴스는, 《화이트칼라》가 어떤 비평가라도 당황하게 할정도로 "사실들, 눈부신 행간과 단락, 은유, 편향적 추론, 또 냉소적경멸의 대단한 결합"임을 발견했다. 책이 화이트칼라 노동자들의 인간성을 너무 매도했다고 비판하면서, 휴스는 밀스가 그들을 희생시켜 "잔인한 재미"를 즐겼다고 주장했다.[136] 캘런과 휴스 같은 평론가들은 화이트칼라에 대한 밀스의 묘사가 종종 풍자만화에 가깝다고 날카롭게 인식했지만, 밀스의 비평의 완전한 힘을 파악하지는 못했다. 미국 노동의 변화하는 제도적 구조와 그것의 정치적 함축에 대한 밀스의 분석을 다루기보다는, 이 비평가들은 모든 화이트칼라 노동자들이 비참한 것은 아님을 주목함으로써 점수를 쉽게 땄다.

《화이트칼라》에 대한 반발은 밀스가 1950년대 초에 전문적 사회학자들과 이전의 반스탈린주의 급진주의자들 양쪽 모두로부터 거리감을 반영했다. 하버드대학의 한 모임에서 《화이트칼라》를 언급하면서, 탤컷 파슨스는 "글쎄, 그 사람(밀스)은 뭔가 쓸 수는 있겠지만, 그것은 온통 인상에 근거한 것"이라고 잘라 말했다.[137] 《파르티잔리뷰》에 쓴 글에서 드와이트 맥도널드는 이전의 급진주의로부터 자신의 후퇴를 알리고 또 밀스와의 이미 부자연스러운 우정을 끝장내면서, 《화이트칼라》를 악의적으로 무차별 공격했다. 맥도널드의 비판은 거칠고 때로는 근거가 없었다. 예를 들어, 맥도널드의 부정적 판단에 몹시 상처를 입은 밀스는 맥도널드의 비평이 목적을 달성하지 못했다는 언질을 촉구하는 편지를 몇몇 가까운 친구와 동료에게 썼다.[138]

《화이트칼라》에 대한 가장 눈치 빠른 평론은 데이비드 리스먼이 썼는데, 그 글은《미국사회학저널》에 실렸다. 리스먼은 밀스의 "급소 파악"을 칭찬하는 걸로 시작하여, 이 책이 "우리 시대의 큰 문제들을 탁월한 솜씨로" 다루었다는 칭송으로 끝맺었다.[139] 아마도 더 중요한 것은, 리스먼이 파슨스 같은 전문적 사회학자들이 발설할 비평을 기대하면서 저널 독자들에게 밀스의 사회학적 방법이 건전하다는 점을 납득시킨 사실이다. 그러나 '뉴 리틀맨'에 대해 묘사한 부분은 비판했는데, 리스먼은 이 묘사가 화이트칼라의 복합적인 삶의 많은 부분을 놓쳤다고 믿었다. 예를 들어, 밀스는 일터에서 화이트칼라의 힘을 무시했다. "그는 사보타주, 조정, 심지어 삶의 기쁨 같은 그들의 힘을 어쩌면 과소평가했는지도 모른다"고 리스먼은 썼다.[140] 리스먼은 화이트칼라의 '생활방식'에 대한 밀스의 묘사에서 분명히 빠져 있는 것들을 지적했는데, 그 묘사는 주로 대중문화에 초점이 맞추어져 있었다. "화이트칼라로부터 …… 일체의 민족적·종교적 혹은 그 밖의 문화적 색조를 박탈함으로써, 화이트칼라 자체를 전체적으로 정당화되기보다는 핏기 없고 비현실적 모습으로 그려 냈다."《화이트칼라》의 비관적 전망을《새로운 권력자들》의 노동당원들의 희망과 비교하면서,《화이트칼라》를 미몽에서 깨어난 급진주의의 저작으로 인식하는 데 리스먼은 거의 독보적이었다. 리스먼은 밀스의 정치적 환멸이 화이트칼라 노동자들에 대한 묘사를 왜곡시킨다고 주장했다. "밀스는 화이트칼라 '프롤레타리아'를 삶의 실제적 진부함과 비참함뿐 아니라 정치적 폭동 상태에서 쓸모없음 때문에도 나쁘게 여기는데 …… 이것은 이번에는 그로 하여금 실제로 존재하는 것보다 훨씬 더 많은 진부함과 비참함을 보게 한다고 나는 생각한다."[141] 밀스 스스로도 리스먼의 비평을 존중했다. 리스먼을 책이 제기한 주요 문제들에서 살짝 비껴 있는 다른 평론가들과 호의적으로 비교하면서, 밀스는 리스먼에게 "적어도 한 사람은 내가 무엇과 관련되어 있는지 이해하는 것 같아서 참 좋다"고 편지했다.[142]

모든 평론가들 가운데 리스먼이 《화이트칼라》를 가장 잘 이해한 것은 결코 우연이 아니었다. 1950년, 리스먼은 네이선 글레이저, 루엘 데니와 공동으로 신중간계급에 대한 선구적인 사회학 연구인 《고독한 군중》(The Lonely Crowd)을 출판했다. 《고독한 군중》은 미국 사회가 내부 지향의 성격 유형으로부터 외부 지향의 성격 유형으로 전환하는 한가운데 있다는 유명한 결론을 내렸다. 말하자면 내부 지향 유형은 어린 시절 동안의 가치를 내면화해 분명한 목표를 가진 자기 의존적 개인들인 반면, 외부 지향 유형은 끊임없이 다른 사람들과 대중문화에 안내를 구하며 외견상 순응주의적이었다.[143] 《화이트칼라》와 《고독한 군중》은 1950년대의 '순응주의'(conformity)를 비판한 저작으로서 동시대인들과 역사가들이 자주 한데 묶는다는 것 말고도 공통점이 많았다. 두 책은 대중적이고 인도주의적이며 몹시 비판적인 사회학 저작이었다. 법률가로서 훈련받았을 뿐 전문적인 사회과학 학위가 없었던 리스먼은 밀스처럼 전후의 지배적인 전문적 사회학의 분위기로부터 동떨어져 있었다. 리스먼 역시 밀스처럼 사회학적 통찰력을 일반 대중에게 전달했는데, 이 점에서 《고독한 군중》은 눈부신 성공이었다. 《고독한 군중》은 1950년대에 50만 부나 팔리면서 미국 사회과학 책들 가운데 전무후무한 베스트셀러가 되었고, 리스먼은 1954년 《타임》 표지에까지 실렸다.[144] 《고독한 군중》과 《화이트칼라》는 저자들의 상상력을 이용했고, 또 그들의 사회학적 통찰력을 위해 대중문화 소설과 저작들에 대한 독서를 포함한 질적 자료에 주로 의존했다. 전후 사회질서가 전개되던 역사적 전환기에 쓰인 두 책 모두 개인의 성격과 사회구조의 관계에 초점을 맞추고 또 형성되는 바람직한 새로운 유형의 사람들에 관한 비슷한 질문을 제기했는데, 특히 가난, 인종, 성 문제를 무시했다는 점에서도 비슷했다.

흥미롭게도, 밀스는 1949년 시카고에서 리스먼의 집을 빌려 쓰는 동안 《화이트칼라》의 일부를 썼다. 더 의미심장한 것은, 그 책들이 BASR에서 밀스가 수행한 '일상생활' 연구에 공동의 기원을 두었다는 점이다. 1947년 봄, 컬럼비아대학 사회학과 대학원생으로서 결국 리스먼의 《고독한 군중》 공동 연구자가 된 네이선 글레이저는 학생들이 '일상생활' 자료를 분석하는 세미나를 밀스와 함께 열었다. 글레이저에게는 '정치적 무감각'에 관한 질문이 할당되었다.[145] 밀스는 또한 집중 면접 노트를 리스먼과 공유했다. 이 노트에 기초해 응답자들을 개신교 윤리, 시장 윤리, 이성적 윤리의 세 가지 유형으로 분류하면서, 리스먼은 미국이 개신교 윤리로부터 시장 윤리로 전환하는 와중에 있다고 주장했다. 이런 범주는 《고독한 군중》에서 사용된 것들의 전조였음이 분명하다. 내부 지향적, 외부 지향적, 그리고 자율적 유형이 그것이다.[146] 따라서 '일상생활' 연구는 리스먼과 글레이저 둘 모두에게 자신들의 집중 면접에서 시험한 주요 가설을 제공했는데, 이 면접들에서 그들은 밀스가 가졌던 것과 똑같은 질문 대부분을 응답자들에게 던졌다. 실제로 《고독한 군중》의 세 번째 저자인 루엘 데니는 밀스가 《화이트칼라》에서 '일상생활' 자료를 좀 더 많이 이용하지 못한 걸 비판했다. 1952년 3월 〈모두가 희생자는 아니다〉(Not All Are Victims)라는 제목의 비평에서, "이 독자에게는 밀스 교수가 원래 연구에서 제공한 게 틀림없는 풍부한 성격화와 일화를 실수로 자신의 책에서 삭제했다는 인상이 남는다"고 불평했다.[147]

외부 지향의 성격 유형에 대한 리스먼의 묘사는 '뉴 리틀맨'에 대한 밀스의 비평과 닮았다. 밀스처럼 리스먼이 보기에도 생산 지향 사회로부터 소비 지향 사회로, 또 기업가의 자본주의로부터 관료적 자본주의로 이행하는 동안, 걱정스럽고 정치적으로 무감각한 성격이 출현하고 있었다. 리스먼도 현대인이 직면한 주요 문제들은 점점 더 심리적이라고 믿었다. 미국의 중간계급은 점차 풍요와 여가의 사회 속에 살아가는 데서 이익을 얻기는 했지만, "중앙집권화되고 관료화된 사회 속에 있는 자신의 모습을 발견함으로써 …… 이 변화의 대가를 치른다"고 리스먼은 썼다.[148] "사람들을 조작하는 것에 점점 더 의존하는 사회"가 야기하는 심리적 문제들을 묘사하면서, 개별화된 성격을 발전시킬 수 없는 외부 지향 유형에 대한 리스먼의 비평은 소외된 화이트칼라 노동자들에 대한 밀스의 설명과 비슷했다.[149] 언제나 집단의 지시를 기대하는 외부 지향 유형은 스스로 결정하거나 자기표현을 할 수 없다고 판명되었다. 부모가 자녀의 발가락을 가지고 노는 동안 읊는 유명한 리듬에 관한 간결하면서도 의미 깊은 논평에서, 리스먼은 자신의 평가를 요약했다. "그 리듬은 좀 더 이른 시기의 아이들 사이에서는 개별화·사회화되지 않은 행동의 전형으로 받아들여질지도 모른다. 그러나 오늘날에는 모든 작은 돼지들(pigs)이 시장에 가고, 아무도 집에 머물지 않고, 모두 쇠고기 구이를 먹고, 모두가 '우리-우리'(we-we)라고 말한다."[150]

《화이트칼라》와 《고독한 군중》의 유사점은 밀스가 자유주의 사회과학 담론에 변함없이 관심을 놓지 않았음을 암시한다. 하워드 브릭은 밀스의 저작이 리스먼과 파슨스 같은 자유주의 사회과학자들이 공유한 '후기자본주의 전망,' 즉 1940년대에 특히 유행하게 된 전망을 닮았다고 주장했다.[151] 후기자본주의 이론가들은 미국 사회가 자본주의의 전통적 형태를 넘어선 중요한 이행을 겪고 있다고 믿었는데, 그것은 곧 사회를 이해하기 위한 새로운 방법을 발전시킬 것을 요구했다. 《화이트칼라》의 가장 중요한 주장들 가운데 일부는 후기자본주의 담론과 공명했다. 밀스는 아직 완성되지는 않았지만 미국 사회의 근본적인 전환을 분명히 인식하고 있었다. 《화이트칼라》에서, 밀스는 자본주의라는 용어를 이따금 사용했다. 그럼에도 불구하고, 후기자본주의 이론가들처럼 자본주의라는 단어가 "한 새로운 사회의 개괄"을 위한 아주 적절한 묘사라는 걸 발견하지 않았다고 주장하면서, 현대사회라는 표현을 더 좋아했다.[152] 관리자들이 기업들에서 권력의 진정한 근원으로서 소유주를 대체했다는 논제에 계속 반대했으면서도, 후기자본주의 이론가들처럼 관료화, 합리화, 중앙집권화 같은 경향이 더 근본적이라고 주장하면서, 밀스는 현대사회에서 소유관계의 중요성을 이따금 무시했다. 더욱이, 시민 사회에 대한 비경제적 개념을 발전시킨 리스먼과 파슨스 같은 후기자본주의 사상가들이 그랬듯이, 밀스는 현대사회가 "좀 더 심리적 관점에서" 이해되어야 한다고 믿었다.[153] 실제로 《화이트칼라》에서 밀스의 '지위 공황'(status panic)이라는 개념은, 파슨스와 리스먼, 대니얼 벨을 포함한 후기자본주의 사상가들과 주도적인 자유주의 사회과학자들의 사회심리적 통찰력 중 일부를 예기했다.[154] 그것은 또한 영향력 있는 리처드 호프스태터가 1955년에 출간한 책《개혁의 시대》(The Age of Reform)에서 지위에 좌절한 중간 계급 운동으로서 진보주의를 역사적으로 해석하는 작업에도 영향을 끼쳤다.[155] 따라서 브릭이 주장했듯이 밀스는 전후 자유주의자들이 낙관적으로 설명한 후기자본주의 전망을 비관적으로 설명한다고 이해할 수도 있다.

그러나 밀스의 관점과 자유주의적 후기자본주의 이론가들의 관점 사이에는 중요한 차이가 있었다. 이것은《화이트칼라》와《고독한 군중》사이의 중요한 분기점에서 분명하게 드러났다.《화이트칼라》가 현실을 직시한 급진주의의 산물이었다면,《고독한 군중》은 걱정하면서도 희망적인 전후 자유주의의 산물이었다. 리스먼은 내부 지향 유형에게 요구되는 자기 억압과 외부 지향 유형의 순응하려는 갈망 모두로부터 자유로운 '자율적' 개인들의 발전에 희망을 걸었다. 그는 전후 사회질서 그 내부에서 중간계급의 순응주의에 대한 해결책을 "여가와 인간적 동정심, 그리고 풍요로움을 위한 새로운 가능성을 거부하기보다는 받아들이는 사회를 발전시키려는 노력"에서 찾았다.[156] 자율적 개성의 발전을 묘사하는 과정에 대중문화와 중간계급의 여가 활동에 대한 밀스의 분석보다 더 복잡한 분석을 제공함으로써, 리스먼은 여가와 소비 영역에 초점을 맞추었다.《고독한 군중》은 여가 활동을 통한 좀 더 자율적인 개성을 촉진하기 위해 유쾌한 환상과 활동적 참여를 사용하는 일련의 흥미로운 제안을 담고 있었다.

그러나 밀스와 달리, 리스먼은 자율적 성격 유형의 발전을 가로막는 사회적·정치적 장애물에 대한 인식이 부족했다. 리스먼은 노동 문제를 무시하고 거의 전적으로 개인에게 초점을 맞추었을 뿐 아니라, 또한 느긋하게 여가를 즐기는 좀 더 자율적 개성에 대한 그의 요구를 둔화시켜 수준 높은 소비자들을 위한 간청에 불과한 걸로 축소시켰다. 시장조사를 "우리 경제의 민주적 통제를 위한 가장 유망한 통로들 중 하나"라고 부르면서, 리스먼은 아이들에게 가짜 돈을 주어 서로 다른 유형의 상품을 가지고 놀게 하고 시장조사자들은 아이들의 반응을 측정하는 '공짜 상점'(free stores) 실험을 발전시킴으로써, 자율적 성격 유형을 만들어 내는 계획을 제안했다. 만일 화이트칼라의 소외에 대한 밀스의 묘사가 미몽에서 깨어난 급진주의 때문에 종종 과장되었다면, 리스먼의 설명은 낙관적 자유주의의 소망적 사고에 의해 그에 못지않게 왜곡되었다. 그 밖에 전후 자유주의 사회이론가들의 저작도 마찬가지였다. 예를 들어, 그가 단순히 추정한 가치들을 실현하는 데 필요한 정치적 조치들은 이제 미국인의 삶의 구조의 일부임을 무시하고서, 점점 더 미국 사회가 경쟁적 개인주의를 대체한 것으로 판단한 때인 전후 시대에, 개인주의 사회에 대한 파슨스의 비평은 날카로움을 잃었다.[157]

《화이트칼라》와 《고독한 군중》은 모두 정치적 무감각의 문제를 다루겠다는 의도로 출발했는데, 이 두 저작에서 차이가 가장 크게 나타난 부분이 바로 이 주제에 관해서였다. 리스먼은 정치적 무감각을 진정한 문제로 다루고 심지어 유토피아적 전망이 필요하다고 주장했지만, 해결책은 개인의 심리 충족을 위한 정치 참여를 격려하는 것이었다.[158] 리스먼에 따르면, 현대 미국은 권력이 골고루 분산되어 있고 서로 상쇄하는 "비토 그룹들"의 불확정적이고 무정형(無定形)의 권력 구조를 가지고 있기 때문에, 정치적 무감각은 심리적 문제이지 심각한 정치적 문제는 아니었다. 이처럼 리스먼은 정치를 심리학적으로 설명한 반면, 밀스는 급진적 사회변혁이 개인의 소외를 없앨지도 모른다는 생각을 유지하면서 심리학을 정치화했다. 밀스의 저작을 리스먼 같은 전후 자유주의자들의 저작과 뚜렷이 구별 지은 것은 미국 사회에서 불평등한 권력의 사회 심리적 함축에 대한 날카로운 인식이었다. 밀스는 다음 책 《파워 엘리트》에서, 미국이 "한 지배계급의 권력 계급제도"를 더 이상 겪지 않는다는 리스먼의 틀에 박힌 생각을 철저히 폭로할 터였다.[159]

5장

진실의 정치

파워 엘리트, 사회학적 상상력

"미국의 권력 중심부는 국회의사당에 앉아 있는 선택된 정당의 직업 정치인들과 불안한 동맹을 맺고 있는 부자 기업, 군대의 고위 군인들과 그 대리인들로 이루어져 있다"

1940년대 후반의 지적·정치적 환경에 의해 형성된 《화이트칼라》는 급진주의를 견지한 채 직업적·정치적으로 고립된 한 지식인의 저작이었다. 이 책은 1950년대 밀스의 영향력 있는 사회 분석으로 전환하는 과정을 잘 보여 준다. 그런가 하면 밀스가 지난 15년의 세월에 걸쳐 발전시켜 온 방법과 사상의 산물이기도 하다. 《화이트칼라》처럼, 미국의 권력과 민주주의에 관한 책 《파워 엘리트》(1956)와 전문적 사회학에 대한 고전적 비평인 《사회학적 상상력》(1959)은 시대에 대한 반응일 뿐 아니라 사회과학 및 미국 좌파와 장기적 연대한 경험의 반영이었다. 1950년대의 토론에서 밀스는 그가 1930년대 후반과 1940년대에 발전시킨 사상에 바탕을 두고 있었다.

1950년대 초반, 밀스의 정치적 고립은 다시 한 번 내부로 향해 지식인들의 적절한 도덕적·정치적 책임을 숙고하도록 이끌었는데, 그는 1940년대 초반 동안에도 이 책임을 깊이 숙고했다. 1950년대 전반기에 발표된 논문들에서, 밀스는 좌파의 사회변혁 가능성이 뚜렷이 줄어든 시대에 급진적 지식인들이 '진실의 정치'(politics of truth)를 실천해야 한다고 주장했다. 진실의 정치는 현실에 대한 공식 정의들의 정체를 폭로하는 계몽적인 사회 분석을 제공했다. 이런 의미에서, 진리를 말하는 것 자체가 급진적이었다. 진실의 정치가 가진 힘과 한계는 《파워 엘리트》에서 분명히 드러났다. 밀스가 말하는 진실의 정치는 비판적 자세로서 전후 시대와 잘 들어맞았다. 《파워 엘리트》는 전후 자유민주주의 이론의 약점을 고스란히 드러냈고, 또 냉전 시대 미국의 기업·정부 제도들이 사회 현실을 공식적으로 규정하는 전례 없는 권력을 어떻게 획득하게 되었는지 폭로했다. 그러나 《파워 엘리트》는 환멸을 느낀 급진주의의 비관주의뿐 아니라, 진리 인식을 지나치게 확신하는 저자의 지독한 독선에 제약도 받았다.

《파워 엘리트》의 가장 주목할 만한 공헌은, 민주적 참여에 기초해 조직된 사회에서 실재, 가치, 또 정책들이 공개 토론에 부쳐질, 즉 집단적으로 실천되는 진실의 정치라는 이상을 정교히 다듬었다는 점이다. 이 전망은 어떻게 미국 엘리트들이 그들 나라의 민주적 약속을 전복시키는가에 대한 밀스의 가장 설득력 있는 분석에 기초가 되었다. 미국의 파워 엘리트에 대한 밀스의 날카로운 비판은 그의 정치적 태도를 전후 자유주의자들과 분명히 구별 지었다. 실제로 이전의 몇몇 급진주의자들을 포함한 많은 자유주의 사회과학자들은 《파워 엘리트》의 주장들을 논박하지 않을 수 없다고 느꼈다. '이데올로기의 종말'이라는 구절에 반영된, 대개는 전후 합의에 대한 온건한 자유주의 관점은 축소된 미국 민주주의에 대한 밀스의 반유토피아적 분석과 뚜렷이 대조되었다. 이처럼 밀스가 전후 미국 사회를 자유주의자들과 달리 평가하기는 했어도 일부 중요한 점에서는 그들의 분석과 닮아 있었는데, 그것은 그가 자유주의 사회과학 담론을 계속해서 마음속 깊이 간직하고 있었기 때문이다.

밀스의 주요 저작들 가운데 마지막인 《사회학적 상상력》은 1930년대 후반과 1940년대 초반에 그가 발전시킨 주제들과 가장 밀접한 내용을 상세히 설명한다. 오직 그의 이전의 방법론적·이론적 연구 작업을 이해함으로써 파슨스의 '거대 이론'(grand theory)과 라자스펠트의 '추상적 경험주의'(abstract empiricism)로 쪼개진 미국의 사회학에 대한 밀스의 영향력 있는 비평을 파악할 수 있다. 밀스의 고립감은《사회학적 상상력》에 부정적 영향을 미쳤다. 그는 현대의 전문적 사회학이 전반적으로 사회과학의 고전적 약속에 자동적으로 맞추어져 있음을 넌지시 내비추었고, 따라서 대안적 사회과학의 경향들을 무시했다. 책 밑바닥에 깔려 있는 구조는, 사회 분석을 통해 현대 사회학에 대한 절망적 묘사를 성취할 수 있는 것에 대한 고무적 실용주의, 지식사회학, 또 막스 베버를 받아들여 발전한 초창기의 지적 훈련에 기초한 '사회학적 상상력'에 대해 그가 주목하지 않을 수 없었던 묘사와 대비시켰다.

그럼에도《사회학적 상상력》은 사회과학의 방법과 개념들에 관한 한 편의 논문을 훨씬 더 뛰어넘었다. 왜냐하면 밀스가 사회학적 상상력의 확장에서 보았던 문화적 약속은 민주적 참여의 한 가지 형태로서 진실의 정치에서 보았던 정치적 약속과 긴밀하게 연결되어 있었기 때문이다. "사회과학은 우리 문화 시대의 공통분모가 되고 있다"고 밀스는 주장했다.[1]《사회학적 상상력》에서, 밀스는《파워 엘리트》에 이미 함축되어 있던 내용을 심도 있게 다루었다. 이를테면 더 광범위한 공개 토론을 위해 이용할 수 있게 된 사회학적 지식은 미국 민주주의를 소생시킬 대중운동의 기초가 될 수 있다는 것이다.

지식인의 책무

밀스는 1940년대 후반의 급속도로 변화하는 정치 풍경 속에서 《화이트칼라》를 썼다. 그러나 1950년대 전반에 이르자 전후의 정치 질서가 안정되었다. 이 새로운 질서는 그가 우려했던 대로 급진적 정치사상의 광범위한 토론을 배제했다. 밀스는 1950년대 전반기 대부분을 자신이 매우 좋아하는 주제들 가운데 하나, 즉 사회 속에서 지식인의 적절한 역할을 심사숙고하며 보냈다. 미몽에서 깨어난 급진주의의 맨 처음 시기인 1940년대 초반에 그랬듯이, 밀스는 지식인의 책임을 '진실의 정치'라는 용어로 공식화했다. 밀스가 말하는 진실의 정치는 두 가지 구성 요소를 지니고 있었다. 사회 현실에 대한 대중의 이해를 조작하는 미국 지도자들의 권력을 폭로하는 것과, 공식적으로 규정된 현실에 도전하고 민주적 대중 형성을 돕는 지식인들의 특별한 책임을 명확히 하는 것이었다.

밀스는 종종 '진실의 정치'를 미국 자유주의자들에 맞선 논쟁이라고 표현했다. 여러 전후 사상가들처럼, 자유주의를 유일하게 중요한 미국의 이데올로기라고 본 밀스는 미국에서 보수적·지적 전통이라는 개념을 평가절하했다. "미국에서 자유주의(그리고 그것을 고질적 사고방식으로 품고 있는 중간계급들)는 진정으로 보수적 이데올로기의 모든 번영을 가로막을 정도로 탁월한 게 되었다"고 밀스는 결론지었다.[2] 그런 입장으로 밀스는 지적 논쟁의 지표들을 설정했는데, 가장자리에는 그 자신의 급진주의를, 그리고 중심에는 '보수적 자유주의'로서 그 진실성을 의심했던 전후 풍요로움의 산물과 과거 뉴딜 정책 프로그램의 성공을 갖다놓았다. 이 점은 밀스를 타협적인 자유주의에 맞선 급진 사상의 확고부동한 챔피언으로 자리 잡게 하는 방식으로 지적인 토론들을 틀 지었지만, 미국의 보수적인 지적 전통과 자유주의와 급진주의가 공통으로 가졌던 요소, 이 둘 모두를 무시했다.

밀스는 특히 급진주의 사상을 내팽개친 뉴욕 지식인들을 겨냥했다. 아마도 이 집단에 대한 가장 유명한 공격은 《파르티잔리뷰》가 개최한 1952년 심포지엄에서 발표한 〈우리 나라와 우리 문화〉(Our Country and Our Culture)일 것이다. 뉴욕 지식인들을 상징하는 기관지로서 《파르티잔리뷰》는, 드와이트 맥도널드가 《폴리틱스》를 만들려고 그 잡지를 떠난 1940년대 초반에 이르러 이미 분명해진 사상적 구좌파의 전후 쇠퇴를 구체적으로 보여 주었다. 1950년대 초반에 이르러 《파르티잔리뷰》는 과도기를 끝내고 새로운 냉전 자유주의 창출에서 한 중심 포럼이 되었다. 시드니 훅, 라인홀드 니부어, 데이비드 리스먼, 아서 슐레진저 그리고 라이어널 트릴링처럼 이 발전에서 중요한 역할을 한 지식인들 대다수가 심포지엄에 원고를 냈다.

전후에도 《파르티잔리뷰》 서클은 지식인들이 대중문화에 반대하는 문학적·예술적 모더니즘 옹호자로서 역할을 유지해야 한다고 믿었다. 그러나 잡지는 소외된 정치적 급진주의자들로서 이전의 태도를 포기하고 지식인들에게 미국 사회에 대한 보다 낙관적 견해를 받아들일 것을 요구하는 중요한 목소리가 되었다. 심포지엄을 소개하면서, 편집자인 윌리엄 필립스와 필립 라브는 "이제 미국 지식인들은 미국과 미국의 제도들을 다른 방식으로 본다. 불과 10년 전까지만 해도 미국은 예술과 문화에 적대적이라고 일반적으로 생각되었다. 그러나 그 뒤로 풍조가 변하기 시작했고, 지식인들은 이제 그들의 나라와 그 문화에 더 가깝다고 느낀다"고 썼다.[3] 이런 전환에서 결정적으로 중요한 한 측면은, 미국 사회가 소련에 맞선 보루가 되어야 한다는 반스탈린주의 지식인들의 인식이었다. 예를 들어, 필립스와 라브는 "미국에 존재하는 민주주의는 본질적이고 긍정적 가치를 지녔다는 인식을 가지고 있었다. 그것은 단지 자본주의 신화가 아니라 러시아의 전체주의에 맞서 옹호되어야 하는 하나의 현실"이라고 주장했다.[4] 심포지엄에 참가한 모든 사람이 미국 사회를 낙관적으로 보거나 미국 정치에 대한 자기만족적 견해를 받아들인 것은 아니지만, 《파르티잔리뷰》는 미국 주류 정치에서 확실히 자기 입장을 굳히게 되었다. 1950년대에 이 잡지는 재정적 어려움을 극복하는 가운데 미디어 거물인 헨리 루스와 CIA로부터 비밀 보조금을 받았다. 이들은 저마다 냉전 자유주의 단체인 '문화적 자유를 위한 회의'(Congress for Cultural Freedom)를 통해 자금을 흘려보냈다.[5]

심포지엄에 대한 반응을 통해 밀스는 급진적 지식인들의 옛 이상을 간직한 가장 탁월한 지식인으로서 지위를 굳혔다. 《파르티잔리뷰》의 변질은 밀스가 보기에 지식인의 비판적 책임을 완전히 포기하는 것과 같았다. 그는 이렇게 썼다.

미국 지식인들은 미국에 대한 태도를 아주 결정적으로 바꾼 것처럼 보인다. 그 전환의 결과는 1939년 '우리 나라는……'으로 시작되는 '낡은 선전 활동'(the old PR)이나 상상하는 사람들에게 이용될 수 있다. 당신은 겁나서 움찔했을 것이다. 당신은 그 전환이 무엇으로부터 무엇으로 일어났는지 묻고 싶지 않은가? 삶과 편지들(life and letters)에 대한 정치적·비판적 지향으로부터 좀 더 문학적이고 정치적으로 덜 비판적 견해로, 또는 일반적으로 현상(現狀)

에 대해 움츠러드는 복종으로, 종종 부드럽고 걱정하는 고분고분함으로, 그리고 언제나 대안을 찾기보다 이 지적인 행동을 정당화하기 위한 종합적이고 엉성한 조사로![6]

밀스는 전후 자유주의자들이 '미국 찬양'에 복무했다고 주장했다. 미국의 막강한 군사적·정치적 힘과 상대적으로 낮은 문화 수준 및 위신 사이의 모순을 걱정하면서도, 그들은 전후 미국 사회구조에 대해 어렵고 중요한 문제들을 회피했다.[7] 좌파 정치 운동이 없었음을 감안하면, 급진적 지식인들에게 이용 가능한 최선의 경로는 적어도 그 순간에는 유토피아적이었던 좌파의 행동 프로그램들을 깎아내리면서도 대안의 가능성을 계속 높이는 거라고 밀스는 결론지었다. "유토피아적인 것이 그다음 10년 동안은 실행 가능한 것이 될지도 모른다는 점을 기억하면서, 우리보다 앞서 수많은 사람들이 그랬듯이 우리는 기다려야 한다"고 그는 썼다.[8]

1950년대 중반에 이르러, 밀스는 자기 혼자만 급진적 사상에 애착을 가진 게 아님을 발견했다. 좌파 이상들에 대한 신념을 유지한 밀스 세대의 다른 지식인들도 미국 사회를 비판해야 할 독립적 지식인들의 특별한 책임을 비슷하게 강조했다. 그들에 따르면, 사회 분석은 행동으로는 더 이상 실현될 수 없는 것을 생각 속에는 보존할 수 있었다. 루이스 코저와 어빙 하우가 1954년 창간한 잡지에서 '디센트'(Dissent, 찬성하지 않음)이라는 제호는 이런 태도를 완벽하게 포착했다. 코저는 좌파 사상을 생생히 유지하고 전후 시대에 그 사상의 중요성을 다시 평가하기 위한 초기의 시도였던, 1940년대 후반 밀스의 '좌파에 관한 간담회'(Dialogs on the Left)에 참여한 소수 사람들 중 하나였다. 한편 하우는 《디센트》의 주요 배후 세력이었다. 1952년, 중요한 좌파 운동이 일어날 가능성이 전혀 없음을 확신하고서, 하우는 탈당서에 "오늘날 사회주의자들의 주요 과업은 우리 자신에게 새로운 방향을 주고 우리 자신을 재교육하는 것을 주요 목적으로 하여 꾸준히 지적 활동에 참여하는 것"이라고 쓰면서 노동자당을 떠났다.[9] 밀스처럼, 하우는 《파르티잔리뷰》에서 벌어진 급진주의 사상을 버린 지식인들에 맞선 논쟁에서 비판적 지식인의 이상을 옹호했다. 널리 주목받은 논문 〈순응의 시대〉(This Age of Conformity)에서, 하우는 "헌신적이지만 감정적이지 않은, 홀로 설 준비가 되어 있고 호기심 있고 열성적이고 회의적 정신"에 대한 지지를 유지했다. "비판적 독립의 깃발은 누더기가 되고 찢기어 갈라졌을지라도 여전히 우리가 가지고 있는 최선의 것"이라고 그는 선언했다.[10] 《디센트》를 '독립적 급진주의자들'을 위한 포럼이라고 부르면서, 코저와 하우는 "오늘날 미국에는 중요한 사회주의 운동이 아무것도 없고, 십중팔구 그러한 운동이 가까운 장래에 나타날 것 같지도 않다"는 점을 솔직히 인정하고서 《디센트》를 창간했다.[11] 코저는 첫 사설에서 "이 결핍과 고난의 세월에 급진주의자가 할 수 있는 최소한의 것은 권력의 앞잡이가 되지 않으려 애쓰는 것이다. 우리는 역사의 경로에 영향을 줄 수 없을지 몰라도 여전히 우리의 생각을 가다듬을 수 있다. 우리는 적어도 오늘날 한창 유행하는 앞뒤가 맞지 않는 이야기와 말의 마술을 피해야 한다"고 숙고했다.[12] 《디센트》 창간호에 미국인의 사고와 정치 성향을 혹평하는 밀스의 논문 〈보수적인 분위기〉(The Conservative Mood)가 실린 것은 적절했다.[13]

《디센트》는 결코 《폴리틱스》를 대체하지 못했다. 그것은 사회민주주의적 자유주의를 향해 서서히 나아가면서 시간 경과에 따라 급진적 태도가 약해졌다. 그러나 모리스 이서먼이 주장한 것처럼, 이 잡지는 구좌파와 신좌파를 이어 주는 몇 안 되는 제도적 통로가 되었다.[14] 밀스에게, 《디센트》는 적어도 진실의 정치를 실천하는 과정에 남들이 결합해 올지도 모른다는 소박한 희망을 주었다. 편집위원으로 일해 달라는 제의는 거절했지만, 밀스는 《디센트》가 일관된 정치 프로그램이 없다고 단언한 《코멘터리》의 네이선 글레이저의 공격에 맞서 잡지를 옹호하고 나섰다. 밀스는 글레이저가 이제 시작한 잡지에 너무 많은 걸 요구한다고 주장했다. "지배적 분위기는 그 정체가 폭로되고 극복되어야 하기 때문에, 새롭게 생각하고 현실을 새로 규정하고 함정에서 벗어날 길을 찾으려 애쓸 때가 온다." 이런 측면에서 《디센트》는 '지성과 정치의 결합'을 향한 시도로서 중요했다.[15]

밀스는 1944년에 발표한 〈무기력한 사람들〉 이래로 지식인들의 책임에 관한 가장 명쾌한 진술인 〈지식과 권력에 관하여〉(On Knowledge and Power)를 1954년 《디센트》에 발표했다. 〈지식과 권력에 관하여〉는 미국 지식인들이 "문명에서 이성의 위대한 역할과 지식의 공적인 적합성이라는 옛 이상을 포기했다"는 밀스의 낯익은 한탄으로 시작되었다.[16] 자유주의 이데올로기의 붕괴는 밀스의 이야기에서도 중심을 차지하고 있었다. 그는 뉴딜 정책이 개혁을 계속 추진할 강력한 조직을 남겨 놓지 않았고, 자유주의를 진부한 수사학, 즉 전투적인 정치적 믿음이라기보다는 일련의 행정상 틀에 박힌 절차로 바꾸어 놓았다고 주장했다. 매카시즘을 지위에 좌절한 자들의 일시적 운동으로 간단히 처리하면서, 밀스는 자유주의 지식인들이 "시민의 자유를 옹호하는 데 바빠서 그걸 사용할 시간도 의향도 없다"는 사실에 더욱 마음이 산란했다.[17] 급진 사상과 정치를 억누르는 매카시즘의 파괴적인 역할을 감안할 때, 밀스가 전후의 '적색공포'(red scare)를 그리도 손쉽게 간단히 처리했음은 주목할 만하다. 밀스가 공격한 전후 자유주의자들 가운데 몇몇은 밀스보다도 더 정력적으로 매카시즘의 위협에 맞서 시민의 자유를 옹호했다.

〈지식과 권력에 관하여〉에서 밀스의 으뜸가는 주제는 "대중적 힘에 대한 전망이 부재한 상황"이었고, 그의 중요한 통찰력은 "진리는 정치적이어서 권력을 쥐고 있는 사람들에 의해 공식적으로 규정된다"는 것이었다.[18] 진실의 정치를 실천하는 것은 또 다른 의미에서 진리가 정치적이 될 수 있고, 따라서 민주적 토론에서 중요한 역할을 할 수 있다는 약속을 제시했다. 진실의 정치를 실천하는 가운데 밀스는 지식인들에게 특별한 과업을 할당했는데, 왜냐하면 그들은 정치적 결정을 하기에는 무기력하지만, "합법화, 또 권력과 결정의 대표자들과 관련해서는" 여전히 정치적으로 관계가 있기 때문이다.[19] 밀스는 지식인의 책임에 관한 생각을 아주 정교하게 가다듬었다.

사회적 인간의 한 유형으로서 지식인은 어떤 정치적 방향을 가지고 있지는 않다. 그러나 참다운 인간이라면, 지식인의 모든 일은 독특한 종류의 정치적 적합성을 가진다. 첫째로, 지식인의 정치는 진실의 정치이다. 그의 일은 현실에 대한 적절한 통찰력은 유지하는 것이기 때문이다. 진실의 정치의 주요 신조는 자신이 할 수 있는 한 최대한의 진리를 발견하고, 그것을 적절한 시간에 적절한 방법으로 적절한 사람들에게 말하는 것이다. 혹은 부정적으로 말한다면, 그것이 어느 누구의 단언들 속에 등장할 때마다, 그가 거짓으로 알고 있는 것을 공개적으로 부정하는 것이다. …… 적어도 진리의 가치와 관련해, 지식인은 사회의 도덕적 양심이 되어야 한다. (현실을) 규정하는 경우에 있어서, 그것이 그의 '정치'이기 때문이다. 또한 그는 무엇이 현실적이고 비현실적인지 알려 고군분투하는 사람이 되어야 한다.[20]

〈지식과 권력에 관하여〉가 지식인의 정치적 의무에 초점을 맞춘 것은 그보다 10년이나 앞서 발표된 〈무기력한 사람들〉과 일맥상통한다는 점에서 주목할 만하다. 두 논문 모두 엘리트들이 민주적 토론을 회피하는 정도를 인식했고, 또 진실의 정치를 실천해야 하는 지식인의 책임을 요구했다. 좌파 운동의 가능성에 관한 밀스의 정직한 절망은, 정치적으로 행할 수 있는 것에 관해서는 전혀 확신이 서지 않았더라도 지식인의 특별한 의무에 관한 확신을 강조하게 만들었다. 두 논문 모두 비슷한 문제들을 공유했다. 예를 들어, 실용주의와 합리주의 사이의 인식론적 긴장을 해결하지 못했다. 밀스는 진리가 본래 상황적이고 정치적이라고 보았다. 그러나 진실의 정치에 대한 요구는 공공연한 사기꾼들의 판단을 흐리게 함으로써 미국 사회에 관한 진실을 폭로할 수 있다고 생각했다. 밀스는 초창기에 실용주의와 지식사회학을 결합함으로써 신념은 사회적으로 고정되어 있다고 여겼으면서도, 진실의 정치는 그 믿음을 용기 있는 개인들의 노력에 가져다 놓았다. 더욱이 독립적인 급진적 지식인들이 진리에 특권적으로 접근할 수 있다고 주장하는 순환 논리를 사용했다. 지식인은 급진적이기 때문에 진리를 발견할 수 있고, 진리를 말하기 때문에 급진적이라는 얘기이다.

그럼에도 불구하고, 〈무기력한 사람들〉과 〈지식과 권력에 관하여〉

사이에는 작지만 지각할 수 있는 뉘앙스의 차이가 있었다. 〈지식과 권력에 관하여〉에서, 밀스는 지식이 "해방적인 공적 타당성"을 가질 가능성에 관해 좀 더 낙관적으로 보았다.[21] 밀스는 1940년대 후반과 1950년대 초기의 어두운 환멸로부터 아주 조금이지만 희망적 전망으로 옮겨 갔다. 《디센트》의 출현은 밀스에게 전후 정치 환경에서의 긴장 완화를 암시했다. 잡지 창간호에서, 밀스는 '보수적 분위기' 속으로 빠져드는 지식인들의 퇴행이 구조적으로 결정되는 게 아니라 잠재적으로 뒤집을 수 있는 경향이라고 보았다. 밀스는 권력과 지성의 결합을 더 이상 바라지 않고 자율적 지성의 정치적 잠재력을 믿기 시작했는데, 이것은 결국 그가 '문화적 장치'를 신좌파의 유산으로서 받아들임으로써 절정에 도달할 발전이었다. 그러나 밀스는 좌파의 변화를 위한 중요한 동력을 하나도 보지 못했기 때문에, 〈지식과 권력에 관하여〉는 "미국에서 지식은 이제 민주적 적합성이 없다"고 결론내렸다.[22]

밀스는 〈지식과 권력에 관하여〉의 대부분을 《파워 엘리트》에 통합시켰다. 미국 민주주의를 비관적으로 묘사한 이 책은 급진주의 저작이기는 했지만, 밀스는 변화의 전제 조건으로서 필요한 유형의 이해를 진척시킴으로써 약간의 차이를 만든다는 소박한 희망을 품고 이 책을 썼다. 《디센트》와 관련된 많은 친구들이 책에 관심을 가지자 밀스는 용기를 얻었다. 하비 스와도스에게 썼듯이, "많은 사람들은 책이 비판을 덜 받도록 돕기 원한다고 나는 생각하는데, 그들은 내가 그렇게 하기를 몹시 원한다. 그들은 당신도 알고 있는 허튼소리에 넌더리났다. 그리고 이 책은 조류의 방향을 바꿀 작은 선회축이 될지도 모른다."[23] 《파워 엘리트》에서 밀스는 진실의 정치를 가장 분명히 표현했다. 독서클럽 '북파인드뉴스'(Book Find News)가 이 책을 선정한 후 밀스가 〈왜 나는 파워 엘리트를 썼는가〉에서 설명했듯이, "오늘날 독자와 작가로서, 우리는 속지 않기 위해 노력해야 한다. 지금은 신화와 혼란으로 가득 찬 시대이기 때문이다. 이런 시대에, 모든 진지한 책의 과업은 사회 현실의 중요한 측면들을 사실대로 보여 주기 위해 환상의 정체를 폭로하는 것이다. 그 과업은 정보 제공만으로는 성취될 수 없다. 높은 자리의 힘 있는 자들에 관한 정보가 너무도 필요하지만, 우리는 또한 우리가 살고 있는 세계를 좀 더 분명히 볼 수 있도록 렌즈를 갈고 닦으려 애써야 한다."[24]

파워 엘리트

《화이트칼라》를 끝마친 직후, 밀스는 잠정적으로 '높은 자리의 힘 있는 사람들'(The High and the Mighty)이라는 제목을 붙인 책을 쓰기 시작했다. 노동운동에 관한 책으로 시작해 화이트칼라 노동자에 관한 연구로 이어진 미국의 사회 계층화에 관한 '3부작'은 상류계급에 관해 쓴 이 책에서 완성될 터였다. 이 세 권의 책은 미국 사회질서의 바닥, 중간, 꼭대기를 아우를 거라고 밀스는 설명했다.[25] 엘리트에 관한 명확한 정보를 밝혀내기가 어려웠던 탓에, 새로운 책을 위한 이 연구는 만만치 않은 작업이었음에 틀림없다. 밀스는 이 책 감사의 말에 다음과 같이 썼다. "많은 가공하지 않은 자료의 편리한 이용 가능성에 따라 연구 영역을 선택해야 한다면, 우리는 엘리트들을 결코 선택해선 안 될 것이다. 그러나 우리가 살고 있는 사회의 참된 성격을 이해하려 애쓰고자 한다면, 엄밀한 증거의 불가능성이 우리가 중요하다고 믿는 건 뭐든 연구하기를 방해하도록 내버려 두어선 안 된다."[26]

미국의 최고 경제·군사·정치 지도자들의 경력 경로 전기(career-line biographies)를 구축하고자 다양한 자료에 의존하면서, 밀스는 그들의 사회적·정치적 배경을 묘사하고 중요한 직책을 얻는 통로를 추적해 나갔다. 그러나 밀스 스스로 깨달았듯이, 이 증거는 파워 엘리트의 지배와 미국 민주주의의 약점에 관한 원대한 주장들을 거의 입증하지 못했다. 엘리트에 관한 연구의 일반적 부족을 보충하려고 특히《뉴욕타임스》와 기업 신문 자료들을 끄집어내면서, 밀스는 주류 매스미디어의 보도들에 대한 해석을 눈부시게 발전시켰다. 그가 1953년 예약 구독한《포춘》대금을 연구비로 갚아 달라고 컬럼비아대학에 요청했지만 실패하면서, 그는 "잡지는 이 연구 목적을 위해 글자 그대로 매 호마다 갈기갈기 찢겨지고 있다"고 썼다.[27] 한편 베테랑 통계학 연구자인 밀스의 아내 루스 하퍼 밀스는 이 책의 "주요 연구와 편집상의 조언자"로서 꼭 필요한 사람이었다.[28]

대체로, 단일 주제의 점진적 발전으로 읽히는《파워 엘리트》는《화이트칼라》보다 일관성이 더 돋보인다. 논의를 개괄하는 첫 장에서, 밀스는 지역 수준에서 전국 차원으로 확대하며 미국에서 권력의 역사적 이행을 묘사해 나갔다. 그러고 나서 권력 엘리트들을 '부자 기업,' '군부 지도자,' '정치 지도자'로 구분하여 차례로 고찰하는 데 많은 분량을 할애했다. 그런 다음 자신의 권력 엘리트 이론을 자유주의 다원주의자들이 세상에 퍼뜨린 '균형이론'과 구별 지으면서, 밀스는 '권력의 삼각형'으로 묘사한 것의 서로 맞물린 성격을 기술했다.[29]《화이트칼라》의 분석을 되풀이하고 광범위한 대중 토론과 참여에 기초한 민주주의에 대한 밀스의 규범적 생각을 소개하면서, 13장은 '대중사회'를 다루었다. 미국 지식인들의 보수주의적 분위기를 비난하는 이전 논문들에 기초해, 마지막 두 장에서는 무책임한 엘리트들의 '더욱 심각한 부도덕'을 고발했다.

밀스의 '파워 엘리트' 개념에 관해 이 책을 논평한 많은 사람들이 당황했다. 그러나 밀스가 학창 시절 이래 지지해 온 실용주의와 역사주의, 맥락을 중시하는 방법론을 회상하면 이 혼란은 어느 정도 해소될 수 있었다. 이론적 개념으로서 믿을 수 없을 정도로 솔직한 '파워 엘리트'에서, 밀스는 뭐든 할 수 있는 절대 권력을 가진 것은 아니지만, 시민 대중과 뚜렷이 구별될 만큼 충분한 권력을 가진 소수 지도자들을 언급했다. 밀스는 엘리트에 관한 고전적인 사회학 이론가들인 빌프레도 파레토, 가에타노 모스카, 로베르 미헬스의 특징으로 생각했던, 엘리트는 언제나 역사에서 원동력 역할을 한다는 개념을 거부했다. 예를 들어 모스카에 따르면, "모든 사회에는 …… 두 계급, 즉 지배계급과 피지배계급 사람들이 등장하는데, 늘 수적으로 적은 지배계급이 모든 정치적 기능을 수행하고 권력을 독점하며 이점들을 누렸다."[30] 이와 대조적으로, 파워 엘리트의 존재는 경험적 연구에 대해 열려 있다고 주장하면서, 밀스는 일체의 그런 일반화들을 간단히 처리했다. 그런데도 밀스가 '엘리트'라는 용어를 사용했다는 이유만으로 많은 비평가들은 엘리트 이론가들이 밀스에게 상당히 영향을 끼쳤다고 부정확한 가정을 했다.[31]

'파워 엘리트' 개념은 불균형한 과잉 권력을 가진 소수가 지배하는 어느 사회에나 적용될 수 있었다. 예를 들어, 우리는 19세기 프랑스의 파워 엘리트들, 또는 밀스가 그랬듯이 미국 역사의 이전 시대들에서 파워 엘리트들에 관해 말할 수 있다. 그러나 밀스는 그 용어를 이론적 개념과 동시에 경험적 묘사로 사용해 혼란을 불러일으켰다. 대체로 그는 20세기 중엽 미국의 파워 엘리트를 언급하기 위해 이 용어를 사용했다. 결국 밀스의 책은 그 무슨 일반적인 이론적 공헌 때문이 아니라 당시 누가 미국을 지배했는지에 대한 설명 때문에 가치가 있었다. 현대 미국 사회에 대한 경험적 묘사로서, 파워 엘리트는 "복잡하게 겹쳐 있는 무리로서 적어도 전국적 결과를 갖는 결정들을 공유하는 '정치, 경제, 군사 집단'(밀스와 거스가 《개성과 사회구조》에서 확인한 다섯 가지 사회질서 가운데 세 가지)을 하나하나 설명했다.[32] 정치, 경제, 군사 영역의 권력을 밝혀냄으로써, 밀스는 종교와 친족 제도들에 대한 의미심장한 자율적 권력을 부정했다. 더욱이 대규모 관료제의 확대와 중앙집권화, 핵 기술 발전 덕분에 미국 지도자들은 과거 어떤 지도자들보다도 더 큰 권력을 가지고 있다고 밀스는 주장했다. 이렇듯 역사적 관점에서 그들은 바로 파워 엘리트라고 볼 수 있었다.

《파워 엘리트》는, 밀스가 이전부터 베버나 베블런 같은 사상가들과 연대성을 통해 발전시켜 온 관점인, 중추적 조직들을 통제하는 자리에 있는 권력에 대한 근본적으로 제도적인 이해를 표현했다. 따라서 밀스는 "현대사회의 주요 계급 제도나 조직들"과 "사회구조의 전략적 전투 사령부"가 가지고 있는 권력을 식별했다.[33] 좌파 비평가들로부터 많은 논평을 불러일으킨 의미론적 선택을 하면서 매우 세밀히 파고든 한 주석에서, 밀스는 마르크스주의의 '지배계급'보다 '파워 엘리트'라는 용어를 더 좋아한다고 밝혔다. 마르크스주의 용어는 '지름길 이론'(short-cut theory)을 함축해 경제적 계급이 정치적으로 지배하는가 아닌가 하는 문제에 선입관을 갖게 한다고 느끼기 때문이라고 말했다.[34] '계급'을 동료 사회과학자나 좌파 비평가들이 언제나 공유하는 것은 아닌 엄격히 경제적인 것으로 정의함으로써, 밀스는 많은 독자를 혼란스럽게 했다. 많은 마르크스주의자들은 모든 것을 경제학으로 환원하지 않는, 지배계급에 대한 보다 미묘한 이론들을 사용했다. 실제로 프랑크푸르트학파 마르크스주의자인 프란츠 노이만은 밀스의 파워 엘리트 개념에 영향을 주었다. 그렇더라도 밀스는 정치·군사 권력의 실제적이거나 잠재적 자율성을 강조함으로써 자신을 통속적인 마르크스주의자들과 구별했다. 베버를 따라, 밀스는 마르크스주의자들의 특성으로 생각한 엄격한 경제결정론을 거부하고 서로 다른 사회 영역들의 자율성을 강조했다. '지배계급'이라는 용어를 거부하면서, 밀스는 거스와 함께 쓴 《막스 베버로부터》의 서문에 사용한 것과 비슷한 용어를 사용했다. "우리는 '경제결정론'의 그토록 단순한 관점이 '정치 결정론'과 '군사 결정론'에 의해 정교히 다듬어져야 하고, 이 세 가지 영역의 고위층이 이제 종종 눈에 띄는 정도의 자율성을 가지고, 또 복잡하게 얽힌 연합의 방식으로만 가장 중요한 결정들을 내리고 수행한다고 주장한다."[35]

《파워 엘리트》 앞부분 장들에서, 미국에서 권력은 더 이상 지역 또는 지방에 흩어져 있지 않고 이제 중앙에 집중되어 있다고 밀스는 주장했다. 이 책에는 '지역사회와 대도시 400'이라는 장이 포함되었는데도, 밀스는 "지난 세기에 지역사회는 국민경제의 일부가 되었다. 지역사회의 지위와 권력 계급제도는 국가라는 더 큰 계급제도에 종속된 부분이 되었다. 일찍이 남북전쟁(1861~1865)이 끝나고 수십 년이 지나서도, 지역의 유명 인사들은 오직 지역적이었다"고 논증했다.[36] 결국, 지역적 탁월함을 유지하고 싶어 했던 사람들조차도 자신을 국가 제도들과 관련시켜야 했다. 권력뿐 아니라 품위도 미국의 명성 체계(celebrity system)를 통해 전국화되었다고 밀스는 주장했다. 지역사회

연구에서 미국 권력 제도를 추론하려 했던 W. 로이드 워너 같은 인물을 비판하면서, 밀스는 사회학에 대한 지역화된 '환경'(milieu) 접근법을 계속 공격해 나갔다.[37]

지역과 대도시 지도자들에 관한 논의에 뒤이어, 밀스는 전국적으로 중요한 경제·군사·정치 엘리트들을 논의하는 차원으로 나아갔다. 밀스의 경력 경로 자료는 미국의 부가 스스로를 영속시키는 경향이 있음을 확증했고, 그리고 뉴딜 이후의 미국에는 '아주 부유한' 계급이 더 이상 없다는 신화의 뿌리를 침식했다. 현대 미국에서 아주 부유한 10명 중 7명은 상류계급 배경 출신이라고 밀스는 설명했다. 더욱이 그들은 백인, 개신교도, 도시의 잘 교육받은 '획일적인 사회적 유형'을 이루고 있었다. 미국인들은 기업가적 독창성이나 한 조직의 꼭대기로 복잡한 절차를 거쳐 올라가는 것이 아니라 시장의 재정적·투기적·법률적 조작을 통해 부를 축적했다고 주장했다. 밀스가 매슈 조지프슨, 구스타버스 마이어, 소스타인 베블런 같은 이전 미국 비평가들의 연구 작업에 의존했을 때, 미국 부자들이 물려받은 특권의 정체를 폭로하는 이 장들은 그저 부정부패를 적당하게 들추어내는 것 이상이었다.[38]

밀스는 '부자 기업'의 증가를 고려에 넣음으로써 규범적인 진보적 비평을 새롭게 했다. 밀스는 기업이 모든 미국인의 경제생활에 미치는 힘을 강조했는데, 그 힘은 "정치제도와 마찬가지로 …… 전체주의적이고 독재적이다."[39] "사유재산과 소득이라는 봉건제 같은 세계의 이익을 책임지도록 내려지는 그들의 사적인 결정들은 국민경제의 규모와 모양새, 고용 수준, 소비자 구매력, 부풀려진 가격, 다른 용도로 돌리는 투자들을 결정한다"고 밀스는 썼다.[40] 아주 부유한 개인들의 부는 기업에서 자신들의 제도적 역할에 점점 더 의존하고 있다고 밀스는 주장했다. 예를 들어, (높은 직책이나 지위 따위에서 생기는) '이 득'의 증대를 지적했는데, 그것은 기업 최고 경영자들이 누리는 경비 (접대비, 출장비 등), 공짜 여행, 사치스런 오락 시설 따위의 혜택을 가리킨다. 그리고 밀스가 지적했듯이, 전체 인구의 겨우 0.2~0.3퍼센트가 기업 주식의 대부분을 소유하고 있었다. 비록 어느 정도 구분과 갈등을 인정하기는 했지만, 밀스는 화이트칼라든 블루칼라든 미국 노동자들한테서는 찾아볼 수 없는 계급의식을 가진 매우 단일화된 부자를 묘사했다. 사회적 관점에서, 부자들은 하나같이 엘리트 기숙학교와 사립대학, 클럽 같은 똑같은 제도들에 참여했다. 구조적 관점에서, 심지어 일부 일류 기업 고위급 인사들은 자신들의 부와 지위가 점점 더 기업에 의존하기 때문에, "산업적 관점과 전망으로부터 전체로서 모든 대기업 재산의 이해관계와 계급적 전망으로 이동"을 완성하고 있다고 밀스는 주장했다.[41]

제2차 세계대전 이후 '군대의 부상'은 파워 엘리트에 최고 군사 지도자들을 포함시킨 까닭을 잘 보여 준다고 밀스는 주장했다. 그들의 상승은 당시 연방정부 예산 가운데 군사비에 충당된 비율, 즉 제2차 세계대전 시작된 이래 30~50퍼센트에 달하는 비율에서 분명하게 드러났다.[42] 밀스는 경력 경로 자료에 기초해 엘리트 중에서도 군사 지도자들이 관료적 경로를 통해 지위를 성취하는 경우가 많다고 주장했다. 군사 관료제의 상징은 바로 새로 건축된 펜타곤이었다. 그것은 "새로운 군대 건물의 크기와 모양새, 미국의 폭력 수단이 조직화된 두뇌"를 대표했다.[43] 밀스에 따르면, 군대의 부상은 문민 통치라는 미국의 오랜 전통을 파괴했고, 그래서 산업화된 사회에서는 군인의 역할이 줄어들 거라는 19세기 자유주의자들의 낙관적 가정을 뒤엎었다. 군사 지도자들은 정치 지도자들이 남겨 놓은 권력 공백을 채워 나갔고, 대개 스스로 주도권을 쥐고 외교를 수행하고 해외 정책까지 만들었다고 밀스는 주장했다. 새로운 정치권력 획득에 덧붙여, 군인들은 경제 분야에서도 점점 더 중요한 역할을 했다. 더 나아가 밀스는, 은퇴한 군사 지도자들이 증액된 군사비로부터 이익을 얻는 여러 기업에서 중역 자리를 차지하고 있음을 보여 주었다.

파워 엘리트를 구성한 세 번째 집단은 '정치 지도자들'이다. 밀스는 정치제도가 이제 미국의 권력 구조에서 중심이라고 밀스는 확신했다. 그러나 미국 정치에 대한 밀스의 비평에서 근본 요소는 선출된 정치 지도자들의 자율성 감소였다. 언젠가 밀스는 "(제2차 세계대전 이래) 가장 많은 걸 잃은 사람은 직업 정치가이다. 너무 많은 걸 잃었기에, 사건이나 결정을 유심히 살펴보자면 우리는 부자 기업과 고위 군사 지도자가 일치된 이해관계 속에 지배하는 정치적 공백에 관해 말할 수밖에 없을 정도다"고 말했다.[44] 밀스의 경력 경로 자료는 행정부 최고 정치 지도자들이 직업 정치가들보다 기업·군사 부문으로부터 점점 더 '정치적 아웃사이더'가 되고 있음을 보여 주었다. 미국은 독립적 공무원이 부족했기 때문에, 기업 내부의 인사들이 정부 규제 기관들을 장악하고 자신의 목적에 이용했다. 밀스는 전후 시대를 1930년대의 '정치적 10년'과 대조했는데, 1930년대에는 "기업의 힘은 대체된 게 아니라 경쟁되고 보충되었다. 그것은 정치화된 경제적·군사적 인물이 아니라 정치적 인물들이 주로 운용하는 권력 구조 내부의 한 주요 권력이 되었다."[45]

밀스는 경제·정치·군사 제도 질서들을 별개로 생각하면서도 파워 엘리트들의 결합력을 강력히 주장했다. "미국 어디에도 엘리트들 사이에서처럼 강력한 '계급의식'은 존재하지 않는다. 다시 말해 계급의식이 파워 엘리트들만큼 효과적으로 조직된 곳은 어디에도 없다."[46] 밀스는 이 세 영역을 통한 엘리트 순환의 사례들, 즉 아이젠하워 행정부 체제에서 작동한 수많은 실제 사례를 인용했다. 아이젠하워 행정부의 최고 행정 직책들 50여 개 가운데 4분의 3은 정치에 전문적 경험이 거의 없는 정치적 아웃사이더들로 채워졌다. 그들 대부분은 찰스 어윈 윌슨 같은 기업계와 연줄이 닿아 있었다. 아이젠하워 행정부의 국방장관이었고 제너럴모터스(GM)의 전임 최고 경영자였던 윌슨은, 자신을 비준하는 청문회에서 "국가를 위해 유익한 것은 제너럴모터스를 위해서도 유익하고, 그 반대도 마찬가지다"라는 유명한 발언을 했다.[47] 물론 아이젠하워 자신도 선출직 공무원으로서는 아무런 경험이 없었지만 군 장성에서 대통령까지 올라갔고, 중간에 잠깐 컬럼비아대학 총장으로서 밀스의 고용주 노릇을 하기도 했다. 따라서 "이 행정부는 …… 주로 행정명령을 실행하는 주요 직책을 떠맡은 정치적 아웃사이더들로 이루어진 권력 중심부의 측근 그룹이다. 그것은 주로 국회의사당에 앉아 있는 선택된 정당의 직업 정치인들과 불안한 동맹을 맺고 있는 부자 기업, 군대의 고위 군인들과 그 대리인들로 이루어져 있다"고 밀스는 결론지었다.[48]

엘리트의 결집에 관한 논의는 어느 정도 "그들의 통일을 위한 심리적·사회적 기초들"에 의존했다.[49] 정부 최고위 직책을 얻은 기업 지도자들을 언급하면서, 밀스는 "흥미로운 점은, 그러한 사람들이 일반적으로는 기업계, 특히 그들과 연결되어 있는 기업들로부터 그들 스스로를 떼어 놓기가 얼마나 불가능한가 하는 점이다. 그들의 돈뿐만 아니라 동료들, 이해관계, 훈련, 말하자면 그들의 삶 자체가 이 세계와 깊이 연루되어 있다"고 생각했다.[50]

엘리트의 단결은 제2차 세계대전 이래 주로 정치·군사·기업 제도의 통합에 의존한다고 밀스는 주장했다. 군사와 기업 영역 사이의 직원 교류 증가는 '전쟁 계약'을 다루는 신속한 방법으로서보다는 미국의 구조적 현실을 보여 주는 단서로서 더 중요하다. 상층부에서 이루어지는 전환과 또 그것이 의존하는 늘어난 군사 예산의 배후에는 영구적인 전시경제를 향한 현대 미국 자본주의의 거대한 구조적 전환이 있다"고 밀스는 주장했다.[51] 전시경제에서 평시 체제로 복귀하는 문제를 둘러싼 전후 논쟁은 제2차 세계대전 동안 출현한 군과 기업 사이의 협력을 연장하는 결정적으로 중요한 순간이 되었다고 그는 주장했다. "군은 권력을 잃을지도 모른다. 기업들은 더 이상 자신들이 맺었던 주요 계약에 따라 그대로 생산하지 않을 것이다. 주의 깊게 다루지 않는다면, 원래 상태로의 복귀는 전시 생산이 시작되기 전의 지배적인 독점 패턴들을 손쉽게 혼란시킬 수도 있다. 장성들과 거의 무보수로 연방정부에서 일하는 행정관들은 이런 일이 생기지 않도록 공모했다."[52] 밀스의 이전 연구 작업에 친숙한 사람들은 그가 1940년대 동안 발전시킨 세련된 보수주의에 대한 분석에서 많은 것을 빌려오고 있음을 인식했다. 하지만 놀랍게도, 밀스의 논제 상당 부분은 경제·군사·정치 엘리트들에 의해 조정된 영구적 전쟁경제의 존재를 논증하는 데 의존했기 때문에, 그는 이것을 스쳐 지나가면서 언급했을 뿐이다. 밀스는 제도적인 이해관계들의 그런 결합이 파워 엘리트의 존재를 보여 주는 가장 결정적 증거가 된다고 주장했지만, 영구적 전쟁경제를 건설하는 과정에서 벌어진 서로 다른 파워 엘리트들의 충돌을 상세히 분석하지는 않았다.

《파워 엘리트》는 두 차례의 세계대전 사이에 미국의 사회과학에 스며들고 전후에 특히 영향력 떨친, 미국 민주주의에 대한 다원주의적 이해의 뿌리를 건드렸다. 다원주의자들에게 국가는 스스로 권리를 가진 중요한 세력이기라보다는 다양한 이해관계 집단들이 경쟁하는 중립적 활동 무대였다. 이 이론에 따르면, 미국의 정치제도는 서로의 힘을 억제함으로써 균형과 안정을 제공하는 경쟁적인 '이해관계 집단'(데이비드 트루먼), '비토 그룹'(데이비드 리스먼), 또는 '(반대 작용으로) 상쇄하는 힘들'(존 케네스 갤브레이스)에 의해 지배되었다.[53] 영향력 있는 다원주의자 로버트 달의 관점에서, 미국은 강력한 이해관계 집단들의 '소수'가 지배하는 '다두(多頭) 민주주의'로서 작동했다. 그것은 "지도자라고 할 수 없는 이들이 정부 지도자들에게 강력한 지배력을 행사하는," 그러나 대다수 보통 시민들의 정보에 근거한 참여를 수반하지 않은 제도였다.[54] 로버트 달 같은 자유주의 사회과학자들은 일반적으로 대중의 정치 참여를 경계하면서 책임 있는 엘리트들의 지도력을 신뢰했다.[55]

이해관계 집단 사이의 갈등은 조화로운 질서를 낳는다는 다원주의자들의 믿음 때문에 '균형을 맞추는 놈들'(balancing boys)이라고 조롱했던 그들에 대해 밀스의 비평은 경험적인 동시에 규범적이었다. 미국 정치에 대한 그의 제도적 접근법은 광범위한 통계적 접근법에 도전했다. 그가 주장한 대로, 정치학자들은 이따금 단지 "선거에서 누가 누구에게 찬성투표를 했는지를 꼼꼼히 따지는 학생들"이 되면서 미국 정치에서 결정적인 구조적 측면을 무시했다.[56] 경쟁하는 이해관계 집단이 정부와 입법부에 크게 영향을 끼쳤다는 다원주의의 주장을 밀스는 어느 정도는 받아들였다. 그러나 "단지 그들의 특정한 몫에만 관심이 있는" 지역적 이해관계와 압력 집단들을 대표하는 의원들로 이루어진 국회는 '권력의 언저리'에 머물러 있을 뿐이라고 주장했다.[57] 결정적으로 중요한 '큰 결정들'은 입법 과정이나 공적인 토론을 위해 제시되지 않고, 또 이해관계 집단들의 '의견 제시'에도 영향을 받지 않는다고 밀스는 지적했다. 다원주의자들에 맞서면서, 밀스는 정치·군사 제도가 그것을 지배하는 사람들에게 점점 더 많은 권한을 부여했고, 또 이해관계 집단들의 압력으로부터 종종 격리되어 있다고 논증했다.

강력한 비밀주의의 국가안보 정부 내 소수의 지도자들이 내리는 결정이 다원주의적 관점에서는 이해될 수 없다는 것이 밀스의 주장이 지닌 가장 큰 설득력이다. "직간접적으로, '영세 상인들'이나 '벽돌공들'이 제2차 세계대전을 낳은 결정이나 사건과 도대체 무슨 관계가 있다는 말인가? '보험 중개인들'이 실제로 국회가 핵무기의 초기 모델을 만들 것인지 말 것인지, 투하할 것인지 말 것인지에 대한 결정과 무슨 관계가 있다는 말인가?" 하고 냉소적으로 비꼬았다.[58] 대외 정책과 군사 정책을 결정하는 힘은 경쟁하는 이해관계 집단들 사이에 분산되어 있지 않다고 밀스는 지적했다. 오히려 그러한 힘은 소수 최고 지도자들의 손에 집중되어 있었다. 특히 핵 시대에 전쟁을 결정하는 것보다 더 중요한 사안은 없었기에, 미국과 소비에트 엘리트들이 역사상 가장 강력하다는 밀스의 주장은 설득력이 있었다. "양쪽 진영은 하룻밤 사이에 여러 도시를 완파하고 몇 주 만에 대륙들이 고온의 열을 내뿜는 핵의 황무지로 변하게 만들 수 있다"며 밀스는 치를 떨었다.[59] 더욱이, 영구적인 전쟁경제 확대와 함께, "국제적 문제들이 가장 중요한 국가적 결정의 실체로서 한가운데 있고 점점 더 사실상 모든 중요한 결정과 관련되기 때문에, 국내 정책조차도 경쟁하는 이해관계 집단들 사이의 투쟁이라는 관점에서는 더 이상 이해될 수 없다"고 밀스는 주장했다.[60]

권력이 결정적으로 중요한 국가 제도 속에 점점 더 집중되었다고 밀스가 올바로 지각함으로써, 이후 10년 동안에 걸쳐 공동체 연구를 통해《파워 엘리트》가 틀렸음을 증명하려는 일부 다원주의자들의 시도는 물거품이 되었다.[61] 그러나 미국 정치제도의 다원주의적 이해에 대한 밀스의 비평은 다소 과장해서 말하는 스타일 탓에 어느 정도 비판에는 취약했다. 국내 정치가 점점 더 대외 정책과 밀접히 관련된다고 해도, 밀스가 '권력의 언저리'라고 부른 그것을 더 자세히 고찰하지 않고서는 이 역학 관계를 이해하기가 어려웠다. "파워 엘리트와 ……가정과 소규모 공동체 사이에서 …… 사람들이 (그 안에서) 안전하다고 느끼고, 또 (그것을 가지고) 힘이 있다고 느끼는 어정쩡한 연합을 우리는 전혀 발견하지 못했다"는 밀스의 주장은 미국인들이 참여하고 있던 수많은 정치 단체들을 간과한 것이다.[62] 더욱이 미국에서 중요한 정치권력은 행정부와 입법부, 사법부 안에서뿐 아니라 주(州)나 지방 수준에서도 한결같이 머물러 있었다. 따라서《파워 엘리트》는 어쨌든 밀스가 그냥 넘겨 버린 미국 사회의 인종차별 정책을 이해하기 위한 모델로서는 실패했다.《파워 엘리트》는 비록 1955~1956년까지 진행된 몽고메리 버스 보이콧 이후에 출판되기는 했지만, 지역사회와 종교 네트워크에 뿌리박은 미국 흑인의 민권운동이 전국적으로 크게 확산되리라고 전혀 내다보지 못했다. 따라서《파워 엘리트》는 미국 민주주의에 대한 지배적인 다원주의적 묘사들을 논박하는 데는 성공했지만, 미국 민주주의를 완전하게 설명하지는 못했다.

　다원주의자들에 대한 밀스의 가장 기본적 도전은 미국 정치에 대한 자신의 상이한 경험적 묘사가 아니라 경쟁적인 가치들의 판단에 의존했다. 모든 사회 분석에는 가치가 반드시 개입될 수밖에 없다고 주장하면서, 밀스는 다원주의가 현상 유지를 정당화하는 이데올로기의 하나라고 폭로했다. 이해관계들 간의 조화를 이루어 냈다고 미국 정치 제도를 칭송하는 것은 현재의 이해관계의 균형을 받아들이는 거라고 밀스는 주장했다. "그러나 …… 이해관계가 (그것을 위해) 투쟁하는 목표들은 단순히 주어진 것이 아니라 현재 상태에 대한 기대와 용납을 반영한다. 따라서 다양한 이해관계가 '균형 잡힌' 거라고 말하는 것은 현재 상태를 만족스럽거나 심지어 좋다고 평가하는 것이나 다름없다. 균형이라는 희망적 이상은 흔히 표면적인 사실을 묘사하는 것에 그칠 뿐이다."[63] 예를 들어, 로버트 달은 미국의 정치 구조를 "거대하고 강력하고 다양하고 믿을 수 없을 정도로 복잡한 사회를 움직이는 침착하지 못하고 무절제한 사람들 속에서, 합의를 증진하고 중용을 장려하고 사회적 평화를 유지하기에는 비교적 효율적인 제도"라고 칭송했다.[64]

　민주주의에 대한 다원주의적 이해는 힘을 잃었다고 밀스는 보았다. 보통 시민들이 정부 정책을 직접 형성할 실질적 추론을 사용할 때에만 사회는 실제로 민주적이라고 여겨질 수 있다고 주장하면서, 그는 민주주의에 대한 더 광범위한 정의를 발전시켰다. 밀스가 생각하는 이상적 사회란 "그 도덕적 의미가 공개 토론에 확실히 열려 있는 진정한 대안들이 일반 국민에게 제시되는" 사회였다.[65] 정치 이론가 아널드 카우프먼이 만들고 신좌파 단체인 미국 민주학생연합(SDS)이 보급시킨 '참여민주주의'라는 용어를 밀스가 사용하지 않았지만, 그 점이 밀스의 관점을 정확히 포착했다.[66] 현실에 대해 경쟁적으로 정의를 제공하고, 또 긴급한 사회·정치 문제들에 대해 폭넓은 토론에 참여하는 '공중'(publics)의 부활을 밀스는 요구했다. 이 점에서 민주적 참여는 집단적·합리적·사회적 통제를 성취할 뿐 아니라 의미 있는 활동에 참여함으로써 개인의 소외를 완화시킬 수 있었다. 밀스가 썼듯이, "이 (정치적) 길(way)에 속하는 것은 인간관계를 우리 자신의 심리적 중심으로 만드는 것, 즉 우리가 만들고 또 거꾸로 우리를 만드는 그 관계의 행동 규칙과 목적을 신중하고 자유롭게 우리의 양심에 받아들이는 것이다."[67]

궁극적으로, 사회 분석 저작으로서 《파워 엘리트》의 공헌과 한계는 밀스의 급진주의와 그의 가장 돋보이는 전략인 진실의 정치로 돌릴 수 있다. 이 책이 지닌 영구적인 힘 가운데 하나는, (신문, 라디오, 텔레비전 같은 매스컴에 의한) 대중 전달 시대에 시민들이 사회와 정치 현실을 이해하게 하는 용어를 정의하는 엘리트의 권력에 대한 인식이었다. 다원론자들이 조직화된 이해관계 집단들의 관심에 대한 반응으로서 정부를 강조한 것과 대조적으로, 밀스는 공개 토론을 규격화하고 억누르고 왜곡하는 국가권력을 강조했다. 이 통찰력은 밀스가 《파워 엘리트》에서 지난 10년 동안 출현한 널리 퍼져 있는 냉전 수사학에 도전하게 만들었다. 밀스가 보기에 냉전 독트린의 '미치광이 현실주의'는 평화 수단으로서 '상호 멸망 보증'의 위협에 의존하고 있었다. 군사적 상승은 지배적 "현실에 대한 군사적 정의"로부터 나왔다고 밀스는 주장했다.[68] 실제로 군부 자체는 "국제 관계의 현실을 군사적 방식으로 정의하고, 군대를 민간인에게 매력적인 방식으로 묘사하고,

따라서 군사 시설 확장의 필요성을 강조하려는" 홍보 캠페인과 밀접히 관련되어 있음을 주목했다.[69]

엘리트들이 공식적인 비밀주의와 홍보 활동에 의존하는 시대에, 왜 반대하는 정치 전략으로서 '진실 말하기'에 밀스가 의존했는지를 이해하기는 쉽다. 그러나 대중의 현실 인식을 규정하는 엘리트들의 엄청난 힘에 대한 밀스의 통찰력은 자신의 급진주의에 의해 제한되었다. 《화이트칼라》에서 분명했던 일반적 약점들 가운데 일부는 《파워 엘리트》에서도 똑같이 드러났다. 좌파 운동에 대한 현대의 전망에 깊이 좌절한 밀스는 미국 대중사회를 과장해서 묘사했다. 만일 엘리트들이 밀스가 《파워 엘리트》에서 묘사한 것처럼 강력하다면, 저항은 절망적이라고 독자들은 쉽게 결론내릴 수 있을 것이다. 미국 사회에 대한 밀스의 묘사는 미래의 변화를 위한 희망을 제공할지도 모르는 반대 경향이나 변증법적 모순들에 대해 아무런 인식도 제공하지 못했다. 대다수 미국인을 '명랑한 로봇'으로 여길 만큼 아주 수동적이고 무감각하다고 묘사한 '대중사회' 논제에 대한 강력한 설명을 받아들였기 때문에, 밀스는 엘리트들이 자신들의 현실 규정이 옳다고 보통 시민들에게 납득시키는 특정한 역학 관계를 완전히 이해하지 못했다. 급진적 관점에서 엘리트들이 내놓는 수사학의 정체를 폭로하는 데 남다른 관심을 갖고서도, 밀스는 보통의 남녀들이 자신의 삶을 정치적으로 인식하는 복잡한 방식을 연구함으로써 성격을 사회구조와 연결하겠다는 약속을 진실로 이행하지 못했다. "현대의 권력자들은 …… 아무런 이데올로기적 가면이 없이도 명령할 수 있다"고 그는 단언했다.[70] 밀스는 일반 대중이 자신들의 최선의 이해관계를 허위로 의식하고 있을 뿐 아니라 그 어떤 이데올로기도 가지고 있지 않다고 생각했다.

진실의 정치는 《파워 엘리트》에 수사학적 힘을 주었지만, 이따금 밀스가 사회 분석에서 벗어나 도덕적인 비난으로 향하도록 만들었다. 이것은 마지막 두 개 장에서 특히 분명하게 나타났다. 밀스는 파워 엘리트를 "지극히 부도덕하다"고 비난했지만, 이 교묘한 표현으로 자신이 정확히 무엇을 의미하는지는 상술하지 않았다.[71] 또한 앞서 〈지식과 권력에 관하여〉에서 주장했던, 현대의 파워 엘리트는 '생각 없는' 자들이라는 문제 있는 주장을 발전시켰다.[72] 예를 들어, 아이젠하워 대통령은 카우보이와 탐정 소설로 정신적 긴장을 푸는 반면, 조지 워싱턴은 로크와 볼테르를 읽었음을 주목했다. 그러나 건국 아버지들의 시대에는 그들이 서로 겹쳤다고 주장한 대로, 정치와 문화 엘리트들이 오늘날 겹치느냐 아니냐는 문제는 미국 사회가 민주적인가 아닌가에 대한 그의 관심에는 부적합했다. 더욱이 생각 없고 시시껄렁한 존재라고 파워 엘리트를 묘사한 대목은 자신들의 권력 장악을 유지하고자 영구적인 전쟁경제 창출을 조정하고 현실에 대한 대중적 이미지를 세련되게 조작하는 자들의 지배적 이미지와 불일치했다. 《파워 엘리트》를 통해 '개자식들을 겨냥한 일진광풍'으로 몰아치려던 밀스의 지나친 갈망으로 분석의 일관성과 힘은 손상되었다.[73]

그렇더라도 진실의 정치는 《파워 엘리트》의 매력을 영원히 지속되게 했다. 완전히 정교하게 다듬어지지는 않았지만, 밀스의 분석이 지닌 힘은, 진실의 정치는 내용 있는 추론의 집단적 사용을 통해 민주적 대중 담론을 활성화시킬 수 있다는 강력한 개념에서 나왔다. 이 급진적 민주주의 개념에 대한 그의 헌신은 전후 다원주의자들에게 맞선 밀스의 가장 설득력 있는 논의들, 또 미국 사회에 대한 그의 가장 신빙성 있는 비판들의 저변에 깔려 있었다. 그것은 그를 자유주의 비평가들과 구별 지었음에도 불구하고, 그는 그들과 널리 인정되지 않은 중요한 유사점들을 공유했다.

이데올로기의 종말?

나중에 나올 저작인 《들어라 양키들아》와 《제3차 세계대전의 원인》이 언론에서 더 많은 주목을 받겠지만, 《파워 엘리트》는 밀스의 가장 영향력 있는 책이 되었고 지식인들이 가장 광범위하게 읽은 책이다. 미국 민주주의에 관한 파격적인 결론들은 사회과학 저널과 마르크스주의 잡지, 대중지에서 격렬한 반응을 불러일으키면서 이 책을 그 시대 사회 분석의 가장 논쟁적 저작 가운데 하나로 만들었다.[74] 가장 날카로운 비평가들조차도, 미국이 소비에트 전체주의와 정반대로 완전하게 형성된 민주 사회라고 단순히 가정하기보다는, '누가 미국을 지배하는가' 하는 지금까지 무시되어 온 문제를 다루지 않을 수 없었다. 밀스는 "독자를 미국의 고위 집단들에 관한 우리의 대화에 초대하고자 하는" 목표를 달성했던 것이다.[75]

학술 저널들에서 보인 반응은 학문적 아웃사이더 밀스라는 널리 퍼져 있는 이미지로부터 사람들이 기대하는 것보다 더 긍정적이었다. 책의 결론을 논박할 때조차도, 사실상 모든 비평가들이 책 출판 자체가 중요한 사건이라고 환영했다. 《계간 여론》(Public Opinion Quarterly)은 《파워 엘리트》가 "한 세대의 미국을 다루는 가장 통렬한 책 가운데 하나"라고 선언했다.[76] 《경제사저널》(Journal of Economic History)의 좀 더 전형적 반응에서는 밀스가 "그의 주장을 과장해 말했다"면서도 "현대사회의 진지한 학생이라면 밀스의 책을 그냥 지나칠 수 없다"고 결론지었다.[77] 다른 저널의 비평가들도 밀스의 주장들과 그 제시하는 방법을 어물쩍 넘기기는 했지만, 하나같이 책의 출판을 중요한 사건으로 환영했다. 《미국사회학저널》만이 완전히 부정적인 비평을 실었다.[78] 밀스의 저작을 이렇듯 매우 중요하게 다룬 것은, 그가 학문적 사회과학 바깥의 대규모 청중에게 가닿았던 바로 그 때에도 그의 공헌들이 아카데미 사회과학 담론에서 중요한 부분으로서 여전히 받아들여지고 있음을 보여 준다. 긍정적 비평들 가운데 많은 부분이 사회과학계 바깥의 엘리트 학자들에 의해 쓰였음은, 사회과학 분야 지도자들이 밀스의 저작과 거리를 두려 애쓴 반면 많은 사회과학자들 사이에서는 여전히 그가 많은 지지자를 갖고 있었음을 암시한다. 그럼에도 미국 권력 구조 연구에서 나중에라도 밀스에게 영향을 받은 사회학자들은 거의 없었다. 그러나 저명한 사회학자 윌리엄 돔호프는 1960년대부터 《파워 엘리트》의 논의들을 얼마간 수정하면서도 본질적으로는 구체화하는 데에 생애를 바쳤다.[79] 비학문적 신문의 비평가들은 밀스가 새로운 관점을 논의에 끌어들인 업적을 높이 평가하면서도 논제의 중요한 측면들에는 도전하면서, 전문적 저널을 위해 글을 쓰는 사람들이 그랬던 것처럼 그 책을 평했다. 《뉴욕타임스》에 실린 아돌프 벌의 비평이 전형적이었다. 그는 책의 주요 논의 가운데 많은 부분을 격렬히 논박하면서도, "그 책은 아주 조심스럽게 증거 자료를 제시하고, 아주 실제적 문제들을 다루고 있을 뿐 아니라, 너무 많은 급소를 건드리고 있다. 그래서 읽고 아울러 보완될 가치가 있다"고 결론지었다.[80]

《먼슬리리뷰》(Monthly Review)에 실린 폴 스위지의 비평에서 볼 수 있듯이, 《파워 엘리트》 출판은 활동적 좌파 그룹에게 대단히 중요한 사건이었다. 1949년 스위지와 폴 배런이 창간한 《먼슬리리뷰》는 전쟁이 끝난 직후 시대에 미국의 으뜸가는 마르크스주의 저널이었다.[81] 〈파워 엘리트 또는 지배계급〉(Power Elite or Ruling Class)에서, 스위지는 "미국은 어떻게, 그리고 누구에 의해 지배되는가를 둘러싼 모든 진지한 논의에 대해 존경할 만한 사회가 강요해 온 금기를 용감하게 깨뜨린 책"이라고 격찬했다.[82] 그러나 밀스의 분석이 경제적 계급투쟁의 우선권을 강조함으로써 좀 더 마르크스주의 방향에서 이루어지지 않은 점을 아쉬워했다(《네이션》에 실린 로버트 린드의 비평은, 밀스가 미국 권력 구조의 중심에 있는 단일 기업의 경제적 '계급' 권력을 식별함에 있어 충분히 파고들지 않았다고 주장했는데, 비록 논지가 지리멸렬하기는 했지만 결국 비슷한 우려를 드러냈다).[83] 스위지는 정치나 군사 엘리트들이 그 무슨 중요한 자율적 정치권력을 실제로 가지고 있는지를 물었는데, 기업의 지배계급이라는 개념은 밀스의 상호 맞물린 '파워 엘리트 이사회'(directorate of a power elite)보다 이치에 닿아 있다고 강력히 주장했다. 스위지는 밀스의 분석이 "독점자본주의 체제"를 충분히 분석하지 않고 있다고 비판했지만, "그의 저작은, 만일 그가 그것을 고수하고 그 함의를 시종일관 탐구했더라면 엘리트주의 사고의 피상성과 함정을 완전히 피할 수 있었을, 솔직한 계급 이론의 영향을 강하게 받았다"고 결론지었다.[84] 동시에 《파워 엘리트》가 많은 청중에게 다가갈 수 있었던 까닭은 마르크스주의 분석과 결별하고 사회주의 이상들에 대한 아무런 명백한 헌신도 담고 있지 않았기 때문이라고 스위지는 단언했다. 스위지의 귀에는 밀스가 "미국 급진주의의 진정한 목소리"로 말하는 걸로 들렸다.[85] 생각의 차이에도 불구하고 스위지와 밀스는 지적인 동맹자로서 서로 존경했는데, 1958년 밀스는 스위지의 간청으

로《먼슬리리뷰》에《사회학적 상상력》초록(抄錄)을 발표했다.[86]

손꼽히는 자유주의 사회과학자인 대니얼 벨, 로버트 달, 탤컷 파슨스를 비롯한 자유주의 지식인들도《파워 엘리트》에 대한 가장 중요하고 영향력 있는 비판들을 공식화했다. 전반적으로 자유주의 비평가들은 밀스의 논의들 속에서 많은 약점을 찾아냈다. 밀스는 권력 엘리트 집단의 결합을 상당히 과장해 말했고, 따라서 그가 명백히 부정한 음모 이론에 위험하게 접근했다고 자유주의자들은 지적했다. 로버드 달이 주목했듯이, 최고 지도자들이 "높은 통제력과 낮은 단결력"을 가질 수도 있었다.[87] "기업 임원들이나 고위 정치인들"과의 소문난 연합은 말할 것도 없고, 군부 자체는 동질적인 하나의 집단으로는 거의 보이지 않을 것"이라고 달은 주장했다.[88] 대니얼 벨이 "나는 일류 기업들이 결합되는 오직 한 가지 문제, 즉 세금 정책만을 생각할 수 있다"라고 결론지었을 때, 그는 이 비평을 이치에 닿지 않는 극단까지 몰고 갔다.[89] 그러나 밀스가 권력 엘리트 내부의 결정적으로 중요한 구분들을 인식하지 못했다는 점에서, 그 비평가들은 옳았다.

많은 비평가들은 밀스가 논의한 '중대한 결정들'이 실제로 어떻게 내려지는가에 대해 더 많이 분석하기를 원했다.[90] 파워 엘리트는 권력을 가지고 실제로 무엇을 했는가? 밀스는 이 지적에 응답하여 비평가들이 "우리 시대의 전반적인 미국 역사, 즉 군사·경제·정치 모든 면에서의 역사"를 요구하는 것은 비현실적이라고 어느 정도 타당하게 주장했다.[91] 그럼에도 어떻게 파워 엘리트가 행동 방침을 정하는가에 대한 상세한 분석이 없이는, 서로 맞물린 경제·정치·군사 지도자들이 '중대한 결정들'에 정말로 책임이 있는지 확인하기가 어려웠다. 그런 분석 없이도《파워 엘리트》는 도발적이고 시사하는 바가 많았지만 명확했다고는 보기는 어려웠다. 더욱이 밀스는 군사적 결정에 주로 초점을 맞춤으로써 국내 문제를 소홀히 했다. 대니얼 벨이 지적했듯이, 밀스는 "사람들을 갈라놓고 그들을 진행 중인 현실에 대한 인식에 끌어들이는 이해관계 충돌을 낳는 문제들, 즉 노동 문제, 인종 문제, 세금 정책 등"에 관해서는 말할 게 거의 없었다.[92]

궁극적으로, 《파워 엘리트》에 대한 자유주의자들의 비평은 밀스와는 근본적으로 다른 전후 사회질서 평가에 바탕을 두고 있었다. 《파워 엘리트》는 정치적 다원주의라는 자유주의 개념에 반대하고 직접적인 참여민주주의를 찬성하는 일관된 주장을 폈다. 그러나 정치적 다원주의자들은 전후의 미국 사회에 대한 좀 더 기초적인 자유주의적 평가에 의존하고 있었다. 밀스가 권력 엘리트의 지배를 묘사한 반면, 자유주의자들은 "서구에서 이데올로기의 종말"을 감지하고 있었다. 1955년에 처음 사용된 이 유명한 전후 자유주의 개념을 옹호한 가장 중요한 사람은 사회학자들이었다. 그 개념은 프랑스 지식인 레몽 아롱에게 의존하기기는 했지만, 실제로 그 표현을 만들어 낸 이는 미국의 사회학자 에드워드 실스였다. 실스는 자유주의자와 사회주의자 사이의 전통적 구분을 쓸모없게 만드는 복지국가 강화에 기초를 둔 전후 합의를 높이 평가했다. 이데올로기의 종말에 대해 자유주의 분석가들은 전후 서구 사회들이 사회주의혁명 없이도 전통적인 산업자본주의 문제들을 해결했다고 후기자본주의 사회 개념들을 사용하여 주장했다. 예를 들어, 실스는 "아무런 일반 원칙도 인정하지 않고 저마다 출현하는 상황을 자기 실력으로 다루었고," 또 "사회주의와 자본주의 사이의 전통적 구별이 점점 더 무의미함"을 반영하는, 실제적 방식으로 만들어진 스칸디나비아 복지국가들의 실례를 가리켰다.[93] 아마도 그 개념의 가장 유명한 지지자는 밀스의 옛 친구인 대니얼 벨일 텐데, 그는 자신의 영향력 있는 1960년 논문 모음집 《이데올로기의 종말》에서 이 개념을 사용했다. 벨이 "급진적 지식계급에게 낡은 이데올로기는 '진리'와 설득력을 잃었다"고 썼을 때, 그는 어느 정도 사회주의자에서 자유주의자로 자신의 여정을 내비쳤다.[94] 실스와 립셋처럼 벨은, "천년왕국의 희망, 천년왕국 신앙, 종말론적 사고 그리고 이데올로기의 종말"을 가져온, "정치적 문제들에 관한 지식인들 사이의 대체적인 합의"를 묘사했다.[95] 벨은 이 발전에 큰 박수를 보내면서도 정치가 이제 거의 흥분을 제공하지 않는다고 불평했는데, 벨의 논문 모음집 부제는 '1950년대 정치사상의 고갈에 관하여'(On the Exhaustion of Political Ideas in the Fifties)였다.

이데올로기의 종말을 말하는 자유주의자들은 자신들의 중도적 사회민주주의 왼편에 있는 모든 입장을 낡은 급진 사상을 부활시키려는 엉뚱한 시도로 간주했다. '문화적 자유를 위한 회의'(Congress for Cultural Freedom, 반공주의 모임—옮긴이)가 1955년 밀라노에서 개최한 국제회의를 반성하면서, 실스는 '이데올로기의 종말'이라는 용어를 유럽과 미국의 좌파 자유주의 잡지인 《엔카운터》에 처음으로 소개했다. '문화적 자유를 위한 회의'와 《엔카운터》 둘 모두 극좌파에 대항하기 위해 온건 좌파들의 문화적 동맹을 구축하려는 미국과 유럽 지식인들의 노력이었다. '이데올로기의 종말' 개념은 전후 사회질서에 근본적으로 도전한 모든 견해에 교묘히 '이데올로기적'이라는 꼬리표를 붙였다. 전후 합의의 반대자들은 이성이 아니라 정열, 심지어 병리 현상으로 동기를 부여받은 걸로 간주되었다. 바로 이런 관점에서 바라본 자유주의자들은 전후 전쟁 질서에 대한 날카로운 비평가인 밀스의 관점을 사회의 주류에서 몰아내려 했다. 벨이 보기에 《파워 엘리트》는 "느슨한 구성과 강력한 수사학이 상이한 사람들로 하여금 자신의 감정을 집어넣으며 읽을 수 있게 하는 책"이었다.[96] 말하자면, 타당한 관점을 가진 사회 분석 저작이라기보다 "점점 심해지는 삶의 관료화에 대한 거대한 (개인적) 분노"를 반영한 산물이었다.[97] 한편, 탤컷 파슨스는 《파워 엘리트》를 두고 "과학적 중립성을 유지하려 애쓰려는 겉치레조차 없다. 그 책은 미국의 '고위 집단들'에 대한 맹렬하고 냉소적인 공격이다"라고 불평했다.[98]

실제로 《파워 엘리트》의 파괴력은 대부분 미국 권력 구조에 대한 이 책의 좌파적 공격으로부터 왔다. 밀스의 급진주의는 '이데올로기의 종말'을 외치는 자유주의자들이 선전하는 희망적 환상의 정체 대부분을 폭로했다. 무엇보다도 그의 비평은 '이데올로기의 종말'이 그 자체로 하나의 이데올로기라는 점을 드러냈다. 《파워 엘리트》의 중요한 공헌 가운데 하나는 자유주의자들이 설명하지 못한 전후의 중요한 발전을 식별해 낸 점이다. 말하자면 군사력 증강 전통이 전혀 없던 나라에서 영구적으로 군사화된 국가가 성장한 사실이다. 《파워 엘리트》를 사실상 거의 모든 비평가들이 주목했듯이, 밀스가 권력 엘리트 속의 기업과 정치 지도자들과 동등한 역할을 군사 지도자들에게 부여한 것이 잘못이었다는 주장은 적절했다. 그는 또한 군사와 기업 부문 둘 모두로부터의 '아웃사이더들'을 정치 지도자로 임명하는 경향을 과장해 말했다. 예전의 장군이 현직 대통령이고 여당은 20년 동안 줄곧 정치 권력 바깥에 있었던, 따라서 최고위직에 등용할 정치적 인재들이 감소한 전후 정치적 활동 무대에서 움직인 아이젠하워 정부에 관한 분석에 밀스는 지나치게 의존했다. 그럼에도 군대의 거대 성장과 그것이 미국 민주주의에 끼친 영향에 대해 밀스가 진지하게 물음을 제기한 것은 옳았다. 제2차 세계대전 이후 10년 동안, 미국 사회와 정치의 영구적 군사화와 대규모의 고비용 군사력 증강을 위한 전례 없는 법률적·정치적 토대가 확립되었다. 국방비가 정점에 달한 한국전쟁 기간에 미국 국내총생산의 거의 14퍼센트가 국방비로 할당되었다. 외교정책 결정도 행동 방침이 정해지기 전까지는 공개적인 의견이나 정보를 거의 제공하지 않고 비밀스럽게 움직이는 점점 더 강력한 행정부에 의해 이루어졌다.

권력 엘리트의 결정이 밀스가 주장했듯이 면밀히 조정되지는 않았다고 해도, 그러한 결정들이 점점 더 군사적 관점에서 이루어진다는 그의 주장처럼, '중대한 결정들'은 작은 집단의 권력자들에 의해 이루어진다는 불평은 외교정책 결정에서 틀림없는 사실이었다. 국내 정책은 점점 더 이 외교정책 결정과 밀접하게 연결된다는 밀스의 주장 또한 이치에 들어맞았다. '군사적 케인즈주의'(military Keynesianism)는 경제성장을 촉진시켰을 뿐 아니라 무기의 지속적 증강에 커다란 이해관계가 걸려 있는 방위산업을 만들어 냈다.[99] 자유주의자들은 이런 발전을 대개 무시하고 과소평가하거나 단지 소비에트 공산주의의 확산을 막기 위해 노력해야 할 부분으로 돌렸다.[100] 역설적이게도, 밀스의 파워 엘리트를 상징하는 듯한 아이젠하워는, 점증적인 '군산복합체'를 경고한 1961년 대통령 고별 연설에서 이 문제에 대한 대중의 더 큰 주의를 환기시켰다.[101]

미국이라는 국가의 군사화에 대한 밀스의 비평은 향후 10년 동안 신좌파가 전후 자유주의에 더 광범위하게 도전하도록 부추겼다. 그러나 더 자세히 살펴보면, 밀스가 《파워 엘리트》에서 마음에 그린 미국 사회는 자유주의 사상의 안티테제라기보다는 오히려 '이데올로기의 종말'이라는 테제의 정반대 상황인 것 같다. 자유주의자들은 사회·정치 문제에 관한 근본적 동의를 인식했다. 밀스는 전후 미국에서 비슷한 합의를 주시했는데, 오직 그만이 그것을 거짓된 것이라고 비난했다. 밀스가 묘사한 '대중사회'에서는 중요한 이데올로기 논쟁이 실제로 종말을 고했다. 계급 갈등은 복지국가를 통해 효과적으로 개선된다는 점에서, 밀스는 심지어 자유주의자들과 의견이 일치하는 것처럼 보였다. 마치 미국이 역사 발전의 마지막 단계에 도달한 것처럼 생각하면서, 그는 미국 사회에 대한 그들의 이상하게 정적(靜的)인 묘사에 동의했다. 밀스의 관점이 안고 있는 취약점은 그를 반대하는 자유주의들의 취약점과 거의 똑같았다. 풍요로운 사회에서 눈에 띄는 상당한 빈곤 지역들을 무시했고, 사회적 힘의 중요한 근원으로서 인종과 젠더의 위계를 인식하지 못했으며, 미국의 정치적·문화적 안정성을 과대평가했다. 그 결과, 밀스와 그의 자유주의적 상대 어느 쪽도 좌파와 우파 둘 모두로부터 전후 합의에 곧 도전하게 될 강력한 집단들의 출현을 예견하지 못했다. 물론, 반대의 근원을 식별하지 못한 것은 좌파 사회운동이 취약했을 때 형성된 밀스의 급진주의에 나타나는 특징이었다. 《파워 엘리트》는 '그들'(중요한 제도적 위계질서의 꼭대기에 있는 지도자들)은 분명히 있지만, '우리'(그들의 권력에 도전할지도 모를 운동)는 없는 책이었다. 밀스가 '그들'을 식별한 것은 그를 전후 자유주의자들과 가장 뚜렷이 구별해 주었지만, 양쪽 모두 전후 질서가 실제로 얼마나 역동적인지를 과소평가했다.

현대 미국 사회에 대한 밀스의 묘사는 자유주의자들이 말하는 '이데올로기의 종말' 테제의 반유토피아적 설명처럼 읽혔을 뿐 아니라,

밀스가《파워 엘리트》에서 받아들인 가치들은 양쪽이 인정하는 것보다 자유주의 비평가들의 가치들과 더 많은 걸 공유했다. 예를 들어,《파워 엘리트》가 '사회 조직' 자체에 대한 지극히 비현실적 항의를 드러낸다고 파슨스가 주장했을 때, 그는 밀스를 명백히 잘못 해석했다.[102] 그럼에도 (그 안에서) 권력이 아무런 역할도 하지 않는 이상 사회라는 유토피아적 개념으로 해석될 수도 있는, 밀스의 책 속에 담겨 있는 아나키즘 요소를 파슨스는 올바로 식별해 냈다.[103] 그러나 합리적·민주적 사회 통제에 기초한 정치에 대한 밀스의 갈망은《파워 엘리트》의 좀 더 지배적 주제를 형성했다. 권력은 사회를 개선하기 위한 '자원'으로 사용되어야 한다는 파슨스의 제안을 밀스는 거부하지 않았을 것이다. 실제로 "전쟁과 평화, 불황과 번영은 이제 더 이상 '운'이나 '운명'의 문제가 아니다. …… 그것들은 어제보다도 오히려 지금, 통제 가능하다"고 밀스는 주장했다.[104] 합리적·민주적 사회 통제를 갈망하면서, 밀스는 자신을 존 듀이에게까지 거슬러 올라가는 오랜 자유주의와 급진주의 전통, 또 그것을 넘어 파슨스 등 다른 자유주의자들이 신세지고 있는 전통 속에 가져다 놓았다. 파슨스와 같은 '이데올로기의 종말' 자유주의자들은 전후 미국 사회를 합리적 사회 통제라는 이상에 근접한 걸로 인식한 반면, 밀스는 정반대로 보았다. 밀스가《사회학적 상상력》에서 곧 명백하게 밝히게 되듯이, 밀스는 파슨스와 중요한 이론적 차이가 있었다. 그러나《파워 엘리트》를 둘러싼 밀스와 파슨스 사이의 논쟁은 권력에 대한 서로 다른 이론적 이해보다는, 그들이 놀랍도록 비슷한 관점에서 이해한 전후 정치와 사회 질서에 대한 경쟁적 평가에 기초했다.

사회학적 상상력

밀스는 자신의 신좌파 이론이 절정에 이르면서, 냉전을 반대하는 《제3차 세계대전의 원인》이 나오고 1년 뒤 1959년에 《사회학적 상상력》을 출판했다. 부상하는 세계 저항 운동의 분석가이자 운동 대변인으로서 새로운 역할을 맡은 밀스에게 분수령이 되었던 시기인 1956~1957년의 학문적 세월 동안, 그는 코펜하겐대학 풀브라이트 장학금 특별 연구원으로 있으면서 초고를 썼다. 《사회학적 상상력》을 구성하는 요소는 신좌파와의 연대에 힘입었는데, 특히 《화이트칼라》나 《파워 엘리트》보다 훨씬 더 낙관적 어조를 띤 이 책에서는 급진주의가 다소 누그러졌다. 그러나 《사회학적 상상력》은 이 책을 쓴 시기와 장소의 특정한 상황들보다는, 지난 20년에 걸친 사회학적 연대에 더 많이 힘입었다.

전문적 사회학으로부터 밀스가 소원해졌음을 보여 주는 이 책의 주요 주제들은 이미 1950년대 초반에 발표한 두 논문 〈현대 사회과학 연구의 두 가지 유형〉(Two Styles of Research in Current Social Studies, 1953)과 〈IBM＋현실＋휴머니즘＝사회학〉(IBM Plus Reality Plus Humanism=Sociology, 1954)에서 분명히 드러났다.[105] 밀스의 주요 저작 가운데 맨 마지막에 출간되었으면서도, 《사회학적 상상력》은 그가 학생 때 맨 처음 분명하게 표현했던 주제와 생각에 가장 가까웠다. 사회학적 상상력에 대한 밀스의 전망은 그가 학창 시절에 공식화했던 것과 실질적으로 똑같은 원칙들에 의존했다. 말하자면 사회과학 연구는 뭔가 내용 있는 사회문제들을 다루어야 하고, 생각들은 사회적·역사적 맥락 속에 가져다 놓아야 하며, 이론과 실천은 동일 연구에서 공

존해야 하고, 모든 사회과학 분야들은 한 공통된 접근법을 공유해야
한다는 것이다. "역사에서 일어나는 실제적 문제들에 대한 인식"을 갖
춘 사회학을 요구하는 가운데, 밀스는 철학을 "인간의 문제들을 다루
기 위한 장치"로 만들어야 한다고 생각한 듀이와 많이 닮아 보였다.[106]
또 사회학적 연구 작업은 비교적·역사적이고 권력과 계층에 관심을
가지고 사회구조를 총체적으로 파악하려 애써야 한다고 밀스가 주장
했을 때, 초창기에 만하임과 베버 같은 독일 사회학자들과의 만남에
도 의존했다.

　밀스는 초창기 논문들에서 이런 생각을 많이 언급한 반면,《사회
학적 상상력》은 이전의 저작들에서 찾아볼 수 없을 만큼 사람의 마
음을 끄는 간결한 절제, 명료함, 우아한 문체로 썼다. 특히 문체 면에
서《사회학적 상상력》은 밀스의 가장 훌륭한 책이다.《새로운 권력자
들》,《화이트칼라》,《파워 엘리트》같은 책의 분량의 절반 남짓한《사
회학적 상상력》은 간결하고 논리적으로 전개되었다. 사회과학의 가
능성에 대한 영감을 제시하면서도 현대 사회과학에 대한 논쟁을 촉진
하고자 날카로운 비평과 통렬한 재치를 사용했다. 첫 번째 장에서 사
회학적 상상력의 '전망'을 제시한 후, 다음 다섯 개의 장에서는 사회
학에 나타나는 지배적 경향을 공격하는 데 전념했다. 마지막 네 개의
장은 "사회과학의 약속이라는 훨씬 적극적이고 심지어 전략적인 생
각들"에 몰두했다.[107] 책은 '지적인 장인 기질에 관하여'(On Intellectual
Craftsmanship)라는 부록으로 끝맺었는데, 원래 1950년대 초반에 컬럼
비아대학 학생들을 위해 쓴 이 부록은, 자신의 연구 방법을 기술하고
이로써 사회학적 상상력이 실제로 무엇과 같은지를 논증했다.

　일찍이 1951년, 사회학 분야가 "통계자료 더미와 거창한 이론적 허

튼 소리로 쪼개져 있다"고 쓰면서 밀스는 이 책의 주제를 내비쳤다.[108] 사회학자들 《사회학적 상상력》은 당대의 가장 영향력 있는 사회학자 두 사람, 즉 파슨스와 라자스펠트에 대한 가장 맹렬한 공격으로 널리 알려져 있다. 베버에 대한 서로 다른 해석과 《파워 엘리트》를 둘러싼 논쟁에서 이미 드러난 이데올로기적 차이를 감안했을 때 충분히 예상할 수 있듯이, 파슨스에 대한 밀스의 비평은 얼마간 정치적이었다. 현대사회에 대한 파슨스의 이론적 탐구는 통합과 조화를 강조하고 권력과 갈등의 문제들을 회피한다는 점에서 미국의 현재 상태를 뒷받침한다고 밀스는 《사회학적 상상력》에서 주장했다. 그러나 파슨스의 거대 이론에 대한 밀스의 비평에서 핵심은 사회과학의 형식주의에 대한 그의 여러 해에 걸친 실용주의의 영감을 받은 공격들로부터 출현했다. 파슨스의 일반화된 이론적 분석은 구체적 역사 발전에 대한 이해를 제공하기에는 너무 추상적이었다. "거대 이론의 근본 원리는 처음부터 사고 수준을 너무 일반적으로 채택해서 그 종사자들은 논리적으로 관찰 수준까지 내려올 수 없다. 그들은 거대 이론가들과 마찬가지로 고도의 일반성으로부터 역사적·구조적 맥락의 문제들로 내려오지 않는다."[109] "이 거대 이론에 '체계적인' 게 있다면, 그것은 구체적·경험적 문제의 범위를 벗어나는 방법일 것"이라고 밀스는 결론지었다.[110] 이론은 파슨스의 저작이 대표하는 '형식주의적 후퇴'가 아니라 연구 과정의 일부가 되어야 했다. 밀스에 따르면, 잘난척하는 파슨스의 장황한 문제는 사상의 부적합성을 드러냈다. 이 책에서 밀스는 파슨스의 영향력 있지만 난해하기로 악명 높은 《사회 체계》(The Social System)의 몇몇 구절을 평범한 영어로 고친 산뜻한 '번역'을 제시했다. 사회과학에 실용주의적으로 접근함으로써 거대 이론에 반론을 펴고

파슨스의 저작에 대해 아주 공평하지는 않을지라도 통렬한 비평을 내놓았다.[111]

밀스는 사회학적 상상력과 관련하여 파슨스보다 더 큰 위협으로 생각한 라자스펠트에 대한 비평에 많은 분량을 할애했다. 라자스펠트의 추상적 경험주의에 대한 밀스의 비평은 과거 BASR의 경험뿐 아니라 오랜 방법론적 원리들에도 기초했다. BASR의 연구는 상세한 통계적 분석을 낳았기 때문에 거대 이론보다 더 경험적인 걸로 보였다. 그러나 밀스는 그 또한 사회 연구에 대한 추상적 접근법이라고 주장했다. 표본조사 통계는 변수들을 서로 관련시키기는 했지만, 자료 이해에 도움이 될 특정한 구조적·역사적 맥락을 거의 제공하지 않았다. 디케이터 연구에서 좌절을 맛본 경험을 통해 밀스는 추상적 경험주의를 '방법론적 억압'이라고 비판했다. 추상적 경험주의자들은 방법론적 엄격성을 중요한 사회문제를 이해하기 위한 수단이 아니라 그 자체를 목적으로 만들었다. 어떤 사회학자들도 연구소 연구원들이 사용한 특정한 사회 연구 방법들을 비난할 수 없다고 말했지만, 그럼에도 불구하고 "추상적 경험주의처럼 조심스럽고 엄격한 경험주의는 우리 시대의 커다란 사회문제와 인간 문제를 연구에서 배제한다"고 결론지었다.[112]

밀스는 사회과학자들이 연구 기법에만 관심을 갖고 가치 문제를 무시하도록 조장한 새로운 사회 연구 단체들의 관료적 풍조 때문에도 골치가 아팠다. 기업과 정부 부문에서 외부 고객들을 위해 수행된 BASR 연구 가운데 '새로운 자유주의적 실용성'은 1943년의 논문 〈사회병리학자들의 직업 이데올로기〉에서 고찰한 개혁주의 정신을 대체한다고 밀스는 주장했다. 낡은 실용성으로부터 새로운 실용성으로 전환하는 과정에서 "(사회학자들의) 지위는 학문적인 것에서 관료적인 것으로, 그들의 청중은 개혁가들의 운동에서 정책을 결정하는 집단으로, 그들의 문제는 그들 자신이 선택하는 문제에서 새로운 고객들의 문제로 바뀐다."[113] 연구소 중심의 사회학자들은 자신의 연구 작업이 어떤 목적에 이바지하는지 묻지 않고 기업과 정부를 위해 기술을 사용한다고 밀스는 주장했다. 그 과정에서, 그들은 확립된 정치권력을 위해 일할 뿐 아니라, "관료주의 풍조를 다른 문화적·도덕적·지적 삶의 영역 속으로" 널리 확산시키는 것을 도왔다.[114]

《사회학적 상상력》에서 밀스는, 사회학자들이 연구 작업을 사회 속에 위치시킬 것을 촉구하면서 자신의 초기 지식사회학에서 뚜렷한 '성찰적 사회학'(reflexive sociology)을 강조했다. 사회학자들은 과학의 중립 자세를 유지하기보다는 사회학 연구에서 가치는 피할 수 없다는 사실을 받아들여야 했다. 좋든 싫든 사회학자들은 정치적 역할을 하게 되는데, "그들의 정치적 의미들은 숨겨진 채로 있기보다 낱낱이 밝혀지는 게 더 나을 것이다."[115] 밀스가 첫 번째 장에서 분명히 말했듯이, "물론 내 성향이 남들의 성향보다 좋다거나 나쁘다고 말할 수는 없다. 다만 내가 바라는 것은, 내 자신이 내 성향을 명백히 하고 시인하듯이, 내 성향을 못마땅하게 생각하는 사람들도 내 성향을 거부함으로써 자신의 성향을 명백히 하라는 것이다. 그러면 사회 연구의 도덕적 문제, 즉 공공적인 사회과학의 문제가 분명히 인식되고 논의가 활발해질 것이다. 그러면 우리 모두가 자기 자신을 훨씬 더 잘 이해하게 될 텐데, 바로 이것이 사회과학 연구 전반에 걸친 객관성을 얻는 선행 조건이다."[116] 밀스의 성찰적 사회학은 자신의 생각에 담긴 이데올로기적 내용을 인정하지 않는 자유주의자들의 흠을 찾음으로써 '이데올로기의 종말' 개념에 대한 공격을 뒷받침했던 것처럼, 거대 이론과 추상적 경험주의에 대한 밀스의 비평에 기초가 되었다.

사회 연구의 주된 두 가지 방식에 대한 비평은 설득력 있고 주목할 만한 것이었지만 편향적인 면도 있었다. 통렬한 논쟁을 담은 《사회학적 상상력》을 전후 사회학에 대한 완벽한 설명이라고 볼 수는 없다. 우선 이 책은 그 분야의 지배적 경향들을 불완전하게 개괄했다. 밀스는 당대의 사회학 분야에서 인정받는 세 지도자 가운데 둘을 비판했지만, 세 번째 인물인 로버트 머턴을 언급하는 걸 간과했다. 다만 한 구절에서, 밀스는 둘 사이의 차이점을 부정하고 거대 이론을 추상적 경험주의와 조화시키려고 애쓴 한 '정치가'(statesman)를 언급했다. 이 '정치가'는 내용 있는 연구가 아니라 이론과 연구를 조화시킬 필요에 대한 공허한 약속을 통해 탁월한 지위를 성취했다. "그 정치가가 감당하게 될 역할은 그를 실제 작업으로부터 떨어져 있게 한다. 그가 쌓아올린 명망은 …… 그가 실제로 성취한 것과는 어울리지 않는다."[117] 이 구절은, 파슨스의 이론과 라자스펠트의 연구소 중심 연구의 장점을 융합시키려 애쓰고 '중간범위 이론'을 옹호한 머턴에 대한 비평으로 이해할 수 있다. 라자스펠트는 이 구절을 머턴에 대한 '악의적 공격'이라고 보았다.[118] 이 구절이 머턴에 대한 은근한 공격을 실제로 포함하기는 했지만, 밀스가 머턴의 이름을 밝히면서 비판하지 않기로 결정한 점은 흥미롭다. 밀스는 컬럼비아대학 동료인 라자스펠트를 비판하는 데는 전혀 거리낌이 없었다. 그것은 밀스가 머턴과 나눈 예전의 정겨운 추억이나 자신이 컬럼비아대학에서 자리를 잡는 데 머턴이 중요한 역할을 한 것에 여전히 고마움을 느꼈기 때문일지 모른다. 어쩌면 밀스는 머턴의 저작에서 여전히 어떤 장점을 보았을지도 모른다. 어쨌든 머턴을 거론하지 않고서는 전후 사회학에 대한 어떤 비평도 완전할 수 없다.

무엇보다 사회학 분야를 추상적 경험주의와 거대 이론으로 축소시킴으로써, 《사회학적 상상력》은 전후 사회학의 다른 두드러진 경향을 숙고하지 못했다. 밀스는 거대 이론과 추상적 경험주의를 뒤르켐, 만하임, 마르크스, 베버, 심지어 허버트 스펜서 같은 과거 사상가들의 저작에서 분명한 '고전적 사회학' 전통과 대비시켰다. 그렇게 함으로써, 밀스는 전체로서 현대 사회과학은 고전적 유산의 약속에 신세 지고 있음을 암시했다. 현대 사회과학에서 나타나는 대안적 경향들을 밀스가 무시한 것은, 그렇지 않았더라면 그의 설명에 공감했을 몇몇 사회과학자들을 혼란스럽게 했을 것이다. 배링턴 무어가 불평했듯이, "'거대 이론'과 '추상적 경험주의'의 대조는 절묘하지만, 현대 사회과학을 간결하고 공정하게 묘사하기에는 너무 융통성이 없다. …… 밀스는 현대 사회학 연구 작업의 풍요로움과 다양성이라는 개념을 별로 전달하고 있지 않다."[119]

밀스가 자신이 비평한 사람들에 대한 대안적 경향들을 생략한 것은 좀 이상하다. 《사회학적 상상력》에서 논의할 내용을 암시한 1954년의 논문에서, 밀스는 사회학자들을 세 그룹으로 나누었다. (당시 '과학자들'로 불리던) 거대 이론가들 및 추상적 경험주의자들과 나란히, 밀스는 고전적 사회학의 전통을 지속시킨 '제3진영'을 구별했다. 이 '제3진영'은 로버트 달, 존 갤브레이스, 해럴드 라스웰, 찰스 린드블롬, 군나르 뮈르달, 데이비드 리스먼, 조지프 슘페터, 프랑크푸르트 학파 사상가들 같은 이데올로기적으로 다양한 그룹의 학자들을 포함했다.[120] 더욱이, 밀스는 《사회학적 상상력》 초고를 몇몇 사회과학자들에게 보였는데, 대부분은 사회학 분야의 경향에 대한 비평과 사회학적 상상력이라는 밀스의 긍정적 비전에 호의적 반응을 보였다. 《사회학적 상상력》이나 1954년의 논문 원고를 수정하는 데 상당한 동의를 표한 사람들에는 허버트 블루머, 루이스 코저, 앤드루 해커, 리처드 호프스태터, 스튜어트 휴즈, 플로이드 헌터, 찰스 린드블롬, 랠프 밀리밴드, 배링턴 무어, 하워드 오덤, 데이비드 리스먼이 포함되어 있었다.[121] 이런 호의적 반응은 거대 이론과 추상적 경험주의에 대한 반감이 밀스 혼자만의 것이 아님을 보여 준다. 1960년대에 사회과학을 전환시킨 앨빈 굴드너와 배링턴 무어 같은 탁월한 사회과학자들은 1950년대 후반까지 밀스의 비평 대부분을 그대로 모방했다.[122]

《사회학적 상상력》은 사회학의 '제3진영'에 관한 논의를 포함하지 않은 탓에 시련을 겪어야 했다. 이 논의가 없이는 전문적 사회학자들 전반에 대한 아웃사이더의 한 비평일 뿐이었다. 밀스는 의도적으로 그렇게 했다. 그렇지 않았더라면 이 책은 동료 사회학자들로부터 더 큰 공감을 얻었을 게 틀림없다. 밀스는 맨 처음 쓴 초고와 관련하여 친구인 윌리엄 밀러에게 "자네가 우리 친구들, 특히 모닝사이드하이츠(컬럼비아대학이 있는 구역—옮긴이) 쪽에 일체 언급하지 않았으면 해. 나는 이 책이 광야에서 온 예언자처럼 크고 굉장한 놀라움이 되기를 원하거든" 하고 편지했다.[123] 밀스가 전문적 사회학자들 전체, 특히 라자스펠트 같은 컬럼비아 동료들 사이의 갈등을 인식한 것은 이 책의 극적 긴장에 공헌한 반면, 미국 사회과학을 더 온전하게 개관하지 못하는 대가를 치러야 했다. 그래서 밀스의 의도가 아니었는데도, 독자들은 '사회학적 상상력'을 밀스 자신의 독특한 유형의 사회학과 동일시하는 경향이 있었다.

《사회학적 상상력》의 비평가들은 밀스의 관점이 그가 헐뜯었던 사회학 분야 내부에서도 어떤 지지를 얻고 있다고 주장했다. 몇몇 손꼽히는 사회학자들은 예상대로 적대적이었다. 책이 출판된 후, 어떤 이는 밀스에게 사회학 분야에서 아주 떠나라고 편지를 썼다. 에드워드 실스는 밀스를 "거친 고발, 엄청난 부정확성, 약자를 괴롭히는 태도, 귀에 거슬리는 말, 변하기 쉬운 기초들로 가득한, 사회학에서 일종의 조 매카시"라고 부르면서 가장 신랄한 공격을 퍼부었다.[124] 《영국 사회학저널》에서, 시모어 마틴 립셋과 닐 스멜서는 밀스의 저작이 "현대 미국 사회학에서 거의 아무런 중요성도 없다"고 단언하면서, 그 책을 읽지 말라고 영국 독자들에게 경고했다.[125] 그리고 《사회학적 상상력》에서 비판한 두 상이한 경향의 지도자 사이의 협력으로 이루어진 아이러니컬한 실례에서, 다른 나라 사회학자들은 밀스의 강연을 몹시 듣고 싶어 했음에도, 파슨스는 라자스펠트를 설득해 밀스가 1962년 제6차 세계사회학대회에서 발표하지 못하게 했다.[126] 그러나 주요 사회학 저널들에서 모든 비평가들이 경멸을 보낸 건 아니었다. 《미국사회학저널》에 기고한 글에서, 하버드대학의 조지 호먼스는 밀스의 지나친 발설 방식은 싫지만 그의 일부 비평에는 동의한다고 밝혔다.[127] 《미국사회학평론》에서, 윌리엄 콜브는 밀스가 '경직되고 독단적인' 방식으로 적용하는 데는 의견을 달리하면서도 '사회학적 상상력'에 대한 밀스의 설명을 높이 평가했다.[128] 루이스 포이어는 몇 가지 점에서 밀스와 의견이 달랐음에도 비평은 놀랍게도 긍정적이었는데, 그 책이 "대단히 중요하고" 모든 대학원생이라면 책 부록인 '장인 기질론'을 꼭 읽어야 한다고 끝맺었다.[129]

솔직히 말해 《사회학적 상상력》은 사회학계 내부에서 어떤 공감을 얻기는 했지만, 그 시대의 사회학계에 대한 정면 공격으로도 읽힐 수 있었다. 그러나 눈에 띄는 대안들이 거의 없이 추상적 경험주의와 거대 이론으로 갈라진 현대 사회학에 대한 우울한 견해를 제시할 때도, 밀스의 맹렬한 공격에는 특정한 사회학적 세계관에 대한 변함없는 확신이 담겨 있었다. 1958년, '사회과학의 해부'(Autopsy of Social Science)라는 절망적 제목을 달고 있는 밀스의 독창적인 초고를 읽고 나서, 데이비드 리스먼은 밀스가 사회과학의 현상태에 얼마나 깊은 관심을 가지고 있는지에 놀라움을 표현했다. 리스먼은 사회과학의 현재 상태에 대한 밀스의 분석을 사회 그 자체를 분석하는 더 중요한 과업으로부터의 전환으로 생각했다. "내가 볼 때 당신은 스스로를 이 사람들에 의해 마음이 산란해지도록 내버려 두는 것 같다. 마치 마르크스가 남은 생애 동안 포이어바흐를 계속 공격했던 것과도 같다"고 썼다. 리스먼은 밀스가 "미국의 지적인 삶이라는 등에 올라타고 있는 모기들에게 대형 사냥총을 들이대는 비평을 시작했다"고 주장하면서, "확실히 당신은 사회학이 그 정도로 중요하지는 않다는 데 동의할 것"이라고 결론지었다.[130] 그러나 사회학은 밀스에게 그때까지도 무척 중요했다. 사회학 분야에서 나타나는 경향에 대한 반론과 함께, 《사회학적 상상력》은 사회과학의 '약속'에 대한 밀스의 야심 찬 전망을 분명히 표현했다. 사회학계 지도자들이 이 약속을 소홀히 하고 있다고 믿으면서도, 밀스는 그것이 전체로서의 문화 속에서 더 나은 성공을 거둘 수 있기를 희망했다. 책 제목을 '사회과학의 해부'에서 '사회학적 상상력'으로 바꾸겠다는 결정은 사회과학의 잠재력에 대한 믿음을 반영했다. 어쩌면 책 원고와 관련해서 받은 수많은 편지에 고무되어, 밀스는 사회과학은 죽은 게 아니라 '병든' 거라고, 또 "이 사실을 인정하는 것은 진단의 요구로서, 심지어 어쩌면 건강해지는 징조로 받아들여질 수 있고 또 받아들여져야 한다"고 선언했다.[131]

밀스가 이 약속에 붙여 준 이름은, "인간과 사회, 전기와 역사, 자아와 세계의 상호작용을 이해하기 위한 필수적인 정신적 특성"으로 정의된 《사회학적 상상력》이었다.[132] 사회학적 상상력은 사회의 저마다다른 부분들 사이의 중요한 상호 관계를 이해하는 능력을 제공했다. 밀스가 썼듯이, "어떤 총체적 사회에 관한 모든 특정한 측면의 연구에서 명확히 '사회학적인' 것은, 전체에 관한 개념을 얻으려고 그 측면을다른 측면들과 관련지으려는 끊임없는 노력이다."[133] 사회학적 상상력은 개인의 전기를 더 큰 역사적·구조적 힘으로, 또는 밀스가 초기에 사용한 용어로 표현하면 개인의 성격과 사회구조와 관련해서 생각한 것이다. 사회학적 상상력은 총체적 사회구조에 집중하면서도 개인을 시야에서 놓치지 않았다. 그것은 "가장 일반적이고 멀리 떨어진 변화들로부터 인간 자아의 가장 깊숙한 측면에까지 걸쳐 있고, 또 둘 사이의 관계를 보는 능력"을 포함하기 때문이다."[134] 사회학적 상상력에대한 밀스의 정의는 대단히 포용력이 있어서, 지금까지도 사회학자들에게 주목할 만한 매력을 끌고 있다. 그러나 밀스가 정의한 사회학적상상력은 자신이 실천한 특정한 방식의 급진적 사회학과 동일하지 않았다. 실제로 밀스 자신의 연구 작업이 사회학적 상상력에 의해 설정된 큰 노력을 요하는 기준에 따르지 못하는 부분을 비평가들은 종종구분해 냈다.[135]

밀스는 실제로 사회학적 상상력의 중요한 정치적 역할을 이해했지만 단일한 이데올로기적 입장에 한정시키지는 않았다. 밀스의 정치적 동맹자들 가운데 일부는 이 점을 안타까워했다. 예를 들어, 영국의 사회주의자 랠프 밀리밴드는 밀스에게, "불가피하게 그리고 당신의 정의에 기초하면, 사회과학자의 역할은 기존의 권력 집중에 대해 비판적이고 인습적이지 않고 공격적·전복적이어야 한다. 당신이 말하는 훌륭한 사회과학자는 사실 사회주의자이고, 사회민주주의적 방향으로 사회구조의 혁신을 추구해야 한다. 그것이 당신이 실제로 주장하는 바이다. 그렇지 않은가? 그러나 당신은 그것을 확실하게 말하지 않고 암시할 뿐이다"라고 불평했다.[136] 밀리밴드의 발언은, 사회학적 지식은 반드시 급진적 목표에 이바지한다는 밀스의 주장과 사회학적 상상력은 내용 있는 중요한 문제들을 다루고 개인의 전기를 더 광범위한 사회적·역사적 경향과 연결하는 모든 사람에게 이용 가능하다는 주장 사이에 존재하는 이 책에서의 중요한 긴장을 정확히 지적했다. 그러나 《사회학적 상상력》이 좌파 독자를 넘어 많은 사람들의 흥미를 끌 수 있었던 지점은 바로 이 모호한 표현 때문이었다. 실제로 밀스의 책은 그가 '고전적 전통'을 받아들인 것과 '관료주의 풍조'를 비판한 것을 칭찬하는 보수적 비평가들 사이에서 뜻밖에 지지의 근원을 발견했다. 예를 들어, 러셀 커크는 앞서 밀스의 좌파 정치를 풍자하는 글을 썼음에도 불구하고, 밀스의 사회학 관점을 받아들였다.[137]

밀스는 현대의 사회과학을 음침하게 묘사했지만, 사회학적 상상력의 문화적 약속이라는 점에서는 좀 더 낙관적이었다. "사회과학은 문화 시대의 공통분모가 되고 있다"고 그는 주장했다.[138] 사회학적 상상력은 원자력 시대에 과학적 권위의 쇠퇴가 남긴 공백을 채울 수 있었다. 이미 "저널리스트들과 학자들, 예술가들과 대중들, 과학자들과 편집자들"은 "세상에서 벌어지고 있는 것, 그리고 그들 자신의 내부에서 벌어질지도 모르는 것에 대한 명쾌한 분석을 성취하기 위해, 자신들이 정보를 사용하고 이성을 발전시키도록 도와줄" 사회학적 상상력에 의지하고 있다고 밀스는 단언했다.[139] 밴스 패커드, 오거스터 스펙토르스키, 윌리엄 화이트 같은 1950년대에 사회학적 사고방식을 가진 사회 비평가들이 누린 점증적인 성공에 밀스는 고무되었다.[140] 사실, 1955년에 사회학적 상상력을 정의하고자 그가 사용한 것과 매우 비슷한 용어로, "독자가 사회현상들의 일부로서 자신의 위치를 차지할 수 있게 함으로써 …… 그것은 그가 …… 그 시대의 외부적 경향들과 깊이 관련된 것으로서의 …… 바로 그 개별성을 이해할 것을 권한다"고 이 책을 칭찬하면서, 밀스는 스펙토르스키의 《준(準)교외 거주자들》(The Exurbanites)에 대한 강렬한 비평을 썼다.[141] 아이러니컬하게도, 밀스가 공격한 바로 그 사회학 분야 지도자들은 사회학적 사고방식이 미국에서 점점 더 우세하리라는 그의 기대를 공유하고 있었다. 《사회학적 상상력》이 출판된 그해에, 파슨스는 "'사회학'의 시대가 출현하기 시작했다"고 선언했다.[142]

미국 문화 속에서 사회학적 상상력의 보급은, 개인들이 자신의 삶을 틀 짓는 더 큰 구조적 힘들을 더욱 잘 이해하고 통제하도록 돕는다는 정치적 약속을 포함한다고 밀스는 믿었다. 많은 사람들은 자기 삶에서 거대한 사회적 제도의 영향을 이해하지 못한다고 그는 주장했다. 그들은 자신의 삶을 사적 문제의 지역적 환경이라는 관점에서 이해하거나, 사회 속에서 자신의 위치를 제대로 인식하지 못한다. 사회학적 상상력은 그들이 개인적 전기를 좀 더 큰 역사적·구조적 경향과 연결할 수 있게 하고, 이로써 사적인 '곤란'(troubles)을 공적인 '문제'(issues)로 바꾸어 나갈 것이다.[143] 그들은 사회학적 상상력을 통해 미국을 좀 더 민주적 사회로 만드는 데 완전히 참여할 수 있을 것이다. 따라서 밀스에게 '사회과학의 지적 약속'은 "인간의 문제들에서 이성의 역할에 대한 정치적 약속"과 본질적으로 관련이 있었다.[144]

《사회학적 상상력》은 지식인이 권력 문제에 관심을 가져야 한다는 밀스의 끈질긴 요구들 중에서도 가장 주목하지 않을 수 없는 요구로 끝맺었다. 《파워 엘리트》에서처럼, 밀스는 사회과학자들이 진실의 정치를 실천해야 한다고 요구했다. "광범위하게 전달되는 난센스의 세계에서, 사실에 대한 모든 진술은 정치적·도덕적으로 중요하다. …… 모든 사회과학자들은 그들의 존재 자체만으로도 계몽과 몽매주의 사이의 투쟁에 관련된다. 우리의 세계와 같은 그런 세계에서, 사회과학을 실천하는 것은 무엇보다 진실의 정치를 실천하는 것이다."[145] 사회과학자들은 독립적 이성이 근본 역할을 하는 민주 사회를 만드는 일에 이바지할 수 있다. 자유와 이성의 가치들은 공적인 토론과 논쟁을 중시하는 참여민주주의 속에서만 실현될 수 있기 때문이다. 여기에서, 밀스는 변함없이 민주주의를 "역사 자체의 구조적 역학에 대한 일종의 집단적 자기 통제"로 정의했다.[146] 사적 문제를 공적 문제로 바꿈으로써, 사회학자들은 "자신을 계발하는 대중을 조직·강화하는 걸 도와 민주적 참여에 공헌할 수 있다.[147] 그러한 역할은 마땅히 급진적이라고 밀스는 생각했다. "(토론되거나 토론되지 않는) 많은 정책들이 현실에 대한 부적합하고 오도하는 정의에 기초할 때, 현실을 좀 더 적합하게 정의하려 애쓰는 사람들은 논란의 중심에 설 수밖에 없다. 그것이, 내가 묘사한 종류의 대중이 …… 그러한 사회 속에서 그들의 바로 그 존재 자체로 급진적인 까닭이다."[148] 이 고무적 전망을 묘사할 때도 밀스는 독특하게 비관적 어조를 띠었다. 이를테면 "성공할 가망성은 얼마나 되는가?"라고 그는 물었다. "우리가 지금 (그 안에서) 행동해야 하는 정치 구조를 감안할 때, 사회과학자들이 아마 이성의 효과적 전달자들이 될 거라고 나는 믿지 않는다."[149] 그럼에도 불구하고, 1950년대 후반과 1960년대 초반에 국제적 저항 운동이 출현하기 시작했을 때, 밀스는 사회학에 바탕을 둔 진실의 정치를 단지 절망적인 현상 유지 행동이 아니라 '청년 지식계급'의 급진적 운동을 위한 잠재적 전략으로 여기게 되었다. 대중적 수준에서 실천되는 진실의 정치는 신좌파를 구축하는 과정을 도와줌으로써 정치권력의 엘리트 집중에 도전할 수 있을 터였다.

6장

제3세계를 위하여

신좌파에게 보내는 편지

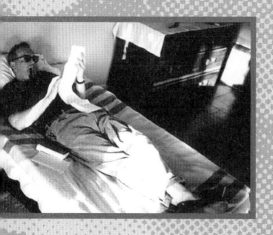

"나는 독립적 좌파를 위한 최선의 가능성을 발전된 자본주의나 소비에트 블록 내부에 서가 아니라, 위험하게 두 블록 바깥에 있는 제3세계 나라들에서 봅니다."

1960년의 〈신좌파에게 보내는 편지〉는 진실의 정치를 실천하려 애 쓴 1960년대 초반의 미국 좌파 학생운동가들에게 영감을 주었다. '이 데올로기의 종말'이라는 자유주의 개념을 공격하면서, 밀스는 급진적 이상이 대중을 선동해 무감각에서 벗어나게 함으로써 역사의 경로에 다시 한 번 영향을 미칠 수 있다고 주장했다. '유토피아적' 사고를 옹 호하면서, 그는 1950년대 냉전 합의의 한계를 돌파할 신좌파의 필요 성을 보여 주었다.

가장 중요한 것은, 떠오르던 백인 학생운동을 향해 '청년 세대 지식 인들'이 '사회 변화의 진정한 동력'이 될 수 있다고 선언한 것이다.[1] 날 카로운 사회 분석 덕분에 벌써부터 밀스를 존경해 온 독자들에게, 〈신 좌파에게 보내는 편지〉는 비교적 특권을 누리는 학생들이 사회변혁의 중추적 동인이 될 수 있다는 개념을 뒷받침했다. 밀스의 '편지'는 출 판된 직후 미국 신좌파의 으뜸가는 지식인 저널인 《좌파연구》(Studies on the Left)에 다시 발표되었다. 또한 가장 두드러진 신좌파 단체인 '민주사회를 위한 학생연합'(SDS)에서도 팸플릿 형태로 출판했다. 그 런데 1962년 SDS가 내놓은 '포트휴런 선언'은 "적어도 보통의 안락 함 속에서 자라고, 지금은 대학에 머물러 있으며, 우리가 물려받는

세계를 불편하게 바라보는" 사람들에게 신좌파 사회운동의 도래를 알렸다.[2]

〈신좌파에게 보내는 편지〉는 미국 학생운동에 끼친 영향으로 가장 널리 알려져 있지만, 밀스는 신좌파를 국제적 관점에서 생각했다. 사실 이 '편지'는 애초에 영국의 좌파 저널 《뉴레프트리뷰》에 발표되었다. 그것은 1956년 《파워 엘리트》를 출판한 이래 1962년 갑작스런 죽음을 맞은 밀스의 생애에서 보면 말년의 산물이었다. 거기에는 사상의 국제화와 신좌파의 발견이라는 특징이 잘 나타나 있다. 1950년에 밀스는 덴마크에서 풀브라이트 장학금을 얻어 처음으로 유럽 대륙을 여행할 수 있었다. 그때 말했듯이, 1950년은 밀스에게 '결정적인 해'로 판명되었다. 그해 밀스는 정치 활동과 사회 분석의 지평을 크게 확장해 나갔다. 급진적 사회 변혁과 "전 세계 모든 나라에서 우리와 대등한 지위에 있는 사람들과 접촉하려는 시도"에 관해 생각할 때, 이제 지식인들은 "다시 한 번 국제적이 되어야" 한다고 그는 주장했다.[3] 다양한 범위의 지적 네트워크와 해외 정치 운동을 접하면서, 밀스는 제2차 세계대전 이후 전 세계 급진적 사회 저항의 가능성을 새삼 다시 생각하게 되었다. 1940년대에 그랬듯이, 노동계급을 사회 변화의 가장 바람직한 동력으로 더 이상 기대하지 않은 채 미출판된 원고인 '문화적 장치'에서, 갑자기 활기 띠는 미국과 유럽 중간계급의 지적·문화적 거부의 경향들을 이론화했다. 미국 사회에만 초점을 맞추지 않고, 밀스는 마침내 미국과 세계 평화운동의 연대로부터 자라난 《제3차 세계대전의 원인》과 쿠바혁명을 옹호하는 《들어라 양키들아》라는 영향력 있는 두 권의 책을 출판함으로써, 국제적으로 중요한 사안에 대해 미국과 전 세계의 독자들을 일깨워 나갔다.

〈신좌파에게 보내는 편지〉에서, 밀스는 "마르크스가 '온갖 낡은 쓰레기'라고 부른 것에 염증을 느낀 사람은 누구인가? 급진적으로 생각하고 행동하고 있는 사람은 누구인가? 전 세계적으로 …… 대답은 똑같다. 바로 청년 지식계급이다"라고 묻고 대답했다.[4] 자신의 요점을 사례로 증명하려고 쿠바혁명, 영국 앨더매스턴의 반핵 행진, 미국 남부의 민권운동, 나아가 터키, 한국, 타이완, 일본에서 벌어진 저항을 열거했다. 이런 저항운동의 중심에는 언제나 젊은 세대가 있었다. 밀스가 '청년 지식계급'을 신좌파의 변화 동인으로서 파악한 것은 실제로 두 상이한 집단을 혼합함으로써 가능했다. 그 용어는 문화 생산자들의 광범위한 기초를 가진 중간계급 운동을 암시했다. 그가 1960년의 한 인터뷰에서 설명했듯이, "나는 이 '지식계급'이라는 용어를 예술가, 과학자, 지식인뿐 아니라 모든 화이트칼라 피라미드형 조직을 의미하기 위해 동유럽의 의미에서도 사용하고 있다."[5] 그러나 밀스가 지식계급이라는 용어를 사용함으로써 독자들에게 볼셰비키 혁명을 상기시켰다면, 그것은 이 용어가 또 다른 별개의 집단도 포함하기 때문이다. 미출판된 1959년의 짧은 편지에서, 밀스는 "산업화 이전의 나라들에서 역사적 지렛대는 정치적 지식계급이었고 지금도 그렇다"고 썼고, 여백에 쓴 주석에는 "레닌이 옳다"고 덧붙였다.[6] 이 목적을 위해, 밀스는 전 세계적인 변화가 제3세계의 혁명적이면서도 비공산주의적인 사회주의 운동들로부터 출현할 수 있기를 바랐다.

밀스가 펼친 신좌파의 연대는 지적·정치적 발전을 위한 새로운 기회를 열어 주었다. 밀스는 그 과정에 자신의 급진주의에서 가치 있는 것 대부분을 드러냈다. 독단적이거나 당파적이지 않으면서, 밀스는 좌파의 사회 변화 근원들을 그것들이 생길지도 모를 사회의 모든 구석으로부터 찾았다. 그러나 세계적인 신좌파 선구자로서 밀스의 새로운 역할에는 많은 위험이 따랐다. 밀스는 조직을 건설하거나 저항을 조직하는 사람으로서 정치적 행동주의자가 된 적은 없지만, 다만 시의적절한 정치적 문제들에 대해 좀 더 직접적으로 비평하는 것에 마음이 끌렸다. 이런 활동은 밀스의 영향력을 확대시켰지만 위험한 일이기도 했다. 이제 사회학적 반성을 위한 여유를 갖지 못한 채 공적인 직책을 떠맡아야 했다. 그 결과 밀스의 후반기 저작에서는 과거 사회비판 저작들에 나타나던 날카로움과 세련됨이 사라졌다. 주요 사회학 저작들과 달리,《제3차 세계대전의 원인》과《들어라 양키들아》는 당대의 역사적 중요성만 있다. 신좌파에 대한 밀스의 주된 이론적 공헌이라고 할 수 있는 '문화적 장치'가 미완성인 채로 남은 이유는 불가피한 정치적 참여 때문이었다. 이따금 밀스는 사회학을 포기한 채 좌파를 위한 비공식 대변인으로서 스스로 새로운 역할을 만들어 가는 것처럼 보였다. 1961년, 그는 "나는 전 세계 수많은 사람들에게 내가 보는 대로 진리를 명쾌하게 말하고, 허튼 사회학적 언사로 떠벌리는 일은 그만둘 큰 책임이 있다"고 결론지었다.[7] 그러나 사회학을 진실로 포기하기에는 이미 밀스 안에 너무 깊이 자리 잡고 있었다. 따라서 그는 더욱 지속적인 지적 작업을 요구하는 탁월한 급진적 대변인으로서 새로 찾은 일을 잘 처리했다.

밀스가 말년에 펼친 광범위한 지적·정치적 연대는 국제적인 신좌파 출현에 빛을 던져 주었다. 이전 학자들이 그랬던 것처럼, 신좌파와 밀스의 관계를 주로 SDS 학생 지도자들에게 끼친 감화력이 강한 영향이라는 관점에서 해석하면, 그의 생애에서 이 단계에 관한 가장 흥미롭고 중요한 대부분을 놓치게 된다.[8] 다른 극소수 사람들처럼, 밀스는 우리에게 1950년대 말과 1960년대 초 국제적 좌파의 재출현을 자세히 살펴볼 수 있게 해준다. 그의 모범은 역사가들이 일반적으로 무시해 온 미국 신좌파의 국제적 차원의 중요성을 가리킨다.[9] 실제로 '신좌파'(New Left)라는 용어의 기원은 좌익 운동의 국제적 상호 연결을 드러낸다. 《뉴레프트리뷰》와 연합한 영국 마르크스주의자들은 그 용어를 소련 방식의 공산주의와 미국의 자본주의를 넘어 사회주의 대안을 추구하는 것에 공감하는 집단인, '신좌익'(nouvelle gauche) 비공산주의 프랑스 지식인들로부터 빌려왔다.[10] 밀스는 '편지'에서 이 표현을 사용함으로써, 신좌파가 미국에서 받아들여지는 데 결정적인 역할을 했다. 그 용어가 무얼 의미했고 밀스가 어떻게 사용했는지 살펴본다면 그의 생애에서 이 매력적인 마지막 시기뿐 아니라 신좌파에 관한 새로운 역사적 이해를 얻을 수 있을 것이다.

인터내셔널의 부활

1956년부터 1962년까지 밀스의 저작과 활동은 국제적 차원에서 이루어졌다. 오래도록 유럽 사상가들의 영향을 받았음에도 1950년대 중반까지는 거의 대부분 미국 사회에 집중되어 있었다. 1952년, 밀스는 여행에 대한 갈망을 막스 호르크하이머(Max Horkheimer)에게 편지로 썼다. "나는 (역사가) 6~7세대밖에 안 되는 나라에서 한평생 살아왔습니다. 그런데 여기에서 일하는 시간이 길어지고 나이가 들면 들수록 더 편협해지고 제한되어 있다는 느낌이 듭니다. 좀 더 구체적으로 말하자면, 비교 관점을 확립하기 위해 잠시 유럽에서 살고 싶습니다."[11] 밀스는 1956년 1월 유럽을 처음으로 방문했다. 그때 뮌헨에 있는 BMW 자동차 공장에서 오토바이의 기계 구조에 관한 단기 코스를 수강했다. 코펜하겐대학에서 사회심리학을 강의하려고 가을에 풀브라이트 장학금을 받았고, 그것으로 유럽의 나머지를 탐험하는 기반으로 삼았다.

잦은 여행으로 밀스는 말년에 컬럼비아대학에서 시간을 덜 보냈다. 그는 마흔도 되기 전인 1956년에 정교수로 승진했다. 특히 《사회학적 상상력》이 출판된 이후로 특히 동료들과 관계가 계속 나빠졌다. 1960년에 심한 심장마비에 걸렸을 때, 사회학과에서 위로 편지를 보낸 사람은 오직 로버트 린드뿐이었다.[12] 게다가 밀스는 자신의 연구에 컬럼비아대학이 제공하는 제도적 뒷받침이 부족하여 더 좌절했다. 1959년 학장인 자크 바르쟁에게 보낸 편지에서, 밀스는 "지난 12년 동안 여덟 권의 책을 쓴 일류 대학 정교수에게, 메일을 타이프라이터로 칠 조수 하나 없다는 건 이상하지 않습니까?" 하고 불평했다.[13] 그럼에도 그는 직책에 대한 이율배반적 감정을 계속 표현하면서 세상을 떠날 때까지 컬럼비아대학 교수진의 일원으로 남아 있었다. "그렇다면 왜 사람들은 그런 (학문적) 직장에 머무르는가?" 사람들의 질문에 밀스는 이렇게 답했다. "여기에서 나는 오직 내 자신을 위해 답변할 필요가 있다. …… 동의할 수밖에 없는 게 너무도 많지만, 그 모든 것에도 불구하고 아직까지도 상당히 자유롭게 사회과학을 가르치고 연구하고 글로 쓸 수 있는 유일한 직장이기 때문이다."[14]

밀스가 풀브라이트 장학금을 받은 그해 처음 몇 달은 평탄하지 않았다. 코펜하겐이 차츰 지루하게 느껴진 그는 《사회학적 상상력》 초고를 쓰기 시작했다. 그러나 앞에서 언급했듯이 이 책은 새로운 방향보다는 오히려 전부터 가지고 있던 오래된 생각을 다듬었다. 그 무렵 밀스는 미국에 있었을 때보다도 훨씬 더 지적으로 고립되어 있다고 느꼈다. 그러던 어느 날, 최악의 상태에서 밀스는 거스에게 편지를 보냈다. "당신도 알다시피, 나는 지금 당장은 전혀 글을 쓸 마음이 없습니다. …… 한때 내가 그들을 위해 글을 쓰고 있다고 생각했을지도 모르는 대중에 대한 일체의 개념을 잃어버렸습니다."[15] 그러나 밀스가 방문한 시기는 유럽에 신좌파가 처음 활동하기 시작한 시점과 우연히 일치했다. 앨런 후퍼가 주장했듯이, 우리가 1960년대 유럽 사회운동의 발전이 시작된 해를 선택해야 한다면, 그것은 바로 1956년이다.[16] 1956년에 일어난 사건들로부터, 동유럽 공산주의와 서유럽의 자본주의적 민주주의 양 진영에 하나의 대안으로서 민주적 사회주의를 옹호하는 집단이 출현했다. 니키타 흐루쇼프가 2월 제20차 전당대회에서 스탈린의 잔학한 행위를 폭로하고 11월 헝가리 혁명을 폭력적으로 진압한 사건은 소비에트 모델의 신뢰를 떨어뜨렸다. 그 사이, 10월에 시작된 수에즈 위기는 서유럽에서 새로운 반제국주의 저항의 도화선이 되었다.

1957년 3월에 밀스는 런던정경대학(LSE)에서 강의하려고 영국으로 건너갔다. 그는 그곳에서 급진적 사회과학자인 노먼 번바움, 토머스 보토모어, 랠프 밀리밴드와 교류하면서 미국에서는 이해할 수 없었던 좌파 지식인 공동체를 발견했다. 이런 일이 있은 후 학장에게 편지를 쓰면서, 밀스는 감정을 좀 과장하여 쏟아냈다. "아직 서유럽 세계의 모든 걸 보지는 못했습니다. 그러나 제가 본 바로는, 런던정경대학만큼 자극적인 그 어떤 지적 센터가 존재한다는 걸 믿을 수 없습니다. 솔직히 최근 몇 년 동안 진심으로 소통하고 있다고 믿을 수 있는 청중이 없다고 느껴 왔기에, 이곳에 있는 것 자체가 제게는 무척 만족스럽습니다. 지난 주말에 저는 그런 청중이 어떤 이들인지 깨달았습니다."[17]
밀스는 루이스 코저에게 "야단났어요! 내 삶에 뭔가 변화가 생길 것
같아 마음이 설렙니다. 글쎄요, 거기서 나는 완전히 흥분했어요. 내
가 그곳에서 만난 장소와 모든 사람에게 홀딱 반해 버렸습니다"라고
보고했다. "올해는 나한테 굉장한 한 해가 되고 있다고 생각합니다.
…… 갑작스럽게 중대한 정리를 할 필요가 생겼습니다. 갑자기 많은
생각이 꼬리에 꼬리를 물고 떠오릅니다"라고 그는 말을 이었다.[18]

런던 여행을 통해 밀스는 막 떠오르고 있는 영국 신좌파와 접촉하
게 되었는데, 그것은 말년의 가장 중요한 지적인 관계로 이어질 터
였다. 밀스는 1957년 이후 영국으로 자주 여행을 갔다. 1961년 갓 설
립된 서섹스대학에서 사회학 강의를 하려고 영구 이주까지 진지하게
고려했을 정도로 영국의 지적 환경 속에서 마음이 아주 편안함을 느
꼈다.[19] 밀스는 영국 신좌파에서 지적인 논객들뿐 아니라 좌파 정치를
재건하려는 피 끓는 열정도 발견했다. 별개의 가지 요소로 이루어진
영국 신좌파는 1956년의 사건들에 대한 반응으로 출현했다. 첫째 집
단은 흐루쇼프의 연설과 헝가리 혁명에 대한 소비에트의 진압의 결과
로서, 사회주의적 휴머니즘의 기치 아래 당과 결별한 일련의 오랜 공
산주의자 지식인들이 중심이었다. 요크셔에 본거지를 두고 있던 이
집단은 E. P. 톰슨과 존 새빌이 편집하는 《뉴리즈너》(New Reasoner)를
중심으로 뭉쳤다. 이와 대조적으로 과거의 공산주와 무관한 젊은 층
으로 이루어진 또 다른 집단은 옥스퍼드와 런던에 본거지를 두고 있
었다. 주로 학생들이거나 갓 대학원생이 된 이들로 구성된 이 집단은
《대학좌파평론》(Universities and Left Review)이라는 저널을 출판했고,
정치 토론 활성화를 위한 신좌파 클럽을 만들었다. 두 집단은 연원은

서로 달랐지만 긴밀히 협력했고, 1960년에 《뉴리즈너》와 《대학좌파평론》이 《뉴레프트리뷰》로 하나가 되었다.

밀스는 자신이 영국 신좌파와 공통된 관점을 가졌음을 발견했다. 그들은 함께 공산주의와 다른 사회주의적 대안, 즉 새로운 좌파를 모색했다. 절충주의적인 지적·문화적 운동인 영국 신좌파는 공산주의에 바탕을 둔 구좌파의 관료적 정치 조직을 거부했는데, 저널과 클럽 좌파의 공공 영역을 되살려 대중의 무감각에 맞서는 것을 전략으로 삼았다. 단기적으로는 실행될 수 없다는 의미에서 '유토피아적인' 대안적 사상을 구축함으로써, 지식인들은 대중적 좌파 운동의 재출현을 위한 기초를 다질 수 있다는 희망을 밀스와 영국 신좌파는 서로 공유했다.[20] 〈신좌파에게 보내는 편지〉에 관해 스튜어트 홀이 밀스에게 썼듯이, "우리의 생각이 명백히 '유토피아적'이라는 점은 모두들 절감하고 있습니다. 그리고 이런 생각들을 좀 더 젊은 사람들에게 제시하는 것은 대단히 영향력이 큽니다."[21]

밀스가 영국 신좌파와 상호작용한 유일한 미국인은 아니었다. 예를 들어, 《디센트》와 밀접한 관계를 맺게 된 마이클 왈저는 1956~1957년 옥스퍼드에서 보낸 1년 동안 결정적으로 영향을 받았는데, 그때 그는 《대학좌파평론》 그룹과 우연히 마주쳤다.[22] 나중에 밀스와 친구가 된 《대학좌파평론》 편집위원이자 런던정경대학의 영향력 있는 미국 좌파 사회학자 노먼 번바움은 나중에 《뉴레프트리뷰》 창립 편집인이 되었다.[23] 또 다른 미국인 놈 프루처는 《좌파연구》 편집을 도우려고 미국으로 돌아가기 전 1960년부터 1962년까지 《뉴레프트리뷰》에서 스튜어트 홀의 보조 편집인으로 일했다. 그는 나중에 국제적인 미국 영화 단체인 '뉴스릴'(Newsreel)의 설립을 돕기도 했다.[24] 그럼에도 영국 좌파에게 미국 급진주의의 아이콘이 된 사람은 바로 밀스였고, 문화적 장치와 신좌파 본질에 관한 사상으로 그들에게 영향을 주었다. 그러나 아마 더 중요한 것은 영국 좌파가 제2차 세계대전 이래로 유럽인들이 점점 더 보수주의의 보루로 간주해 온 나라에서 동료들을 발견할지도 모른다는 희망을 밀스의 모범으로부터 취했다는 점이다. 《런던트리뷴》의 한 필자는 밀스를 "미국 급진주의의 진정한 목소리"라고 부르며 환영했다.[25] 나중에 영국 노동당 당수에 오른 마이클 풋은 밀스의 저작을 "여러 해에 걸쳐 대서양을 건너온 것 가운데 가장 강력한 한 줄기 신선한 바람"이라고 격찬했다.[26]

그럼에도 밀스와 새로운 영국 친구들 사이에는 중요한 차이가 있었다. 영국의 신좌파는 마르크스주의 전통에 더 깊이 뿌리박고 있었다는 점이다. 밀스는 〈신좌파에게 보내는 편지〉에서, 그들이 지금은 이 기대에 어긋나는 실제로 인상적인 역사적 증거에도 불구하고, 역사적 동인이나 심지어 가장 중요한 동인으로서 발전된 자본주의 사회들의 "노동계급에게 너무 집착해 있는" 것에 대해 곤혹스러움을 표현했다.[27] 영국 신좌파는 사회 변화의 새로운 동인을 발견하는 데에 몰두하는 대체로 중간계급 운동이었지만, 그들은 미국보다 영국에서 더 강력했고 또 중요한 정치 집단인 노동당 좌파에서 어떤 정치적 의견을 표시하고 있던 노동계급의 급진주의 전통에 한결같이 헌신했다. 그 결과 그들은 '노동 형이상학'에 대한 밀스의 날카로운 거부와는 견해를 달리했다. 스튜어트 홀은 밀스에게 "당신이 지난해 런던정경대학 강연에서 제시한 가정들 중 일부에 대해 내가 의문을 품게 된 것은 단지 마르크스주의 후유증이라고는 생각하지 않습니다"라고 항변했다. 영국의 강한 노동 전통 때문에, 홀은 "우리는 노동계급에 대해 당신처럼 그렇게 단념할 수 없습니다"라고 주장했다.[28] E. P. 톰슨도 "당신은 '노동만으로는' 우리 사회를 변화시키는 일을 할 수 없다고 말하고, 그런 다음 지식인들은 독자적으로 목표를 실현하려 애써야 한다고 주장하는데, 너무 지나치게 한쪽으로 균형이 기우는 게 아닙니까?"하고 아쉬워했다.[29]

밀스는 영국 좌파들 가운데에서도 랠프 밀리밴드와 가장 가깝게 지냈다. 그는 1957년 밀스가 여행하는 동안 만난 런던정경대학의 권위 있는 마르크스주의 학자였다. 사실, 밀스의 〈신좌파에게 보내는 편지〉 초안은 밀리밴드에게 보낸 편지 형태로 쓰였다.[30] 벨기에 출신의 유대인인 밀리밴드는 열일곱 살이던 1940년 영국으로 이주했는데, 영국의 유명한 좌파인 해럴드 래스키의 지도 아래 런던정경대학에서 연구를 이어 갔다.[31] 한평생 독립적 사회주의자였던 밀리밴드는 《뉴리즈너》 편집위원들 가운데 공산당에 가입한 적이 없는 유일한 멤버였다. 영국의 초기 신좌파의 모든 지식인들 중에 밀리밴드의 관심은 문화 연구나 역사보다는 정치학과 사회과학으로 기울었는데, 아마 이 점이 밀스와 가까워진 이유일 것이다. 밀스보다 여덟 살 어린 밀리밴드는 밀스를 친형처럼 따르며 존경했다. 나중에 회상했듯이, "나는 지금까지 그 어떤 사람에게 느꼈던 것보다 밀스에게 더 가깝다고 느꼈다. 다시 생각해 보아도 그렇다."[32] 《파워 엘리트》는 밀리밴드가 1969년에 출판해 밀스의 영전에 바친 중요한 책 《자본주의 사회의 국가》(The State in Capitalist Society)를 쓰는 데 큰 영향을 주었다.[33]

1957년 여름, 밀스는 밀리밴드와 오스트리아에서 만나 동유럽 전역을 함께 여행하자고 설득했다. 애초에 밀스는 오토바이 여행을 원했지만 결국 자동차를 운전했다. 두 사람은 유고슬라비아까지 가서 멈추었지만, 밀스에게 큰 감명을 준 곳은 폴란드였다. 헝가리에서처럼, 폴란드에서도 정치적 불화는 제20차 전당대회에서 스탈린 시대의 범죄들을 고발한 흐루쇼프의 연설에 뒤이어 1956년에 나타났다. 그러나 소비에트의 침략이 모든 정치적 반대를 진압한 헝가리와 달리, 폴란드는 1950년대 말에 어느 정도 문화적 해방을 맛보았다. 16일 동안 바르샤바를 방문하는 동안, 밀스는 자신이 계획한 책 '문화적 장치'를 위해 폴란드의 다양한 지식인들을 만나 이야기를 나누었다. 밀스는 폴란드의 반체제 철학자인 레셰크 코와코프스키한테서 특히 깊은 감명을 받았다. 그는 스탈린주의 유산에 대해 보다 급진적 비평가였으며, 민주화에 대한 가장 강력한 옹호자 가운데 한 사람이었다. 1960년대 말, 코와코프스키는 노골적인 솔직함 때문에 제재를 받은 이후 폴란드에서 떠나면서 결국 마르크스주의를 완전히 거부했다. 그러나 밀스가 1957년에 다시 방문했을 때, 코와코프스키는 마르크스주의 휴머니즘 철학을 옹호하는 세계적인 사상가였다. 1958년, 밀스는 "레셰크 코와코프스키는 내가 서 있는 자리를 이해할 것을 내가 모른다면, 나는 더 이상 도덕적 확실성을 가지고 쓸 수 없다"고 선언했다.[34] 코와코프스키는 밀스에게 어떻게 지적인 반대가 정치적으로 폭발력을 가질 수 있는지 하나의 모델을 제시했다. 코와코프스키는, 오직 "지식계급의 사회주의 의식"만이 사회주의를 억압적인 공산주의 관료제로부터 구출할 수 있다고 믿었다.[35] 코와코프스키와 다른 유럽권 사회주의적 반대자들이 '지식계급'의 잠재적인 정치적 힘을 강조한 것은 중요한 신좌파 동인으로서 '청년 지식계급'이라는 밀스의 개념에 결정적인 영향을 주었다.

밀스의 '결정적인 해'는 새로운 좌파가 어떤 모습일지 개념화하기 시작한 밀스로 하여금 국제적으로 생각하도록 했다. 1957년 이후로 밀스는 자주 여행을 다녔다. 1959년 초에는 '문화와 정치'라는 제목으로 강연을 위해 영국을 방문했다. 9월에는 이탈리아에서 열린 국제사회학대회에 참석하고자 유럽을 갔고, 10월에는 브라질로 여행을 가기 전에 오스트리아, 독일, 런던을 방문했다. 1960년 초, 밀스는 멕시코대학에서 마르크스주의에 관한 세미나를 지도하려고 멕시코시티로 갔다. 1960년 4월에는 또 한 달 동안 소련을 여행하면서 소비에트 지식인들과 관리들을 대상으로 30건이나 되는 집중 면접을 진행했다.[36] 1960년 8월에는 쿠바로 여행을 갔고, 또 소련을 다시 방문하면서 1961년의 대부분을 유럽에서 보냈다. 밀스가 영국으로 영구 이주를 고려한 것은 바로 1961년이었지만, 결국 그는 미국의 환경에 여전히 뿌리박고 있다고 느꼈다. 서섹스대학의 제의를 거절한 이유를 부모에게 설명하면서, 밀스는 "영국에 엄청난 매력을 느끼지만, 나의 논거가 미국에 있고 또 여기서 완전히 다듬어져야 한다고 생각하기에 이런 결정을 내렸습니다"라고 편지했다.[37]

밀스의 국제적 전환은 1950년대 후반에 착수한 세 가지 프로젝트에서 분명히 드러났다. 미국 지식인들이 진정으로 국제성을 띠려면 소비에트 블록 지식인들과 접촉할 필요가 있다고 확신했다. 밀스가 1956년부터 1960년까지 가상의 소련 지식인에게 쓴 일련의 편지 〈적과 접촉하기: 토바리치에게 보내는 편지들〉(Contacting the Enemy: Letters to Tovarich)의 배후에는 그런 생각이 포함되어 있었다. 서로 경계를 가로지르는 관계는 냉전 국가들이 제휴하고 갈등을 뛰어넘도록 도울 수 있기를 희망하면서, 밀스는 지식인들이 그들 자신의 개별적 평화를 만들 것을 제안했다. 그가 방문하는 동안 만난 소비에트 지식인들의 대부분이 당 노선을 앵무새처럼 되풀이하는 것에 실망해, 밀스는 가상의 소비에트 지식인 토바리치에게 보내는 편지들을 썼다. 〈적과 접촉하기〉는 실제로 출판되지는 않았지만, 자서전의 성격을 띠는 이 편지들은 밀스가 이제껏 출판을 위해 쓴 글 가운데 가장 사적인 글쓰기였다.[38]

여행하는 동안 밀스는 웅장한 사회학적 관점에서 깊이 생각했다. 1958년, 그는 사실상 베버식 범주에서 세계 비교사회학에 관한 정교한 프로젝트에 착수했다. 밀스는 "세계적 범위에서 현대의 구조들에 대한, 그리고 그것들의 다양한 경제적·지적 엘리트들에 대한 완전한 비교 연구에 착수할" 계획을 세웠다. 밀스가 자금 조달 의뢰서에서 설명했듯이, "이 프로젝트는 나의 다음 단계에서 중요한 작업이 될 것입니다. 미국에 관한 몇 권의 책을 쓰고 또 거의 20년 동안 사회과학 작업을 하고서, 이제 장기적인 노력에 착수할 필요를 느낍니다. …… 전체로서의 내 작업에서 중대한 시점에 있다고 느낍니다."[39] 캘리포니아에 본거지를 둔 '공화국을 위한 기금'(Fund for the Republic)으로부터 약간의 보조금을 받기는 했지만, 밀스는 프로젝트를 위한 연구 자금을 확보하는 데 좌절감을 맛보았다. 이 돈을 연구 조수들을 고용하는 데 사용했지만, 죽음을 앞두고 밀스는 프로젝트의 첫 단계인 모든 존재하는 나라들에 관한 기초 정보를 정리한 자료를 만드는 데서만 진척을 보였다. 그런 다음, 밀스는 대략 '대표적인' 10개국으로 연구 범위를 좁혀 계획을 세웠다. 1960년에 그는 프로젝트를 개념적으로 구체화하기 시작했다. "올해 나는 브라질, 멕시코, 러시아에서, 또 지금은 쿠바에 관한 책을 읽으면서 '자유'와 '민주주의'에 관해 정말이지 아주 많은 걸 배우고 있다. 그래서 전반적으로 문제를 다시 생각해

봐야 할 것 같다."⁴⁰ 이전에는 미국에 초점을 맞추었고 1950년대 후반과 1960년대 초반에는 미친 듯이 추구한 몇몇 다른 글쓰기 프로젝트와 활동을 감안하면, 밀스의 프로젝트는 어쩌면 터무니없이 야심적이었다. 좌파 주장들을 위한 공적인 목소리로서 점점 더 돋보이는 역할에도 불구하고, 밀스의 시도는 자신의 사회학적 상상력에 사실상 아무런 한계도 없음을 드러냈다.

밀스의 유작으로 출판된 《마르크스주의자들》(The Marxists) 또한 자신의 국제적 전환, 특히 마르크스주의의 지적 전통에 깊이 물든 새로운 국제적 청중에게 다가가려는 열망에서 비롯되었다. 1959년에 스스로 "'마르크스주의'와 실제로 대면"할 필요가 있다고 밀스는 설명했다. "당신도 알다시피 나는 대중을 위해 늘 자유주의와 관련된 글을 써 왔는데, 그것은 자유주의가 일종의 공통분모이기 때문이다."⁴¹ 《마르크스주의자들》은 그 구성이 이색적이었는데, 즉 진지한 독자와 마르크스주의 작가들로부터 일련의 발췌를 밀스 자신의 반성과 결합시킨 비판적 주석, 이 둘의 혼합물이었다. 자신을 '솔직한 마르크스주의자'라는 밝힌 밀스의 선언은 전 세계적으로 비공산주의 좌파들과 연대를 분명히 드러냈다. 밀스에게, '솔직한 마르크스주의자'라는 것은 마르크스의 생각을 교조적으로 따르기를 거부하면서 마르크스를 위대한 고전적 사회학자나 정치 이론가로 받아들이는 태도였다. 밀스는 G. D. H. 콜, 안토니오 그람시, 레셰크 코와코프스키, 로자 룩셈부르크, 장폴 사르트르, 폴 스위지, 윌리엄 애플맨 윌리엄스 같은 '솔직한 마르크스주의자들'과 자신을 나란히 놓았다.

그럼에도 《마르크스주의자들》은 페리 앤더슨이 '서구 마르크스주의'라고 부른 지적 전통, 즉 소비에트 공산주의를 거부하고 20세기의 마르크스주의를 지적 담화의 다른 분야들과 연결 지음으로써 되살리려 애쓴, 주로 서유럽 좌파 사상가들의 운동과 연대는 거의 보여 주지 않았다.[42] 프랑크푸르트학파의 비정통 마르크스주의와의 굳건한 연대에도 불구하고, 밀스는 마르크스를 정통적 방식으로 해석했다. 그의 마르크스주의 본문들의 발췌 선집은 공산주의자 정치 지도자들의 저작을 강조했고, 주석은 서구 마르크스주의자들이 수십 년 동안 도전한 사회 분석 가운데 경제학의 궁극적 우선성 같은 인습적인 마르크스주의 개념들에 대한 비판을 강조했다. 그 결과 밀스는 마르크스의 저작들을 진지하게 고찰하지 못했는데, 그것들은 밀스가 고려한 것보다 훨씬 더 복잡했다. 따라서 소비에트 블록의 공식적인 마르크스주의에 대한 반대를 뚜렷이 드러냈지만 마르크스주의의 좀 더 세련된 다양성과의 진지한 연대성으로서는 읽을 가치가 덜한 책으로서, 《마르크스주의자들》은 말년의 밀스에게 국제적 전환의 한계를 드러냈다. 밀스가 말한 '결정적인 해'는 사회 분석과 정치적 연대를 위한 새로운 가능성을 열었지만, 한꺼번에 너무 많은 프로젝트를 추구하도록 부추겼다.

그는 종종 자신이 새로 발견한 폭넓은 사고의 깊이를 희생했다. 밀스가 1960년 6월 거스에게 편지로 썼듯이, "터무니없다는 건 알지만, 저는 실제로 여섯 권의 책을 집필 중이고 그것들 모두 적어도 절반씩 썼습니다. …… 이런 종류의 도덕적·정신적 에너지는 대가를 치르겠지요. 제가 완전한 대가를 모른다는 건 확실한데, 저는 지적인 측면에서 대가를 말하는 것입니다."[43]

문화적 장치

〈신좌파에게 보내는 편지〉에서, 밀스는 "나는 몇 년 동안 문화적 장치, 즉 변화 가능하고 직접적·급진적 동인으로서 지식인들을 연구하면서 그 동인을 염두에 두었다"고 썼다.[44] 밀스가 마무리하지 못한 프로젝트들 가운데 가장 중요한 것은 '문화적 장치'이다. 1955년에 시작된 이 프로젝트는 지난날 연구해 온 주제들을 자세히 설명하면서 대중적 논쟁이 대중적 무관심으로 퇴행하는 현상을 서술하려는 시도였다.[45] 그러나 해외에서 보낸 "결정적인 해" 동안, 밀스는 원래 미국 지식인들에 관한 책이 되어야 할 것을 서유럽, 소비에트 블록, 또 저발전 세계를 포함한 세계 모든 지역에서 현대의 문화 정치를 고찰하며 대규모 비교 연구로 바꾸었다. 특히 생겨난 지 얼마 안 된 신좌파와 마주쳤을 때, 밀스는 '문화적 장치'가 저항하는 대중들을 다시 활성화시킬지도 모르는 자율성을 갖는다고 더 낙관적인 태도를 보였다. 따라서 밀스는 과거에 강조하던 '지식인'에서 더 나아가 한층 더 광범위한 '문화 일꾼들'(cultural workmen)을 포함시켰다. 이제 지식인들은 '무기력한 사람들'이 아니라고 그는 주장했다. 그들이 하나의 집단으로서 행동하면 좌파의 변화를 위한 중요한 동인 역할을 할 수 있었다. 원고는 완성되지 못했지만, 문화적 장치라는 개념은 밀스의 후기 사상 가운데 많은 부분, 특히 신좌파 개념에 생명을 불어넣었다. 1960년, 밀스는 심지어 원고 제목을 '신좌파'(The New Left)로 바꿀 것을 고려했다.

'문화적 장치'의 기원을 설명하는 1960년의 초고 서문에서, 밀스는 이 프로젝트가 "정치와 사회에서 생각의 역할, 곧 지성의 힘"에 대한 평생에 걸친 관심에서 나왔다고 강조했다. 그때는 몰랐지만, 이 프로젝트는 1944년 맥도널드의 《폴리틱스》에 실을 〈무기력한 사람들〉에서 시작되었다고 언급했다. "지난해 어느 날 이른 아침, 이전의 초안을 문득 떠올리면서, 거기에 지난 16년 동안 나중의 책들에서 내가 그토록 성취하고자 애쓴 수많은 주제가 담겨 있다는 걸 확인하고서, 나는 낙담하고 또 기뻤다. 물론 내가 많은 주제를 가지고 있기는 했지만, 실제로 그때 이래로 새로운 주제들을 하나도 갖지 못했기 때문인지도 모른다"고 그는 썼다.[46] '문화적 장치'는 《화이트칼라》의 '두뇌 주식회사'(Brains, Inc.), 그리고 《파워 엘리트》에서 삭제된 '문화 엘리트'에 관한 두 개의 장에 바탕을 둘 거라고 밀스는 계속해 썼다. 애초에 프로젝트의 뿌리는 1939년의 〈언어, 논리, 그리고 문화〉로 시작해 그가 지식사회학에 관해 발표한 논문들까지 훨씬 더 거슬러 올라가게 될 것이라고 밀스는 지적했다. '문화적 장치'의 전망 대부분은 여기 놓여 있었다. 밀스는 〈무기력한 사람들〉 이래로 줄곧 지식인들의 특별한 의무를 분명히 표현했는데, 자유주의 지식인들의 결함에 대한 공격은 나중의 연구 작업에서도 변함없이 되풀이되는 후렴이었다. 그러나 '문화적 장치'는 지식사회학이라는 본래 뿌리로 돌아감으로써 밀스의 사회 분석의 진정한 발전을 암시했는데, 계급과 계층화, 권력에 대한 그의 이전 분석을 사상과 문화에 접목시켜 한층 더 세련되고 뉘앙스 강한 이해와 조화시켰다. 밀스의 새로운 접근법은 '지식인'에서 '문화적 장치'로 바뀐 용어에 반영되었는데, 문화적 장치는 "예술적·지적·과학적 작업이 진행되는 모든 조직과 환경(milieux), 또 "그러한 작업이 소집단들과 광범위한 대중들이 이용할 수 있게 되는 모든 수단"으로 정의했다.[47] 따라서 그는 《폴리틱스》와 《파르티잔리뷰》 같은 소규모 잡지를 중심으로 모인 동료 사회과학자와 작가들을 지식인이라고 지칭하던 이전 연구 작업에서보다 훨씬 더 큰 사회 집단을 포함시켰다. 밀스는 1958년 산업디자이너들 앞에서 한 연설에서 문화적 장치라는 용어를 처음으로 사용했다.

'문화적 장치'는 좌파의 변화를 위한 새로운 동인 역할을 할 수 있다는 밀스의 새롭게 발견된 낙관주의와, 한 번도 완전히 제쳐 놓은 적이 없었던 환멸을 느낀 급진주의라는 음침한 비관주의 사이의 풀리지 않은 긴장을 담고 있었다. 밀스가 '문화적 장치'라는 용어를 사용한 것은, 확립된 정치·사회질서를 떠받치기 위해 원활히 작용하는 강력한 메커니즘을 암시했다. 이런 의미에서 밀스의 새로운 프로젝트는 책임감을 띤 '공중'(publics)이 무감각한 '대중'(masses)으로 대체되고 있다는 그의 이전 분석을 단순히 덧붙여서 설명했다. 서구에서는 문화적 제도와 문화 종사자들이 더 광범위한 경제와 정치 속으로 점점 더 흡수되고 있다고 밀스는 주장했다.[48] 예를 들어, 미국에서는 "문화적 활동이 한편으로는 과잉 발전한 자본주의 경제의 상업적 부분이 되는 경향, 다른 한편으로는 병영국가의 과학 기계(Science Machine)의 공식적인 부분이 되는 경향이 있다"고 밀스는 주장했다.[49]

자본주의 사회에서는, 문화적 장치가 소비자 수요를 조작하고 문화 종사자들이 식별할 능력이 있는 대중을 위해 양질의 작품을 생산하는 것을 억제하는 시장 논리에 지배된다고 밀스는 주장했다. 문화 종사자들은 "통속적 예술가"나 "스타"가 될 수는 있지만 진정한 장인은 될 수 없다. 여기에서 밀스는 문화적 장치에 대한 분석을 "과잉 발전한 사회"라고 부른 것에 대한 좀 더 광범위한 비평과 결합시켰다. 물질적 박탈은 산업화된 서구에서 더 이상 심각한 문제가 아니라는 전후 자유주의자들의 가정을 공유하면서, 밀스는 과잉 발전한 사회를 "생활 수준이 삶의 방식을 지배하고, 주민들이 산업적·상업적 장치에 소유되고, 개개인이 상품(일용품)에 대한 열광적 추구와 유지에 의해 …… 지위를 위한 투쟁이 생존을 위한 투쟁을 보충하고, 지위 공황이 가난의 괴로움을 대체해 버린" 사회라고 정의했다.[50] 문화적 장치는 새 상품에 대한 소비자 욕구를 낳음으로써 기업자본주의 속에서 필수 역할을 했다. 대중문화에 대한 좌파적 비평을 이어 가는 가운데, 대중문화는 "심리적·사회적으로 그의 감수성과 추론에서 사실상 대중문화 그 자체처럼 …… 마음이 산란하고 천박하고 진부하게 된 부류의 인간을 낳는다"고 그는 주장했다.[51]

과잉 발전한 사회에서는, 문화적 장치가 경제뿐 아니라 국가에도 종속되어 있다고 밀스는 주장했다. "문화적 장치는 공식적으로 확립되고, 또 문화 종사자들은 전적으로 정치적으로 제한된 사람으로서 자리 잡는다."[52] 문화적 장치는 파워 엘리트들을 위해 필수적인 역할을 수행했다. "문화적 위신은 단순한 권력을 마법에 걸린 권위로 바꾼다. 아무리 자유롭다고 해도, 문화적 장치가 모든 나라에서 국가 권위에 가까운 부속물이 되고 국가주의 선전의 주도적 대리인이 되는 경향이 있는 것은 그 때문이다."[53] 확립된 문화에 딱 들어맞는 실례는 소련이었는데, 거기에서는 "돈의 원천이 일당 국가이고 일반 대중은 문화를 위해 관리되는 대중이며, 문화적 활동은 공식 활동이다. 그 반대는 반역이며, 대체로 숨겨진 문학적 분위기로서 존재한다."[54] 그러나 또한 서구에서도, "아주 비공식적인 문화 종사자들이 아직은 공식적으로 선언되지 않은 필요들을 예상할 뿐만 아니라, 공식적으로 규정된 필요들에 따라 그들 자신과 그들의 일을 자발적으로 조정하는 경향과 긴장"이 존재했다.[55] 이런 패턴은 대부분의 미국 지식인들이 냉전을 지지한 데서 가장 분명하게 드러난다고 밀스는 주장했다.

밀스가 '문화적 장치'에서 정확하게 지적하려 애쓴 것은, 독일의 사상가 위르겐 하버마스가 《공론장의 구조 변동》(The Structural Transformation of the Public Sphere)이라는 책 제목에서 언급한 것에 다름 아니었다. 밀스가 건강이 더 좋았더라면, 《파워 엘리트》에 나오는 '공중'(public)과 '대중'(mass)에 대한 구별을 장황하게 인용한 이 중요한 저작을, 하버마스가 《공론장의 구조 변동》을 출판한 것과 같은 해인 1962년에 '문화적 장치'를 출판했을지도 모른다.[56] 밀스는 문화적 장치라는 용어로 하버마스의 '공론장'(public sphere)과 비슷한 사회현상을 가리켰다. 밀스의 프로젝트는 공론장 자체보다는 주로 문화적 과정에 초점을 맞추었다. 그러나 하버마스처럼, 시민과 국가 권위 사이에 중재하는 사회적 경쟁의 장을 규정했다. 적절히 작용하면, 그것은 개인들이 비판적 이성을 끌어들여 국가 정책에 영향을 미칠 수 있는 메커니즘을 제공할 것이다. 그것을 통해 교양 있는 시민들은 분별 있는 토론으로 최선의 주장이 성공할 수 있는 민주적 심의에 기초한 사회를 건설할 수 있을 것이다.

하버마스와 밀스 둘 모두 18세기를, 그것의 결점이 뭐든지 간에 공론장이 이상적인 역할을 완수한 시대로 간주했다. 스스로 '부르주아 대중'(bourgeois public)이라고 부른 것에 대한 밀스의 미완성의 분석은, 지금은 고전이 된 하버마스의 설명보다 덜 세련되고 역사적으로 덜 풍요로웠다. 밀스와 달리, 하버마스는 특정한 계급적 이해관계를 가진 지주들뿐 아니라, 이성의 사용과 인류 공동의 이상에 헌신하는 시민들로서 부르주아 참여자들의 이중적 정체성으로부터 비롯된 계몽주의 시대 공론장의 모순을 분명히 인식했다. 그럼에도 불구하고, 하버마스의 설명과 유사한 밀스의 미출판된 한 대목을 인용할 가치가 있다.

그때 부르주아 대중이 출현하고, 또 문화 종사자들은 후원자들이나 왕족, 그 밖에 다른 것에 대한 의존에서 해방된다. 기업가로서, 문화 종사자들은 익명의 대중이 제품을 구매하는 대가로 제공하는 돈으로 생계를 유지한다. 이 단계에서, 서구 역사 속의 잠깐의 자유주의 시대 동안, 고전적 자유주의 소기업가의 상황이 독특했던 바로 그때, 많은 지식인들은 다소 특이한 역사적 상황 속에 있었다. 좀 더 조직화된 두 국면 사이에 끼인 한 역사적 단계. 18세기 지식인들은 부르주아 기업가들과 공동의 기반 위에 서 있었다. 저마다 자신의 방식으로, 둘 모두 봉건 지배의 잔재에 맞서 싸우고 있었다. …… 새로운 종류의 자유, 익명의 대중을 위한 작가, 속박 없는 시장을 위한 기업가.[57]

문화적 장치가 현대의 정치와 경제 속으로 흡수되는 것에 대한 밀스의 설명은 또한 20세기에 '문화 논쟁'으로부터 '문화 소비'(culture-consuming)로 공공 영역의 구조적 변화에 대한 하버마스의 분석과도 닮았다.[58] 하버마스의 설명에서는, 기업자본주의와 확대된 국가권력에 대한 자율성을 잃은 공공 영역은 국가와 사회를 더 이상 중재할 수 없었다. 밀스와 하버마스 둘 모두 대중문화는 공공 정책에 관한 합리적 논쟁에 공헌할 수 없는 조작되고 거짓 사유화된 개인들을 낳았다고 주장했다. 열려 있지도 않고 민주적이지도 않은 여론은 실체적 이성을 사용하는 시민들에 의해 형성되기보다 오히려 홍보 활동에 의해 위로부터 조작되었다. 프랑크푸르트학파의 제2세대 멤버가 생각해 낸, 공공 영역의 구조적 변화에 대한 하버마스의 설명은 밀스와 동일한 유형의 급진주의에서 나왔다.

그러나 '문화적 장치'를 쓰면서, 밀스는 문화적 장치의 구조적 변화에 대한 설명을 신좌파의 사회 변화의 잠재적 동인으로서 문화적 장치에 대한 더 낙관적이고 호기심을 자극하는 분석과 결합시켰다. 한편으로 문화적 장치라는 개념이 문화적 제도들과 정치적 현상이 매끄럽게 통합되어 있다고 주장했다면, 다른 한편으로 그것은 또한 문화 활동이 그 나름의 중요한 힘을 갖고 있음을 암시했다. 1959년 런던 강연인 '문화적 장치'에서, 밀스는 문화적 장치의 자율성을 강조하려고 언어의 구성적 힘을 강조하는 실용주의 전통에 의존했다. "사람들은 간접적인 세계에 살고 있다. 그들은 개인적으로 경험한 것보다 훨씬 더 많은 걸 알고 있고, 또 그들 자신의 경험은 언제나 간접적"이라고 그는 말했다.[59] 의식과 존재 사이를 중재하는 사회적 영역으로서, 문화적 장치는 "신빙성에 대한 우리의 기준, 현실에 대한 우리의 정의, 감수성에 대한 우리의 방식"을 규정했다.[60] "사람들의 의식은 그들의 물질적 존재를 결정짓지 않는다. 또한 그들의 물질적 존재도 그들의 의식을 결정하지 않는다"고 밀스는 계속해 말했다. "의식과 존재 사이에는 처음에는 인간의 언설 자체에서, 그리고 나중에는 상징의 관리에 의해 남들이 전달한 의미와 의사소통이 존재한다."[61] 어떤 의미에서 모든 사람은 문화적 장치의 일부인데, "모든 사람이 어느 정도까지는 상징을 사용하고 기술을 훈련하며 사물을 조작하기 때문"이라고 밀스는 설명했다. 그러나 밀스는 "일련의 정교한 제도, 이른바 학교와 극장, 신문과 인구조사국, 스튜디오, 실험실, 박물관, 소잡지, 라디오 방송망"에서 현실에 대한 이미지를 형성하는 데 특히 힘 있는 문화 종사자들에게 주의를 집중했다.[62] 문화 종사자들이 자율적이라면, 그들은 확립된 제도에 의문을 품고 그것들에 대해 보다 광범위한 도전의 도화선이 될 수 있을 것이다.

문화적 제도들의 잠재적 힘을 단언함에 있어, 밀스는 대화를 나눈 영국인들의 영향을 강하게 받았다. 스튜어트 홀이 말했듯이, 영국 좌파의 중심적 신념은 "문화적·이데올로기적 영역이 부차적인 게 아니라 사회의 구성적 차원"이라는 점이었다.[63] 문화를 정치 투쟁의 중요한 기반으로 생각함으로써, '문화적 장치'는 문화 투쟁을 그가 '장기 혁명'(long revolution)이라고 부른 것의 본질적 부분으로 간주한 영국의 신좌파 비평가 레이먼드 윌리엄스의 생각과 눈에 띄게 닮았다.[64] 비슷하게 E. P. 톰슨 같은 영국 신좌파 역사가들은 계급을 단지 경제적 위치보다는 문화적 정체성이라는 관점에서 생각했다.[65] 대체로 밀스의 "문화적 장치" 논제의 중요한 대중적 표현은 1959년 런던정경대학에서 '문화와 정치'라는 제목으로 한 일련의 세 강연에서 나타났다. 영국 좌파가 열렬히 환영한 이 강연은 BBC 라디오로 방송되고 영국 신문에서도 파문을 일으켰다. 예를 들어, 《런던옵서버》는 그를 "런던정경대학에서 스웨터, 검은색 스타킹, 거친 모직물 코트의 흥분한 청중을 대상으로 방금 강연을 마친 몸집이 크고 놀라운 텍사스 사람"이라고 묘사했다.[66]

런던정경대학의 마지막 강연 '좌파의 쇠퇴'에서, 밀스는 급진 세력의 쇠퇴를 공산주의의 국가화, 그리고 사회주의를 소련과 동일시하는 피해 막심한 영향 탓으로 돌렸다. 덜 분명하긴 하지만 좌파가 쇠퇴한 두 번째 이유는, "문화 종사자들로부터 문화적 분배 수단, 나아가 문화적 생산수단마저 몰수당했기" 때문이었다.[67] 밀스는 문화 생산자들을 위한 노동자들의 통치 프로그램을 제안했다. "지금 우리가 행해야 할 것은 문화적 장치를 되찾아 우리 자신의 목적에 맞게 사용하는 것이다."[68] 지식인들은 사회 변화에 영향을 미치기 위해 빈사 상태의 노동운동 같은 동인들에 더 이상 의존할 필요가 없었다. "지식인들은 규범을 만들고 목표를 가르쳐 왔다. 그런 다음, 그들은 그것들을 실현할지도 모르는 집단과 서클, 계층을 찾아 주위를 살폈다. 지금은 우리 스스로 그것들을 실현하려 애써야 할 때가 아닌가?"라고 밀스는 말했다.[69] 문화 종사자들이 문화적 장치를 다시 손에 넣을 것을 요구하면서, 밀스는 또한 문화 소비자들에 대해 좀 더 또렷하게 견해를 표현했는데, 그들 안에서 단순히 대중문화의 수동적 먹잇감이 아니라 오히려 잠재적으로 활동적인 대중적 동인(動因)을 보았다. 문화 종사자들이 문화적 장치를 되찾으려 애쓰기만 한다면, "현재 일반적으로 몹시 우세한 정치적 무감각이 현대사회의 풍토병인지, 아니면 상당 부분 문화 종사자들의 태만과 정치로부터의 후퇴 때문인지" 우리는 알게 될 것이다.[70]

미출판 원고인 '문화적 장치'에서, "인간 공동체에게 열려 있는 모든 대안을 탐구하기 위해 인간의 상상력 분출"을 요구하면서 밀스는 "유토피아적" 사고를 추구했다.[71] 밀스는 '과잉 발전한' 산업화된 세계나 '저발전된' 제3세계와 구별되는 사회를 마음속에 그렸다. 이 "적절히 발전하는"(properly developing) 세계에서는 "장인 기질 풍조"(ethos of craftsmanship)가 충만하며, 노동자들은 물질적 동기나 사회적 지위를 성취하기 위해서가 아니라 창조의 즐거움을 위해 생산에 참여할 것이다.[72] "적절히 발전하는 사회"에 대한 탐구에서, 밀스는 《화이트칼라》의 장인 기질에 관한 부분에서와 같은 이전 저작들에서 분명히 표현했던 이상들을 거의 비슷하게 제시했다. 그러나 여기에서 차이점은, 그 이상들을 낭만적인 과거 속에 위치시키거나 그의 사회 비평의 관점을 드러내기 위해 분명히 표현하지 않고, 실현 가능한 미래를 위한 지침으로 제시했다는 것이다. 밀스는 그의 유토피아를 현대 과학기술로 가능하게 된 물질적 풍요에 두었다. '결핍 이후의'(post-scarcity) 경제에 의해 제시된 가능성을 생각하면서, 밀스는 자기 자신을 폴 굿맨과 허버트 마르쿠제 같은 현대의 급진주의자들뿐 아니라 존 케네스 갤브레이스, 에릭 래러비, 데이비드 리스먼 같은 자유주의 사회사상가들과도 나란히 놓았다.[73] 밀스는 이 사회를 유토피아적 이상으로 더 가까이 다가가는 중요한 동인으로서 장인 기질을 으뜸으로 여겼고, 또 현재의 사회구조들이 그 가치를 어떻게 좌절시키는지 가장 많이 알고 있는 문화 종사자들에게 기대를 걸었다.

지배적인 정치제도로부터 잠재적으로 자율성이 있는 문화 내부의 힘을 단언함으로써, 그리고 "지식인들"의 범위를 넓혀 저널리스트, 성직자, 과학자, 산업 디자이너, 시나리오(방송) 작가, 또 그 밖의 사람들을 포함시킴으로써, 밀스는 문화적 장치가 신좌파의 한 동인이 될 수 있다고 주장했다. 영국의 신좌파와 동유럽의 비판적 지식인들 사이에서 분명한, 문화적 장치의 반대하는 잠재력이라는 관점에서 전 세계적 신좌파라는 그의 개념에는 중요한 통찰력이 담겨 있었다. 그것은 또한, 그의 나중 생애에서도 여전히 아주 많이 존재하는, 1950년대의 자기만족에 맞선 한 고독한 반항자 이미지에서 지금은 친숙한 자아상을 제시하려는 밀스 자신의 경향을 뿌리로부터 손상시켰다. 그 대신

문화적 장치라는 개념은 그가 폭넓게 정의한 지식인들이 한 집단으로서 행동할 수 있도록 초점을 모으게 해주었다. 정치적 동인의 새로운 근원으로서 지식계급이라는 밀스의 견해는 전 세계적으로 신좌파들에게 영감을 주었는데, 그것은 지적 및 문화적 활동이 정치적으로 의미심장할 수 있다는 점, 생각들은 중요할 수 있고 또 중요하다는 점을 그들에게 다시 확신시켜 주었다. 마지막으로, 지식인들에게 그들의 운동을 국제적 관점에서 생각하도록 촉구함으로써, 밀스는 그들을 냉전 투쟁에 끌어들여 사상과 문화를 국영화하려는 시도들에 도전했다. 반대하는 생각들의 힘이라는 밀스의 개념은 1960년대의 급진주의에 깊은 인상을 주었다. 미국과 서유럽에서 주로 외부의 새로운 혹은 기존 정당과 정치제도들을 조종하면서, 신좌파는 그 시대에 유행한 구절을 빌리면 "권력에게 진실을 말하는 것"에 기초한 대중운동은 국가의 행동을 대중의 정밀 조사에 노출시킴으로써 폭발적 영향력을 얻을 수 있음을 드러냈다.

그럼에도 불구하고, 사회 변화를 위한 동인으로서 문화적 장치라는 밀스의 개념은 대답 없는 많은 질문들을 남겼다. E. P. 톰슨이 밀스에게 쓴 편지에서 지적했듯이, "당신은 지식 노동자들이 그들 자신의 문화적 장치를 되찾고 그것을 그들의 목적을 위해 사용해야 한다고 주장하지요. 하지만 어떤 의미에서든 그들이 그것을 한 번이라도 가졌던 적이 있을까요?"[74] 더욱이 밀스는 일단 문화 종사자들이 문화적 장치를 되찾으면 무엇부터 해야 할지를 정확히 상술하지 않았다. 밀스는 '문화 일꾼들'(cultural workmen)이라는 개념을 확대해 전통적 지식인들보다 훨씬 더 큰 집단을 포함시켰는데, 그럼에도 불구하고 엘리트주의라는 비난을 피할 수 없었다. 보통의 문화 종사자들조차도 사회에서 비교적 특권을 누리는 사람들이었다. 문화적 자본을 가지지 못했지만 그들의 참여가 아마 모든 중요한 좌파의 사회변혁을 위해 필수적일 다른 사람들의 정치적 동인을 밀스는 충분히 고려하지 못했다. 마지막으로, 밀스는 공적인 논쟁을 다시 활성화하는 것이 어떻게 급진적인 사회적·정치적 변화를 낳게 되는지를 한 번도 설명하지 않았다. 문화적 장치의 활동이 어떻게 국가 정책을 직접 바꿀 능력이 있는 보다 광범위한 대중적 정치 운동의 도화선이 될 수 있는가? 다시 말해, 어떻게 문화적 반대를 제도적인 정치적 변화로 바꿀 수 있는가? 미국과 유럽에서 결국 신좌파는 지적·문화적 수단을 사용하는 정치적 반대라는 한계들에 직면해야 했다. 그럼에도 불구하고, 문화적 장치의 정치적 동인이라는 밀스의 개념은 좌파 운동들이 막 다시 출현하고 있던 시대에 효과적인 것으로 드러났다. 《제3차 세계대전의 원인》과 《들어라 양키들아》로 대중들에게 가닿는 밀스의 능력은, 문화적 장치 내부에는 급진적 생각들에 대한 새로운 수용력이 실제로 존재함을 암시했다. 미국과 해외에서 평화운동과 밀스의 상호작용은, 정치적 행동주의의 중요한 도화선으로서 지적·문화적 활동이라는 그의 개념의 장점을 입증했다.

평화 프로그램

유럽에서 출현하던 신좌파와 만난 바로 그때, 미국으로 돌아온 밀스는 대중적 분위기의 변화를 감지했다. 그가 1957년 하비 스와도스에게 썼듯이, "나는 지금 1년 이상 미국의 출판물을 읽지 않았습니다. …… 그러나 전후의 상상력을 마비시킨, 도덕적 분별력에 대한 보수적 어리석음과 무능으로부터 어떤 동요가 있는 게 맞지 않습니까? 내가 보지 못했을 징후가 존재하지 않습니까? '우리'는 향후 5년이나 10년 안에 자아에 눈뜰지도 모른다는 걸 어렴풋이 느낍니다."[75] 미국으로 돌아온 밀스는 해외에서 발전하는 흐름에 주의를 돌리게 함으로써 자신의 새로운 국제주의를 보급하려 애썼다. 효과적으로, 밀스는 국제적 사건들에 초점을 두면서 해외 동료들과 가장 밀접하게 연결된 일부 미국 좌파, 이른바 '평화운동'과 교류했다. 1958년에 출판한《제3차 세계대전의 원인》을 헌정한 것도 바로 이 운동이었는데, 그것은 밀스가 이전 책들에서는 가닿지 못한 수용력 있는 청중을 발견하게 해주었다.

1950년대 후반 미국 평화운동의 재출현은 산업화된 세계를 가로질러, 북아메리카, 유럽, 일본 그리고 오스트레일리아에서 일어난 핵 반대 저항의 전 세계적 확산의 일부였다. 평화는 오직 국제 협력을 통해서만 성취될 수 있기 때문에, 평화 활동가들은 세계적인 네트워크를 형성하고 그들의 운동을 국제적 관점에서 생각했다. 국제적인 "핵무기 금지" 운동은, 핵무기 증강과 냉전 정책들에 대한 보다 근본적 도전을 시작하기 위해 핵실험 중지 같은 즉각적 요구들을 내놓았다. 핵무기 반대 운동은 여론이 압도적으로 핵실험에 반대하는 일본에서 가장 강력했다. 대학생들이 주도한 일련의 대규모 집회는 1957년 5월 35만 명으로 추정되는 참가자들을 끌어모았다. 신좌파는 1958년 핵무장해제운동(CND)의 결성과 밀접히 연결되었다. 영국에서 1958년 4월에 시작된 런던에서 앨더매스턴의 핵 시설까지 50마일에 걸친, 해마다 참여율이 좋고 널리 선전되는 행진에서 대중적 반핵 정서는 분명해 보였다.[76]

미국에서 핵심 활동가들은 제2차 세계대전 후에 급진적 평화주의를 생생하게 유지했고, 또 1950년대 후반의 점증적 반대를 결집할 수 있는 노련한 지도력을 제공했다. 비폭력 직접 행동을 이용한 남부의 시민권 저항에 고무되고 냉전에 대한 대중의 태도가 변화하는 걸 감지하고서, A. J. 머스트, 데이비드 델린저, 바이어드 러스틴은 1956년 《해방》(Liberation)이라는 잡지를 창간했다. 그다음 몇 년에 걸쳐, 《해방》은 평화주의주의와 급진주의 부흥을 위한 소중한 포럼을 제공했다. 《해방》 독자들은 전 세계적 발전을 날카롭게 인식했고, 다른 나라들에서 성장하고 있는 평화운동에서 용기를 얻었다. 1957년, 전국 건전한 핵정책 위원회(SANE)는 핵실험 반대를 중심으로 만들어졌는데, 신속히 그리고 뜻밖에도 미국의 핵 정책에 반대하는 대중적 기반을 활용했다. SANE은 중간계급으로 구성되었다는 점에서 CND를 닮았는데, 부분적으로는 영국의 조직을 모델로 삼았다. 1958년 여름에 이르러 SANE은 2만5천 명으로 추산되는 회원을 가진 130개 지부로 성장했다. 그리고 1958년에는 보다 급진적인 비폭력행동위원회(CNVA, Committee for Nonviolent Action)와 연결된 미국 평화주의자들로 이루어진 소집단이 수소폭탄 내파(implosion)를 분쇄하기 위해 태평양 핵실험 지대 속으로 배를 타고 가서 전 세계적인 주목을 끌었다.[77]

1950년대 말부터 밀스는 급진적인 평화주의 단체들과 친밀한 유대를 발전시켜 나갔다. 미국의 평화운동과 가장 긴밀하게 연결되어 있기는 했지만, 밀스는 영국의 평화운동과도 무척 관계가 깊었다. 그리고 〈신좌파에게 보내는 편지〉에서 전 세계 신좌파의 핵심 요소로서 전 세계에 걸쳐 있는 반핵 저항들을 인용했다. 이 국제적 평화운동의 부활에 대한 밀스의 중요한 공헌은 1958년의 책 《제3차 세계대전의 원인》이었는데, 그것은 그가 《네이션》에 발표했던 두 편의 대중적 논문과, 1958년 4월 하버드대학에서 발 디딜 틈 없이 꽉 들어찬 군중에게 했던 시드니 힐먼 강연으로부터 발전한 것이었다.[78] 약간 수정을 거친 1960년 개정판 가격은 겨우 50센트였는데, 대중적인 페이퍼백으로 인쇄되어 대통령 선거에 맞추어 출판되었다. 노고를 아끼지 않는 사회학적 연구와 세련된 이론적 분석에 기초한 그의 이전 저작들과는 달리,《제3차 세계대전의 원인》은 긴박한 현대를 주제로 삼으면서 대중들에게 가닿기 위해 신속하게 써 나간 간결한 책이다. 실제로 밀스는 《제3차 세계대전의 원인》과 《들어라 양키들아》를 이전 책들과 구별해 '팸플릿'이라고 불렀다. 장기적으로 계속될 중요성은 다소 떨어졌지만, 이 책들은 문화적·정치적으로 실로 중요한 영향을 끼쳤다. "파워 엘리트나 일반 사람들에게가 아니라, 무슨 일이 벌어지고 있는지 개괄적으로 알고 있고 제3차 세계대전의 준비에 관해 생각해 왔고 그걸 걱정하는 사람들에게" 말을 거는 《제3차 세계대전의 원인》은, 밀스를 좌파의 부활을 위한 '공중'이 형성되기를 바라는 교육받은 독자들과 연결시켰다.[79]

《제3차 세계대전의 원인》에서, 밀스는 핵전쟁 위험에 대중의 주의를 집중시키고자 사회 비평가로서 자신의 악명을 활용했다. 책의 핵심에는 두 초강대국 사이에 단계적으로 확대되는 핵 외교의 "광기"와 "백치 같은 행위"에 대한 맹렬한 공격이 있었다. 1950년대 말에 이르러, 확대되는 무기 경쟁은 대규모 핵 대결의 악몽을 드러냈다. 제3차 세계대전을 향한 '경향과 공세'를 식별함에 있어, 밀스는 파워 엘리트의 무책임에 관한 이전의 논의들에 의존했다.《제3차 세계대전의 원인》은 《파워 엘리트》의 속편으로도 볼 수 있다. 미국 정부가 상호 연결된 정치·기업·군사 지도자들의 소집단에 의해 운용되고 있다는 밀스의 '파워 엘리트' 논의가 책 서두에 요약되어 있다. 제3차 세계대전의 "원인들"을 묘사하면서, 밀스는 군사적 수단을 통해 정치적 문제들을 해결하려는 소련과 미국의 정책 입안자들이 '군사적 형이상학'(military metaphysic)을 받아들이는 걸 비난했고, 또 둘 모두에서 군부가 확대된 정치권력에 주목했다. 특히 미국에 초점을 맞춘 밀스는 핵무기 증강을 강화하는 영구적인 전쟁경제의 무분별한 군비 지출을 상술했다. 그는 또한 해외에서 미국의 경제적 이익을 보호하려고 위험을 무릅쓰는 것을 포함해, 미국 해외 정책의 '자본주의적 벼랑 끝 정책'(capitalist brinksmanship)을 지적했다. 그의 분석이 주로 미국 정부에 집중되어 있기는 했지만, 밀스는 무기 경쟁으로 생기는 악순환, 특히 한 초강대국의 군사력 증강이 어떻게 다른 초강대국 강경파들의 영향력을 강화시키는지를 주시했다. 따라서 "제3차 세계대전의 직접적 원인은 그 전쟁을 위한 준비"라고 밀스는 주장했다.[80]

밀스는 핵무기 경쟁에 대한 충분히 설득력 있는 비평을 내놓았음에도, 왜 무기 증강이 필연적으로 제3차 세계대전으로 귀결되는지를 설명하지 못했고, 기계 장비의 우연한 결함으로 핵전쟁이 일어날지도 모른다는 시나리오를 상상했을 뿐이다. 핵의 악몽은 그 시대 대중소설과 영화의 단골 소재였기에, 어쩌면 독자들은 밀스에게 더 많은 분석을 기대했을지도 모른다. 실제로 그 책의 제목을 고려하면, 밀스는 인과관계 문제에 관해서는 이상하게 설득력이 부족했다. 특히 냉전 대결의 역사와 지정학적 원인들을 전혀 상세히 분석하지 않았다. 중동에서 '석유 정치'가 점차 확대되는 현상에 주목했을 때처럼, 밀스는 특정한 상황들을 분석할 때에는 종종 통찰력으로 접근했다. 이라크에서 전쟁 가능성을 선견지명 있게 암시하면서도, 밀스는 "서구 문명은 중동에서 시작되었다. 그것의 끝의 시작 또한 거기에서 일어날 것이다"라고 말했다.[81] 그러나 대체로 무슨 시나리오가 실제로 제3차 세계대전으로 귀결될 것인지 주장하지 못했다. 그 무슨 경우에, 파워 엘리트는 핵전쟁을 실제로 시작할 것인가?

《제3차 세계대전의 원인》은 여러 면에서 《파워 엘리트》보다 훨씬 더 비관적이었다. 파워 엘리트의 지배는 미국의 민주주의를 뿌리로부터 서서히 손상시킬 뿐 아니라 인간 사회의 종말을 초래할지도 모른다. 그러나 점차 확산되고 있는 평화운동을 다룰 때,《제3차 세계대전의 원인》은 밀스가 지난 10년 동안 쓴 어떤 것보다도 확실히 더 낙관적 어조를 띠었다. 아주 오랫동안 지적으로 고립되어 있던 밀스는 자신의 연구 작업에서 마침내 대중에게 도달했음에 용기를 느꼈다. 밀스가 한 '프로그램,' 즉 노동 지식인으로서 살아온 날들 이래로 행하기를 거부해 왔던 것을 제안한다는 사실은, 냉전에 관해 청중을 염두에 두고 있음을 암시한다. 현대사회에 대한 밀스의 분석은 여전히 어둡고 좌파의 정치적 행동에 대한 외견상 이겨 내기 어려운 구조적 장애물들을 암시했지만, 밀스는 독자들이 역사의 경로를 바꿀 조치들을 취할 수 있다고 주장했다. 그럼에도 불구하고, 심지어 밀스를 가장 정열적인 행동으로 추동해 간 낙관주의의 이면에는 절망의 기운이 낮게 깔려 있었다.

처음에 《네이션》에 발표한 밀스의 〈평화 프로그램〉(Program for Peace)은 《제3차 세계대전의 원인》으로 개정되었지만, 기본적으로는 달라진 것이 없었다. 밀스의 주제는 핵무기 시대에 초강대국들의 공존은 필연이라는 것이었다. "세계적으로 확립된 이 두 가지 산업화 모델의 공존은 완전히 인정되어야 하고, 또 그들 사이의 경쟁은 경제적·문화적·정치적 방식으로 이루어져야 함을 우리는 요구해야 한다."[82] 밀스의 제안들은 다양한 측면에서 유용했다. 한편 어떤 점에서, 미국은 중동의 석유 자원을 담당해야 하고 미국 군사 예산의 20퍼센트는 전적으로 후진국을 돕는 데 써야 한다고 제안했을 때처럼, 그의 프로그램은 막연했다.[83] 특징적으로, 유엔은 미국의 자금을 활용해 인문학과 사회과목을 강조하는 일류 교육 프로그램을 제3세계에서 확립해야 한다는 제안에서처럼, 밀스는 지적·문화적 제안을 강조했다. 그는 또한 주류의 평화운동에서 중요한 제안(사실 향후 20년 동안 주로 대중선동 때문에 실행된)을 많이 했는데, 핵실험 중지, 핵무기 비축을 줄이기 위한 소련과의 협상, 공산주의 국가인 중국을 인정하는 문제를 포함했다. 밀스의 가장 대담하고 논쟁적인 제안들은 미국에 의한 일방적 핵무기 감축, 북대서양조약기구(NATO) 철폐, 모든 해외 미군기지 폐쇄를 요구했다. 냉전에 대한 장기적 대안을 생각하는, 솔직히 유토피아적 인식에서 그런 제안들은 쓸모 있었는데, 평화운동이 핵실험 중지 같은 개혁을 넘어 미국의 해외 정책에 보다 근본적 비평을 지향하도록 밀어붙였다.

밀스가 제안에서 다룬 평화운동은 1940년대에 열렬히 지지했던 노동운동과는 몇몇 중요한 점들에서 달랐다. 교회와 대학에 기초한 평화운동은 주로 교육받은 중간계급 구성원들로 이루어졌다. 강한 도덕주의적 날카로움을 지닌 평화운동은 이후 수십 년에 걸쳐 자유주의와 급진주의 정치 형성을 도와줄 양심적 공동체의 출현을 대표했다. 〈기독교인 성직자들에게 하는 어느 이교도의 설교〉(A Pagan Sermon to the Christian Clergy)에서, 밀스는 자신이 자유주의적 개신교에서 평화운동의 기초를 파악했다고 간단히 말했다. 원래는 1958년 토론토의 캐나다 연합교회에서 했던 강연인 그 논문은 《네이션》에도 발표되고 《제3차 세계대전의 원인》에도 통합되었다. 〈어느 이교도의 설교〉는 미국 기독교인들이 냉전에 맞서 거침없이 말함으로써 그들의 표면상의 평화적 이상에 따라 살지 못했다고 비난했다. "전면전(全面戰)은 기독교인의 양심이 직면하기에 실제로 어려워야 한다. 그러나 오늘날의 기독교적 해결책은 그걸 쉽게 만든다. 전쟁은 도덕적으로 옹호되고, 또 기독교인들은 그런 경향에 쉽게 빠져든다."[84]

〈평화를 위한 프로그램〉처럼, 〈어느 이교도의 설교〉는 독자들, 특히 밀스가 소수의 평화주의 기독교인들을 무시하는 것에 항의하면서도 밀스의 논문에서 자신들의 견해에 대한 확언을 발견한 자유주의 성직자들로부터 열렬한 호응을 얻었다. 밀스의 논문은 전국적으로 설교에서 언급되고 자유주의 기독교 신문에서 화제가 되었다. 예를 들어, 《크리스천센튜리》(Christian Century) 편집자들은 조직화된 기독교에 대한 밀스의 일방적 견해에 반대하면서도 〈어느 이교도의 설교〉에 박수를 보냈다. 그들은 밀스에게 "시간을 들여 교회들이 행동하는 것을 보고, 당신이 거론하는 목사들이 바쁘게 일하는 전선을 방문해 보십시오. 그러면 당신의 관점에서 많은 올바른 행동을 볼 것입니다"라고 말했다.[85] 밀스는 이 충고를 받아들여 1958년 4월 유니테리언 교회 제1차 중서부 총회에 뒤이어 많은 교회 집회에서 연설을 했다. 1958년 12월 밀스는 랠프 밀리밴드에게 "내일 나는 또 다른 거물 성직자 집단에게 강연하러 애틀랜틱시티로 갑니다. 하지만 놀랍게도, 솔직히 그들은 사실상 나의 유일한 청중인 대학 집단들과는 동떨어져 있으며, 또 그들 중 일부는 정말이지 매우 선량합니다. 그들에게 가닿고 그들

을 흔들어 깨우는 법을 나는 배우고 있습니다"라고 편지했다.[86]

밀스가 자유주의 개신교도들로부터 받은 긍정적 환영은 개인의 양심에 기초해 행동할 필요가 있다는, 그의 책에서 두드러진 도덕주의적 강조에 대한 반응이었다. 밀스는 진리를 말하고 불의한 권력에 맞서야 할 지식인들의 특별한 책임을 늘 강조했지만, 이제 간청의 범위를 넓혀 보다 큰 사회 계층에게 호소했다. 따라서 밀스는 〈어느 이교도의 설교〉에서 목사들에게 "왜 당신들 스스로를 중요 인물로 만들지 않습니까? 왜 당신들은 회중, 즉 도덕을 지향하며 도덕적으로 서 있는 신도들의 모임을 공개 토론장으로 만들지 않습니까?"라고 질문했다.[87] 밀스는 확실히 변함없이 세속적이었지만, 그의 도덕주의적 수사학은 급진적 기독교인들의 마음을 움직였다. 실제로 존경할 만한 급진적인 크리스천 평화주의자인 A. J. 머스트는 《제3차 세계대전의 원인》이 "국가 정책은 보다 높은 도덕적 수준을 유지할 필요가 있다"는 주장 때문에 높이 평가했다. 《디센트》에 실린 한 비평에서, 머스트는 그 책이 양심적 개인들의 저항에 기초한 "혁명적 평화주의"를 함축하고 있다고 주장했다. 사실 쿠바혁명에 대한 그의 승인에서 곧 분명히 드러나게 되듯이, 밀스는 한 번도 평화주의자가 된 적이 없었지만, 머스트가 《제3차 세계대전의 원인》을 "전쟁에 반대하는 세계적 투쟁에서 이루어진 한 사건"이고 어쩌면 "한 중요한 전환점"으로 칭찬한 것에 고무된 게 틀림없다.[88]

《제3차 세계대전의 원인》은 신문에서 각양각색의 비평을 받았지만, 일부 독자들의 열렬한 반응은 신좌파의 성장에 관한 밀스의 잠정적 희망들을 확증해 주었다. 밀스는 독자들로부터 수십 통의 편지를 받았는데, 그들 중 많은 사람들은 자신들이 그것을 읽은 후 갑자기 활기를 띠고 행동하게 되었다고 주장했다. 디트로이트의 장로교 목사는 밀스에게 "당신이 쓰는 것 중의 많은 것은 그렇지 않으면 미친 대중의 무감각이라는 어둠을 밝혀 주는 타는 듯한 한 줄기 광선처럼 보인다"고 말했다.[89] 위스콘신 주 시보이건의 치과의사와 아내는 "우리는 여러 세대 동안 평화주의자였습니다. 그러나 이제 우리는 더 이상 수동적이어서는 안 된다고 느낍니다"라고 편지했다.[90] 뉴욕의 예술 비평가는 "당신의 책은 나를 화나게 했습니다. 그리고 나는 분노의 출구를 찾고 있습니다"라고 결론지었는데, 또한 이 책이 어떤 종류의 조치를 취해야 하는지에 관해 그녀를 혼란스런 상태에 내버려 두었다고 고백했다. 일부 독자들은 결단을 내려 책을 정치적 행동의 한 형태로 받아들였다. 뉴욕의 홍보 책임자인 제시 고든은 당시 개정된 책의 일부가 된, 1960년 《네이션》에 실린 밀스의 논문 복사본을 상원의원인 마이크 맨스필드에게 발송했다. 맨스필드가 "우리가 그것에 전체 혹은 부분적으로 동의하든 전혀 동의하지 않든지 간에, 당신이 제시하는 종류의 대담한 분석이 매우 필요합니다"라고 한 단락의 조건부 승인 편지를 쓴 후, 고든은 이 논평을 다시 아이젠하워 대통령에게 발송했다.[91] 그리고 플로리다 주 탬파의 한 의사는 이 책을 수백 권 구입하겠다고 출판사에 편지했는데, 그것들을 25권씩 묶어 전국 대학 총장들에게 배포했다.[92]

《제3차 세계대전의 원인》에 대한 반응이 미국인에게 국한되지 않았음은, 한 사람의 국제적 지식인으로서 밀스의 새로운 지위와 전 세계적으로 냉전에 대한 중간계급의 반대의 출현, 이 둘 모두를 입증했다. 영국의 일부 독자들은 이 책을 반핵 비평뿐만 아니라 미국 사회 전체가 획일적으로 미국 정부의 냉전 정책을 지지하는 것은 아니라는 증

거로도 높이 평가했다. 어떤 독자는 이렇게 썼다. "뭔가 다른 게 미국

으로부터 출현하고 있다는 당신의 말을 듣고 내 마음은 위로를 받습

니다. 나는 당신의 가장 흥미로운 책을 읽었고 이제 당신의 방송 프

로들을 듣고 있는데, 당신은 이것을 전해 듣고 어떤 용기를 불러일으

켜야 한다고 시작합니다"[93] 《제3차 세계대전의 원인》은 《요하네스버

그 스타》, 《몬트리올 스타》, 《디벨트》를 비롯하여 미국이나 영국 바깥

세계의 주요 신문에도 서평이 실렸다. 서부 오스트레일리아의 한 의

사가 밀스에게 "히로시마가 갈수록 정신 이상을 보이는 탓에, 그 책에

스며 있는 온전한 정신은 미국의 해외 정책을 우려하는 전 세계의 생

각이 깊은 사람들에게 더욱 호소력이 있습니다"라고 말했듯이, 한 독

일 학생도 밀스의 책을 격찬했다.[94] 한 이탈리아 사람은 밀스에게 "당

신은 책 속에서 솔직하고 일반 사회 규범에 따르지 않는 정신으로 단

언한다고 유럽의 많은 지식인들은 생각합니다"라고 알려 주었다.[95]

《제3차 세계대전의 원인》으로 밀스는 새로운 정치적 동맹자를 많

이 얻었지만, 반면 옛 동맹자 하나를 잃는 대가도 치러야 했다. 머스

트의 긍정적인 논평과 함께, 《디센트》는 그 책을 신랄하게 비판한 어

빙 하우의 거친 반응을 발표했다. 사회 분석의 한 저작으로서, 《제3차

세계대전의 원인》은 밀스의 이전 책들에 못 미치고, 또한 제3차 세계

대전의 원인이 될 만한 이론을 제공하지도 않았다. 그러나 하우의 반

대는 주로 소비에트 블록 공산주의를 밀스가 다루는 방식에 대해서

였다. 소비에트 공산주의의 성격은 《제3차 세계대전의 원인》에서 중

심적인 게 아니었다. 실제로 하우는 십중팔구 그 책 자체보다는 그들

이 공산주의 세계에서의 발전들을 논의했던, 밀스가 유럽에서 돌아온

직후 가진 모임에 반응하고 있었다.[96] 1957년의 동유럽 여행부터 죽음

에 이르기까지, 밀스는 동구권 공산주의가 더 인간적이고 민주적 유형의 사회주의로 스스로 변화되기를 희망했다. 밀스는 마르크스주의 학자 아이작 도이처의 분석에 영향을 받았는데, "스탈린의 죽음으로 우리는 흐루쇼프 정부의 현 조치들을 뛰어넘는 일련의 민주적 개혁을 기대할 수 있게 됐다"고 도이처는 주장했다.[97] 밀스는 그런 대담한 예언을 하지는 않았지만, 그러한 개혁이 일어날 수 있을지 없을지를 미해결의 문제로 남겨 두었다. 예를 들어, 1960년 초의 한 인터뷰에서, 밀스는 소비에트 블록에서의 "민주화를 향한 경향들"을 언급했고, 그리고 "어쩌면 마르크스주의의 세속적·인도주의적 가치들은 (모든 것에도 불구하고) 소련의 미래에서 여전히 이용 가능할지도 모른다"고 주장했다.[98]

《제3차 세계대전의 원인》을 논평하면서, 하우는 밀스가 소련과의 "정치적 공존"을 승인했을 뿐만 아니라, "한 강대국으로서 소련과의 화해는 물론이고, 사회의 한 형태로서 공산주의 독재 국가와의 화해를 의미하는, 일종의 '도덕적 공존'도 승인했다"고 비난했다.[99] 그러면서 그러한 태도는 "민주적 좌파에게 있어서는 용인할 수 없는" 것이라고 하우는 결론지었다.[100] 논평에서 풍기는 날카로운 어조 때문에 그는 한 친구를 잃고《디센트》는 한 동맹을 잃는 대가를 치르게 됨을 하우는 알고 있었던 게 틀림없다. 《디센트》의 다음 호에는 하우와 밀스 사이에 벌어진 험악한 언쟁인 〈지식인과 러시아〉(Intellectuals and Russia)가 실렸는데, 그것은 미국 좌파에서 변화하는 반공산주의 정치에 관해 많은 걸 드러냈다.

하우의 비평은 많은 점에서 옳았지만, 밀스가 소비에트 독재 국가의 옹호자라는 일반적 함축에서는 틀렸다. 하우에 대한 답변에서, 밀스는 그들의 의견 차이를 적절히 요약했다. "당신은 스탈린의 죽음 이래로 소비에트 블록에서 나타날 새로운 시작을 나처럼 진지하게 받아들이지 않는다. 당신은 제2차 세계대전 이래로 미국에서 새로운 시작의 부재와 형식적 자유의 폐기를 더 이상 나처럼 진지하게 받아들이지 않는다."[101] 특히 미국 사회 내부의 변화 가능성에 대한 밀스의 종종 정적(靜的)이고 획일화된 견해와 나란히 놓았을 때, 소비에트 블록에서의 "새로운 시작"에 대한 밀스의 희망이 지나치게 낙관적이라고 하우는 적절하게 주장했다. 소비에트 블록에 대한 밀스의 낙관적 관점은 또한 이전의 정당 경험 때문에 변함없이 공산주의를 의심한 도로시 톰슨 같은 영국 신좌파의 일부 멤버들을 놀라게 했다.[102]

그럼에도 불구하고, 밀스가 《제3차 세계대전의 원인》에서 미국과 소련의 도덕적 등가성을 암시했다는 점에서, 그것은 전적으로 부정적이었다. 이 책 전체에 걸쳐, 밀스는 소비에트 사회와 미국 사회 둘 모두 '군사적 형이상학'으로 물든 세계관을 가지고 있으며, 국민들의 무감각에서 이익을 얻는 파워 엘리트들이 지배하는 사회로 묘사했다. 밀스의 등가성 주장이 안고 있는 문제는, 그가 공산주의 독재 국가들에 반대했다는 것이 아니라, 미국 사회의 민주적 요소들을 과소평가한 점이었다. 비록 그렇더라도, 약간의 정당성을 가지고 밀스는 자신의 주장을 수사학적 전략으로서 옹호했다. "나는 미국과 소련을 '하나의 범주 속으로' '동화시키지' 않는다. 우리는 흔히 둘이 정반대, 즉 하나는 선이고 다른 하나는 악으로 제시되는 맥락에서 글을 쓴다. 따라서 나는 차이를 말하면서도 유사점을 강조하는 것이다."[103] 전체적으로 볼 때, 하우는 《제3차 세계대전의 원인》에서 소련에 대한 밀스의 논의의 목적을 오해했다. 소비에트 엘리트들은 핵무기 감축과 냉전 갈등 축소, 즉 옳다고 판명된 판단에 기꺼이 협상하리라는 걸 밀스는 입증할 작정이었다. 그러나 밀스는 공산주의 정부들을 변명하거나 옹호하지 않았다. 실제로 그는 그 정부들을 명쾌하게 비판했다.[104] 밀스는 미출판된 '문화적 장치'에서 "그렇다. 나는 반공산주의자인데, 내가 어떤 종류의 정치적 인식에 도달한 1930년대 후반 이래로 줄곧 그랬다"고 아주 분명하게 말했다.[105]

결국 그 언쟁은 공산주의 블록에 대한 밀스의 분석의 한계에 집중하기보다는 하우의 강박관념에 사로잡힌 반공산주의를 더 많이 드러냈다. 밀스는 왜 하우가 "차이들을 당연하게 주목하고, 그런 다음 왜 계속해서 신좌파를 구축하지" 않았는지 이상하게 여겼다.[106] 어째서 그 언쟁은 우호적 논쟁이 아니라 서로 갈라서는 결과를 낳은 증오에 찬 언쟁으로 머물고 말았는가? 하우에게, 민주적 좌파들은 공산주의 문제에 관해 의견을 달리할 수 없었다. 밀스는 하우가 막 출현하던 신좌파와 연대하기보다는 낡은 전투를 하는 데 관심이 있다고 의심했다. 1957년, 하우와 루이스 코저는 미국 공산당 역사에 관한 책을 출판했는데, 그것은 공산당이 전후의 적색공포(red scare)로 급격하게 줄어들고 이제 사실상 부적합한 단체가 아니라 실제로 미국 좌파에 중요한 영향을 끼친, 과거의 낡은 시대에 속하는 것처럼 보이는 신랄한 책이었다.[107] 마이클 해링턴 같은 다른 구좌파들에게 그랬던 것처럼, 하우가 트로츠키주의자가 된 이래로 품고 있던 낡은 분파적 생각은 초기의 신좌파 학생운동이 어설픈 반공산주의여서 자신이 학생 활동가들에게 소중한 영향력을 행사할 기회를 박탈당했다고 성급히 공격하게 했다. 실제로 밀스가 하우와 그의 서클을 "죽은 미국 좌파의 늙은 비관주의자들"이라고 대놓고 비난했을 때, 그는 이 운명을 예언했다.[108] 이 경우, 1940년대 초에 급진주의자가 된 이래로 어떤 정당에도 속한 적이 없는 밀스는 신좌파에 영향을 미칠 더 좋은 위치에 있었다. 그러나 한 가지 중요한 점에서, 밀스의 입장은 하우보다는 1940년대의 반스탈린주의와 더 일치했다. 냉전에서 분명하게 미국 편을 든 하우와 달리, 밀스는 1948년 루이스 코저와 어빙 새니스와 공동 집필한 미출판 선언문에서 그가 제기한 입장을 고수했다. 밀스는 두 강대국의 세계에서 여전히 '제3진영'을 추구하고 있었는데, 이제 그것을 문화적 장치와 쿠바 혁명가들의 활동에서 발견하게 될지도 모른다고 믿었다.

하우와 구좌파의 다른 지적인 잔류자들과는 대조적으로, 밀스는 변화의 급진적 근원들을 그것들이 올지도 모르는 모든 곳에서 찾는 것을 개의치 않았다. 그런 이유에서, 밀스가 재출현하는 평화운동과 강력한 관계를 발전시킨 바로 그때, 미국 흑인의 민권운동을 일반적으로 무시한 것은 특히나 이상하다. 사실상 1950년대 말부터 1960년대 초에 걸쳐 미국의 급진주의와 자유주의에 다시 활기를 불어넣는 중심 세력이 된 민권운동은, 밀스가 옹호한 도덕성과 이성에 대한 일종의 대중적 호소에 기초하고 있다는 점을 반박할 수 없다. 확실히 밀스는 인종 평등을 지지했다. 민권운동에 관한 드문 논평인 1959년의 한 연설에서, 밀스는 이 운동이 "역사를 민주적으로 만드는 게 가능한가, 가능하지 않은가"라는 질문을 재개했다고 환호하며 맞이했다. 민권운동의 합법적 목표로서 법률상 권리들의 요구에 찬성하면서, 밀스는 "정치적 무감각과 정치적 방관의 심리"에 근본적으로 도전하는 "도덕적 행동 충동"(moral urge to act)에 대해 민권 활동가들을 칭찬했다.[109] 밀스가 더 오래 살았더라면, 인종 문제에 대한 자신의 맹점이 사회 분석과 정치적 급진주의에서의 심각한 한계 때문임을 인식했을 거라고 충분히 상상할 수 있다. 실제로 1960년 그가 출판을 염두에 두고 쓴 한 구절에서, 밀스는 미국이 "인종적 전제정치"(racial tyranny)라고 선언했고, 또 "나는 이른바 '흑인 문제'에는 전혀 관심이 없었다. 어쩌면 나는 관심을 가졌어야 마땅했고 또 지금도 관심을 가져야 한다"고 솔직히 인정했다.[110] 그렇지만 밀스가 인종을 언급하는 일은 여전히 극히 드물었다. 미국에서 성장하는 민권운동에 가담하지 않고, 대신 그는 플로리다 해안에서 멀리 떨어진 작은 섬에서 벌어지고 있는 사건으로 시선을 돌렸다.

쿠바혁명과 제3세계

1960년 이전까지만 해도 밀스의 국제적 연대성은 주로 유럽을 향해 있었다. 멕시코 여행과 뒤이은 쿠바혁명과의 연루는 그가 '가난한 국가 블록'(hungry-nation bloc)이라고 부른 지역에 초점이 맞추어진 다른 종류의 국제주의를 처음으로 경험하게 했다.[111] 이제는 신좌파들이 산업화된 세계와 저발전된 세계 사이의 전 세계적인 힘의 불균형에 맞서야 한다고 밀스는 주장했다. 1960년의 베스트셀러 《들어라 양키들아》에서, 밀스는 쿠바혁명을 라틴아메리카와 아시아, 아프리카에서 좌파의 반제국주의 운동의 모델로 옹호했다. 쿠바혁명에 대한 지지는 또한 국제적인 문화적 장치 내부에서 이루어지는 잠재적 저항의 출현에 대한 밀스의 신념을 확고하게 했다. 보다 광범위한 쿠바의 연대 운동에서 중요한 역할을 하면서, 《들어라 양키들아》는 국제적 사건들의 중요성, 그리고 미국, 유럽, 라틴아메리카에서 전국적인 신좌파 운동

발전을 위해 네트워크의 중요성을 입증했다.

《들어라 양키들아》를 출판하기 한 해 전만 해도 밀스는 쿠바에 관해 아는 게 거의 없었지만, 1959년 가을에 브라질에서 그리고 1960년 초에 멕시코에서 라틴아메리카 지식인들과 나눈 토론들은 그가 그 문제에 직면하도록 강제했다. 특히 석 달에 걸쳐 멕시코시티에서 체류하는 동안, 밀스는 저명한 소설가 카를로스 푸엔테스를 비롯한 주도적 좌파의 멕시코 작가들과 친분을 맺게 되었다. 이 일련의 지식인들과의 만남은 밀스에게 결정적으로 중요했는데, 그들은 그가 먼저 보다 광범위한 라틴아메리카 좌파를 발견하고, 그런 다음 그들에게 도달할 수 있도록 했다. 특히 푸엔테스는 밀스에게 라틴아메리카 참여 지식인의 모범이자, 밀스가 1961년 푸엔테스에게 보낸 편지에서 '우리의 신좌파'라고 부른 이들 가운데서도 중요한 대표자가 되었다.[112] "20세기의 맨 처음 수십 년의 이상적인 국제주의가 에스파냐에서 찢겨진 이후, 우리는 지금 구체적인 국제주의, 즉 저발전 국가들의 국제주의 출현을 목격하고 있다"는 푸엔테스의 신념에 밀스는 강하게 영향을 받았다.[113]

브라질과 멕시코에서 카를로스 푸엔테스를 비롯한 라틴아메리카의 좌파들과 이야기를 나눈 후, 밀스는 쿠바혁명이 이 새로운 국제주의에 추진력을 공급할 거라는 그들의 희망을 공유하게 되었다. 사회주의에 이끌렸지만 소비에트의 경우에는 라틴아메리카의 많은 좌파들처럼, 푸엔테스는 급진적 사회 변화를 위한 새로운 모델로서 쿠바에서 보여 준 발전들에 주목했다.[114] 1960년 초 멕시코에서 푸엔테스와 다른 멕시코인 지식인들을 인터뷰하면서, 밀스는 신좌파 세력으로서 사람의 마음을 움직이는 쿠바혁명의 매력적 힘을 잠정적으로 표명했다. "나는 독립적 좌파를 위한 최선의 가능성을 발전된 자본주의나 소비에트 블록 내부에서가 아니라, 위험하게 두 블록 바깥에 있는 제3세계 나라들에서 봅니다. 그것의 가망(probabilities)은 어떠냐 하면, 아주 솔직히 나는 기대가 매우 높지는 않다. …… 실제로 지금까지 우리에게 새로운 시작, 즉 물론 모든 국제적 신좌파를 위한 기초가 될 산업화의 제3모델을 보여 준 나라를 나는 하나도 모른다. 어쩌면 쿠바는 그런 식으로 판명될 것이다. 나는 그곳에 가본 적이 없다."[115]

멕시코에서 미국으로 돌아온 밀스는 1960년 8월 쿠바를 방문할 준비를 했다. 피델 카스트로가 시에라마에스트라 산악 지대에서 게릴라전을 이끌면서 《파워 엘리트》를 읽었다는 보도를 듣고, 밀스는 우쭐하고 호기심이 생겼음에 틀림없다. 그러나 여행의 주된 목적은 쿠바가 정말로 가능한 신좌파 '제3의 모델'을 대표하는지 아닌지를 직접 보려는 것이었다.[116]

밀스의 방문은 쿠바와 미국의 관계가 급속도로 악화될 무렵에 이루어졌다. 6월, 미국 정부의 요청으로 쿠바에 있는 미국의 석유 정련소들이 소련의 원유를 가공·처리하기를 거부하자, 쿠바 정부는 그것들을 국유화했다. 이것에 대한 보복으로, 미국은 약속했던 쿠바의 설탕 판매 할당량을 취소했다. 카스트로는 이전에 미국 언론에서 긍정적으로 보도되었는데, 1960년에 이르러 그는 아직 공산주의자가 아니었는데도 일반적으로 위험한 공산주의 독재자로 묘사되었다. 밀스의 여행은 또한 1960년 설립된 '쿠바페어플레이위원회'(FPCC, Fair Play for Cuba Committee)가 주도한 미국 내에서 쿠바와의 연대 운동의 발전을 배경으로 이루어졌다. 미국의 외교정책 수행에 반대하고 제3세계 나라들과 혁명 운동을 연대함으로써, FPCC는 1960년대의 급진주의에서 결정적으로 중요한 초기 단체였다. 쿠바혁명을 위한 '공정한 발언 기회'를 추구하는 FPCC를 이끈 사람은 앞서 CBS 기자였던 로버트 테이버였다. FPCC는 매스미디어에서 쿠바혁명을 부정적이고 부정확하게 평하는 것에 반대하고, 미국 정부가 나서서 반혁명적 활동을 뒷받침하는 것을 그만두라고 촉구했다. 《뉴욕타임스》에서 광고를 출판하는 임시방편의 작은 집단으로 시작한 FPCC는 1960년대 말에는 27개의 성인 지부와 40개의 학생평의회 안에 7천 명의 회원을 확보했다. 스스로를 "뛰어난 작가, 예술가, 언론인, 지적 직업인들의 집단"으로 표현한 FPCC는 문화적 장치 회복이라는 밀스의 요구를 충족시키는 것처럼 보였다.[117] 테이버는 밀스가 쿠바 여행 일정을 짜는 걸 도와주었다. 쿠바에 도착한 밀스는 또 다른 탁월한 FPCC 활동가인 솔 란다우를 만났다. 위스콘신대학 졸업생인 그는 《좌파연구》(Studies on the Left) 편집인이자 공동 발기인이었으며, 뒤이어 1961년 밀스와 함께 유럽을 여행하면서 밀스의 연구 조교가 되었다.[118]

밀스가 쿠바에서 보낸 시간은 겨우 2주 남짓이었지만 시간을 최대한 활용했다. 한 통역자의 도움으로, 그는 다양한 혁명운동 멤버들과 인터뷰했다. 밀스는 카스트로와 "사흘 하고도 아홉 시간"을 보냈다.[119] 에스파냐어를 할 줄 모르는 밀스는 시간이 부족했다. 그의 활동들은 주로 쿠바 정부 관리들이 조정했기 때문에, 밀스가 여행 동안 배울 수 있었던 것에는 명백한 한계가 따랐다. 쿠바에 대해 적절히 논평할 준비가 되어 있지 않은 건 아닌지 이따금 걱정하면서도, 밀스는 혁명적 상황의 고조된 분위기에 휩쓸렸다. 한편 그는 어느 누구도 미국의 대중적 청중에게 쿠바혁명에 관해 동정적인 관점을 기꺼이 제공할 능력이 없다고 판단했다. 공산당이나 인민전선 단체들과 관련된 역사가 없는 미국 좌파 가운데, 밀스는 자신이 미국에서 쿠바 혁명가들의 입장을 옹호할 이상적이고도 탁월한 위치에 있다고 믿었다. 밀스가 여행 동안 함께 이야기를 나눈 한 쿠바 사람은, 만일 자신이 쿠바에 대한 미국의 정책을 비판한다면 "나를 공산주의자로 간주할" 것인지 아닌지를 밀스에게 물었다. "그러하기는커녕, 나는 공산주의자가 아닌 사람으로 알려져 있습니다. 이것은 나와 관련된 가장 고민되는 일입니다"라고 밀스는 대답했다.[120]

쿠바에서 돌아온 밀스는 겨우 몇 주 만에《들어라 양키들아》를 썼다. 이 책은 1960년 11월에 대량 판매할 용도로 종이 표지판으로 출판되었다. 밀스의 목소리가 담긴 서론과 결론이 포함되어 있기는 했지만,《들어라 양키들아》의 주요 부분은 가상의 쿠바 혁명가가 미국 대중에게 말을 거는 일련의 편지로 쓰였다. 이 문체론적 장치는 밀스의 중요한 관심사들 가운데 하나이자 FPCC가 강조한, 쿠바혁명은 편견을 가진 주류의 미디어가 제공하지 않는 공정한 발언의 기회를 거칠 만하다는 걸 표현했다. 오늘날 독자들이라면 쿠바혁명을 묘사하는 밀스의 대담한 노력에 놀랄 테지만, 그 당시 라틴아메리카의 많은 지식인들은 그가 이런 기교를 사용하는 데 무관심했다. 밀스 자신은 한 쿠바 사람의 목소리를 흉내 내는 걸 걱정했지만, 쿠바인 번역자가 밀스를 안심시켰다.[121] 밀스에게, 쿠바인 혁명가의 목소리로 말하는 것은 연대성을 표현하는 한 가지 방법이었다. 그 자신의 목소리로 쓸 때조차도, 밀스는 혁명가들과 자신을 동일시해야 할 필요를 특별히 허락했다. "나는 쿠바혁명에 관해(about) 걱정하지 않고, 그것과 함께(with) 걱정한다"고 그는 썼다.[122] 그렇다 하더라도, "쿠바로부터의 이 편지들 속에 제시된 사실들과 해석들은 …… 쿠바혁명의 견해들을

······ 정확히 반영한다. ······ 나는 단지 그것들을 내가 할 수 있는 가장 직접적이고 친밀한 방식으로 체계화했을 뿐이다'라는 밀스의 주장을 우리는 확실히 의심하고 넘어가야만 한다.[123]

《들어라 양키들아》의 가장 설득력 있는 측면은 미국 외교정책에 대한 날카로운 도전이었다. 밀스는 미국의 오랜 개입의 역사를 상술하면서, 카스트로가 7·26 운동으로 전복시킨 타락하고 잔인한 독재자 풀헨시오 바티스타에 대한 미국 정부의 지지를 부각시켰다. 밀스는 또한 라틴아메리카에 대한 미국 제국주의를 보다 광범위한 맥락에서 탐구했는데, 민주적 이상에 대한 공공연한 헌신보다는 이익과 권력 추구에 휘둘리는 미국의 정책을 지적했다. 밀스가 정확히 예언했듯이, 쿠바에 대한 미국의 경제 제재는 반혁명을 위한 군사적 지지로 단계적으로 확대되었다. "당신의 정부는 우리 정부와 우리에게 맞서 행동할 오직 한 가지 방법, 즉 쿠바에 맞서는 군사적 폭력만이 남았는가?"라고 밀스의 가상적 쿠바인은 물었다.[124] 이미 1960년에 이르러, 미국 정부는 1961년 4월의 '피그만 사태'에 대한 준비를 갖추고 있었는데, 그때 CIA가 후원한 쿠바 망명자들은 그 섬을 기습 공격했다가 쉽게 격퇴되었다. 쿠바에 대한 미국의 적개심은 카스트로 정부가 소련의 세력권에 들어서도록 내모는 주된 힘이라는 걸 밀스는 인식했다. 《들어라 양키들아》의 가장 효과적인 수사학적 전략 가운데 하나는, 미국 정부의 정책을 세밀히 조사하고 변화시키기 위해 허구적인 쿠바 혁명가가 미국 대중에게 직접 호소하는 것이었다. "왜냐하면 들어라 양키들아, 쿠바는 너희의 큰 기회이기 때문이다. 그것은, 미국이 어쩌면 이전에 세상에서 의도했던 걸 다시 한 번 확립할 수 있는 너희의 기회다. 그것은 모든 무질서와 소란과 영광에 대해, 너희 양키들이 그리도 살찌고 그리도 나른하게 되고 있는 세상의 모든 가난하게 되고 질병에 시달리고 무식하고 굶주린 민족들 사이에 일어나고 있는 모든 혁명과 피투성이의 난잡함과 거대한 희망에 대해, 어떻게 반응할지를 분명히 할 너희의 기회다."[125]

영향력 있는 역사가이자 미국 제국주의에 대한 비평가인 윌리엄 애플맨 윌리엄스와 마찬가지로, 밀스는 제3세계 혁명에 대한 미국의 외교정책을 재평가할 필요가 있음을 주장하고자 쿠바의 예를 사용했다.[126] 맨 처음 페이지부터, 밀스는 자신의 관심이 단지 쿠바 자체에 있지 않고 저발전 세계의 착취당하는 민족들과 제국주의적·신제국주의적 주인들에 맞선 그들의 투쟁에 있음을 분명히 했다. "오늘날 쿠바의 목소리는 굶주린 나라들에 해당되는 진영의 목소리다. 그리고 쿠바혁명은 지금 그 진영의 이름으로 가장 효과적으로 말하고 있다"고 밀스는 선언했다. "라틴아메리카뿐 아니라 아프리카와 아시아에서, 이 목소리 배후의 사람들은 이전에는 결코 몰랐던 그런 종류의 분노 속에서 더욱 강해지고 있다"고 그는 계속해 말했다.[127] 밀스가 쿠바혁명, 좀 더 일반적으로는 반식민지 투쟁의 결정적으로 중요한 인종적 차원을 파악하지 못한 것은 놀라운 일이 아니다. 이 인종적 차원을 등한시함은 《들어라 양키들아》와 르로이 존스와 로버트 윌리엄스 같은 미국의 흑인 급진주의자들이 제공한 쿠바혁명에 대한 열광적 보도들 사이의 중요한 차이를 입증했다.[128]

《들어라 양키들아》는 밀스가 쿠바혁명을 세계 정치 속에서 기대해 온 '제3의 모델'로 믿었다는 것에 대한 의심을 거의 남기지 않았다. "쿠바혁명은 좌파 사상가와 활동가의 한 새롭고 독특한 유형이다(is)"라고 밀스는 선언했다. "그는 자본주의자도 아니고 공산주의자도 아니다. 그는 실천적이면서도 인간적인 방식으로 한 사람의 사회주의자라고 나는 믿는다."[129] 쿠바혁명은 구좌파 공산주의의 낡은 인습으로부터 그 자체를 해방시켰다고 밀스는 믿었다. 쿠바 정부가 소련의 도움을 받은 걸 주목하면서도, 밀스는 쿠바혁명의 비공산주의적 성격을 강조했다. 허구적 쿠바인의 목소리를 통해, 밀스는 쿠바혁명을 국제적 좌파를 위한 새로운 시작으로 환호하며 맞이했다. "우리는 스탈린 이후 시대의 혁명가들이다. …… 우리는 그 무슨 '실패한 신'(God that Failed)을 가져 본 적이 결코 없다. …… 우리는 새로운 급진주의자들이다. 우리는 세상에서 실제로 새로운 좌파라고 생각한다. 스탈린주의가 전 세계적으로 구좌파에게 의도했던 어떤 것도? 겪어 본 적이 없는 좌파 말이다."[130]

쿠바혁명을 제3세계에 중심을 두고 좌파의 부활을 예고한, 비독단적이긴 하지만 급진적 사회변혁으로 평하는 데 있어, 밀스는 자기가 미국과 유럽의 많은 좌파들과 일치함을 발견했다. 《먼슬리리뷰》의 편집자 리오 휴버먼과 폴 스위지는 밀스보다 앞서 몇 달 동안 쿠바를 여행했는데, 그들의 책 《쿠바혁명의 해부》(Cuba: Anatomy of a Revolution)는 《들어라 양키들아》 직전에 출판되었다. 휴버먼과 스위지는 "쿠바혁명은 여태껏 어디서도 볼 수 없었던 진정한 사회주의혁명이 비공산주의자들에 의해 이루어진 최초의 경우"라며 열광했다.[131] 《좌파연구》도 비슷하게 쿠바혁명을 "휴머니즘과 합리주의의 산뜻한 결합"으로 보았다.[132] 《좌파연구》는 프랑스 지식인 장폴 사르트르가 쓴 논문을 출판했는데, 쿠바혁명 직후 쿠바를 여행한 그는 이 혁명을 국제적 좌파를 위한 새로운 출발로 환호하며 맞이했다.[133] 밀스가 쿠바 혁명가들을 소비에트 공산주의와 미국의 자본주의를 넘어선 급진적 '제3세력'으로 묘사한 것은 또한 주로 당시 쿠바 지도자들의 자기 묘사에 기초했다. 예를 들어, 밀스는 "자본주의는 인간을 희생시킨다. 공산주의 국가는 전체주의 개념으로 인간의 권리를 희생시킨다"는 피델 카스트로의 말을 인용했다.[134]

쿠바혁명에 대한 밀스의 해석은 지나치게 단순하고 많은 점에서 순진했다. 자신을 쿠바혁명과 동일시하려는 열정 속에, 밀스는 쿠바 정부의 잘못들을 간과했다. 이것은 '혁명적 도취감'이라는 제목이 붙은, 정치제도에 관한 책의 편지에서 특히 분명하게 나타났다. 쿠바 정부의 대중적 인기를 강조한 점에서는 옳았지만(일체의 지역적 지지를 끌어내려는 피그만 침공 실패는 그것을 입증한다), 밀스는 혁명적 독재 정부의 위험을 간과했고, 권력에 머무르려는 정부의 기득권을 알아차리지 못했다. 밀스가 쓴 허구적 편지 속 작가는 혁명의 현재 국면에서 독재 정권의 필요성을 강조했다. "만일 우리가 조직된 정치제도를 가지고 있었다면, 그렇게 짧은 시간 안에 이룬 많은 일들을 행할 수 없었을 것이다. 어떤 제도도 혁명의 속도를 떨어뜨렸을 것"이라고 그는 썼다.[135] 그는 피델 카스트로의 '반관료적 성격'을 칭찬했고, 또 그를 "쿠바의 가장 직접적인 급진적·민주적 힘"이라고 불렀다.[136] "무엇보다도 우리는 피델 카스트로가, 또 우리의 혁명 지도자들 가운데 어느 누구도 자신의 권력을 유지하고자 힘을 사용할 거라고는 믿지 않는다"고 그는 주장했다.[137]

독자를 향한 결론적인 짧은 편지에서, 밀스는 냉정한 어조로 "식견 있는 쿠바 혁명가들이 고민하는 것과 마찬가지로, 쿠바에 대한 나의 걱정은 무엇보다도 정치 문제들과 관계있다"라고 인정했다.[138] "나는 오늘날 쿠바에 존재하고 있듯이 한 사람에게 대한 그러한 의존을 좋아하지 않으며, 또한 한 사람이 거머쥐고 있는 사실상 절대 권력도 좋아하지 않는다"고 그는 덧붙였다.[139] 편지 속에서 드러나는 혁명적 도취감에도 불구하고, 《들어라 양키들아》의 바탕에는 밀스 특유의 비관주의가 깔려 있었다. 냉전의 갈등 속에 중립으로 남은 쿠바가 계속해서 '제3세력'을 대표할 좋은 기회를 가지려면 미국 정부가 내정 불간섭 정책을 약속해야 한다고 밀스는 주장했다. 라틴아메리카에서 미국의 물질적 이해관계를 감안하면, 이것은 미국 정부가 "스스로 제국주의 경제를 변혁해야" 함을 의미했다. 최소한 이것은 실제로 '깊은 변혁'(deep transformation)을 요구했다.[140] 이렇게 평가하면서, 쿠바혁명에 대한 미국의 적개심이 카스트로를 소비에트 블록으로 떠미는 걸 도왔을 테고, 따라서 세계정세 속에서 제3세력으로서 제구실을 할 쿠바의 지위를 좀먹게 할지도 모른다고 밀스는 예측했을 것이다. 그 대신 "혁명적 도취감"을 강조하고 혁명가들과 친밀한 일체감을 가짐으로써, 밀스는 어쩌면 앞으로 자신을 실망시킬 위험한 처지에 빠뜨렸을 것이다. 밀스가 쿠바혁명을 무비판적으로 받아들인 것은 오랜 세월에 걸친 좌파의 패배 이후 신좌파의 대리인들을 필사적으로 찾았던 그의 불가피한 결과였는지도 모른다.

밀스가 쿠바혁명을 기꺼이 받아들인 것은 '문화적 장치'의 동인(agency)이라는 관점에서 세계적 규모의 신좌파에 대한 분석을 복잡하게 했다. 밀스는 쿠바혁명을 "더 가난한 사람들과 접촉하는 청년 지식계급"의 작품으로 보았다.[141] 실제로 쿠바혁명 지도자들은 교양 있고 꽤 젊었다. 그러나 국가권력을 장악한 혁명가로서 쿠바 지도자들은 미국과 영국 혹은 심지어 폴란드나 멕시코의 문화적 장치라기보다는 매우 상이한 유형의 정치적 동인이었음을 밀스는 인식하지 못했다. 밀스는 쿠바의 혁명적 지식계급과 다른 나라들의 문화적 장치가 동맹을 맺도록 도왔지만, 그들을 국제적 신좌파로서 일률적으로 다룬 것은 그들 사이의 결정적으로 중요한 차이들을 모호하게 했다.

이따금 밀스는 자신이 쿠바에 관해 너무 성급한 판단을 내린 것은 아닌지 걱정했다. 1960년대 후반에 E. P. 톰슨에게 썼듯이, "지난 2월 이래로, 나는 처음에는 멕시코, 그다음은 러시아, 그다음에는 쿠바로 정신없이 돌아다니고 있습니다. 너무나 빠른 글쓰기, 도덕적·정치적 유형의 너무 많은 결정들이 부족한 증거에 기초해서 너무 빨리 이루어졌습니다."[142] 한 가지 점에서, 밀스가 쿠바혁명을 무비판적으로 기꺼이 받아들인 것은 나중에 제3세계에서 신좌파들과 비민주적인 공산주의 운동들의 불행한 동일시를 예견했다. 하지만 카스트로는 마오쩌둥이나 호찌민이 아니었다. 지나치게 단순하고 낙관적이었는지는 몰라도, 대중적이고 비공산주의적이고 급진적인 것으로서 쿠바혁명에 대한 밀스의 분석은 최소한 그럴듯했다.[143] 친구인 하비 스와도스가 언젠가 주장했듯이, 쿠바혁명의 옹호자로서 밀스가 활동한 것을 '전체주의적' 사회주의에 이끌린 증거로 보기보다는, 한때 "나의 삶과 나의 마음을 하나의 국가는 말할 것도 없고 그 어떤 조직 속에도 침몰시키지 않기로" 맹세한 비판적 지식인으로서 드문 출발로 간주하는 것이 더 정확할 것이다.[144]

쿠바가 1961~1962년에 소비에트 블록에 조금씩 가까이 갔을 때, 밀스는 카스트로에 관해 다시 생각하기 시작했다. 처음에 밀스는 쿠바혁명을 옹호했다. 쿠바혁명에 관한 그의 마지막 글인《들어라 양키들아》의 에스파냐어 번역 후기에서, 밀스는 이전의 견해들을 바꿀 만한 아무런 일도 일어나지 않았다고 말했다.[145] 또한 1961년 6월 파리의 한 식당에서 장폴 사르트르와 시몬 드 보부아르와 가진 모임에서, 밀스는 쿠바혁명의 방향에 관해 환멸을 느끼는 그들에게 카스트로를 옹호했다.[146] 그러나 카스트로가 스스로를 마르크스-레닌주의자로 선언한 1961년 12월의 한 연설에서 공산주의로 전향을 알린 이후, 밀스는 뚜렷이 비판적이 되었다는 강력한 증거가 있다. 이 강력한 증거는 밀스가 카스트로에게 개인적으로 배신감을 느꼈음을 암시한다.[147] 밀스가 일찍 세상을 떠나지 않고 더 오래 살았더라면 이 발전들에 관해 어떤 글을 썼을지는 알 수 없다. 그러나 쿠바가 공산주의 국가가 된 뒤에도, 그가 쿠바를 신좌파적 변화의 모델로서 지지했을 거라고 상상하기는 어렵다. 결국 쿠바혁명에 대한 밀스의 희망은 언제나 그것이 좌파의 정치적 변화를 위한 비공산주의적 '제3모델'을 대표한다는 것이었다.

《들어라 양키들아》에 대한 긍정적인 반응들은 국제적인 신좌파의 성장에서 쿠바혁명과 그것에 대한 밀스의 옹호가 얼마나 중요한지를 입증했다. 밀스는 쿠바혁명이 산업화된 서구 내부에서 정치적 변화의 한 모델이 될 수 있다고 주장한 적은 없다. 그러나 그는 쿠바혁명의 모범이 미국과 전체 세계에서 국제적인 신좌파 의식을 촉진시킬 수 있기를 실제로 희망했다. 사르트르의 《쿠바에 관하여》(On Cuba)를 추천하는 신간 서적의 자화자찬 광고에서, 밀스는 "그들이 알든지 모르든지 간에, 막 성인이 되는 세대에게 쿠바혁명은 그들의 '에스파냐 내전'이다"라고 썼다.[148]

물론 밀스의 책은 주로 '양키' 독자를 대상으로 했다. 밀스는 "미국을 남·북·중앙아메리카(the Americas)의 변방 지대로서 현재의 지위에서 …… 끄집어낼" 작정이었다.[149] 쿠바는 미국인들이 제3세계의 해방 운동들에 어떻게 반응하는지 확인하는 시험적 사례였다. 그리고 밀스는 미국인들이 그들 정부의 정책을 변경하도록 자극을 받을 수 있기를 바랐다. 실제로 《들어라 양키들아》는 쿠바에 대한 미국 외교정책에 관한 새로운 논쟁이 공공 영역에 들어서게 했고, 이 과정에서 미국 여론이 전체로서의 저발전 세계를 향한 미국 정책들의 정당성에 집중하도록 도와주었다. 1960년 10월에 발매된 이 책은 1961년 1월까지 무려 37만 부가 팔렸다. 많은 독자들은 하퍼스 매거진에서 출판된 발췌록을 통해 그것에 접했다.[150] 미국 전역에서 수많은 잡지와 신문에 서평이 실렸다. 밀스의 이전 책들처럼 도시의 주요 신문들에도 서평이 실렸다. 게다가 《크로포드빌》(Crawfordville, 인디애나) 《저널 앤드 리뷰》(Journal and Review), 《버지니언파일럿 앤드 플리머스스타》(The Virginian-Pilot and the Plymouth Star), 《라파예트》(the Lafayette, 루이지애나) 《업저버》(Observer), 《브리스톨》(Bristol, 코넥티컷) 같은 수많은 소규모 출판물에도 서평이 실렸다. 책은 칭찬보다 비난을 받는 경우가 잦았지만, 그런 반응은 한 급진주의자의 견해에 대한 문화적 장치의 관심 표명이 실제로 시작되었음을 암시했다. 무엇보다도 엘리너 루스벨트가 밀스의 "가장 논쟁적이지만 흥미로운 책"을 칭찬했다.[151]

《들어라 양키들아》의 강한 영향력은 미국에만 그치지 않았다. 영국 신좌파들도 쿠바에서 일어난 사건들을 관심을 가지고 지켜보았다. 쿠바혁명을 비판적으로 지지할 필요를 강조하면서, 《뉴레프트리뷰》 편집자들은 "쿠바의 모범은 비슷한 상황들의 결합이 비슷한 이해를 갖게끔 할 수 있는 라틴아메리카, 아프리카, 아시아의 나라들에게 가장 중요하게 될 것"이라고 선언했다. 영국인 기고자들 가운데 아무도 쿠바에 가 본 적이 없다는 데 주목하면서, 편집자들은 자신들이 휴버먼과 스위지, 사르트르, 또 밀스를 포함해 해외의 "가장 신뢰받는 동료 사회주의자들 중 일부"로부터 전해듣는 "간접 보도에 의존해야 한다"고 간단히 말했다.[152] 그 후 《뉴레프트리뷰》는 사울 란다우가 밀스와 함께 유럽을 여행하면서 나눈 인터뷰를 출판했다.[153] 밀스는 영국 신좌파와 쿠바혁명 사이의 유대 관계를 만들려 애썼다. 예를 들어, 그는 E. P. 톰슨을 오리엔테대학 객원교수로 고용하도록 쿠바 정부를 설득하려 애썼지만 실패했다.[154] 죽기 전, 밀스는 또한 쿠바에 관한 한 프로젝트와 관련해서 영국 신좌파인 로빈 블랙번과도 협력했다.[155]

《들어라 양키들아》는 라틴아메리카에서도 중요한 영향을 미쳤다. 책이 미국에서 출판되고 곧바로 에스파냐어판이 출판되었다. 출판사는 아르헨티나의 급진주의자 아르놀도 오르필라 레이날이 사장으로 있는 멕시코의 영향력 있는 좌파 출판사인 '폰도 데 쿨트라 에코노미카'(Fondo de Cultura Economica)였다.[156] 푸엔테스는 밀스가 이 출판사를 찾는 데 중요한 역할을 했는데, 밀스는 이 출판사가 책을 서점뿐 아니라 철도역에도 배포하기를 희망했다.[157] 미국 신문이 밀스의 책을 비판하자, 라틴아메리카의 좌파 지식인들은 재빨리 책을 옹호하고 나섰다. 그런 라틴아메리카의 지식인들에게, 이전에 영국 신좌파들에게 그랬듯이 밀스는 다시 각성된 미국 급진주의의 상징이 되었다. 미국 사회 내부에는 미국의 지배보다도 지구의 반구(半球)에서의 민주주의와 사회 정의를 지지하는 요소들이 더 크게 존재함을 그의 실례는 암시했다. 예를 들어, 푸엔테스는 "우리의 해방 운동을 지지할 수 있는, 미국 내의 민주적 의견의 중추적 핵심들"과의 동맹을 기대했다.[158] 나중에 그는 자신의 소설 《아르테미오 크루즈의 죽음》(The Death of

Artemio Cruz)을 '미국 국민의 참된 대표자' 밀스에게 헌정했다.[159] 쿠바 안에서도 밀스의 책은 쿠바혁명에 대한 정확한 묘사라고 환영을 받았다.

1960년 12월, 책의 영향력 때문에 NBC 텔레비전 쇼 〈국가의 장래〉(The Nations's Future)에 출현해 케네디 행정부 대변인 아돌프 벌리와 토론하도록 초대받았지만, 불행히도 밀스가 프로그램 전날 밤 심장마비를 일으켜 약속을 취소해야 했다.[160] 그 일 이후, 1961년에는 여행도 하고 몇몇 다른 프로젝트를 진척시키면서 《마르크스주의자들》을 완성할 수 있었지만, 이전의 활력을 완전히 회복하지는 못했다. 그는 1962년 봄, 뒤이어 일어난 심장마비로 세상을 떠났다. 결국 밀스는 자신이 그토록 돋보이게 공헌한 국제적 신좌파의 발전을 살아생전에 보지 못했다. 그럼에도 밀스의 저작들과 모범은 특히 미국을 비롯해 유럽과 라틴아메리카 신좌파들에게 영향을 끼쳤는데, 그들은 밀스의 유산을 널리 보급하는 데 앞장섰다.

C. 라이트 밀스가 남긴 것

1962년 3월 20일 마흔다섯 나이에 밀스는 뉴욕 웨스트나이액 자택에서 심장마비로 사망했다. 추도식은 25년이라는 지적 편력에서 고인이 여행한 거리를 말해 주었다. 컬럼비아대학에서 거행된 추도식에서 추도사를 낭독하기 위해 위스콘신에서 한스 거스가 달려왔고, 한때 밀스의 급진주의에 중요한 영향을 끼쳤지만 그 무렵 밀스의 공격 표적이 된 대니얼 벨도 함께 왔다. 컬럼비아대학의 거물 사회학자인 머턴과 라자스펠트는 이상하게도 나란히 불참했다.[1] 종파를 초월한 미국 평화주의 친우봉사회(Fellowship of Reconciliation)에서 열린 퀘이커교도 의식은 말년의 밀스와 국제 평화운동의 눈에 띄는 관계를 반영하고 있었다. 쿠바의 피델 카스트로 의장은 그를 잊지 않고 화환을 보냈다.[2]

밀스의 때 이른 죽음은 미국의 사회사상과 좌파 모두에게 크나큰 손실이었다. 역설적이게도 1960년대에 밀스의 영향력은 크게 높아졌는데, 그의 요절이 낭만적 이미지를 더해 주었기 때문만은 아니었다. 1962년에 세상을 떠난 덕분에 어쩌면 밀스가 젠더와 인종 문제를 무시한 것에 다소 용서받았는지도 모른다. 밀스는 생이 끝날 무렵 비로소 미국 흑인의 평등을 지지하는 목소리를 내기 시작했다. 더 오래 살았다면 인종 불평등을 더 진지하게 다루었을까? 마찬가지로, 강인한 독립 지식인으로서 자신의 사내 기질에 도전했을지도 모르는 제2의 물결(second-wave)인 여성해방 운동에 밀스가 응답했을까?[3] 또 나중에 나타난 신좌파의 경향들, 특히 반문화(counterculture) 양식과 투쟁 전술을 신좌파가 받아들인 것에 어떻게 반응했을까? 나아가 1968년 학생들의 컬럼비아대학 점거를 어떻게 판단했을까? 대학 관료주의에 맞선 칭찬할 만한 공격인가, 아니면 사리에 맞고 민주적인 고뇌의 토대를 침식하는 전술인가?

이런 물음에 대한 그 어떤 답변도 순전히 추론일 수밖에 없다. 그럼에도 밀스가 1960년대 급진 정치의 상이한 비전들을 옹호하는 매력적인 아이콘으로 살아남은 것은, 불화를 일으킬 게 뻔한 그러한 문제들에 조금도 머뭇거리지 않고 뛰어들었기 때문이다.

급작스런 죽음에도 불구하고, 밀스가 없는 미국의 사회학이나 좌파의 발전을 상상하는 일은 사실상 불가능하다. 《사회학적 상상력》초고에서, 그는 "남들, 특히 이제 막 독립적인 일을 시작한 좀 더 젊은 친구들이 설정하는 적절하고 긴박한 과업과 방법을 보고 싶다. 실제로 나는 주로 그들을 위해서 글을 쓴다"고 썼다.[4] 밀스는 그 어떤 학파도 형성하지 않았고 제자 하나 없었지만, 스스로 희망했듯이 《사회학적 상상력》을 비롯한 저작들은 사회과학 학계에 엄청난 영향을 끼쳤다. 1960년대에 훈련을 받은 수많은 학자들은 텔컷 파슨스의 사회이론과 연구소 중심의 사회 연구에 반대했다. 사회과학의 가능성에 대한 인식을 확대시켜 준 밀스의 사회학적 상상력에 고무된 것이다. 그 결과 사회과학의 정체성에 관해 조금은 분열되고 혼란스러웠지만, 생애를 통틀어 추구한 문제와 관심사에 훨씬 더 열린 사회학이 되었다. 1960~1970년대에, 사회학자들은 밀스의 사후 그를 원래 출발점이었던 학문적 환경 속으로 다시 통합시켰다. 1964년에 시작해 오늘날까지 변함없이, '사회문제연구회'(Society for the Study of Social Problems)는 밀스의 사회학적 전망을 실증하는 책에 'C. 라이트 밀스 상'을 수여해 왔다.

사회과학 학계에 대한 밀스의 변함없는 영향력은 어빙 호로비츠가 1964년에 엮은 논문집《새로운 사회학: C. 라이트 밀스에게 헌정하는 사회과학과 사회이론 논문들》(The New Sociology: Essays in Social Science and Social Theory in Honor of C. Wright Mills)에서 분명하게 드러났다. 호로비츠는 사실 1960년에 그 책을 쓰자고 밀스에게 제안한 바 있다. 자신의 문학적 대리인에게 설명한 것처럼 밀스가 그 일에 관심이 없는 것은 아니었다. "이런 종류의 일을 하기에는 너무 어리다"고 생각했지만, "물론 나는 직업적 사회학자들과 싸우고 있다.《사회학적 상상력》은 그들 대부분을 미치게 했지만 젊은 학자들을 기쁘게 했다. 어쩌면 그들을 확고하게 하는 것은 좋은 생각일 것이다"라고 말했다.[5] "사회과학을 공부하는 미국의 대학원생들에게" 헌정된《새로운 사회학》에는 토머스 보토모어, 에리히 프롬, 앨빈 굴드너, 앤드루 해커, 랠프 밀리밴드를 비롯해 미국과 영국, 라틴아메리카의 사회과학자들이 쓴 논문 28편이 실렸다.[6] 전반적으로 그 논문들은 밀스의 유산을 평가했고, 또 당대의 중요한 도덕적·정치적 문제에 직접 맞서 공공 사회학을 만들려는 새로운 노력을 대표했다. 호로비츠는 권두 논문에서 사회과학을 위해 '밀스의 정신'을 다시 요구했고, 또 새로운 사회학을 향한 변화가 이미 진행 중이라고 넌지시 말했다. "끝없이 빗발치는 비판은 밀스 스스로를 '고독한 늑대'라고 생각하게 했다. 하지만 홀로 고립되어 있다는 밀스의 낭만적인 생각은 잘못이었다. 모든 진정한 운동이나 사회과학 방법은 수많은 사람을 초대하는 법이다. 그리고 사회학의 새로운 전환은 본질적으로 범위가 넓기 때문에, 모든 인문학 분야의 수많은 학자들이 밀스의 책에 매혹되어 왔다"고 썼다.[7] 호로비츠는 "사회과학이 사회적 책임과 결합될 때, 밀스의 유산은 실현될 것"이라고 결론을 내렸다.[8]

1964년에 출판된 또 다른 책《급진적 유목민: C. 라이트 밀스와 그의 시대에 관한 논문들》(Radical Nomad: Essays on C. Wright Mills and His Times)은 밀스의 유산을 다른 측면에서 조명했다. 젊은 신좌파들 가운데 손에 꼽을 만한 지도자인 톰 헤이든의 석사 학위논문《급진적 유목민》은 밀스의 급진적인 진실의 정치가 젊은 세대에게 공감을 얻었음을 입증했다. 무엇보다 밀스는 1960년대의 급진주의자들에게 끼친 영향력으로 가장 잘 알려지게 되었다. 1966년, "몇몇 멋진 운동가들에게는 'C. 라이트'라는 이름이 붙여졌다"는 사실에 주목하면서, 폴 제이컵스와 솔 란다우는 "어느 한 사람이 급진주의 운동의 정신적 시조라면, 그 사람은 바로 C. 라이트 밀스"라고 썼다.[9]

또 미국 민주학생연합 지도자 톰 헤이든은 1962년의 역사적인 선언문 '포트휴런 선언' 초안을 작성했다. 남들이 무시하는 진리를 앞장서서 말하는 밀스는 헤이든에게 탁월한 선구자였다. 그는 밀스를 "위선과 사기, 왜곡, 특권, 불합리성, 전체주의를 꿰뚫어 볼 수 있는" 능력을 가진 전후의 몇 안 되는 사상가라고 생각했다.[10] 헤이든은 "사람들이 자신의 삶을 명령하고 지배하는 결정을 함께하는 참여민주주의"에 대한 헌신에서 밀스의 저작을 주목하지 않을 수 없었다고 했다.[11] 그가 밀스를 '급진적 유목민'이라고 묘사함으로써 전후 시대의 정치적 자기만족과 순응에 큰소리로 반대하는 고독한 반항자로서 밀스에 관한 신화가 널리 퍼졌다.

우리가 이 책에서 살펴보았듯이, 밀스의 생각은 헤이든이 인식한 것보다 그의 시대에 훨씬 더 많이 뿌리박고 있었다. 그러나 새로운 사회학자들이 이단자 역할을 하려는 밀스의 열망을 비판했듯이, 밀스의 생각 가운데 어떤 측면은 새로운 세대의 좌파들에게 부적합하다는 인상을 주었다. 특히 문제가 되는 것은, 냉정한 급진주의의 음침한 비관주의와 함께 밀스가 인종과 빈곤, 젠더의 문제를 다루지 않았다는 점이다. 하지만 헤이든에게 그런 문제는 "항의나 반항의 기회를 전혀" 허락하지 않는 것처럼 보였다.[12]

밀스가 1960년의 급진주의에 미친 영향력은 헤이든으로 대표되는 신좌파 백인 학생들을 뛰어넘었다. 예를 들어, 밀스의 저작을 누구보다 칭송한 사람은 미국의 흑인 지식인으로서 블랙 파워의 손꼽히는 이론가인 해럴드 크루즈였다. 《흑인 지식인의 위기》(Crisis of the Negro Intellectual)에서 크루즈는, 비록 "앵글로색슨족이고 미국 남부 사람"이었지만 밀스는 미국 사회에 대한 새로운 급진적 비판의 새로운 방법"을 제시한 탁월한 신좌파 이론가라고 평가했다.[13] 크루즈는 "미국의 문화적 장치에 담겨 있는 구조적 문제"에 대한 밀스의 분석을 격찬했고, 미국 흑인 지식인들 스스로 자율적 생각과 제도를 발전시킬 필요가 있다고 주장함으로써 그 분석을 적용했다.[14]

오늘날 사회 변화와 사회학의 공공적 관여에 대한 밀스의 급진적 야망은 실현되지 않은 채로 남아 있지만, 그의 유산은 여전히 지속될 것이다. 밀스의 탁월한 저작들은 지금도 여전히 읽을 가치가 충분하다. 《새로운 권력자들》은 조직 노동이 쇠퇴한 주요 원인을 식별해 냈다. 그런가 하면 《화이트칼라》는 사무실 책상에서 일해 본 적 있는 사람이라면 누구한테나 말을 건넨다. 《사회학적 상상력》은 사회과학의 가능성에 대한 빼어난 설명으로 남아 있다. 《파워 엘리트》는 이른바 '테러와의 전쟁' 시대에 새로운 적합성을 획득했다. 이 시대는 정치·기업·군사 지도자들 사이의 밀접한 관계나 정부 관리들이 권력을 이용하여 진실을 왜곡하는 방식을 무시하기 어렵다. 누가 봐도 밀스는 진지하게 인정해야 할 가치 있는 유산을 남긴 인물이다.

그렇다고 밀스를 반체제적 '지적 영웅'으로 묘사함으로써 그의 삶을 과장해서는 안 된다. 밀스의 사회학적·정치적 상상력에는 상당한 장점과 함께 중요한 결점도 있다. 밀스는 언젠가 "우리는 (칼 마르크스가 19세기에 쓴 글을) 고발해야 한다"고 말한 바 있다.[15] 그렇다면 이제 우리는 밀스가 20세기에 쓴 글을 고발해야 한다. 퀸틴 스키너가 말한 것처럼, 모든 지성사의 한 가지 교훈은 "우리는 스스로 우리에 관해 생각을 하는 걸 배워야 한다"는 점이다.[16] 밀스의 유산을 이어 가는 최선의 길은, 우리 시대 사회과학의 전망과 우리 시대의 좌파에 관해, 우리 자신을 생각하기 위해 그의 통찰력을 비판적으로 적용하는 일이다.

C. 라이트 밀스 연보

1916. 8. 28.	텍사스 주 와코에서 태어남
1934	댈러스공업고등학교 졸업
1937	도로시 헬런 스미스와 결혼
1939	텍사스대학(오스틴) 졸업(사회학 학사, 철학 석사)
	미국 사회학계의 양대 학술지 《미국사회학평론》과 《미국사회
	학저널》에 나란히 논문이 실림
1941	메릴랜드대학 사회학과 교수로 부임(1945년까지 재직)
1942	위스콘신대학(메디슨)에서 〈실용주의의 몇 가지 측면에 관한
	사회학적 설명〉으로 박사학위 취득
1945	뉴욕 컬비아대학 응용사회연구소로 이직
1946	컬럼비아대학 사회학과 교수로 부임
	한스 거스와 함께 막스 베버의 저작을 번역·출간함
	'노동과 민주주의를 위한 통합연구원'(IUI)에 합류
1947	이혼, 두 번째 부인 루스 하퍼와 결혼
1948	《새로운 권력자들》 출간
1949	시카고대학 초빙교수
1951	《화이트칼라》 출간

1956	《파워 엘리트》 출간
1956~1957	풀브라이트재단 지원으로 코펜하겐대학에서 강의
1957	영국의 마르크스주의 학자 랠프 밀리밴드와 동유럽 여행
1958	《제3차 세계대전의 원인》 출간
1959	《사회학적 상상력》 출간
	이혼, 세 번째 부인 야로슬라바와 결혼
1960	멕시코대학에서 강의
	쿠바를 방문하여 피델 카스트로와 인터뷰
	《들어라, 양키들아》 출간
	〈신좌파에게 보내는 편지〉를 《뉴레프트리뷰》에 발표
1962	《마르크스주의자들》 출간
1962. 3. 20	뉴욕에서 심장마비로 세상을 떠남
1963	《권력, 정치, 인민》 출간
1964	'C. 라이트 밀스 상' 제정
2016. 8. 28	C. 라이트 밀스 탄생 100주년

주석

서론 모터사이클을 탄 이단아

1. Russell Jacoby, afterword to C. Wright Mills, *White Collar* (New York: Oxford University Press, 2001), p. 365.
2. Tom Hayden, "Radical Nomad: Essays on C. Wright Mills and His Times" (Ann Arbor: Center for Co nflict Resolution, University of Michigan, 1964). 원래 헤이든의 석사 학위논문인 이 저작은 *Radical Nomad: C. Wright Mills and His Times* (Boulder, CO: Paradigm Publishers, 2006)로 출판되었다.
3. James Miller, "Democracy and the Intellectual: C. Wright Mills Reconsidered," *Salmagundi* 70-71 (1986년 봄-여름), p. 83.
4. Harvey Molotch, "Going Out," *Sociological Forum* 9 (1994년 6월), p. 231.
5. Todd Gitlin, afterword to C. Wright Mills, *The Sociological Imagination* (New York: Oxford University Press, 2000), p. 231. 오늘날까지 밀스에 관한 가장 탁월한 학문적 업적은 리처드 길럼의 연구이다. 길럼은 미출판 박사 학위논문과 일련의 논문에서 밀스의 지적·역사적 배경을 꼼꼼하고 세련되게 설명한다. 하지만 여러 장점에도 불구하고, 길럼의 저작은 이 '반항적인 변절자'의 기이한 성격이 구체화되는 방식들을 여전히 강조한다. 길럼은 밀스의 정치적 발전을 상세히 분석하지도 않고, 사회학적 배경의 중요성을 충분히 고찰하지도 않았다. Richard Gillam, "C. Wright Mills: An Intellectual Biography, 1916-1948"(스탠퍼드대학 박사 학위논문, 1972); "*White Collar* from Start to Finish," *Theory and Society* 10(1981), pp. 1-30; "C. Wright Mills and the Politics of Truth: *The Power Elite* Revisited," American Quarterly 26(Oct. 1975), pp. 461-79; "Richard Hofstadter, C. Wright Mills, and the 'Critical Ideal'," *American Scholar* 47(Winter 1977-1978), pp. 69-85; "C. Wright Mills and Lionel Trilling: 'Imagination' and the Fifties," *Gettysburg Review* 2(Autumn 1989), pp. 68-89. 이 인용은 Gillam, "C. Wright Mills: An Intellectual Biography," p. 4에서 가져왔다.
6. James Miller, *Democracy Is in the Streets: From Port Huron to the Siege of Chicago* (New York: Simon and Schuster, 1987), p. 79.
7. 남성 급진주의자들에게 인기를 끈 밀스의 특별한 매력에 관해서는, Van Gosse,

Where the Boys Are: Cuba, Cold War America, and the Making of a New Left (New York: Verso Books, 1993), pp. 176-83; Doug Rossinow, *The Politics of Authenticity: Liberalism, Christianity, and the New Left in America* (New York: Columbia University Press, 1998), pp. 297-98 참조.

8. Russell Jacoby, *The Last Intellectuals: American Culture in the Age of Academe* (New York: Basic Books, 1987). 밀스에 대한 칭송 일색인 전기적 묘사들은 그의 삶에 이의를 제기하는 설명들을 초래했다. 예를 들어, 가이 오크스와 아서 비디치는 밀스가 이전의 협력자인 한스 거스의 사상을 자신의 것으로 발전시키는 탁월한 학문적 출세 지상주의자라고 주장한다. 그러나 오크스와 비디치는 밀스의 사상보다는 개성에 일반적 초점을 유지하면서 밀스의 규범적 이미지를 뒤집는다. 따라서 그들은 우리가 밀스를 이해하는 데 조금도 도움을 주지 않는다. Guy Oakes and Arthur J. Vidich, *Collaboration, Reputation, and Ethics in American Academic Life: Hans H. Gerth and C. Wright Mills* (Urbana: University of Illinois Press, 1999) 참조.

9. 밀스의 생애에 관한 믿을 수 있는 정보와 많은 중요한 주요 문헌들은 그의 딸들이 편집한 선집에서 찾아볼 수 있다. Kathryn Mills with Pamela Mills, eds., *C. Wright Mills: Letters and Autobiographical Writings* (Berkeley: University of California Press, 2000), 이하에서는 *Letters and Autobiographical Writings*라고 줄인다. 밀스의 초기 생애에 관한 가장 훌륭한 자료는 Gillam, "C. Wright Mills: An Intellectual Biography"이다.

10. Jacoby, *The Last Intellectuals*, p. 95.

11. Rick Tilman, *C. Wright Mills: A Native Radical and His American Intellectual Roots* (University Park: Pennsylvania State University Press, 1984); Irving Louis Horowitz, *C. Wright Mills: An American Utopian* (New York: Free Press, 1983). 틸먼의 책은 밀스의 사상이 발전한 특정한 역사적 배경을 무시하기는 했지만 사상의 기원을 발견하려는 진지한 노력이 담겨 있다. 밀스에 관해 가장 일반적으로 인용되는 호로비츠의 책은 밀스와 그의 사상을 다른 사회학적 배경들 속에 쓸모 있게 가져다 놓는 한편, 그에 관해 신뢰할 수 없는 정보도 담고 있다. 호로비츠의 전기는 대부분 밀스의 죽음 직후 입수했고, 또 밀스 가족이 원치 않는데도 간직했던 문서들에 기초한다. 호로비츠는 이 자료를 포함해 자신의 논문들을 최근 펜실베이니아주립대학에 기증했는데, 일반 대중은 아직 이용할 수 없다. 밀스와 관련된 호로비츠의 날카로운 비평으로는, John Summers, "The Epigone's Embrace: Irving Louis Horowitz on C. Wright Mills," *Minnesota Review* 68 (2007년 봄), pp. 107-24 참조.

12. 러셀 제이코비는 전후 시대에 최근 이주한 가족사를 가진 유대인 지식인들이 밀스처럼 더 오랜 미국적 유산을 가진 사상가들보다 급진주의를 더 기꺼이 포기했다는 의심스러운 주장을 한다.

13. C. Wright Mills, "Letter to the New Left," *New Left Review* I (1960년 9-10월호), pp. 18-23.

14. Andrew Jamison and Ron Eyerman, *Seeds of the Sixties* (Berkeley: University of California Press, 1994), pp. 30-46; Kevin Mattson, *Intellectuals in Action: The*

Origins of the New Left and Radical Liberalism, 1945–1970 (University Park: Pennsylvania State University Press, 1994), pp. 43–96; Miller, Democracy Is in the Streets, 78–91.

15. 1940년대의 상황을 잘 보여주는 세 가지 지성과 저작은 다음과 같다. Howard Brick, Daniel Bell and the Decline of Intellectual Radicalism: Social Theory and Political Reconciliation in the 1940s (Madison: University of Wisconsin Press, 1986); Daniel Horowitz, Betty Friedan and the Making of The Feminine Mystique (Amherst: University of Massachusetts Press, 1998); Gregory Sumner, Dwight Macdonald and the politics Cir Circle (Ithaca, NY: Cornell University Press, 1996).

16. C. Wright Mills, The Sociological Imagination (New York: Oxford University Press, 1959), p. 6.

17. C. Wright Mills, The New Men of Power: America's Labor Leaders (New York: Harcourt, Brace, 1948).

18. C. Wright Mills, "Letter to the New Left."

19. C. Wright Mills, The Power Elite (New York: Oxford University Press, 1956), 8.

20. 호프스태터가 밀스에게 보낸 편지, 1958.7.3, Box 4B 400, C. Wright Mills Papers, Center for American History, University of Texas, Austin(이하 'UT'로 줄임).

21. Mills, The Sociological Imagination, p. 166.

22. 같은 책, p. 168.

23. 같은 책, p. 174.

24. Reinhold Niebuhr, The Children of Light and the Children of Darkness (New York: Scribner's, 1944); Arthur Schlesinger Jr., The Vital center: The Politics of Freedom (Boston: Houghton, Mifflin, 1949).

25. George Cotkin, Existential America (Baltimore, MD: Johns Hopkins University Press, 2003).

26. 밀스가 램버트 데이비스에게 보낸 편지, 1948. 10. 30, UT 4B 339.

27. C. Wright Mills, "The Powerless People: The Role of the Intellectual in Society," Politics I (Apr. 1944), p. 72.

28. Herbert Marcuse, One-Dimensional Man: Studies in the Ideology of Advanced Industrial Society (Boston: Beacon Press, 1964).

29. Richard Hofstadter, The American Political Tradition (New York: knopf, 1948), p. 8; Louis Hartz, The Liberal Tradition in America: An Interpretation of American Political Thought since the Revolution (New York: Harcourt, Brace, 1955).

30. George Owell, Nineteen Eighty-Four: A Novel (New York: Harcourt, Brace, 1949).

31. Thom Anderson, "Red Hollywood," in Literature and the Visual Arts in Contemporary Society, ed. Suzanne Ferguson and Barbara Groseclose (Columbus: Ohio State University Press, 1984), pp. 141–96. 앤더슨은 미국 사회

를 비관적으로 비평하는 좌파들이 만든 필름들로 구성된 1940년대의 회색 영화(film gris) 장르를 보여 준다.

32. Seymour Martin Lipset, *Political Man: The Social Bases of Politics* (New York: Doubleday, 1960), pp. . 442-43.

33. 같은 책, 441.

34. Mills, "Letter to the New Left," p. 24.

35. Mills, *White Collar*, p. 110.

36. "Educators Hits 'Era of Public Immorality,'" *Washington Post and Times Herald*, Nov. 12, 1955.

37. 전후 자유주의에 관해서는 다음의 책들을 참조. Howard Brick, *Transcending Capitalism: Visions of a New Society in Modern American Thought* (Ithaca, NY: Cornell University Press, 2006), pp. 121-218; Daniel Horowitz, *Anxieties of Affluence: Critiques of American Consumer Culture, 1939-1979* (Amherst: University of Massachusetts Press, 2004); Nelson Lichtenstein, ed., *American Capitalism: Social Thought and Political Economy in the Twentieth Century* (Philadelphia: University of Pennsylvania Press, 2006); Richard H. Pells, *The Liberal Mind in a Conservative Age: American Intellectuals in the 1940s and 1950s* (New York: Harper & Row, 1985).

38. 나는 밀스의 사상에서 사회학 분야의 특별한 중요성을 강조하고 싶다. 그러나 밀스 의 사상은 또한 다른 사회과학 분야들로부터 자라났고, 또 그 분야들과 밀접히 관련 된다. 더욱이 밀스 자신은 뚜렷한 학문적 경계를 거부하고 모든 사회과학적 탐구를 공동의 노력의 일환으로 생각했다. 따라서 《C. 라이트 밀스 평전》은 특히 사회학 역 사, 또한 전체로서의 사회과학의 역사와 관련된다.

39. 덧붙이자면, 밀스는 자신의 책 *The Causes of War Three* (New York: Oxford University Press 1958), p. 135에서 우연히 그것을 사용하면서 '공공 지식인'(public intellectual)이라는 용어를 만들어 냈다.

40. Stanley Aronowitz, "Introduction," in *C. Wright Mill*, ed. Aronowitz (London: Sage Publications, 2004), p. ix.

41. Mills, "Guggenheim Application," in *Letters and Autobiographical Writings*, 80.

42. Nathan Glazer, "The Study of Man," *Commentary* 1 (1945년 11월), p. 84.

43. Craig Calhoun and Jonathan VanAntwerpen, "Orthodoxy, Heterodoxy, and Hierarchy," in *Sociology in America*, ed. Calhoun (Chicago: University of Chicago Press, 2007), p. 381.

44. 전후 사회학에서 파슨스, 라자스펠트, 머턴이 주도한 일관된 패러다임의 주도권 을 강조하는 최근의 설명으로는, David Paul Haney, *The Americanization of Social Science: Intellectuals and Public Responsibility in the Postwar United States* (Philadelphia: Temple University Press, 2008), 또 George Steinmetz, "American Sociology Before and After World War II: The (Temporary) Settling of a Disciplinary Field," in *Sociology in America*, pp. 314-66 참조. 이 일반적 설 명에 대한 설득력 있는 문제 제기로는, Calhoun and VanAntwerpen, "Orthodoxy,

Heterodoxy, and Hierarchy" 참조.

45. Alvin W. Gouldner, *The Coming Crisis of Western Sociology* (New York: Basic Books, 1970), p. 15.

46. Michael Burawoy, "For Public Sociology," *American Sociological Review* 70 (Feb. 2005), pp. 4-28.

47. Howard Brick, "The Reformist Dimension of Talcott Parsons' Early Social Theory," in *The Culture of the Market: Historical Essays*, ed. Thomas L. Haskell and Richard F. Teichgraeber III (New York: Cambridge University Press, 1993), pp. 357-95; Howard Brick, "Talcott Parsons' 'Shift Away From Economics,' 1937-1946," *Journal of American History* 87 (2000년 9월), pp. 490-514; David Hollinger, "The Defense of Democracy and Robert K. Merton's Formulations of the Scientific Ethos," in *Science, Jews, and Secular Culture: Studies in Mid-Twentieth-Century American Intellectual History* (Princeton, NJ: Princeton University Press, 1996), pp. 80-96.

48. Mark C. Smith, "A Tale of Two Charlies: Political Science, History and Civil Reform, 1890-1940," in *Modern Political Science: Anglo-American Exchange since 1880*, ed. Robert Adcock, Mark Bevir, and Shannon C. Stimson (Princeton, NJ: Princeton University Press, 2007), p. 130에서 재인용.

49. "크게 생각하기"에 관해서는 Dan Wakefield, "Thinking It Big: A Memoir of C. Wright Mills," *Atlantic Monthly* 228 (1971년 9월), pp. 65-71 참조.

1장 야심 찬 사회과학도

1. Mattson, *Intellectuals in Action*, p. 48.

2. Mills, "Self-Images and Ambitions" (1960), in *Letters and Autobiographical Writings*, p. 304.

3. C. Wright Mills, "The Social Life of a Modern Community," *American Sociological Review* 7 (1942년 4월), p. 271.

4. 리드 베인이 밀스에게 보낸 편지, 1939. 6. 19, UT 4B p. 339.

5. Mills, 제목 없는 원고(1939. 1. 30.), UT 4B 362.

6. Joel Isaac, "Theories of Knowledge and the Human Sciences, 1920-1960" (박사 학위논문, University of Cambridge, U.K., 2005).

7. 밀스가 부모에게 쓴 편지, 1936. 10. 21, UT 4B 353.

8. Gouldner, *The Coming Crisis*, II.

9. C. Wright Mills, "The Profession Ideology of Social Pathologists," *American Journal of Sociology* 49 (1943년 9월), p. 165-80.

10. Gillam, "C. Wright Mills: An Intellectual Biography," pp. 26-27에서 재인용. 아울러 밀스의 젊은 시절에 관한 정보로는, *Letters and Autobiographical Writings*, pp. 21-34 참조.

11. "A freshman" to the Battalion, 1935.4.3, *Letters and Autobiographical Writings*, p. 31에서 재인용.
12. 같은 책, p. 32, 33.
13. 같은 책, pp. 33~34. 밀스가 언급한 교과서는 시카고학파 사회학의 고전인 Robert Park and Ernest Burgess 공저, *Introduction to the Science of Sociology*일 것 같다. Gillam, "C. Wright Mills: An Intellectual Biography," p. 41 참조.
14. Mills, "The Value Situation and the Vocabulary of Morals," UT 4B 360.
15. George Herbert Mead, *The Philosophy of the Act*, W. Morris가 John M. Brewster, Albert M. Dunham, David L. Miller와 함께 서문을 덧붙여 편집(Chicago: University of Chicago Press, 1938); "In Memoriam: David Louis Miller," www. utexas.edu/faculty/council/2000~2001/memorials/SCANNED/miller-d.pdf, 2008.8.4 접속; "In Memoriam: George V. Gentry," www.utexas.edu/faculty/ council/2000~2001/memorials/AMR/Gentry/gentry.pdf, 2008.8.4 접속. David L. Miller and George V. Gentry, *The Philosophy of A.N. Whitehead*(Minneapolis, MN: Burgess, 1938)에서, 밀러는 또한 앨프리드 노스 화이트헤드에 대한 실용주의적 비판을 위해 젠트리와 협력했다.
16. 밀스가 'Sanders'에게 보낸 편지, 1940. 11. 16, UT 4B 339. 이제부터는 편지, 초고, 기타 비공식 문서의 인용문들은 오류나 변형된 철자에 대한 설명 없이 원문대로 인용한다.
17. C. Wright Mills, "Reflection, Behavior, and Culture" (석사 논문, University of Texas at Austin, 1939), p. 21. 실용주의가 밀스에게 미친 전반적 영향을 다룬 책들로는, Tilman, *C, Wright Mills*, Cornell West 공저, *The American Evasion of Philosophy: A Genealogy of Pragmatism* (Madison: University of Wisconsin Press, 1989), pp. 124~38 참조.
18. Darnell Rucker, *The Chicago Pragmatists* (Minneapolis: University of Minnesota Press, 1969). 철학의 전문화에 관해서는, Bruce Kuklick, *The Rise of American Philosophy* (New Heaven, CT: Yale University Press, 1977), pp. 451~572 참조.
19. "형식주의에 대한 반항"에 관해서는, Morton White, *Social Thought in America: The Revolt Against Formalism* (Boston: Beacon, 1947) 참조. 아울러, James Kloppenberg, *Uncertain Victory: Social Democracy and Progressivism* (New York: Oxford University Press, 1986); David Hollinger, "The Problem of Pragmatism in American History," in In *the American Province* (Baltimore, MD: Johns Hopkins University Press, 1985), pp. 23~43 참조. 실용주의 학문 개념에 신세지고 있음을 강조하는 밀스의 사회과학 방법론에 대한 유용한 해석으로는, Robert Paul Jones, "The Fixing of Social Belief: The Sociology of C. Wright Mills" (미주리대학 박사 학위논문, 1977) 참조. 밀스는 일생 동안 사회과학에 대해 시종일관 실용주의적 접근법을 보여 주었다고 잘못된 주장을 하지만, 밀스의 방법론에 대한 존스의 통찰력 있는 연구는 다른 논평자들이 거의 주목하지 않은 밀스의 사상에서 중요한 요소들을 강조한다.
20. Mills, "Reflection, Behavior, and Culture," p. 13.

21. Mills, *The Sociological Imagination*, p. 25-49.
22. 밀스의 세미나 '과학적 방법'(Sci. Method)을 위해 쓴 논문 "Science of Religion"에서 '기독교적 사회학'에 관한 밀스의 공격 참조. UT 4B 336 참조.
23. Mills, "The Value Situation and the Vocabulary of Morals."
24. Mills, "Concerning the So-Called Integration of the Self," 1937년 4월 25일자 논문, UT 4B 337.
25. Mills, "The Value Situation and the Vocabulary of Morals."
26. Mills, "Reflection, Behavior, and Culture," p. 21.
27. "In Memoriam: Warner Ensign Gettys," www.utexas.edu/faculty/council/2000-2001/memorials/SCANNED/gettys.pdf, 2006.8.4 접속.
28. 밀스가 부모에게 보낸 편지, 1935. 9. 29, UT 4B 353; 밀스가 부모에게 보낸 편지, 날짜 없음(금요일 정오), UT 4B 353; 밀스가 부모에게 보낸 편지, 1937. 3. 3, UT 4B 353.
29. Warner Gettys, *review of Structure of Social Action*, by Talcott Parsons, Social Forces 17 (1939년 3월), p. 425.
30. Warner Gettys, "Human Ecology and Social Theory," *Social Forces* 18 (May 1940), pp. 469-76.
31. Martin Bulmer, *The Chicago School: Institutionalization, Diversity, and the Rise of Sociological Research* (Chicago: University of Chicago Press, 1984).
32. Andrew Abbott, *Department and the Discipline: Chicago Sociology at One Hundred* (Chicago: University of Chicago Press, 1999), pp. 196-97.
33. Mills, "Reflection, Behavior, and Culture," 76. W.I. Thomas and Florian Znaniecki, *The Polish Peasant in Europe and America* (Chicago: University of Chicago Press, 1918-1920).
34. 아이레스가 Charner Perry에게 보낸 편지, 1939. 3. 2, Box 3F 291, Clarence Ayres Papers, Center for American History, University of Texas at Austin.
35. William Breit and William Patton Culbertson Jr., "Clarence Edwin Ayres: An Intellectual's Portrait," in *Science and Ceremony: The Institutional Economics of C.E. Ayres*, ed. Breit and Culbertson (Austin: University of Texas Press, 1976), pp. 3-22. www.utexas.edu/faculty/council/2000-2001/memorials/SCANNED/ayres.pdf, 2006.6.26 접속.
36. Michael A. Bernstein, *A Perilous Progress: Economists and Public Purpose in Twentieth-Century America* (Princeton, NJ: Princeton University of Press, 2001), pp. 44-48; Dorothy Ross, *The Origins of American Social Science* (New York: Cambridge University Press, 1991), pp. 414-20.
37. Mills, "Science and Society," 1938. UT 4B 362. 이 논문은 어느 정도 심사위원인 밀러에 대한 공격이었다. 밀러는 대학 신문에 실린 논문에서 "현대 과학은 악을 정면으로 보지만 그것을 골치 아파한다"("The Professor Speak," *Daily Texan*, 1937.7.2)고 자신만만하게 단언했는데, 밀스는 이 논문에 이의를 제기했다.
38. Mills, "Reflection, Behavior, and Culture," p. 114.
39. C. Wright Mills, "Language, Logic, and Culture," *American Sociological Review* 4

(Oct. 1939), p. 670.

40. 같은 글, p. 675.

41. 같은 글, p. 677.

42. Kenneth Burke, *Permanence and Change: An Anatomy of Purpose* (New York: New Republic, 1935); Grace de Laguna, *Speech: Its Function and Development* (New Heaven, CT: Yale University Press, 1927); Charles W. Morris, *Foundations of the Theory of Signs* (Chicago: University of Chicago Press, 1938); Edward Sapir, *Language: An Introduction to the Study of Speech* (New York: Harcourt, Brace, 1921).

43. Mills, "Language, Logic, and Culture," p. 680 n.

44. 같은 글, p. 671.

45. 같은 글, p. 677.

46. *Letters and Autobiographical Writings*, p. 39.

47. Robert Bannister, *Sociology and Scientism: the American Quest for Objectivity, 1880-1940* (Chapel Hill: University of North Carolina Press, 1987), p. 255.

48. 같은 책, 188-238; Norbert Wiley, "The Rise and Fall of Dominating Theories in American Sociology," in *Contemporary Issues in Theory and Research*, ed. William E. Snizek, Ellsworth R. Fuhrman, and Michael K. Miller (Westport, CT: Greenwood, 1979), 57-63; Henrika Kuklick, "'A Scientific Revolution': Sociological Theory in the United States, 1930-1945," *Sociological Inquiry* 43 (1973), pp. 3-22. 사회학이 1930년 후반에 토머스 쿤의 '패러다임 전환'을 겪었다는 쿠크리크의 주장은 그 전환을 너무 일찍 기능주의의 탁월한 우세함 쪽으로 가져다 놓았을 뿐만 아니라 자연과학 연구에서 가져온 이론을 사회과학에 적용하는 것의 위험도 예증하는데, 사회과학에서는 학문적 합의를 보기가 훨씬 더 어렵다.

49. Talcott Parsons, "The Role of Theory in Social Research," *American Sociological Review* 3 (Feb. 1938), p. 14.

50. Hans Gerth, "Howard Becker, 1899-1960," *American Sociological Review* 25 (Oct. 1960), pp. 748-49.

51. Bannister, *Sociology and Scientism*, pp. 219-20에서 재인용.

52. Don Martindale, *The Monologue: Hans Gerth (1908-1976), a Memoir* (Ghaziabad, India: Intercontinental Press, 1982), p. 156.

53. 'Bob'이 밀스에게 보낸 편지, 날짜 없음(1940년 12월 쯤); 밀스가 'Bob'에게 보낸 편지, 월요일 정오, UT 4B 339.

54. Mills, "Sociological Methods and Philosophies of Science," UT 4B 362; Howard Becker, "The Limits of Sociological Positivism," *Journal of Sociological Philosophy* (July 1941), pp. 362-69.

55. George Lundberg, *Foundations of Sociology* (New York: Macmillan, 1939).

56. Mills, "Sociological Methods and Philosophies of Science." 베커는 자신의 논문에서 이 문장을 인용했는데, 이것은 밀스의 논문에 대한 유일한 언급이다.

57. 같은 책.

58. 블루머가 밀스에게 보낸 편지, 1939. 11. 11, UT 4B 339; 블루머가 밀스에게 보낸 편지, 1940. 11. 19, UT 4B 339.

59. Mills, "The Language and Ideas of Ancient China," 1940년에 쓴 미출판 대학원 논문. Irving Louis Horowitz, ed., *Power, Politics, and People: The Collected Essays of C. Wright Mills* (New York: Oxford University Press, 1963), p. 463에서 재판됨.

60. Talcott Parsons, *The Structure of Social Action* (New York: McGraw-Hill, 1937); Charles Camic, "Structure After 50 Years: The Anatomy of a Charter," *American Journal of Sociology* 95 (1989년 7월), pp. 38-107.

61. Brick, "The Reformist Dimension of Talcott Parsons' Early Social Theory."

62. Camic, "Structure After 50 Years," p. 44에서 재인용.

63. Howard Brick, "Society," in *Encyclopaedia of the United States in the Twentieth Century*, vol. 2, ed. Stanley Kutler, Robert Dallek, David Hollinger, and Thomas McGraw (New York: Charles Scribner's Sons, 1996), pp. 917-39.

64. Howard Becker, "Introduction," in Leopold von Weise, *Systematic Sociology* (New York: John Wiley, 1932), p. viii.

65. Parsons, *The Structure of Social Action*, p. 774.

66. Camic, "Structure After 50 Years."

67. Mills, "A Note on the Classification of the Social-Pathological Sciences," UT 4B 339. *American Journal of Sociology*와 *Social Forces*는 밀스의 원고 출판을 거절했다.

68. 같은 글.

69. Mills가 "My Dear Friend"에게 보낸 편지, 1941. 2. 25, UT 4B 377.

70. 미국이 만하임을 환영하여 받아들인 것에 관해, 나는 David Kettler and Volker Meja, *Karl Mannheim and the Crisis of Liberalism: The Secret of These New Times* (New Brunswick, NJ: Transaction, 1995), pp. 193-245을 참고했다. 그것은 탁월한 설명이기는 해도 이 논쟁에서의 밀스의 역할을 언급하지 않는다. 한 특정한 독일 지식인 집단이 《이데올로기와 유토피아》를 환영하여 받아들인 것에 관해 더 알고 싶으면, Martin Jay, "The Frankfurt School's Critique of Karl Mannheim and the Sociology of Knowledge," in *Permanent Exiles: Essays on the Intellectual Migration from Germany to America* (New York: Oxford University Press, 1986), pp. 62-78 참조. 미국에서 《이데올로기와 유토피아》는 독일에서 벌어진 것과 같은 종류의 만하임의 저작의 정치적 함축에 대한 광범위한 논쟁을 불러일으키지는 않았다. 독일에서는 논쟁이 지식사회학과 마르크스주의의 관계에 집중되었다.

71. Karl Mannheim, *Ideology and Utopia*, Louis와 Edward Shils 공역 (New York: Harcourt, Brace, 1936), p. 57.

72. 같은 책, p. 80.

73. 같은 책, p. 154.

74. Volker Meja and Nico Stehr, "Introduction" in *The Sociology of Knowledge*, 1:xiv-xvi를 보라. 계몽주의 사상을 재건하려는 만하임의 시도에 관해서는, H. Stuart

Hughes, *Consciousness and Society: The Reconstruction of European Social Thought, 1890-1930* (New York: Knopf, 1958), pp. 418-27 참조.

75. Hans Spier, "The Social Determination of Ideas," *Social Research* 5 (May 1938), pp. 182–205.

76. Alexander von Schelting, review of *Ideologie und Utopie*, by Karl Mannheim, *American Sociological Review* 1 (Aug. 1936), p. 674.

77. Talcott Parsons, review of *Max Webers Wissenschaftslehre*, by Alexander von Schelting, *American Sociological Review* 1 (Aug. 1936), p. 680.

78. 같은 글, p. 681.

79. 나중에 밀스가 대학원 공부를 하는 동안, 거스는 그에게 중대한 영향을 끼치게 된다. 그러나 밀스가 만하임에 대한 자신의 해석을 이미 발전시킨 후인 1940년이 되어서야 거스는 위스콘신에 왔다.

80. C. Wright Mills, "The Methodological Consequences of the Sociology of Knowledge," *American Journal of Sociology* 46 (1940년 11월), p. 319.

81. 밀스가 머턴에게 보낸 편지, 1940. 11. 12, UT 4B 339.

82. Mills, "Methodological Consequences," p. 324.

83. 같은 글, p. 318.

84. Thomas Kuhn, *The Structure of Scientific Revolutions* (Chicago: University of Chicago Press, 1962).

85. Mills, "Methodological Consequences," p. 320.

86. Robert K. Merton, "A Life of Learning," ACLS Occasional Paper No. 25 (New York, 1994).

87. Robert Merton, "The Sociology of Knowledge," Isis 27 (1937년 11월), pp. 493–503, 그리고 "Karl Mannheim's Sociology of Knowledge," *Journal of Liberal Religion* (1941년 겨울), p. 125-47.

88. 머턴이 밀스에게 보낸 편지, 1940. 1. 8, UT 4B 339.

89. Merton, "Karl Mannheim's Sociology of Knowledge"; 머턴이 밀스에게 보낸 편지, 1940. 4. 16, UT 4B 339.

90. 머턴이 밀스에게 보낸 편지, 1940. 11. 6, UT 4B 339.

91. 밀스가 머턴에게 보낸 편지, 1941. 2. 15, UT 4B 339.

92. 머턴이 밀스에게 보낸 편지, 1941. 4. 5, UT 4B 339.

93. C. Wright Mills, review of *Ideas Are Weapons*, by Max Lerner, *Journal of Social Philosophy* 6 (1940년 10월), p. 93.

94. 밀스가 "My Dear Friend"에게 보낸 편지, 1941. 2. 25, UT 4B 337.

95. Mills, "박사 논문 개요," UT 4B 361.

96. Becker, "Memorandum to C. Wright Mills," UT 4B 360.

97. C. Wright Mills, "A Sociological Account of Some Aspects of Pragmatism" (철학박사 논문, University of Wisconsin, 1942), p. 414.

98. 같은 글.

99. Mills, "Methodological Consequences," p. 330.

100. Alvin Gouldner, *The Coming Crisis*, p. 499; Pierre Bourdieu and Loic J.D. Wacquant, *Invitation to Reflexive Sociology* (Chicago: University of Chicago Press, 1992). 부르디외의 성찰적 사회학은 중요한 점들에서 굴드너의 성찰적 사회학과 다르다. 굴드너는 개별적 사회과학자의 도덕적 책임에 초점을 맞추는 반면, 부르디외는 사회적 세계를 객관화·구체화함에 있어서 사회과학의 기본 전제들이 통찰력을 구축하는 방식에 대한 더 광범위한 탐구를 떠맡는다. 나중에 밀스가 《사회학적 상상력》에서 사회학자의 도덕적·정치적 책임을 강조하는 것은 굴드너의 입장에 가깝다. 그러나 〈지식사회학의 방법론적 결과들〉에서 "사회과학의 상세한 자기 위치 설정"을 밀스가 요구한 것은 어쩌면 부르디외에 더 가까움을 짐작케 한다.

101. Mills, "The Professional Ideology of Social Pathologists," p. 167.

102. 같은 글, p. 179.

103. 같은 글, p. 166.

104. 같은 글, p. 170.

105. 같은 글, p. 168 n.

106. 같은 글, p. 165.

107. Robert Merton, "Social Structure and Anomie," *American Sociological Review* 3, pp. 672–82.

108. 이 점에 관해서는, Eli Zaretsky, "Editor's Introduction," in *The Polish Peasant in Europe and America*, ed. William I. Thomas and Florian Znaniecki (Urbana: University of Illinois Press, 1984), pp. 1–53 참조.

109. Mills, "Methodological Consequences: Three Problems for Pathologists," UT 4B 360.

110. 같은 글.

111. 같은 글.

112. 같은 글.

113. Kloppenberg, *Uncertain Victory*.

114. Robert Westbrook, *John Dewey and American Democracy* (Ithaca, NY: Cornell University Press, 1991).

115. Mills, "Syllabus: Contemporary Social Problems," UT 4B 353.

116. John Dewey, *The Public and Its Problems* (New York: H. Holt and Company, 1927), p. 180.

117. Hans Joas, "Pragmatism in American Sociology" in *Pragmatism and Social Theory* (Chicago: University of Chicago Press, 1993), pp. 25–26.

118. Mills, "Three Problems."

2장 지금, 세상에서 벌어지고 있는 일들

1. 밀스가 드와이트 맥도널드에게 보낸 편지, 1942.2.6, Box 34, Folder 855, Dwight Macdonald Papers, Yale University Library.

2. Mills, "On Who I Might Be and How I Got That Way" (1957년 가을), in *Letters and Autobiographical Writings*, p. 251.

3. Mills, "A Sociological Account of Some Aspects of Pragmatism," p. 412.

4. 같은 글, p. 393.

5. 같은 글, p. 359.

6. 같은 글, p. 372.

7. 같은 글 p. 309.

8. 같은 글, pp. 348-49.

9. Nobuko Gerth, *"Between Two Worlds": Hans Gerth, Eine Biografie, Jahrbuch für Soziologiegeschichte* (1999-2000), p. 33에서 재인용.

10. Joseph Bensman, "Hans Gerth's Contribution to American Sociology," in *Politics, Character, and Culture: Perspectives from Hans Gerth*, ed. Bensman, Arthur J. Vidich, and Nobuko Gerth (Westport, CT: Greenwood Press, 1982), pp. 221-74; Hans Gerth, "As in the book of fairy tales: all alone ⋯⋯" (제프리 허프와의 대화), in *Politics, Character, and Culture*, pp. 14-19; Hans Gerth Curriculum Vitae, University Archives, University of Wisconsin at Madison; Nobuko Gerth, *"Between Two Worlds"*; Martindale, *The Monologue*.

11. Hans Gerth, "Public Opinion and Propaganda," in *Politics, Character, and Culture*, 60-71 참조; 프랑크푸르트학파에 관해서는, Martin Jay, *The Dialectical Imagination: A History of the Frankfurt School and the Institute of Social Research, 1923-1950* (Berkeley: University of California Press, 1973) 참조.

12. Lewis Coser, *Refugee Scholars in America: Their Experiences and Their Impact* (New Heaven, CT: Yale University Press, 1984), p. xi.

13. Oakes and Vidich, *Collaboration, Reputation, and Ethics*.

14. Mills, "Guggenheim Application," in *Letters and Autobiographical Writings*, p. 79.

15. 밀스가 거스에게 보낸 편지, 날짜 없음(아마 1942년 초), 저자 소유 편지; W. Lloyd Warner and Paul S. Lunt, *The Social Life of a Modern Community* (Westport, CT.: Greenwood Press, 1941).

16. Mills, "The Social Life of a Modern Community," p. 266.

17. 같은 글, p. 264.

18. "Emandation and Augmentation of Outlining Done in Madison by Gerth & Mills, August 18-19, 1941," UT 4B 338; Karl Mannheim, review of *Methods in Social Science*, ed. Stuart Rice, *American Journal of Sociology* 38 (1932년 9월), p. 281.

19. Gerth and Mills, "Preface," (1942년 8월 쓰고 1943년 10월 수정), UT 4B 339.

20. Talcott Parsons, "Max Weber and the Contemporary Political Crisis," *Review of Politics* 4 (1942), pp. 61-76, 155-72; Parsons, "Some Sociological Aspects of the Fascist Movements," *Social Forces* 21 (1942), pp. 138-47. 파시즘의 기원에 관한 파슨스의 분석은 거스의 분석과 비슷했는데, 거스도 나치 사회가 관료 정치의 특징과 카리스마적 특징을 결합시켰음을 강조했다. Hans Gerth, "The Nazi Society: Its Leadership and Composition," *American Journal of Sociology* 45 (1940년 6월),

pp. 517-41 참조. 파슨스는 독일 파시즘에 관한 논문들에서 독일의 특정한 역사적 상황에 주의를 기울였는데, 이것은 밀스가 나중에 《사회학적 상상력》에서 파슨스의 일반화된 이론적 분석은 너무 추상적이라고 그에게 퍼부을 비난에 덜 취약하게 만들었다.

21. Ellen Herman, *The Romance of American Psychology: Political Culture in the Age of Experts* (Berkeley: University of California Press, 1995), pp. 17-81.

22. Robert Merton, *Social Theory and Social Structure* (Glencoe, IL: Free Press, 1949)). 덧붙여 말하면, 머턴은 《개성과 사회구조》를 칭찬하는 서문을 썼다.

23. 밀스가 엘리세오에게 보낸 편지, 1943. 12. 18, UT 4B 363.

24. Hans Gerth and C. Wright Mills, *Character and Social Structure: The Psychology of Social Institutions* (New York: Harcourt, Brace, 1953), 193. 이 권력 개념을 형성함에 있어서, 정치를 "누가 무엇을, 언제, 어떻게 얻느냐"의 문제로 정의한 해럴드 라스웰의 정의에서 반영되었듯이, 밀스도 양차 대전 사이의 미국 정치학의 현실주의 전통의 영향을 받았다. Harold Lasswell, *Politics: Who Gets What, When, How* (New York: McGraw-Hill, 1936) 참조. 밀스는 이 책의 자세한 각주들을 인용했고, 또 1940년대 초반에 라스웰와 편지를 주고받았다.

25. Daniel Kelly, *James Burnham and the Struggle for the World: A Life* (Wilmington, DE: ISI Books, 2001), 97. 아울러, James Burnham, *The Managerial Society: What is Happening in the World* (New York: John Day, 1941) 참조.

26. H.H. Gerth and C. Wright Mills, "A Marx for the Managers," *Ethics* 52 (Jan. 1942), p. 203.

27. 같은 글, p. 205.

28. Gerth and Mills, "Emendation and Augmentation of Outlining."

29. Gerth and Mills, "A Marx for the Managers," p. 212.

30. 같은 글, p. 210.

31. 같은 글, p. 201.

32. 맥도널드가 밀스에게 보낸 편지, 1942. 2. 26, Box 34, Folder 855, Dwight Macdonald Papers, Yale University Library.

33. Michael Wreszin, *A Rebel in Defense of Tradition: The Life and Politics of Dwight Macdonald* (New York: Basic, 1994).

34. 밀스가 벨에게 보낸 편지, 1942. 8. 10, UT 4B 360.

35. 밀스가 거스에게 보낸 편지, 1943. 3. 2, 저자 소유의 편지.

36. Susan Stout Baker, *Radical Beginnings: Richard Hofstadter and the 1930s* (Westport, CT: Greenwood Press, 1985), p. 176에서 재인용.

37. 거스가 밀스에게 보낸 편지, 1942년이나 1943년으로 추정, 저자 소유의 편지.

38. Mills, "Guggenheim Application," in *Letters and Autobiographical Writings*, 80.

39. Job L. Dittberner, *The End of Ideology and American Social Thought: 1930-1960* (Ann Arbor, MI: UMI Research Press, 1979), p. 314.

40. 머턴이 밀스에게 보낸 편지, 1943. 1. 29, UT 4B 363.

41. 린드가 밀스에게 보낸 편지, 1943. 1. 20, UT 4B 363.

42. 밀스가 맥도널드에게 보낸 편지, 1942. 10. 21, Box 34, Folder 855, Dwight

Macdonald Papers, Yale University Library; Mills to Alinsky (1943년 말이나 1944년 초로 추정), in *Letters and Autobiographical Writings*, p. 61.

43. Mills, "Locating the Enemy," *Partisan Review* 9 (Sept.-Oct. 1942), pp. 432.

44. H. Stuart Hughes, "Franz Neumann: Between Marxism and Liberal Demo-cracy," Donald Fleming and Bernard Bailyn, eds. *The Intellectual Migration: Europe and America, 1930-1960* (Cambridge: Harvard University Press, 1969), pp. 446-62; Frans Neumann, "The Social Sciences," in Neumann 외, *The Cultural Migration* (Philadelphia: University of Pennsylvania Press, 1953), pp. 4-26.

45. Mills, "Locating the Enemy," p. 432.

46. Frans Neumann, *Behemoth: The Structure and Practice of National Socialism, 1943-1942* (New York: Oxford University Press, 1942), p. vii.

47. Mills, "Locating the Enemy," p. 432.

48. 같은 글.

49. 뉴욕 지식인에 관한 방대한 학문적 연구가 있다. 가장 훌륭한 연구 가운데 둘은 Terry Cooney, *The Rise of the New York Intellectuals: Partisan Review and Its Circle* (Madison: University of Wisconsin Press, 1986); 그리고 Alan Wald, *The New York Intellectuals: The Rise and Decline of the Anti-Stalinist Left from the 1930s to the 1980s* (Chapel Hill: University of North Carolina Press, 1987)이다.

50. Mills, "For 'Ought'," 1953. 9. 19, UT 4B 390.

51. Wald, *The New York Intellectuals*, pp. 263-310, 344-65; Christopher Phelps, *Young Sidney Hook: Marxist and Pragmatist* (Ithaca, NY: Cornell University Press, 1997), pp. 198-243 참조.

52. 밀스는 이 시기 동안 자신을 이따금 "사회주의자"라고 불렀다. 그러나 그는 일반적으로 "급진주의자"라는 용어를 더 좋아했다.

53. 밀스가 앨린스키에게 보낸 편지, 1943. 12. 18, UT 4B 363.

54. 밀스가 맥도널드에게 보낸 편지, 1943.10.10, in *Letters and Autobiographical Writings*, p. 52.

55. C. Wright Mills, "Pragmatism, Politics, and Religion," *New Leader*, 1942년 8월, 2.

56. Gillam, "C. Wright Mills: An Intellectual Biography," pp. 167-68.

57. 밀스가 Frances와 Charles Grover Mills에게 보낸 편지, (1945년 3월로 추정), in *Letters and Autobiographical Writings*, p. 89.

58. S.A. Longstaff, "Partisan Review and the Second World War," *Salmagundi* 43 (1979년 겨울), pp. 108-129.

59. Gary Gerstle, "The Protean Character of American Liberalism," *American Historical Review* 99 (1994년 10월), pp. 1043-1073; Daniel Geary, "Carey McWilliams and Antifascism, 1934-1943," *Journal of American History* 90 (2003년 12월), pp. 912-34. 전쟁 동안, 인종 문제에 대한 밀스의 맹목적 무지의 한 가지 예외는 1943년 로스앤젤레스에서 일어난 주트 수트(Zoot Suit) 인종 폭동에 대한 분석이었다. 그의 논문 "The Sailor, Sex Market, and Mexican," *New Leader*, 1943. 6. 26 참조.

60. Frank Warren, *Noble Abstractions: American Liberal Intellectuals and World*

War II (Columbus: Ohio State University Press, 1999).

61. Randolph Bourne, "The State," in *War and the Intellectuals: Collected Essays, 1915-1919* (New York: Harper and Row, 1969), p. 71.

62. Michael S. Sherry, *In the Shadow of War: The United States Since the 1930s* (New Heaven, CT: Yale University Press, 1995), pp. 64-122.

63. Mills, "Locating the Enemy," 437. 밀스는 전쟁의 무서운 국내적 결과들을 주장하기 위해 노이만을 이용했음에도 불구하고, *Behemoth*에서 노이만은 동맹국들에 의한 완전한 승리를 노골적으로 지지했다.

64. Brick, *Daniel Bell and the Decline of Intellectual Radicalism*, p. 78.

65. Mills, "Collectivism and the Mixed-Up Economy," *New Leader*, 1942. 12. 19, p. 5.

66. 같은 글, p. 5.

67. 같은 글.

68. 같은 글. p. 6.

69. 같은 글.

70. 〈집산주의와 혼합경제〉에서 밀스는, 노이만이 행하고 자신이 나중에 《파워 엘리트》에서 행하게 될 것처럼, 경제·정치 엘리트들과 군사 지도자들 사이의 연결 관계를 탐구하지 않았다. 그러나 밀스는 *Common Sense*에 실린 1945년 4월의 한 논문에서 그의 분석을 확대해 군부를 포함시켰다. "The Conscription of America"는 전후 재건에 관해 정부 주요 인물들과 군사 지도자들이 말한 것들에 대한 고찰이었다. 이 논문에서, 밀스는 "대기업과 군사 엘리트의 통합"을 수반하는 "영원히 군사화된 경제로 무작정 나아가는 것"을 걱정했다. Mills, "The Conscription of America," *Common Sense*, 1945년 4월, 15일 참조.

71. 밀스가 부모에게 보낸 편지, 1943년 2월, UT 4B 353.

72. Mills, "Collectivism and the Mixed-Up Economy," p. 5.

73. 밀스가 거스에게 보낸 편지, 날짜 없음, in *Letters and Autobiographical Writings*, 87-88; "Small Business and Civic Welfare," Report of the Special Committee to Study Problems of American Small Business, 미국 상원 79th Congress, second session, C. No. 135 (Washington, 1946),p. 3.

74. "Small Business and Civic Welfare," p. 1.

75. 같은 글, p. 41.

76. Baker, *Radical Beginnings*, p. 151에서 재인용.

77. Brick, *Daniel Bell and the Decline of Intellectual Radicalism*, p. 12.

78. 예를 들어, 밀스가 맥도널드에게 보낸 편지, 1943.11.11, Box 34, Folder 855, Dwight Macdonald Papers, Yale University Library 참조.

79. C. Wright Mills, "The Powerless People: The Role of the Intellectual in Society," Politics 1 (1944년 4월), p. 71.

80. 이 시기 동안의 이 비극적 감수성의 고조에 관해서는, Cotkin, *Existential America* 참조.

81. Mills, "The Powerless People," p. 68.

82. 같은 글.

83. 같은 글, p. 69.

84. 같은 글, p. 70.

85. 같은 글. p. 70. 부분적으로, 보다 광범위한 청중에게 도달하는 독립적 지식인들의 능력에 관한 밀스의 비관주의는 〈무기력한 사람들〉 출판 역사를 반영했다. 로버트 린드의 주장에 따르면, 밀스는 원래 이 논문을 하퍼스에서 출판하려 했지만 결국 폴리틱스에서 출판되는 것으로 끝났는데, 폴리틱스는 훨씬 더 적은 청중에게 도달했다. 따라서 〈무기력한 사람들〉은, 자신처럼 소외된 좌파 지식인들은 같은 생각을 가진 소외된 개인들의 청중에게만 도달할 수 있고, 따라서 급진적 사회 개조라는 대의명분에 그들의 지성을 동력화하는 데는 여전히 무기력할 거라는 밀스의 두려움을 각인시켰다. 밀스가 린드에게 보낸 편지, 날짜 없음, UT 4B 389 참조.

86. Mills, "The Powerless People," p. 69.

87. 같은 글, p. 70.

88. 같은 글, p. 71.

89. 같은 글, p. 72.

90. 예를 들어, 에드워드 사이드는 *Representations of the Intellectual: The 1993 Reith Lectures* (New York: Vintage, 1994), pp. 20~22에서 "The Powerless People"를 인용하면서 밀스의 역할을 지식인들의 역할 모델로 꼽는다.

91. Mills, "The Powerless People," p. 69.

92. Max Weber, "Class, Status, Party," *Politics* 1 (1944년 10월), pp. 271-78.

93. 《막스 베버로부터》가 누구의 업적인가 하는 문제는 여전히 논쟁거리이다. 왜냐하면 밀스가 그 업적의 부당한 몫을 주장했다고 거스가 격렬하게 항의했기 때문이다. 서문에서는, 독일어로에서 발췌와 번역을 거스가 책임졌다고 말하고, 영어 본문을 명확히 표현한 공로를 밀스에게 돌리고, 또 전체적으로 책은 그들의 '공동 저술'을 나타낸다고 주장한다. (《개성과 사회구조》뿐 아니라) 이 저작이 누구의 업적인가를 둘러싼 논쟁은 최근에 Oakes and Vidich 공저 *Collaboration, Reputation, and Ethics in American Academic Life*에서 다시 시작되었다. 이것은 복잡한 문제이지만, 오크스와 비디치는 거스의 명성을 뒷받침하고(그는 이 사실을 언급하지 않지만, 저자들 중 하나는 그의 제자였다), 또 밀스를 뻔뻔스러운 출세 지상주의자로 폭로하는 것에 주로 관심이 있어 보인다. 이 논쟁은 두 가지 이유에서 설득력이 없다. 첫째, 급진적 정치에 대한 밀스의 헌신은 그의 주된 동기가 출세에 대한 야망이었다는 생각과 모순된다. 둘째, 밀스가 잘 알고 있었듯이, 사회학자로서 그의 명성은 거스와 공동 저술한 저작들에 거의 의존하지 않았다. 오크스와 비디치의 관점은 편향적임을 드러내고, 또 밀스는 거스와의 관계에서 "성인(聖人)답지는 않더라도 책임적 방식으로" 행동했다고 설득력 있게 주장하는 평론으로는, Russell Jacoby, "False Indignation," *New Left Review* 2 (2000년 3-4월), pp. 154-59 참조.

94. 밀스가 거스에게 보낸 편지, 1944년 6월 또는 7월, 저자 소유의 편지.

95. Ron Robin, *The Making of the Cold War Enemy: Culture and Politics in the Military-Industrial Complex* (Princeton, NJ: Princeton University Press, 2001).

96. 밀스가 맥도널드에게 보낸 편지, 1943. 10.2 5, in *Letters and Autobiographical Writings*, p. 53.

97. Talcott Parsons, "Introduction," in *Max Weber: The Theory of Social and*

Economic Organization, ed. Talcott Parsons and A.M. Henderson (New York: Oxford University Press, 1947).

98. Hans Gerth and C. Wright Mills, "Introduction," in *From Max Weber* (New York: Oxford University Press, 1946), p. 47.
99. 같은 글, p. 50.
100. 같은 글, p. 24.
101. 같은 글.
102. 같은 글, p. 44.
103. 같은 글, p. 70.
104. 같은 글, p. 30.
105. 같은 글, p. 44.
106. Weber, "Politics as a Vocation," in *From Max Weber*, 77-128.
107. 밀스가 린드에게 보낸 편지, 날짜 없음, UT 4B 389.

3장 권력과 지식인의 연대

1. George H. Callcott, *A History of the University of Maryland* (Baltimore: Maryland Historical Society, 1966), pp. 314-37.
2. 밀스가 머턴에게 보낸 편지, 1944.7.26, in *Letters and Autobiographical Writings*, p. 70.
3. 밀스가 Fannye and C.G. MIlls에게 보낸 편지, 날짜 없음, UT 4B 353.
4. 밀스가 어머니에게 보낸 편지, 날짜 없음, UT 4B 353.
5. Seymour Martin Lipset, "The Department of Sociology," in A *History of the Faculty of Political Science, Columbia University*, ed. R. Gordon Hoxie 외, (New York: Columbia University Press, 1955), pp. 284-303.
6. 밀스가 부모에게 보낸 편지, 1945년 1월, in *Letters and Autobiographical Writings*, p. 84.
7. Robert Lynd, "A Proposal for the Further Development of the Department of Sociology," Central Files, Columbia University Archives, Columbiana Library.
8. 머턴이 데이비스에게 보낸 편지, 1944. 12. 4, 저자 소유의 편지.
9. 머턴이 살로몬에게 보낸 편지, 1946. 12. 6, 저자 소유의 편지.
10. Allan Barton, "Paul Lazarsfeld and the Invention of the University Institution for Social Research," in *Organizing for Social Research*, ed. Burkart Holzner and Jiri Nehnevajsa (Cambridge: Schenkman, 1982), pp. 17-83; Jean M. Converse, *Survey Research in the United States: Roots and Emergence, 1890-1960* (Berkeley: University of California Press, 1987), pp. 213-32, 267-304; Paul Lazarsfeld, "An Episode in the History of Social Research: A Memoir," in *The Intellectual Migration*, ed. Donald Fleming and Bernard Bailyn (Cambridge, MA: Harvard University Press, 1969), pp. 270-337.

11. Converse, *Survey Research*, pp. 239-66.
12. Robert Merton, "Introduction," in Social Theory and Social Structure, pp. 3-18.
13. Barton, "Paul Lazarsfeld."
14. 밀스는 BASR에 가입하기 전에 두 가지 통계학 연구를 했다. Mills, "The Trade Union Leader: A Collective Portrait" (with Mildred Atkinson), *Public Opinion Quarterly* 9 (1945년 여름), pp. 158-75; "The American Business Elite: A Collective Portrait," *Journal of Economic History* 4 (1945년 12월), pp. 20-44.
15. Barton, "Paul Lazarsfeld." 컬럼비아대학 사회학자들이 훨씬 더 많은 보조금을 타려고 애쓴 증거로는, Lynd, "A Proposal"; Lazarsfeld, "An Episode in the History of Social Research" 참조.
16. Robert Lynd, *Knowledge for What? The Place of Social Science in American Culture* (Princeton, NJ: Princeton University Press, 1939); Robert Lynd and Helen Lynd, *Middletown: A Study in American Culture* (New York: Harcourt, Brace, 1929). 아울러, Mark C. Smith, *Social Science in the Crucible: The American Debate over Objectivity and Purpose*, 1918-1942 (Durham, NC: Duke University Press, 1994), pp. 120-58 참조.
17. 린드가 밀스에게 보낸 편지, 1943. 1. 20, UT 4B 363.
18. 밀스가 거스에게 보낸 편지, 1945. 1. 22, 저자 소유의 편지. 이 편지에서 밀스는 그에 대한 린드의 대답을 기술한다. 밀스는 BASR에서의 자신의 처지를 논한 편지 세 통을 파기해 달라고 거스에게 요청했다.
19. 이 시기 동안 컬럼비아대학 사회학과 내부의 불화의 증거로는, Theodore Abel, *The Columbia Circle Scholars: Selections from the Journal*, 1930-1957 (Frankfurt am Main: Peter Lang, 2001), pp. 320-21 참조. 아벨은 머턴과 라자스펠트를 "눈에 보이지 않는 적들"(snakes in the grass)이라고 부른 한 동료의 논평을 소개한다.
20. 밀스가 거스에게 보낸 편지, 1945년 1월, 저자 소유의 편지.
21. 밀스가 거스에게 보낸 편지, 1945. 1. 22, 저자 소유의 편지.
22. 밀스가 거스에게 보낸 편지, 1945년 1월.
23. 밀스가 거스에게 보낸 편지, 1946. 11. 16, UT 4B 339.
24. Mills, "Reader's Report," UT 4B 389.
25. 밀스가 맥도널드에게 보낸 편지, 1945. 2. 5, Box 34, Folder 855, Dwight Macdonald Papers, Yale University Library.
26. 밀스가 벨에게 보낸 편지, 1945. 1. 30, 저자 소유의 편지.
27. Paul Lazarsfeld, *Radio and the Printed Page* (New York: Duell, Sloan, and Pearce, 1940).
28. Lazarsfeld, "An Episode in the History of Social Research," p. 279. 오스트리아에서 라자스펠트의 주요 연구는 노동계급 젊은이들과 실업에 관한 것이었다.
29. 밀스는 라자스펠트에게 미국의 200개 주요 노동조합 중에 20개만이 독자적인 연구분과를 가지고 있고, 나머지는 연구 수행을 위해 BASR 같은 외부 기관의 도움이 필요할 거라고 알려 주었다. Mills, "Memo to Lazarsfeld Re: Labor Research Division," 1945. 11. 29, UT 4B 368 참조.

30. C. Wright Mills, "The Politics of Skill," *Labor and Nation*, 1946년 6-7월, p. 35.

31. C. Wright Mills, "The Political Gargoyles: Business as Power," *New Republic*, 1943. 4. 12, p. 483.

32. C. Wright Mills, "The Case for the Coal Miners," *New Republic*, 1943. 5. 24, p. 697.

33. 같은 글.

34. Nelson Lichtenstein, "From Corporatism to Collective Bargaining," in *The Rise and Fall of the New Deal Order*, ed. Steve Fraser and Gary Gerstle (Princeton, NJ: Princeton University Press, 1989), pp. 122-52; David Brody, *Workers in Industrial America* (New York: Oxford University Press, 1980), pp. 173-255; George Lipsitz, *A Rainbow at Midnight: Labor and Culture in the 1940s* (Urbana: University of Illinois Press, 1994).

35. 1946년 초, 밀스는 거스에게 "지금 나의 전략은 영향력 연구, 화이트칼라 인간, 개성과 사회구조, 또 곧 가르치게 되는 일에서 꼭 필요하지 않은 모든 것으로부터 손을 떼는 것입니다"라고 편지했다(1946. 3. 13, 저자 소유의 편지). 그러나 밀스는 노동운동 관련 문제들을 연구하는 데 뒤이은 2년의 대부분을 썼다.

36. 밀스가 거스에게 보낸 편지, 날짜 없음(1946년 1월이나 2월), in *Letters and Autobiographical Writings*, p. 96.

37. 하드먼의 사망 기사, 《뉴욕타임스》, 1968.1.31. 이 시기 동안 하드먼의 견해들의 가장 분명한 표현으로는, Hardman, "State of the Movement," in *American Labor*, ed. Hardman and Maurice Neufield (New York: Prentice-Hall, 1951), pp. 52-84 참조. 이 시기의 노동 자유주의(labor-liberalism)와 그것의 사회 민주주의적 표출에 관해서는, Lichtenstein, "From Corporatism to Collective Bargaining" 참조.

38. Mills, *The New Men of Power*, p. 295.

39. *Labor and Nation*, 1945년 8월, pp. 2-3.

40. Robert Lynd, "We Should Be Clear at to What Are the Essentials and What Are the Historic Trappings of Democracy," *Labor and Nation*, 1946년 2-3월, pp. 33-39.

41. Mills, "The Politics of Skill," p. 35.

42. Selig Perlman, *A Theory of the Labor Movement* (New York: A.M. Kelley, 1928), p. 281.

43. C. Wright Mills, "What Research Can Do for Labor," *Labor and Nation*, 1946년 6-7월, p. 18.

44. 같은 글, p. 4.

45. 같은 글.

46. 같은 글.

47. 같은 글.

48. 같은 글.

49. "Bills"(윌리엄 밀러)가 밀스에게 보낸 편지, 1946. 4. 25, UT 4B 412.

50. 밀스가 밀러에게 보낸 편지, 날짜 없음, UT 4B 412.

51. Mills, "The Intellectual and the Trade Union Leader," UT 4B 339.

52. C. Wright Mills, "All That and-a Survey of the Left," *Labor and Nation*, 1947년 3-4월.
53. Mills, *The New Men of Power*, 295, 300; Mills, "Memo to Lazarsfeld."
54. 밀스가 윌버트 무어에게 보낸 편지, 1946. 4. 9, UT 4B 395.
55. Mills, "Politics of Skill," p. 35.
56. Macdonald, "Rebellion? -or Reconversion?" *politics* 3 (1946년 3월), p. 78.
57. Macdonald, "The Root is Man," *Politics* 3 (1946년 4월), p. 107.
58. Macdonald, "The Root is Man," pt. 2, *Politics* 3 (1946년 6월), p. 209.
59. Gregory Sumner, *Dwight Macdonald and the politics Circle*, 3. 아울러, Penina Migdal Glazer, "From the Old Left to the New: Radical Criticism in the 1940s," *American Quarterly* 24 (1972년 12월), pp. 584-603 참조.
60. 밀스가 맥도널드에게 보낸 편지, 1946. 7. 22, Box 34, Folder 855, Dwight Macdonald Papers, Yale University Library.
61. Louis Clair(코저의 필명), "Digging at the Roots, or Striking at the Branches," *politics* 3 (1946년 10월), pp. 323-28; Irving Howe, "The 13th Disciple," *Politics* 3 (1946년 10월), pp. 329-35.
62. 밀스가 맥도널드에게 보낸 편지(날짜 없음), Box 34, Folder 855, Dwight Macdonald Papers, Yale University Library.
63. 밀스가 거스에게 보낸 편지, 1945. 10. 5, 저자 소유의 편지.
64. 밀스가 맥도널드에게 보낸 편지, 날짜 없음, Box 34, Folder 855, Dwight Macdonald Papers, Yale University Library.
65. Todd Gitlin, "Media Sociology: The Dominant Paradigm," *Theory and Society* 6 (1978년 9월), p. 208. 디케이터 연구의 유래와 영향에 관해서는 *Annals of the Academy of Political and Social Science* 특별호에 수집된 논문 "Politics, and the History of Mass Communications Research: Rereading Personal Influence," 특히 Peter Simonson, "Introduction," *Annals of the Academy of Political and Social Science* 608 (2006년 11월), pp. 6-24 참조.
66. Paul F. Lazarsfeld, Bernard Berelson, and Hazel Gaudet, *The People's Choice: How the Voter Makes Up His Mind in a Presidential Campaign* (New York: Duell, Sloan, and Pearce, 1944).
67. "Script for Slide Film Report on Opinion Leadership," Box 9, Bureau of Applied Social Research Papers, Columbia University Rare Books and Manuscripts (이하에서는 BASR로 부름); Elihu Katz and Paul Lazarsfeld, *Personal Influence: The Part Played by People in the Flow of Mass Communications* (Glencoe: Free Press, 1995).
68. 밀스가 거스에게 보낸 편지, 1945. 8. 23, 저자 소유의 편지.
69. 밀스가 거스에게 보낸 편지, 1945. 6. 7, 저자 소유의 편지.
70. Gillam, "C. Wright Mills: An Intellectual Biography," p. 301에서 재인용.
71. C. Wright Mills, "The Middle Class in Middle-Sized Cities," *American Sociological Review* 11 (Oct. 1946), p. 522 n.

72. "Script for Slide Film Report on Opinion Leadership."

73. 같은 글.

74. 밀스가 허버트 드레이크에게 보낸 편지, 1946. 6. 18, Box 9, BASR. 편지의 더 이른 초안에서, 밀스 또한 연구에서 밝혀진 것들을 "특정한 상업적 이익"과 결부시키는 것에 반대했지만, 나중에는 이 반대를 지각없는 것으로 판단하고 접었다.

75. Lynd and Lynd, *Middletown*; Lynd and Lynd, *Middletown in Transition: A Study in Cultural Conflicts* (New York: Harcourt, Brace, 1937).

76. Mills, "The Influence Study: Some Conceptions and Procedures of Research (1946.12.29 보스턴, 미국과학진흥협회 연설)," Box 9, BASR.

77. 밀스와 라자스펠트는 1947년 여름의 논쟁에 관한 많은 편지를 주고받았는데, 머턴이 둘 사이를 중재했다. 머턴이 밀스에게 보낸 편지, 1947. 8. 1, 저자 소유의 편지 참조.

78. 유감스럽게도 밀스의 논문 초고의 완전한 복사본은 남아 있지 않다. 텍사스대학 C. 라이트 밀스 문서(C. Wright Mills Papers) 중에는 분명히 1946년 5월에 쓴 보고서 가운데 몇 개의 장과, 또한 언어와 문체로 판단할 때 밀스가 글쓰기에 일부 참여했음이 거의 확실한 컬럼비아 BASR 디케이터 보고서의 (저자 표시 없는) 날짜 미정의 143쪽 초고가 있다. 이따금 여담에도 불구하고, 두 보고서 모두 세 가지 기본적 기준을 사용해 패션, 영화, 소비자 제품, 또 정치 분야에서의 여론 지도층에 대한 주로 통계 분석을 제공했다. 이른바 사교성, 생활양식(나이, 결혼 여부 등), 그리고 사회경제적 지위가 그러하다. 다시 말해, 기록보관소에서 이용 가능한 초고들 중에 라자스펠트를 놀라게 할 것은 거의 없어 보인다. 그러나 리처드 길럼은 더 이상 존재하지 않는 것처럼 보이는 보고서의 다른 주장을 검토했다. 길럼에 따르면, 밀스의 초고는 디케이터에서 여론 주도자들과 여론 추종자들의 특성을 측정하려고 통계 샘플을 충실히 분석했다. 엘리후 카츠와 라자스펠트는 나중에 보고서 출판본인 《개인적 영향》(Personal Influence, 1955)에서 이 분석의 대부분을 취했다. 그러나 밀스는 자신에게 요구된 것보다 더 많은 걸 행했다. 길럼은 밀스가 이 초고에서 "경험적 엄격함을 이론적 영역과 혼합하려" 애썼지만, "엄격한 경험주의의 한계를 빈번하게 넘어서서 이론 쪽으로 기울었다"고 썼다. 어느 순간, 밀스는 "공교롭게도 이 논문 초안을 책임지고 있던 라이트 밀스는 아주 자연스럽게 그것을 이런 방식으로 썼기 때문에" 초고가 연구의 원래 목적을 넘어섰다고 설명했다. Gillam, "C. Wright Mills: An Intellectual Biography," pp. 302-4 참조.

79. 밀스가 거스에게 보낸 편지, 1945년 1월, 저자 소유의 편지.

80. Lynd, "A Proposal."

81. Lazarsfeld, "An Episode in the History of Social Research."

82. James Coleman, "Paul F. Lazarsfeld: The Substance and Style of his Work," in *Sociological Traditions from Generation to Generation*, ed. Robert K. Merton and Matilda White Riley (Norwood: Ablex, 1980), p. 167.

83. Barton, "Paul Lazarsfeld," p. 46.

84. David Morrison, "The Influence Influencing Personal Influence: Scholarship and Entrepreneurship," *Annals of the American Academy of Political and Social Science 608* (2006년 11월), p. 63.

85. Mills, *The Cultural Apparatus*, note 4, UT 4B 378. 밀스는 라자스펠트의 이름을 열거하지는 않았어도 그를 언급하고 있었음이 분명하다.
86. "The Sociology of Mass Media and Public Opinion," in *Power, Politics, and People*, p. 586. 디케이터 연구 결과물에 기초한 이 논문은 원래는 미국 국무부에서 1950년 출판한 러시아어 출판물인 *Amerika*에 포함될 예정이었지만 러시아 당국의 비난을 받았다.
87. 같은 글.
88. 머턴이 아벨에게 보낸 편지, 1947. 11. 19, 저자 소유의 편지.
89. 밀스가 머턴에게 보낸 편지, 1948. 10. 23, 저자 소유의 편지; C. Wright Mills, Clarence Senior, and Rose Kohn Goldsen, *The Puerto Rican Journey: New York's Newest Migrants* (New York: Harper and Brothers, 1950). 《푸에르토리코 여행기》는 밀스가 인종을 일관성 있게 분석하고 또 전통적 공동체 연구의 민족지학 방법들을 채택하는 한 실례라는 점에서 흥미롭기는 해도, 그의 전집에 들어갈 만큼 중요하지는 않았다.
90. 밀스가 맥도널드에게 보낸 편지, 1947년(아마 7월), in *Letters and Autobiographical Writings*, p. 107.
91. C. Wright Mills, "Five 'Publics' the Polls 'Don't Catch': What Each of These Think of and Expert from the Labor Leaders," *Labor and Nation*, 1947년 5–6월, pp. 26–27; Clinton Golden and Harold Ruttenberg, *The Dynamics of Industrial Democracy* (New York: Harper and Row, 1942).
92. Brody, *Workers in Industrial America*, pp. 173–214.
93. Mills, "Five 'Publics' the Polls 'Don't Catch,'" p. 26.
94. Wald, *The New York Intellectuals*, 163–92; Peter Drucker, *Max Shachtman and His Left* (Atlantic Highlands, NJ: Humanities Press, 1994).
95. Mills, The New Men of Power, p. 10.
96. 같은 책, p. 10.
97. 같은 책, p. 3.
98. 같은 책, pp. 288–90.
99. 같은 책, p. 155.
100. 같은 책, p. 238.
101. 같은 책, p. 236.
102. 같은 책, p. 116.
103. 같은 책, p. 120.
104. 같은 책, p. 251.
105. 같은 책, p. 252.
106. 케빈 매트슨은 참여민주주의라는 문구뿐 아니라 그 개념도 밀스 같은 초기 신좌파 지식인들에 기인한다고 생각한다. Kevin Mattson, *Intellectuals in Action* 참조.
107. Mills, *The New Men of Power*, p. 253.
108. 같은 책, p. 255.
109. 같은 책.

110. 같은 책, p. 260.
111. 같은 책, p. 28.
112. 같은 책, p. 290.
113. 같은 책, p. 274.
114. 같은 책, p. 291.
115. 같은 책, p. 28.
116. 같은 책, p. 17.
117. 같은 책, p. 274.
118. Irving Howe and B.J. Widick, *The UAW and Walter Reuther* (New York: Random House, 1949), p. 290. 하우와 위딕은 밀스의 《새로운 권력자들》을 인용하고, 또 전미 자동차노조에게 "권력이 지식인들에게 밀착될 것인가?"라고 묻는 걸로 그들의 책을 마무리했다.
119. 밀스가 류터에게 보낸 편지, 1946. 4. 27, UT 4B 368.
120. C. Wright Mills, " 'Grass-Roots' Union with Ideas: The Auto Workers-Something New in American Labor," *Commentary* 5 (Mar. 1948), p. 246.
121. 같은 글, p. 243.
122. 밀스가 웨인버그에게 보낸 편지, 1947. 12. 1, UT 4B 339. 밀스가 다우닝에게 보낸 같은 날짜 편지에서도 똑같은 인용문이 나온다.
123. Mills, " 'Grass-Roots' Union with Ideas," p. 242.
124. 같은 글, p. 247.
125. Mills, *The New Men of Power*, p. 291.
126. Nelson Lichtenstein, *The Most Dangerous Man in Detroit: Walter Reuther and the Fate of American Labor* (New York: Basic Books, 1995), pp. 271-419.
127. Nelson Lichtenstein, *State of the Union: A Century of American Labor* (Princeton, NJ: Princeton University Press, 2003), pp. 141-245; Kim Moody, *An Inquiry to All: The Decline of American Unionism* (New York: Verso Books, 1989).

4장 행동하지 않는 신중간계급

1. Mills, *White Collar*, p. ix.
2. 같은 책, p. xv.
3. 같은 책, p. xi.
4. 같은 책, p. xv.
5. 같은 책, p. xviii.
6. Robert Johnston, *The Radical Middle Class: Populist Democracy and the Question of Radicalism in Progressive Era Portland* (Princeton, NJ: Princeton University Press, 2003), p. 4.
7. 밀스가 거스에게 보낸 편지, 1946. 11. 26, 저자 소유의 편지.

8. 《화이트칼라》의 발전에 대한 탁월한 설명은 Richard Gillam, "White Collar From Start to Finish"에서 제시된다. "내 설명은 길럼의 설명에 의지하지만 몇 가지 점에서 다르다. 나는 길럼처럼 《화이트칼라》가 상이하고 때로 모순되는 충동을 표현한, 밀스에게 중요한 전환기적 저작이라고 생각한다. 그러나 나는 이 책이 1940년대의 사회과학과 좌파 정치에 뿌리박고 있음을 강조한다."

9. Mills, "Guggenheim Application" (1944), 저자 소유의 자료.

10. 사회심리학과 문화, 또 개성을 중시하는 학풍으로의 전환에 관해서는, Herman, *The Romance of American Psychology* 참조.

11. 거스와 밀스는 특히 1943~1944년과 1949~1950년에 장(章)들을 간간히 주고받았다. 그러나 몇 가지 요인으로 책은 출판이 지연되었다. 가장 중요한 요인은 저작 저술의 명예를 누구에게 돌리느냐를 둘러싼 장기간에 걸친 갈등, 즉 *From Max Weber*의 지대한 공적으로 인정되어야 한다고 거스가 느낀 것을 밀스가 가로챈 것에 대한 분노로 표출된 갈등이었다. 오크스와 비디치는 공저 *Collaboration, Reputation, and Ethics in American Academic Life*, pp. 57–90에서 *Character and Social Structure*의 저술을 상세히 설명했다. 그러나 거스와의 관계에서 밀스의 주된 동기는 출세욕이었다는 그들의 주장을 우리는 받아들일 수 없다.

12. 그러나 나는 《개성과 사회구조》가 '걸작'이라고, 혹은 밀스가 그의 모든 사회학적 연구에서 적용한 완전히 정교한 이론을 제공한다고는 믿지 않는다. 전자의 주장에 관해서는, Oakes and Vidich, *Collaboration, Reputation, and Ethics in American Academic Life*; 후자의 주장에 관해서는, Jones, "The Fixing of Social Belief," 그리고 Joseph Scimecca, *The Sociological Theory of C. Wright Mills* (Port Washington, NY: Kennikat Press, 1977) 참조. 《개성과 사회구조》는 교실에서 사용하도록 기획되었지만 교과서로는 잘 팔리지 않았고, 또 독자들은 그것의 독창적 통찰을 찾아내기 위해 진부한 교과서적 발언들로 가득한 많은 페이지들을 대충 읽어야 한다.

13. Gerth and Mills, *Character and Social Structure*, p. xix.

14. 같은 책, p. 183.

15. 그들 모델의 다이어그램(diagram)에 관해서는, 같은 책, 32 참조. 이 모델에서, "성격 구조"는 사람(person), 정신 구조(또는 "자아"), 유기체(organism)로 구성되었다. 사회구조는 다섯 개의 자율적 질서(정치, 경제, 군사, 혈족 관계, 종교)와 네 개의 비자율적 영역(상징, 과학기술, 지위, 교육)으로 이루어졌다.

16. 같은 책, p. 460.

17. 같은 책, p. 95. 186.

18. Mills, *White Collar*, p. 356.

19. 밀스가 거스에게 보낸 편지, 1946년 8월, in *Letters and Autobiographical Writings*, 99; Mills, *White Collar*, p. 358.

20. Mills, *White Collar*, p. 356.

21. 무엇을 유념해야 하는지에 대한 상세한 지시를 담아 1946. 12. 17 날짜로 밀스가 보낸 편지와 함께, 포웰이 밀스에게 보낸 몇몇 일련의 보고서를 UT 4B 350에서 찾아볼 수 있다.

22. Robert K. Merton, with Marjorie Fiske and Alberta Curtis, *Mass Persuasion: The*

Social Psychology of a War Bond Drive (New York: Harper & Brothers, 1946), p. 10, 188.

23. 면접 보고서들은 UT 4B 340, 341, 342에서 찾아볼 수 있다.

24. "General Instructions for the 'Everyday Life in America' Guide: White Collar Study," UT 4B, 401, 1.

25. 같은 글, p. 4.

26. Mills, "Note on the Range of Political Theory of the New Middle Class," UT 4B, p. 365.

27. Mills, *White Collar*, 357-58. 밀스가 자신의 분석에 영향을 준 것으로 인용하는 저작들에는 다음과 같은 것이 있다. Alfred M. Bingham, *Insurgent America* (New York: Harper, 1935); Lewis Corey, *The Crisis of the Middle Class* (New York: Covici-Friede, 1935); Emil Lederer, *The Problem of the Modern Salaried Employee: Its Theoretical and Statistical Basis* (New York: WPA Project No. 165-1699-6027, 1937); Emil Lederer and Jacob Marschak, T*he New Middle Class* (New York: WPA Project No. 165-97-6999-6027, 1937); Hans Speier, *The Salaried Employee in German Society* (New York: WPA Project No. 465-970391, 1939); William E. Walling, *Progressivism and After* (New York: Macmillan, 1914).

28. Hans Falluda, *Little Man, What Now?* (New York: Simon and Schuster, 1933).

29. Bingham, Insurgent America, pp. 97-98.

30. Mills, "The Defeat of Socialism 1920-1947 and the Need for Reorientation," 노동자당을 위한 연설, 1947. 1. 5, UT 4B, p. 351.

31. 서구 마르크스주의에 관해서는, Perry Anderson, *Considerations on Western Marxism* (London: New Left Books, 1976)을 보라.

32. Mills, *The New Men of Power*, p. 274.

33. Mills, "The Middle Class in Middle-Sized Cities," p. 521.

34. 같은 글, p. 528.

35. 밀스가 UOPWA-CIO의 Paul Lubow에게 보낸 편지, 1946. 11. 13, UT 4B 368.

36. 웨인버그가 밀스에게 보낸 편지, 1947. 12. 6, UT 4B 339P; 밀스가 웨인버그에게 보낸 편지, 1947. 12. 10, UT 4B 339. 밀스가 실제로 그런 세미나에 참석했다는 증거는 없다.

37. Mills, "General Instructions for the 'Everyday Life in America' Guide," 4.

38. 밀스가 맥코믹에게 보낸 편지, 1944. 7. 15, in *Letters and Autobiographical Writings*, p. 69.

39. 밀스가 Frances and Charles Grover Mills에게 보낸 편지, 1946.12.18, in *Letters and Autobiographical Writings*, p. 101.

40. 같은 편지.

41. C. Wright Mills, "Sociological Poetry," *politics* 5 (spring 1948), p. 125. 사실 밀스는 이 글을 발표할 의도 없이 맥도널드에게 보내는 개인적 편지로 썼다.

42. 같은 편지.

43. 여러 해가 지난 뒤, 《개인적 영향》에서 라자스펠트의 협력자인 엘리후 카츠는 한 무

리의 연구자들이 공개되지 않은 디케이터 연구 파일들에 접근하는 걸 거절했다. 그것
들은 "밀스의 개인적 생각들을 너무 많이" 담고 있다는 것이 그 이유였다(카츠가 마이
어에게 보낸 편지, 1969. 1. 12, Box 10, BASR).

44. 밀스가 거스에게 보낸 편지, 1949. 3. 27, 저자 소유의 편지.
45. 밀스가 거스에게 보낸 편지, 1950년 12월, 저자 소유의 편지.
46. 밀스가 거스에게 보낸 편지, 1952. 2. 12, 저자 소유의 편지.
47. David Walker Moore, "Liberalism and Liberal Education at Columbia University: The Columbia Careers of Jacques Barzun, Lionel Trilling, Richard Hofstadter, Daniel Bell, and C. Wright Mills" 메릴랜드대학 철학박사 학위논문, 1978).
48. 밀스가 머턴에게 보낸 편지, 1949.10.5, 저자 소유의 편지. 머턴의 답장은 냉담하고 오만했다. "친애하는 라이트 씨, 당신의 메모를 베껴 보내 주시니 기쁩니다"(머턴이 밀스에게 보낸 편지, 1949. 10. 10, 저자 소유의 편지).
49. 밀스가 거스에게 보낸 편지, 1950년 봄, 저자 소유의 편지.
50. Merton, *Social Theory and Social Structure*, p. 14, 16.
51. 맥도널드가 《화이트칼라》에 대한 악의적 서평을 썼을 때, 자신은 몇몇 다른 친구들의 충고와 함께 밀스의 충고를 구했다는 머턴의 의견을 밀스는 여전히 충분히 존중했다(밀스가 머턴에게 보낸 편지, 1952. 1. 10, 저자 소유의 편지).
52. 밀스가 거스에게 보낸 편지, 1946. 5. 8, 저자 소유의 편지.
53. Edward Shils, *The Present State of American Sociology* (Glencoe, IL: Free Press, 1948), p. 63 n.
54. Ellen Schrecker, *"Many Are the Crimes": McCarthyism in America* (Boston: Little, Brown, 1998) 참조.
55. Schlesinger, *The Vital Center*.
56. Mills, Coser, and Sanes, "A Third Camp in a Two-Power World," UT 4B 363, 1.
57. 같은 글, p. 4.
58. 같은 글, p. 10.
59. Brody, *Workers in Industrial America*, pp. 215-29.
60. 새니스가 밀스에게 보낸 편지, 날짜 없음("일요일"), UT 4B 463; 윌리엄 밀러가 밀스에게 보낸 편지, 1948. 9. 11, UT 4B 463.
61. Lichtenstein, *The Most Dangerous Man in Detroit*, pp. 304-5.
62. Mills, "Notes on the Meaning of the Election," UT 4B 348. 나는 이 인용 어구를 원고와는 별개의 초안들에서 가져왔다.
63. C. Wright Mills, "Notes on White Collar Unionism," *Labor and Nation*, 1949년 5-6월, p. 19.
64. Mills, *White Collar*, pp. 320-21.
65. 예를 들어, Harvey Swados, "The UAW-Over the Top or Over the Hill?" Dissent, Fall 1963, pp. 321-43 참조.
66. "Our Story: Six Year of L & N," *Labor and Nation*, 1951년 가을, pp. 2-6, 50-54.
67. Kevin Boyle, *The UAW and the Heyday of American Liberalism 1945-1968* (Ithaca, NY: Cornell University Press, 1995), p. 155.

68. Sumner, *Dwight Macdonald and the politics circle*; Glazer, "From the Old Left to the New" 참조.

69. Mills, Coser, and Sanes, "A Third Camp in a Two-Power World," p. 16.

70. Mills, "Documents," UT 4B 363.

71. Wald, *The New York Intellectuals*, 267-310; Phelps, *Young Sidney Hook*, pp. 198-243 참조.

72. Mills, "Dialogs on the Left" (1949. 10. 23 모임 보고서), UT 4B 295; Bernard Rosenberg, "An Interview with Lewis Coser," in *Conflict and Consensus: A Festschrift in Honor of Lewis A. Coser* (New York: Free Press, 1984).

73. 밀스가 맥도널드에게 보낸 편지, 1949. 11. 20, UT 4B 339.

74. 밀스가 램버트 데이비스에게 보낸 편지, 1948. 10. 30, UT 4B 339.

75. 밀스가 맥도널드에게 보낸 편지, 1948. 11. 20.

76. Christopher Lasch, *The New Radicalism in America: 1889-1963* (New York: Random House, 1965), pp. 122-33.

77. 밀스가 거스에게 보낸 편지, 1950. 2. 28, 저자 소유의 편지.

78. 밀스가 Sanes에게 보낸 편지, 1949. 8. 27, 저자 소유의 편지.

79. 밀스가 밀러에게 보낸 편지, 1949. 5. 30, in *Letters and Autobiographical Writings*, p. 136.

80. 같은 편지.

81. Mills, *White Collar*, p. 12.

82. Daniel Boorstin, *The Genius of American Politics* (Chicago: University of Chicago Press, 1953); Hartz, *The Liberal Tradition in America; Hofstadter, The American Political Tradition*. 아울러, Peter Novick, *That Noble Dream: The "Objectivity Question" and the American Historical Profession* (New York: Cambridge University Press, 1988), pp. 332-48 참조.

83. Mills, *White Collar*, p. 6, 10.

84. 밀스가 밀러에게 보낸 편지, 날짜 없음(1948년 여름), in *Letters and Auto-biographical Writings*, 116.

85. Gillam, "White Collar from Start to Finish," p. 12.

86. Mills, *White Collar*, p. 286.

87. Michael Denning, *The Cultural Front* (New York: Verso, 1996), pp. 163-99.

88. Mills, *White Collar*, p. 57.

89. 같은 책, p. 63. 밀스는 통계들을 주로 정부 출처 자료, 특히 인구조사 자료에서 가져왔다. 자신이 어떻게 이 수치들에 도달했는지에 대한 설명으로는, pp. 358-63 참조. 출판사는 밀스에게 그의 통계학적 주장을 지나치게 뒷받침하는 여러 페이지의 각주를 생략하라고 강요했다.

90. 밀스는 신중간계급들을 동질적 범주로 보았다는 주장에 관해서는, Johnston, *The Radical Middle Class*, p. 4 참조.

91. Mills, *White Collar*, p. 75.

92. 같은 책, p. 65.

93. 같은 책, p. 75.
94. Mills, "Sexual Exploitation in White Collar Employment," UT 4B 347. 리히 텐슈타인은 화이트칼라를 연구하는 Barbara Ehrenreich, Susan Faludi, Arlie Hochschild 같은 페미니스트 학자들이 《화이트칼라》에서의 밀스의 통찰력에 의존해 온 것을 주목했다. Lichtenstein, "Class, Collars, and the Continuing Relevance of C. Wright Mills," *Labor* 1 (2004년 가을), pp. 109-23 참조.
95. Mills, *White Collar*, pp. 174-78.
96. 같은 책, p. 77.
97. 같은 책, p. 80.
98. 같은 책, p. 112.
99. 같은 책, p. xvi.
100. Harry Braverman, *Labor and Monopoly Capital: The Degradation of Work in the Twentieth Century* (New York: Monthly Review Books, 1974).
101. Mills, *White Collar*, p. 224.
102. 같은 책, p. 240.
103. 같은 책, pp. 254-58.
104. 같은 책, p. 110.
105. 같은 책.
106. 같은 책, p. 240.
107. 《화이트칼라》 감사의 말에서 밀스는 이렇게 썼다. "물론 베버 뒤에는 카를 마르크스가 있다. 그리고 특별히 그의 저작이 한편으로는 무시되고 통속화되고 다른 한편으로는 비난받는 이 시대에, 나는 특히 그의 이전 저작들에 큰 빚을 지고 있음을 인정하지 않을 수 없다"(같은 책, p. 357).
108. 같은 책, p. 180.
109. 같은 책, p. 161.
110. 같은 책, p. 109.
111. 같은 책, p. 226.
112. Erich Fromm, *Man for Himself: An Inquiry into the Psychology of Ethics* (New York: Reinhart, 1947).
113. Mills, 제목 없는 메모, UT 4B 347.
114. 길럼은 "White Collar from Start to Finish"에서 비슷한 주장을 한다.
115. Mills, *White Collar*, p. 233.
116. 같은 책, p. 238.
117. 같은 책, p. 236.
118. 같은 책, p. 237.
119. 같은 책, p. 258.
120. Paul Gorman, *Left Intellectuals and Popular Culture in the Twentieth-Century America* (Chapel Hill: University of North Carolina Press, 1996).
121. 예를 들어, Erving Goffman, *Asylums: Essays on the Social Situation of Mental Patients and Other Immates* (Chicago: Aldine Pub., 1961) 참조.

122. Mills, *White Collar*, p. xii.

123. 같은 책, p. 356.

124. '일상생활' 연구는 밀스가 화이트칼라의 삶에 대한 더 풍부한 묘사를 위해 의지했을지도 모를 정보 출처를 제공했다. 그러나 조너선 스턴은 밀스가 사용한 연구소 기술들이 화이트칼라 노동자들에 대한 그의 지나친 객관화의 한 원인이라고 흥미로운 주장을 했다. "밀스의 연구는 대규모의 풍부한 조사연구에 바탕을 두고 있지만, 연구 조교들이 거의 모든 조사와 인터뷰를 진행했다. 밀스는 자신의 텍스트의 연구 대상과 이야기를 나눈 적이 거의 없는데, 이것이 그의 연구 대상이 그의 텍스트에서 좀처럼 말하지 않는 한 가지 이유다. 밀스가 글쓰기 방식은 …… 그 자신과 연구 대상 사이에 거리를 둔다." Jonathan Sterne, "C. Wright Mills, the Bureau of Applied Social Research, and the Meaning of Critical Scholarship," *Cultural Studies/Critical Methodologies* 5 [2005]: pp. 65-94 (인용은 p. 70).

125. Mills, *White Collar*, p. 326.

126. 같은 책, p. 328; Dewey, *The Public and Its Problems*; Walter Lippmann, *The Phantom Public* (New York: Harcourt, Brace, 1925).

127. Mills, *White Collar*, p. 325.

128. 같은 책, p. 350.

129. 같은 책, p. 157.

130. 같은 책, p. 146.

131. 같은 책, p. xx.

132. Phillip Vaudrin, Memo (1952.1.17), Box 110, Folder 6, Knopf Archives Library, Harry Ransom Humanities Center, University of Texas at Austin.

133. Wilfred M. McClay, *The Masterless: Self and Society in Modern America* (Chapel Hill: University of North Carolina Press, 1994), p. 240.

134. Arthur Miller, *Death of a Salesman: Certain Private Conversations in Two Acts and a Requiem* (New York: Viking Press, 1949); William F. Whyte, *The Organization Man* (New York: Simon and Schuster, 1956); Sloan Wilson, *Man in the Gray Flannel Suit* (New York: Simon and Schuster, 1955). 아울러, K.A. Cuordileone, "'Politics in an Age of Anxiety': Cold War Political Culture and the Crisis in American Masculinity, 1949-1960," *Journal of American History* (2000년 9월), pp. 515-45.

135. Horace Kallen, "The Hollow Men: A Portrayal to Ponder," *New York Times Book Review*, 1951. 9. 16.

136. Everett C. Hughes, "The New Middle Classes," *Commentary* 12 (1951년 11월), pp. 497-98.

137. 이 인용은 밀스에게 보고되었고, 또 그가 Bill and Bucky(밀러)에게 보낸 편지(날짜 없음, 아마 1951년 11월), in *Letters and Autobiographical Writings*, p. 158에서도 되풀이되었다.

138. Dwight Macdonald, "Abstractio Ad Absurdum," *Partisan Review* 19 (1952년 1-2월), p. 114; *Letters and Autobiographical Writings*, p. 163.

139. David Riesman, review of *White Collar, American Journal of Sociology* 57 (1952년 3월), p. 513, 515.

140. 같은 글, p. 514.

141. 같은 글, p. 515.

142. 밀스가 리스먼에게 보낸 편지, 1952.1.31, in *Letters and Autobiographical Writings*, p. 166.

143. David Riesman, with Reuel Denney and Nathan Glazer, *The Lonely Crowd: A Study of the Changing American Character* (New Heaven, CT: Yale University Press, 1950).

144. Eugene Lunn, "Beyond 'Mass Culture': The Lonely Crowd, the Uses of Literacy, and the Postwar Era," *Theory and Society* 19 (1990년 2월), p. 65. 1954년 종이 표지로 된 요약본이 나온 이후, 《고독한 군중》의 복사본 대부분이 팔렸다.

145. "White Collar Seminar," 1946. 2. 15, UT 4B 350.

146. David Riesman, "A Suggestion for Coding the Intense White Collar Interviews," 1948. 2. 5, UT 4B 350. 아울러, Riesman, The Lonely Crowd, pp. 47-48; Nathan Glazer, "From Socialism to Sociology," in *Authors of Their Own Lives: Intellectual Autobiographies by Twenty American Sociologists*, ed. Bennett M. Berger (Berkeley: University California Press, 1990), p. 199, 202 참조.

147. Reuel Denney, "Not All Are Victims," *Yale Review* 41 (1952년 3월), p. 476.

148. Riesman, *The Lonely Crowd*, p. 18.

149. 같은 책, p. 132.

150. 같은 책, p. 102.

151. Brick, *Transcending Capitalism*, p. 121-85.

152. Mills, *White Collar*, p. xx.

153. 같은 책.

154. Daniel Bell, ed., *The New American Right* (New York: Criterion Books, 1955)에 실린 벨, 파슨스, 리스먼, 호프스태터의 논문 참조. 이 저자들과 밀스가 '지위에 대한 불안'이라는 개념을 사용한 방식에는 결정적 차이가 있었다. *The New American Right* 저자들은 이 개념을 소수의 미국인들(특히 조지프 매카시의 추종자들)에게 적용한 반면, 밀스는 그것이 전체로서 미국 중간계급을 특징짓는다고 믿었다.

155. Richard Hofstadter, *The Age of Reform: From Bryan to F.D.R.* (New York: Knopf, 1955), pp. 131-73.

156. Riesman, *The Lonely Crowd*, p. 96.

157. Jeffrey Alexander, *Twenty Lectures: Sociological Theory Since World War* II (New York: Columbia University Press, 1987).

158. 데이비드 리스먼의 《고독한 군중》 자매편인 Nathan Glazer, *Faces in the Crowd: Individual Studies in Character and Politics* (New Haven, CT: Yale University Press, 1952), p. 32-69 참조.

159. Riesman, *The Lonely Crowd*, p. 235.

5장 진실의 정치

1. Mills, *The Sociological Imagination*, p. 13.
2. C. Wright Mills, "The Conservative Mood," *Dissent* 1 (Winter 1954) p. 24.
3. "Editorial Statement: Our Country and Our Culture," *Partisan Review* 19 (May-June 1952), p. 282.
4. 같은 글, p. 284.
5. Frances Stoner Saunders, *The Cultural Cold War: The CIA and the World of Arts and Letters* (New York: New Press, 1999), pp. 162-63.
6. C. Wright Mills, "Our Country and Our Culture," *Partisan Review* 19 (1952년 7-8월), p. 446.
7. 같은 글, p. 447.
8. 같은 글, p. 450.
9. Wald, *The New York Intellectuals*, p. 323에서 재인용.
10. Irving Howe, "This Age of Conformity," Partisan Review 21 (1954년 1-2월), p. 33.
11. Irving Howe and Lewis Coser, "A Word to Our Readers," *Dissent* 1 (1954년 겨울), p. 3.
12. Lewis Coser, "Imperialism and the Quest for New Ideas," *Dissent* 1 (1954년 겨울), p. 9.
13. Mills, "The Conservative Mood," pp. 22-31.
14. Maurice Isserman, *If I Had a Hammer: The Death of the Old Left and the Birth of the New* (Urbana: University of Illinois Press, 1987), pp. 179-223. 아울러, Wald, The New York Intellectuals, pp. 311-43 참조.
15. C. Wright Mills, "Who Conforms and Who Dissents?" *Commentary* 17 (1954년 4월), p. 404.
16. C. Wright Mills, "On Knowledge and Power," *Dissent* 2 (1955년 여름), p. 201.
17. 같은 글, p. 203.
18. 같은 글, p. 209, 210.
19. 같은 글, p. 211.
20. 같은 글, p. 210.
21. 같은 글, p. 209.
22. 같은 글, p. 212.
23. 밀스가 스와도스에게 보낸 편지, 날짜 없음 (1955.5.18. 스와도스가 밀스에게 보낸 편지에 대한 답장), UT 4B 411.
24. C. Wright Mills, "Why I Wrote the Power Elite," *Book Find News* 188 (1956).
25. 밀스가 Phillip Vaudrin에게 보낸 편지, 1951. 9. 17, in *Letters and Autobiographical Writings*, p. 155. 엄격히 말하면, 이것은 밀스의 저작의 특성을 오도한 것이다. '새로운 권력자들'은 있는 그대로의 미국 노동계급이 아니라 미국의 노조 지도자들에 관한 것이기 때문이다.
26. Mills, *The Power Elite*, p. 364.

27. 밀스가 Richard Herpers에게 보낸 편지, 1953. 9. 17, Central Files, Columbia University Archives, Columbiana Library.
28. Mills, *The Power Elite*, p. 364.
29. 같은 책, p. 8.
30. Gaetano Mosca, *The Ruling Class* (New York: McGraw-Hill, 1939), p. 50.
31. 비평가들에게 답하여, 자신은 그 자체로서 단일한 어떤 "엘리트 이론"이 존재한다고 믿지 않는다고 밀스는 주장했다. Mills, "'The Power Elite': Comment on Criticism," *Dissent* (1957년 겨울), p. 33 참조. 밀스는 나중에 파레토의 저작을 "잘난 체하고 지루하고 난잡한" 것으로 간단히 처리해 버렸다. Mills, ed., *Images of Man: The Classic Tradition in Sociological Thinking* (New York: George Braziller, 1960), p. 17 참조.
32. Mills, *The Power Elite*, p. 18.
33. 같은 책, p. 4.
34. 같은 책, p. 277 n.
35. 같은 책, p. 277; Gerth and Mills, *From Max Weber*, p. 47.
36. Mills, *The Power Elite*, p. 39.
37. Warner and Lunt, *The Social Life of a Modern Community*.
38. Matthew Josephson, The Robber Barons: The Great American *Capitalists, 1861-1901* (New York: harcourt, Brace, 1934); Gustavus Myers, *History of the Great American Fortunes* (Chicago: C.H. Kerr, 1910); Thorstein Veblen, *Theory of the Leisure Class: An Economic Study in the Evolution of Institutions* (New York: Macmillan, 1899).
39. Mills, *The Power Elite*, p. 126.
40. 같은 책, p. 125.
41. 같은 책, p. 121.
42. 같은 책, p. 212.
43. 같은 책, p. 186.
44. 같은 책, p. 276, 277.
45. 같은 책, p. 273.
46. 같은 책, p. 283.
47. Sherry, *In the Shadow of War*, p. 140에서 재인용.
48. Mills, *The Power Elite*, p. 231.
49. 같은 책, p. 19.
50. 같은 책, p. 285.
51. 같은 책, p. 215.
52. 같은 책, p. 238.
53. John Kenneth Galbraith, *American Capitalism: The Concept of Countervailing Power* (Boston: Houghton Mifflin, 1952); Riesman, *The Lonely Crowd*; David B. Truman, *The Governmental Process: Political Interests and Public Opinion* (New York: Knopf, 1951).

54. Robert Dahl, *A Preface to Democratic Theory* (Chicago: University of Chicago Press, 1956), p. 277.

55. Robert Booth Fowler, *Believing Skeptics: American Political Intellectuals, 1945-1964* (Westport, CT: Greenwood Press, 1978), pp. 176-214; John G. Gunnell, *Imagining the American Polity: Political Science and the Discourse of Democracy* (University Park, PA: Pennsylvania State University Press, 2004), pp. 220-52; Michael Rogin, *The Intellectuals and McCarthy: The Radical Specter* (New York: M.I.T. Press, 1967).

56. Mills, *The Power Elite*, p. 245.

57. 같은 책, p. 266.

58. 같은 책, p. 244.

59. 같은 책, p. 23.

60. 같은 책, p. 206.

61. Robert Dahl, *Who Governs?: Democracy and Power in an American City* (New Heaven, CT: Yale University Press, 1961) 참조.

62. Mills, *The Power Elite*, p. 308.

63. 같은 책, p. 246.

64. Dahl, *Who Governs?* p. 151.

65. Mills, *The Power Elite*, p. 345.

66. 카우프만과 신좌파의 '참여민주주의'라는 용어 사용에 관해서는, Kevin Mattson, *Intellectuals in Action*, pp. 193-244 참조.

67. Mills, *The Power Elite*, p. 308.

68. 같은 책, p. 198.

69. 같은 책, p. 219.

70. 같은 책, p. 338.

71. 사회 분석 저작으로서, 《파워 엘리트》는 마지막 두 장이 없다면 더 확실할 텐데, 이 장들은 밀스가 파워 엘리트에 관한 그의 주장 속에 완전히 통합시키지 않은 이전 논문들을 뜯어고친 것이다. 그러나 우리가 이 장의 기원을 염두에 둔다면, 엘리트들의 "보다 높은 부도덕성"에 밀스의 비난이 더 쉽게 이해될 것이다. 그것은 밀스가 《뉴욕 타임스 매거진》에 기고한 논문으로 시작되었는데, 이 논문에서 그는 정치와 기업 부패의 원인은 개인적 결함이 아니라 체계적 요인들 속에서 찾을 수 있다고 주장했다. Mills, "A Diagnosis of Our Moral Uneasiness," *New York Times Magazine*, 1952. 11. 23. 참조

72. Mills, *The Power Elite*, p. 356.

73. 밀스가 한스 거스에게 보낸 편지, 날짜 없음(1953. 12. 26. 받음), in *Letters and Autobiographical Writings*, p. 180.

74. 가장 중요한 서평들은 G. William Domhoff and Hoyt B. Ballard 공역, *C. Wright Mills and The Power Elite* (Boston: Beacon, 1968)에 편리하게 모아 놓았다.

75. Mills, *The Power Elite*, p. 364.

76. Arnold Rogow, review of *The Power Elite*, *Public Opinion Quarterly* (Autumn

1956), p. 613.

77. Mabel Newcomer, *Journal of Economic History* 16 (Sept. 1956), p. 432, 433.

78. 사회과학 저널들에 실린 《파워 엘리트》에 대한 가장 중요한 비평들 중에 다음의 것들 참조. Robert E. Agger, review of *The Power Elite, Social Forces* 35 (Mar. 1957), pp. 287-88; Robert Bierstadt, review of *The Power Elite, Political Science Quarterly* 71 (Dec. 1956); Robert Highsaw, review of *The Power Elite, Journal of Politics* 19 Feb. 1957), pp. 144-46; Leonard Reissman, review of *The Power Elite, American Journal of Sociology* 21 (Aug. 1956), pp. 513-14; Peter Rossi, review of *The Power Elite, American Journal of Sociology* 62 (Sept. 1956), p. 232.

79. 예를 들어, C. William Domhoff, *Who Rules America?* (Eagle Cliffs, NJ: Prentice Hall, 1967) 참조.

80. A.A. Berle, "Are the Blind Leadin the Blind?" *New York Times*, 1956.4.22.

81. 폴 스위지에 관해서는, Peter Clecak, *Radical Paradoxes: Dilemmas of the American Left, 1945-1970* (New York: Harper and Row, 1973), pp. 128-74 참조.

82. Paul Sweezy, "Power Elite or Ruling Class?" *Monthly Review* 8 (Sept. 1956), p. 139.

83. Robert Lynd, "Power in the United States," *Nation*, 1956. 5. 23, pp. 408-11.

84. Sweezy, "Power Elite or Ruling Class?" p. 146, 147.

85. 같은 글, p. 141.

86. C. Wright Mills, "Psychology and Social Science," *Monthly Review* 10 (Oct. 1958), pp. 204-9.

87. Robert Dahl, "A Critique of the Ruling Elite Model," *American Political Science Review* 52 (1958년 6월), p. 465. 《파워 엘리트》에 대한 직접적 응답은 아니지만, 달의 논문은 그 책이 제기한 문제들에 대한 광범위한 토론에 기여하려는 의도가 있었음이 분명하다.

88. 같은 글, p. 469.

89. Daniel Bell, "The Power Elite-Reconsidered," *American Journal of Sociology* 64 (1958년 11월), p. 248. 이 논문은 1958년 5월 컬럼비아대학 사회학과 교수진 세미나에서 처음으로 발표되었는데, 벨의 영향력 있는 1960년 논문 모음집 *The End of Ideology: On the Exhaustion of Political Ideas in the Fifties* (Glencoe, IL: Free Press, 1960)에도 포함되었다.

90. 많은 비평가들이 이런 주장을 했지만, 가장 일관된 표현은 Richard Rovere, "The Interlocking Interlopers," *The Progressive* 20 (1956년 6월), pp. 33-35이다. 아울러, Dennis Wrong, "Power in America," *Commentary* 22 (1956년 9월), pp. 278-80 참조.

91. Mills, "'The Power Elite': Comment on Criticism," p. 28.

92. Bell, "The Power Elite-Reconsidered," p. 243.

93. Edward Shils, "The End of Ideology?" *Encounter* 5 (Nov. 1955), p. 55.

94. Bell, *The End of Ideology*, p. 373.

95. 같은 책, p. 370.

96. Bell, "The Power Elite-Reconsidered," p. 238.

97. 같은 글, p. 250.

98. Talcott Parsons, "The Distribution of Power in American Society," *World Politics* 10 (1957년 10월), p. 127.

99. Sherry, *In the Shadow of War* 참조.

100. 예를 들어, 국가 정책의 주요 결정은 "보다 엄밀히 말하면, 그 결정에 책임이 있는 한 개인, 즉 대통령에게 있다"고 벨이 주장했을 때, 그는 권력이 행정부와 CIA 같은 은밀한 조직들의 수중에 점점 더 집중되고 있음을 간과했다. 사실, 미국 헌법은 외교책에서 전쟁을 선언할 권리와 같은 상당한 권력을 의회에 부여하는데, 제2차 세계대전 이후에는 행정부가 그 권력을 강탈했다. 파슨스 자신도 밀스가 묘사한 '군사적 형이상학'(military metaphysic)을 우려한다고 특별히 언급했지만, 더 나아가 그는 "온 세상의 극히 불안정한 상태" 때문에 최근 10년은 "특별한 상황"이었다고 주장했다. Bell, "The Power Elite-Reconsidered," p. 243, 그리고 Parsons, "The Distribution of Power in American Society," p. 135 참조.

101. Sherry, *In the Shadow of War*, pp. 234-36 참조.

102. Parsons, "The Distribution of Power in American Society," p. 139.

103. 같은 글.

104. Mills, *The Power Elite*, p. 26.

105. C. Wright Mills, "Two Styles of Research in Current Social Studies," *Philosophy of Science* 20 (1953년 10월), pp. 266-75; Mills, "IBM Plus Reality Plus Humanism = Sociology," *Saturday Review of Literature*, 1954. 5. 1, pp. 22-23, p. 54.

106. Mills, *The Sociological Imagination*, 72; Dewey as quoted in Westbrook, *Dewey and American Democracy*, p. 138.

107. Mills, *The Sociological Imagination*, p. 132.

108. 밀스가 Phillip Vaudrin에게 보낸 편지, 1951.9.17, in *Letters and Autobiographical Writings*, p. 155.

109. Mills, *The Sociological Imagination*, p. 33.

110. 같은 책, p. 48.

111. 밀스가 《사회학적 상상력》에서 파슨스의 "거대 이론"을 비판한 장(章)은 (출판된 적은 없지만) 원래 《뉴욕타임스》에 실으려고 파슨스의 《사회 체계》(1951)에 대한 서평으로 쓰였다. 밀스는 파슨스의 저작을 평함에 있어 그의 가장 난해하고 추상적인 책을 다루었는데, 그것은 사회 연구에 유용한 개념들을 표현하지 못했음을 파슨스의 많은 학생들까지도 인정했다. 파슨스의 다른 저작 가운데 일부는 더 경험적·실증적이어서 밀스가 피부은 비난에 덜 취약했다. Talcott Parsons, *The Social System*에 대한 밀스의 서평, UT 4B 389 참조.

112. Mills, *The Sociological Imagination*, p. 73.

113. 같은 책, p. 96.

114. 같은 책, p. 101.

115. 같은 책, p. 84.

116. 같은 책, p. 21.

117. 같은 책, pp. 110-11.
118. Haney, *The Americanization of Social Science*, 162에서 재인용.
119. Barrington Moore, "Reader's Report (1958. 5. 6)," UT 4B 400.
120. Mills, "IBM Plus Reality Plus Humanism = Sociology."
121. UT 4B 400에 나오는 반응들을 보라.
122. Alvin Gouldner, "Some Observations on Systematic Theory," in *Sociology in the United States of America*, ed. H. Zetterberg (Paris: UNESCO, 1956), pp. 34-42. 아울러, Gouldner, "Anti-Minotaur: The Myth of a Value-Free Sociology," *Social Problems* 9 (1962년 겨울), pp. 199-213; Barrington Moore, *Political Power and Social Theory* (Cambridge, MA: Harvard University Press, 1958, 특히 "Strategy in Social Science" 참조. *American Sociological Review*에서, 립셋은 Moore의 *Political Power and Social Theory*를 밀스의 《사회학적 상상력》과 비교하면서 썼다. "실제로 무어 교수의 이 논문들은 C. 라이트 밀스가 《사회학적 상상력》에서 더욱 날카롭게 발전시킨 체계적 이론과 엄격한 양적 방법론에 대한 더 진지하고 위엄 있는 반대론이다. 밀스의 논쟁의 신랄함과 고약한 취향 때문에, 우리는 밀스가 드러내는 많은 잘못된 이미지들 중 하나, 즉 그가 미국 사회학에서 지배적 경향이라고 생각하는 것(지나친 추상화와 난해한 방법론에 너무 몰두함)에 저항하는 데 그가 거의 혼자라는 것을 받아들여서는 안 된다." 립셋의 인용 어구는 일부 지도적 사회학자들이 밀스를 다루면서 보여 준 거부하는 듯한 경멸의 좋은 실례이지만, 이 경우 립셋의 견해에는 일리가 있었다. Seymour Martin Lipset, *Political Power and Social Theory* 서평, *American Sociological Review* 25 (1960년 4월), p. 283 참조.
123. 밀스가 윌리엄 밀러에게 보낸 편지, 1957.3.14, in *Letters and Autobiographical Writings*, p. 155. 230.
124. Edward Shils, "Imaginary Sociology," *Encounter* 14 (1960), p. 78.
125. Seymour Martin Lipset and Neil Smelser, "Change and Controversy in Recent American Sociology," *British Journal of Sociology* 12 (Mar. 1961), p. 50.
126. Ute Gerhardt, *Talcott Parsons: An Intellectual Biography* (Cambridge: Cambridge University Press, 2002), p. 191 n.
127. George C. Homans, review of *The Sociological Imagination*, *American Journal of Sociology* 64 (Mar. 1960), pp. 517-18.
128. William L. Kolb, "Values, Politics, and Sociology," *American Sociological Review* 25 (1960년 12월), pp. 966-69.
129. Lewis S. Feuer, review of *The Sociological Imagination*, Ethics 70 (Apr. 1960), pp. 237-40.
130. 리스먼이 밀스에게 보낸 편지, 1958. 5. 2, UT 4B 400.
131. Mills, *The Sociological Imagination*, p. 132.
132. 같은 책, p. 4.
133. 같은 책, p. 137.
134. 같은 책, p. 7.
135. 책의 대부분은 가장 전문적 사회학자들이 사회학적 상상력이 결여되었다고 주장했

으므로, '사회학적'이라는 용어의 사용으로 밀스는 현대의 학문적인 사회학 분야를 의미하지 않았던 것이 확실하다. 어쨌든 밀스는 모든 사회적 탐구의 기본적 통일성과 학문 분야의 경계들의 임의성을 계속해서 믿었다. 밀스 자신이 인정했듯이, 비록 그는 과학주의적 함축들 때문에 '사회과학'이라는 용어 사용을 거부했지만, 이 용어는 그가 의미했던 것에 더 가까웠다. 그러나 밀스가 그 용어를 사용한 것은, 사회학을 다른 학문 분야들로부터 통찰력을 가장 잘 종합할 수 있는 사회과학의 여왕으로 생각했던 더 오랜 전통뿐만 아니라, 그 시기 동안 "사회과학에 관한 성찰의 중심" (22)으로서 사회학의 중요성을 실제로 암시했다. 같은 책, pp. 18-19 참조.

136. 밀리밴드가 밀스에게 보낸 편지, 1958.4.26, 저자 소유의 편지. 일부 논평자들은 또한 '고전적 사회 분석'과 '사회학적 상상력'에 대한 밀스의 포괄적 정의에 좌절해왔다. 예를 들어, 예란 테르보른은 이렇게 썼다. "이른바 고전적 사회 분석은 매우 다르고 상호 모순되는 인식론적·실질적·이론적 입장들의 집합체이므로, 밀스의 신념은 많은 논점을 교묘히 피해야만 한다. 좀바르트의 이상주의 혹은 스펜서의 실증주의? 콩트의, 마르크스의, 혹은 베버의 사회과학? 혹은 어쩌면 어떤 부류의 입장들의 종합이나 전환?" Therborn, *Science, Class, and Society: On the Formation of Sociology and Historical Materialism* (London: New Left Books, 1976), p. 36 참조.

137. Russell Kirk, "Shrewd Knocks at Sociological Theories," *Chicago Daily Tribune*, 1959. 5. 24; Kirk, "Free Given Advice on Saving the World," Chicago Daily Tribune, 1958. 12. 28. 《사회학적 상상력》을 환영하여 받아들인 것에 대한 상세한 설명으로는, Haney, *The Americanization of Social Science*, pp. 137-71 참조.

138. Mills, *The Sociological Imagination*, p. 13.

139. 같은 책, p. 5.

140. Vance Packard, *The Status Seekers: An Explorations of Class Behavior in America and the Hidden Barriers That Affect You, Your Community, Your Future* (New York: D. McCay, 1959); A.C. Spectorsky, The Exubanites (Philadelphia: Lipincott, 1955); Whyte, *The Organization Man*. 아울러, Daniel Horowitz, *Vance Packard and American Social Criticism* (Chapel Hill: University of North Carolina Press, 1994) 참조.

141. C. Wright Mills, *The Exurbanites* 서평, by A.C. Spectorsky, *Saturday Review of Literature*, 1955. 10. 29, 12. 밀스는 또한 화이트의 *The Organization Man*에 대한 더 혹독한 서평을 《뉴욕타임스》에 실었다. 밀스는 자신이 《화이트칼라》에서 표현한 사상의 일부를 화이트가 통속화시킨다고 생각했음이 분명하다. C. Wright MIlls, *The Organization Man* 서평, by William H. Whyte, *New York Times Book Review*, 1956. 12. 12 참조.

142. Talcott Parsons, "Some Problems Confronting Sociology as a Profession," *American Sociological Review* 24 (Aug. 1959), p. 553.

143. Mills, *The Sociological Imagination*, p. 8.

144. 같은 책, p. 118.

145. 같은 책, p. 174.

146. 같은 책, p. 116.

147. 같은 책, p. 186.
148. 같은 책, p. 190.
149. 같은 책.

6장 제3세계를 위하여

1. Mills, "Letter to the New Left," p. 22.
2. '포트휴런 선언'은 Miller, "Democracy Is in the Streets," p. 329에 부록으로 포함되어 있다.
3. C. Wright Mills, "The Decline of the Left," *The Listener* 61 (1959년 4월), p. 595.
4. Mills, "Letter to the New Left," p. 22.
5. C. Wright Mills, "On Latin America, the Left and the U.S.," *Evergreen Review* 16 (1961년 1월), p. 115.
6. Mills, 제목 없는 메모, UT 4B 378.
7. 밀스가 Frances and Charles Grover Mills에게 보낸 편지, 1961. 3. 18, in *Letters and Autobiographical Writings*, p. 325.
8. 밀스와 신좌파를 다루는 설명들은 참여민주주의의 이론가, 따라서 '민주학생연합'(SDS)에 영향을 끼친 인물로서 밀스에 초점을 맞추는 경향이 있다. 그러나 그것들은 밀스의 신좌파 사상이 담고 있는 국제적 차원을 경시한다. 예를 들어, Miller, *Democracy Is in the Streets*, pp. 78-81; Mattson, *Intellectuals in Action*, pp. 43-96; Jamison and Eyerman, *Seeds of the Sixties*, pp. 30-46. 밀스의 그러한 설명들은 캠퍼스에 기반을 둔 백인 청년 운동과 특히 SDS에 초점을 맞추는 신좌파의 일반적 이야기에서 중요한 역할을 한다. 그러나 이 이야기는 최근에 도전을 받아 왔다. 이 점에 관해서는, Van Gosse, "A Movement of Movements: The Definition and Periodization of the New Left," in *A Companion to Post-1945 America*, ed. Jean-Christophe Agnew and Roy Rosenzweig (Malden, MA: Blackwell Publishing, 2000), pp. 277-302 참조.
9. 신좌파의 발전에서 국제적 연결의 중요성을 강조하는 두 권의 책은, Lawrence Wittner, *The Struggle against the Bomb, vol. 2, Resisting the Bomb: A History of the World Nuclear Disarmament Movement, 1954-1970* (Stanford, CA: Stanford University Press, 1997); 그리고 Gosse, *Where the Boys Are*이다.
10. Stuart Hall, "The 'First' New Left: Life and Times," in *Out of Apathy: Voices of the New Left Thirty Years On*, ed. Robin Archer 외, (London: Verso, 1989), p. 14.
11. 밀스가 호르크하이머에게 보낸 편지, 1952. 12. 15, in *Letters and Autobiographical Writings*, p. 197.
12. 밀스가 밀리밴드에게 보낸 편지, 1961. 1. 25, in *Letters and Autobiographical Writings*, p. 325.
13. 밀스가 바준에게 보낸 편지, 1959. 9. 28, UT 4B 398.

14. Mills, "Policies for Three Institutions," UT 4B 395.
15. 밀스가 거스에게 보낸 편지, 1956. 11. 8, 저자 소유의 편지.
16. Alan Hooper, "A Politics Adequate to the Age: The New Left and the Long Sixties," in *New Left, New Right and Beyond: Taking the Sixties Seriously*, ed. Geoff Andrews 외, (New York: Palgrave, 1999), pp. 7-25. 탈식민지화의 중요성을 강조하면서, 프레드릭 제임슨은 1950년대 중반을 신좌파의 출발점으로서 비슷하게 찬성론을 펼쳤다. Fredric Jameson, "Periodizing the 60s," in The 60s Without Apologies, ed. Sohnya Sayres 외 (Minneapolis: University of Minnesota Press, 1984), pp. 178-209 참조.
17. 밀스가 시드니 게인 경에게 보낸 편지, 1957. 3. 4, 저자 소유의 편지.
18. 밀스가 코저에게 보낸 편지, 1957. 4. 4, in *Letters and Autobiographical Writings*, pp. 234-35. 밀스는 '결정적인 해'라는 표현을 다른 편지들에서도 사용했다. 밀스가 거스에게 보낸 편지, 1957. 4. 8, 저자 소유의 편지 참조.
19. 밀스가 Harvey and Bette Swados에게 보낸 편지, 1961. 6. 13, in *Letters and Autobiographical Writings*, p. 332.
20. 영국 신좌파에 관해서는, Lin Chun, *The British New Left* (Edinburgh: Edinburgh University Press, 1993); Hall, "The 'First' New Left"; Michael Kenny, *The First New Left: British Intellectuals after Stalin* (London: Lawrence and Wishart, 1995) 참조.
21. 스튜어트 홀이 밀스에게 보낸 편지, 1960. 6. 3, UT 4B 395.
22. Isserman, *If I Had a Hammer*, p. 115.
23. Norman Birnbaum, *Toward a Critical Sociology* (New York: Oxford University Press, 1971).
24. Cynthia Young, *Soul Power: Culture, Radicalism, and the Making of a U.S. Third World Left* (Durham, NC: Duke University Press, 2006), p. 103-4.
25. *London Tribune*, 1959. 1. 16.
26. "Dissent—with an American Accent," *London Tribune*, 1959. 2. 13.
27. Mills, "Letter to the New Left," p. 22.
28. 스튜어트 홀이 밀스에게 보낸 편지, 1960. 6. 2, UT 4B 395.
29. E. P. 톰슨이 밀스에게 보낸 편지, 1960. 4. 21, UT 4B 395.
30. 밀리밴드가 밀스에게 보낸 편지, 1960. 6. 4, UT 4B 388.
31. 밀리밴드에 관해서는, Michael Newman, *Ralph Miliband and the Politics of the New Left* (London: Merlin Press, 2002) 참조.
32. 같은 책, p. 67에서 재인용.
33. Ralph Miliband, *The State in Capitalist Society* (London: Weidenfeld and Nicolson, 1960). 밀스처럼, 밀리밴드는 자유주의의 다원주의 이론을 공격했고, 또 중첩되는 정치·경제 엘리트가 현대 자본주의 사회에서 집중된 정치권력을 가진다고 주장했다. 그러나 마르크스주의를 더 철저히 고수하여 경제 엘리트의 중요성을 강조한 밀리밴드는 밀스가 군부의 자율적 역할을 과장한다고 비판했다.
34. Mills, *The Causes of World War Three*, p. 129.

35. Stanley Pierson, *Leaving Marxism: Studies in the Dissolution of an Ideology* (Stanford, CA: Stanford University Press, 2001), p. 133에서 재인용.

36. 밀스가 밀리밴드에게 보낸 편지, 1960. 5. 25, 저자 소유의 편지.

37. 밀스가 부모에게 보낸 편지, 1961. 10. 17, UT 4B 353.

38. 이 자서전적 편지들 대부분이 *Letters and Autobiographical Writings*로 출판되었다.

39. Mills, "Proposal for Comparative Sociology," UT 4B 398.

40. 밀스가 할록 호프만에게 보낸 편지, 1960. 7. 20, UT 4B 398.

41. 밀스가 할록 호프만에게 보낸 편지, 1959. 10. 7, in *Letters and Autobiographical Writings*, p. 273.

42. C. Wright Mills, *The Marxists* (New York: Dell, 1962); Anderson, *Considerations on Western Marxism*.

43. 밀스가 거스에게 보낸 편지, 1960.6.15, in *Letters and Autobiographical Writings*, p. 304.

44. Mills, "Letter to the New Left," p. 22.

45. C. Wright Mills, "Research Project on Selected Types of American Intellectuals" (1955년 봄), UT 4B 355.

46. Mills, "A Personal Note to the Reader," in *The Cultural Aparatus*, UT 4B 378.

47. C. Wright Mills, "The Man in the Middle: The Designer," *Industrial Design*, 1958년 11월, p. 73.

48. C. Wright Mills, "The Cultural Apparatus," *The Listener* 61 (1959. 3. 26), p. 553.

49. 같은 글.

50. C. Wright Mills, "The Fourth Epoch," *The Listener* 61 (1959.3.12), p. 450.

51. Mills, *The Cultural Apparatus*, UT 4B 379.

52. 같은 글.

53. Mills, "The Cultural Apparatus," p. 553.

54. 같은 글.

55. Mills, *The Cultural Apparatus*, UT 4B 379.

56. Jurgen Habermas, *The Structural Transformation of the Public Sphere* (Cambridge, MA: MIT Press, 1989), p. 249. 하버마스의 책은 1989년에 비로소 영어로 출판되었지만 밀스가 썼던 것과 동일 시대의 산물임이 분명하다. 공론장의 이론가들로서의 밀스, 하버마스, 듀이를 비교한 것으로는, Andreas Koller, "Recovering the Road Not Taken in Social Science: Dewey, Mills, Habermas, and the Structural Transformation of the Public Sphere," 저자 소유의 미출판 논문 참조.

57. Mills, *The Cultural Apparatus*, UT 4B 379.

58. Habermas, *The Structural Transformation of the Public Sphere*, p. 159.

59. Mills, "The Cultural Apparatus," p. 552.

60. 같은 글.

61. 같은 글.

62. Mills, *The Cultural Apparatus*, UT 4B 378.

63. Hall, "The 'First' New Left," p. 25.

64. Raymond Williams, *The Long Revolution* (London: Chatto & Windus, 1961).

65. E. P. Thompson, *The Making of the English Working Class* (London: Gollancz, 1963).

66. *The Observer*, 1959. 1. 25.

67. Mills, "The Decline of the Left," p. 593.

68. 같은 글, p. 595.

69. 같은 글.

70. Mills, *The Cultural Apparatus*, UT 4B 380.

71. Mills, "The Decline of the Left," p. 596.

72. Mills, *The Cultural Apparatus*, UT 4B 380.

73. John Kenneth Galbraith, *The Affluent Society* (Boston: Houghton, Mifflin, 1958); Percival and Paul Goodman, *Communitas: Means of Livelihood and Ways of Life* (Chicago: University of Chicago Press, 1947); Eric Larrabee, *The Self-Conscious Society* (Garden City, NY: Doubleday, 1960); Herbert Marcuse, *Eros and Civilization: A Philosophical Inquiry into Freud* (Boston: Beacon Press, 1955); Riesman, *The Lonely Crowd*.

74. E. P. 톰슨이 밀스에게 보낸 편지, 1960. 4. 21, UT 4B 395.

75. 밀스가 스와도스에게 보낸 편지, 1957. 9. 9, in *Letters and Autobiographical Writings*, p. 246.

76. Wittner, *The Struggle against the Bomb*, pp. 41-82.

77. Isserman, *If I Had a Hammer*, pp. 127-69; Lawrence Wittner, *Rebels Against War: The American Peace Movement, 1933-1983* (Philadelphia: Temple University Press, 1984), pp. 240-56; John D'Emilio, *Lost Prophet: The Life and Times of Bayard Rustin* (New York: Free Press, 2003), pp. 249-62.

78. "U.S. Foreign Policy Hit by Mills," *Washington Post*, 1958. 3. 25.

79. Mills, *The Causes of World War Three*, p. 8.

80. 같은 책, p. 47.

81. 같은 책, p. 109.

82. 같은 책, p. 98.

83. 같은 책, p. 96.

84. 같은 책, p. 149.

85. "Comment on a 'Pagan Sermon,'" *Christian Century*, 1958.3.26, 365.

86. 밀스가 밀리밴드에게 보낸 편지, 1958. 12. 9, 저자 소유의 편지.

87. Mills, *The Causes of World War Three*, p. 153.

88. A. J. Muste, "C. Wright Mills' Program: Two Views," *Dissent* 6 (spring 1959), p. 189.

89. Rev. Robert V. Woods가 밀스에게 보낸 편지, 1959. 4. 23, UT 4B 420.

90. Carlton F. Brehmer가 밀스에게 보낸 편지, 1959. 3. 12, UT 4B 420.

91. 상원의원인 Mike Mansfield to Jesse Gordon, 1960. 6. 20, UT 4B 420.

92. Richard C. Rodgers to Mac S. Albert (of Simon and Schuster), 1959. 7. 23, UT 4B 420. 그러나 모든 편지가 긍정적이지는 않았는데, 직업 군인인 한 독자는 이렇게 썼다. "우리가 두 차례의 세계대전에서 아주 많은 것을 포기했고, 그래서 당신과 같은 건달들이 쓰레기 같은 책을 쓰고서도 벌 받지 않을 수 있었다고 생각해 보라"(William Mikula가 밀스에게 쓴 편지, 1960. 9.5, UT 4B 420).

93. Mrs. H. J. Laski가 밀스에게 보낸 편지, 1959. 3. 7, UT 4B 420.

94. Dr. Alfred Jacobs가 밀스에게 보낸 편지, 1959. 10. 8, UT 4B 420.

95. Dott. Paolo Calzini to Mills, 날짜 없음('6월 24일'), UT 4B 420.

96. Irving Howe, *A Margin of Hope: An Intellectual Autobiography* (San Diego: Harcourt Brace Jovanovich, 1982), pp. 244–45.

97. Isaac Deutscher, Russia in Transition (New York: Coward, McCann, 1957); Deutscher, *The Great Contest* (New York: Oxford University Press, 1960).

98. Mills, "On Latin America, the Left and the U.S." pp. 110–11.

99. Irving Howe, "C. Wright Mills' Program: Two Views, *Dissent* 6 (1959년 봄), p. 194.

100. 같은 글, p. 191.

101. C. Wright Mills, "Intellectuals and Russia," *Dissent* 6 (1959년 여름), p. 296.

102. 밀리밴드가 밀스에게 보낸 편지, 1960. 6. 4, UT 4B 388을 보라.

103. Mills, "Intellectuals and Russia," p. 296.

104. 예를 들어, 밀스는 소비에트 산업화가 "야만성과 전제 정치"를 수반했는데, "이전의 자본주의 팽창의 야만성과 전제 정치를 지적함으로써 합리화될 수는 없다"고 썼다. (*The Causes of World War Three*, 72).

105. Mills, *The Cultural Apparatus*, UT 4B 380.

106. Mills, "Intellectuals and Russia," p. 295.

107. Irving Howe and Lewis Coser, with Julius Jacobson, *The American Communist Party, A Critical History, 1919-1957* (Boston: Beacon Press, 1957).

108. Mills, "Intellectuals and Russia," p. 298.

109. Mills, "On the Problem of Freedom" (C. Wright Mill's Speech; American Studies Conference on Civil Rights 신간 견본) 1959. 10. 16, UT 4B 400.

110. 밀스가 토바리치에게 보낸 편지 (1960년 여름), in *Letters and Autobiographical Writings*, 314. 이 편지에서 밀스는 이상하게도 민족적 우월감을 사회 정의에 대한 그의 헌신의 발전상에서 중심에 놓은 청년기의 한 이야기를 한다.

111. C. Wright Mills, *Listen, Yankee* (New York: Ballantine Books, 1960), p. 7.

112. 밀스가 푸엔테스에게 보낸 편지, 1961. 1. 12, Carlos Fuentes Papers, Box 116, Folder 13, Department of Rare Books and Special Collections, Princeton University Library.

113. Martin Van Delden, *Carlos Fuentes, Mexico, and Modernity* (Nashville, TN: Vanderbilt University Press, 1998), p. 42에서 재인용.

114. Jorge Castaneda, *Utopia Unarmed: The Latin American left after the Cold War* (New York: Vintage Books, 1991), pp. 176–85.

115. Mills, "On Latin America, the Left and the U.S." p. 113.

116. 밀스가 한스 거스에게 보낸 편지, 1960.7.15, in *Letters and Autobiographical Writings*, p. 304.

117. Gosse, *Where the Boys Are*, p. 175에서 재인용.

118. Saul Landau, "C. Wright Mills: The Last Six Months," *Ramparts* 4 (Aug. 1965), pp. 45-54.

119. Mills, *Listen, Yankee*, p. 11.

120. 밀스가 1960년 쿠바 혁명가들을 대상으로 한 인터뷰의 오디오테이프. 저자 소유.

121. "C. Wright Mills," 1962년 라디오 다큐멘터리, at http://fromthevaultradio.org/home/ (2007. 9. 12 접속)

122. Mills, *Listen, Yankee*, p. 179.

123. 같은 책, p. 8.

124. 같은 책, p. 66.

125. 같은 책, p. 152.

126. William Appleman Williams, *The Tragedy of American Diplomacy* (New York: Dell, 1962). 애플맨은 이 책의 개정판에서 1898년부터 1961년까지 쿠바와 미국의 관계가 어떻게 미국 외교의 비극을 상징하는지를 주목하는 걸로 이야기를 시작한다. 아울러, Williams, *The United States, Castro, and Cuba* (New York: Monthly Review Press, 1962) 참조.

127. Mills, *Listen, Yankee*, p. 1.

128. Gosse, *Where the Boys Are*, pp. 152-54, 183-87을 보라.

129. Mills, *Listen, Yankee*, p. 181.

130. 같은 책, p. 43.

131. Leo Huberman and Paul M. Sweezy, *Cuba: Anatomy of a Revolution* (New York: Monthly Review, 1960), p. 154.

132. Gosse, *Where the Boys Are*, p. 163에서 재인용.

133. John-Paul Sartre, "Ideology and Revolution," *Studies on the Left* 1, pp. 7-16; Sartre, *Sartre on Cuba* (New York: Ballantine, 1961).

134. Mills, *Listen, Yankee*, p. 99.

135. 같은 책, p. 122.

136. 같은 책, p. 123.

137. 같은 책, p. 125.

138. 같은 책, p. 182.

139. 같은 책, p. 183.

140. 같은 책, p. 165, 166.

141. 1960년 인터뷰의 오디오테이프, 저자 소유.

142. E. P. Thompson, *The Heavy Dancers* (London: Merlin Press, 1985), p. 268에서 재인용.

143. 쿠바혁명에 관해서는, Jules R. Benjamin, *The United States and the Origins of the Cuban Revolution: The Empire of Liberty in an Age of National Liberation*

(Princeton, NJ: Princeton University Press, 1990): Samuel Farber, *The Origins of the Cuban Revolution Reconsidered* (Chapel Hill: University of North Carolina Press, 2006): Morris H. Morley, *Imperial State and Revolution: The United States and Cuba, 1952-1986* (New York: Cambridge University Press, 1987): Marifeli Perez-Stable, *The Cuban Revolution: Origins, Course, and Legacy* (New York: Oxford University Press, 1994) 참조.

144. Harvey Swados, "C. Wright Mills: A Personal Memoir," Dissent 10 (Winter 1963), pp. 40-42: Mills, *The Cultural Apparatus*, UT 4B 379.

145. C. Wright Mills, *Escucha, yanqui: la revolucion en Cuba* (Mexico City: Fondo de Cultura Economica, 1961). 이 텍스트의 구절들을 번역하도록 도와준 크리스토퍼 뉴포트대학 벤저민 프레이저 교수에게 감사를 전한다.

146. Landau, "C. Wright Mills," pp. 49-50: Simone de Beauvoir, *Force of Circumstance* (New York: G.P. Putnam's Sons, 1964), pp. 589-90.

147. 야로슬라브 밀스가 Fannye and C. G. Mills에게 보낸 편지, 1962. 2. 22, UT 4B 353 참조. 밀스에 관한 FBI 파일들은 또한 그가 말년에 카스트로에게 환멸을 느꼈다는 증거를 제공한다. Mike Forrest Keen, *Stalking the Sociological Imagination: J. Edgar Hoover's FBI Surveillance of American Sociology* (Westport, CT: Transaction, 1999), p. 183 참조.

148. Mills to "Richard," 1961. 3. 6, UT 4B 394.

149. 밀스가 Mr. Obelensky에게 보낸 편지, 1960.10.26, Box 116, Folder 13, Carlos Fuentes Papers, Department of Rare Books and Special Collections, Princeton University Library. 밀스는 이 인용이 푸엔테스의 소설 *Where the Air Is Clear* 영문 번역의 과대 추천 광고라고 완곡하게 말했다.

150. C. Wright Mills, "Listen, Yankee: The Cuban Case Against the United States," *Harper's Magazine* 122 (1960년 12월), pp. 31-37.

151. Eleanor Roosevelt, *New York Post Magazine*, 1960. 12. 14, p. 3.

152. "The Siege of Cuba," *New Left Review* 1 (Jan.-Feb. 1961), p. 2. 아울러, Stuart Hall and Norm Fruchter, "Notes on the Cuban Dilemma," *New Left Review* 1 (1961년 5-6월), pp. 2-12를 보라.

153. Saul Landau, "Cuba: The Present Dilemman," *New Left Review* 1 (1961년 5-6월), pp. 12-22.

154. 밀스가 카스트로에게 보낸 편지, 1960. 9. 20, in *Letters and Autobiographical Writings*, p. 315.

155. Robin Blackburn, 저자와 주고받은 개인적 편지, June 28, 2007.

156. Robert G. Mead Jr., "A Literary Letter from Mexico," *New York Times*, May 21, 1961.

157. 밀스기 푸엔테스에게 보낸 편지, 날짜 없음, Box 116, Folder 13, Carlos Fuentes Papers, Department of Rare Books and Special Collections, Princeton University Library.

158. Van Delden, *Carlos Fuentes, Mexico, and Modernity*, p. 41에서 재인용.

159. Carlos Fuentes, *The Death of Artemio Cruz* (New York: Farrar, Straus, and Giroux, 1964).

160. *Letters and Autobiographical Writings*, p. 321.

에필로그 C. 라이트 밀스가 남긴 것

1. 거스가 야로슬라바 밀스에게 보낸 편지, 날짜 없음(1962년 여름), UT 4B 353.
2. Ralph Miliband, "C. Wright Mills," p. 19.
3. 《화이트칼라》를 제외하면, 밀스가 성 불평등 문제를 거론한 극히 드문 경우 가운데 하나는 시몬 드 보바르의 《제2의 성》에 대한 미출판된 1995년 서평이었다. 밀스는 많은 점에서 보바르의 관점에 공감했지만, 가부장제가 여성 억압의 근본 원인이라는 생각에 반대하고 대신 남성과 여성 모두 현대사회에서 고통받는다고 주장했다. 이것은 분명히 나중에 밀스와 페미니스트들 사이에 논쟁이 되었을 것이다.
4. Mills, "The Promise (임시 초안)," UT 4B 400, p. 33.
5. 밀스가 칼 브랜트에게 보낸 편지, 1960. 10. 26, UT 4B 390.
6. Irving Louis Horowitz, ed. *The New Sociology: Essays in Social Science and Social Theory in Honor of C. Wright Mills* (New York: Oxford University Press, 1964), p. iv.
7. 같은 책, p. 19.
8. 같은 책, p. 47.
9. Paul Jacobs and Saul Landau, *The New Radicals: A Report with Documents* (new York: Random House, 1966), p. 101.
10. Tom Hayden, "Radical Nomad: Essays on C. Wright Mills and His Times," p. 3.
11. 같은 글, p. 8.
12. 같은 글, p. 6.
13. Harold Cruse, *The Crisis of the Negro Intellectual* (New York: Morrow, 1967), 459, 467.
14. 같은 책, 467.
15. Mills, *White Collar*, p. xix.
16. Quentin Skinner, "Meaning and Understanding in the History of Ideas," *History and Theory* 8 (1969), p. 52.

찾아보기

마르크스주의 · 16, 49, 67, 90, 98, 99, 104, 105, 111, 125, 126, 142, 153, 194, 195, 203, 222, 256, 257, 270, 272, 301, 306~312, 335
《마르크스의자들》(1962) · 311, 312, 353
마셜플랜 · 206
마이어, 구스타버스 · 258
《막스 베버로부터》(1946) · 124~127, 198, 257
《막스 베버의 지식학》(알렉산더 폰 셸팅) · 64
만하임, 카를 · 17, 37, 49, 55, 61~69, 77, 89~92, 94, 161, 281, 286
매카시, 메리 · 210
매카시즘 · 20, 23, 204, 249, 250
매키버, 로버트 · 134
맥도널드, 드와이트 · 23, 85, 86, 101, 103, 108, 109, 117~119, 124, 125, 152~154, 165, 168, 197, 210~212, 224, 230, 231, 245, 314
맥클레이, 윌프리드 · 229
맨스필드, 마이크 · 333
머리, 필립 · 146
머스트, A. J. · 332, 334, 326
머턴, 로버트 · 28, 30, 36, 41, 54, 55, 65, 67~69, 75, 103, 133~135, 137, 139, 140, 159, 164, 186, 190, 191, 201, 202, 210, 285, 286, 355
《먼슬리리뷰》 · 271~273, 346
메릴랜드대학 · 69, 72, 78, 85, 96, 97, 117, 133, 190
명랑한 로봇 · 22, 224, 227, 268
모리스, 윌리엄 · 220
모리스, 찰스 · 51
모스카, 가에타노 · 255
몰로치, 하비 · 12
〈무기력한 사람들〉(1944) · 89, 118, 120, 122, 123, 127, 128, 131, 147, 249, 251, 314
무어, 배링턴 · 286, 287
《무엇을 위한 지식인가?》(로버트 린드) · 138
문화적 자유를 위한 회의 · 246, 275
문화적 장치 · 252, 298, 300, 306, 308, 313~324, 337~339, 342, 348, 349, 351, 359

뮈르달, 군나르 · 286
〈미국 사회학의 현 상태〉(에드워드 실스) · 203
《미국 정치의 천재성》(대니얼 부어스틴) · 214
미국광산노동자연맹 · 143
미국노동총연맹(AFL) · 151, 169, 170
《미국사회학저널》(American Journal of Sociology) · 53, 57, 65, 94, 231, 271, 288
《미국사회학론》 · 52~54, 63, 195
미국사회학회(ASS) · 53~55, 64, 103
《미국의 병사》(새뮤얼 스토퍼) · 136
《미국의 자유주의 전통》(루이스 하츠) · 214
《미국의 정치적 전통》(리처드 호프스태터) · 24, 214
미국의류노동자연맹 · 145
미국자동차노조(UAW) · 175~177, 196, 207, 209
미드, 마거릿 · 187
미드, 조지 허버트 · 40, 43, 49, 50, 72
《미들타운》(로버트 린드) · 138, 158
미첼, 브로두스 · 147
미첼, 웨슬리 · 48
미헬스, 로베르 · 255
민권운동 · 265, 299, 338, 339
민주학생연합(SDS) · 12, 13, 266, 297, 300, 358
밀러, 데이비드 · 40
밀러, 아서 · 229
밀러, 윌리엄 · 150, 212, 213, 287
밀러, 제임스 · 12, 41, 43, 48
밀리밴드, 랠프 · 287, 291, 303, 307, 331, 357
밀스, 루스 하퍼 · 15, 16, 137, 254

ㅂ

바르쳉, 자크 · 201, 302
바킨, 솔로몬 · 147
바티스타, 풀헨시오 · 344
반스탈린주의 · 23, 101, 106, 107, 145, 167, 204, 211, 230, 246, 338
반핵 · 299, 325, 326, 333
배니스터, 로버트 · 53
배런, 폴 · 272
버넘, 제임스 · 98~101, 105, 219
버크, 케네스 · 51

* C. 라이트 밀스의 저작은 괄호에 안에 연도를 표기해 구별했다.